地球的故事

VAN LOON'S GEOGRAPHY:
THE STORY OF THE WORLD WE LIVE IN

［美］亨德里克·威廉·房龙 著
Hendrik Willem van Loon

杨蔚 译

果麦文化 出品

VAN LOON'S GEOGRAPHY

**History is the Fourth Dimension of Geography.
It gives it both time and meaning.**

历史是地理的第四维度。赋予它时间与意义。

十年前，你给我写了一封信，现在这便是回信了。你在信中说（我将原文引述如下）：

"……是的，但是地理又怎么办呢？不，我不只是要一本新的地理书。我想要的，是为我写的地理书，能把我想知道的都告诉我，砍去枝枝蔓蔓。真希望你能为我写一本这样的书。我们学校的这门课太一本正经了。我学过所有国家的知识，学过它们的边界在哪里，有什么城市、多少人口；学过了所有高山的名字和海拔，学过它们每年产出多少煤炭。但几乎都是刚学完就忘了。它们之间完全没有联系，把自己拆成了一堆乱糟糟、干巴巴的概念，就像个堆满了画片的博物馆或拖得太长的音乐会。对我来说，它们没有任何实际意义，因为每当需要确切信息时，我都不得不再去查看地图，翻一翻百科全书或蓝皮书。我猜不少人都有同样的烦恼。我想代表所有这样可怜的家伙说，你是否愿意为我们写一本多少有点儿用的新地理书？把高山、城市、海洋全都放进你的地图，然后只要告诉我们，生活在这些地方的人有什么样的故事，他们为什么住在那里，从哪儿来，在做什么……总之，是一种跟人有关的地理。请着重说说那些真正有趣的国家，别把太多力气放在只有个名字可说的地方，这样我们就能记住这些国家，否则的话……"

同往常一样，每当得到你们的建议，我总是迫不及待想要行动起来。如今我终于可以转身面对你，说："亲爱的，请看！"

亨德里克·威廉·房龙

CONTENTS
目录

Chapter 01　　*001*
与我们生活在同一个世界的居民

Chapter 02　　*006*
"地理"的定义及在本书中的应用

Chapter 03　　*009*
我们的星球：习性、风俗和习惯

Chapter 04　　*041*
地图，一个基于极大极迷人课题的极简略概要，
以及对于人类如何渐渐学会在这颗星球上寻路的些许观察

Chapter 05　　*060*
季节及其由来

Chapter 06　　*064*
这颗星球上散落的小块陆地，
以及为什么有的被称为"洲"而有的却没有

Chapter 07　　*072*
有关欧洲的发现，以及生活在世界这个角落的人们

Chapter 08　　*078*
希腊：连接古老亚洲与新兴欧洲的地中海东部岬角

Chapter 09　　*090*
意大利：海陆皆宜、因势可变的地理强国

Chapter 10　　*110*
西班牙：非洲与欧洲碰撞的地方

Chapter 11　　*123*
法国：要什么有什么的国家

Chapter 12　　*139*
比利时：纸上建立起的国家，万物富足，只缺内在和谐

Chapter 13　　*145*
卢森堡：历史的珍玩

Chapter 14　　*147*
瑞士：高山与名校之国，汇聚了说四种语言的人们

Chapter 15　　*155*
德国：姗姗来迟的国家

Chapter 16　　*164*
奥地利：除非消亡便无人赏识的国家

Chapter 17　　*169*
丹麦：扬长避短、以小胜大的典范

Chapter 18　　*174*
冰岛：北冰洋上有趣的政治实验室

Chapter 19　　*178*
斯堪的纳维亚半岛：被瑞典和挪威王国瓜分的土地

Chapter 20　　*189*
荷兰：北海海岸沼泽上建立起的王国

Chapter 21　　*196*
英国：承载四分之一人类幸福的荷兰海岸近岸岛屿

Chapter 22　　*218*
俄罗斯：脚踏欧亚两洲，尽得地利庇护的国家

Chapter 23　　*237*
波兰：苦为走廊的国家，如今有了自己的走廊

Chapter 24　　*241*
捷克斯洛伐克：《凡尔赛和约》的产物

Chapter 25　　*244*
南斯拉夫：又一个《凡尔赛和约》的产物

Chapter 26　　*248*
保加利亚：巴尔干半岛最健全的国家，
喜爱蝴蝶标本的国王在世界大战中站错队而吞下苦果

Chapter 27　　*252*
罗马尼亚：拥有石油和王室的国家

Chapter 28　　*255*
匈牙利：或曰，残存的王国

Chapter 29　　*258*
芬兰：以勤劳智慧战胜恶劣环境的又一范例

Chapter 30　　*260*
发现亚洲

Chapter 31　　*265*
亚洲对世界意味着什么

Chapter 32　　*267*
中亚高地

Chapter 33　　*274*
西亚大高原

Chapter 34　　*290*
阿拉伯半岛：何时属于亚洲，何时不属于

Chapter 35　　*294*
印度：人与自然都丰产的地方

Chapter 36　　　305
缅甸、暹罗、安南和马六甲：共处又一个南亚大半岛

Chapter 37　　　311
中国：东亚的伟大半岛

Chapter 38　　　327
朝鲜与蒙古

Chapter 39　　　331
日本帝国

Chapter 40　　　344
菲律宾：很久之前的墨西哥辖区

Chapter 41　　　348
荷属东印度群岛：卷动飓风的蝴蝶

Chapter 42　　　355
澳大利亚：大自然的继子

Chapter 43　　　366
新西兰

Chapter 44　　　369
太平洋诸岛：不耕不织，生活一样好

Chapter 45　　　372
非洲：矛盾与反差的大陆

Chapter 46　　　415
美洲：最幸运的土地

Chapter 47　　　450
新的世界

附　　　459
一些数字（A FEW FACTS）

Chapter 01

AND THESE ARE THE PEOPLE WHO LIVE IN THE WORLD WE LIVE IN

与我们生活在同一个世界的居民

这听来不可思议,却是真的。如果我们这个世界上的每个人都身高6英尺①、体宽1.5英尺、厚1英尺(这比大多数普通人的个头还大一点),那么,整个人类(依照最新的人口数据,最初的智人夫妻如今有了20亿后裔②)都可以被塞进一个长宽高均为半英里的盒子里。我说了,这听来不可思议,可你若是不信,不妨自己算算,就会发现这是真的。

如果我们把这个盒子运到亚利桑那的大峡谷,小心地架在矮石墙上——那是为了避免人们摔断脖子而建的,谁叫这曾见证过不朽天地之力的寂静峡谷着实美得太惊人,难免叫人忘形。然后,唤过一条"腊肠",达克斯猎犬,让它(这小东西非常聪明,而且特别乐于助人)用它柔软的棕色鼻子在这并不精妙的结构上轻轻一推,接下来便是哐啷作响的时刻,

---

① 英美制长度单位,1英尺等于12英寸,合0.3048米,0.9144市尺。
② 目前全球人口已逾75亿。下文中涉及人口及其他数据也都是20世纪30年代本书写作时的统计数据。

箱子一路滚下去，木板被石头、灌木和树干敲松，随后，一阵低沉甚至轻柔的嘭——嘭——啪——响过，箱子角刮过科罗拉多河的河岸，骤然绽开一朵水花。

寂静，湮灭！

尸柩箱里的人类沙丁鱼很快就会被遗忘。

大峡谷依旧搏击风雨、阳光与空气，一如它自诞生之初以来的那样。

世界延续着它既往的轨迹，奔向未知的天堂。

遥远或邻近星球上的天文学家根本不会注意到有任何不寻常。

一个世纪后，某个荒草横生的小小坟头或许会标记出人类的葬身处。

到此为止了。

可以想象，有读者会不太喜欢这个故事，看到他们为之骄傲的物种身份消失得如此无声无息，大概会感觉很不舒服。

不过，看待这个问题还有另一个角度，一个能够将我们数量上的微不足道和躯体的孱弱无助转化为真正的骄傲与深远意义的角度。

我们本来如此，只是一小群柔弱且毫无防备的哺乳动物。

从诞生的那天黎明开始，我们就被无数生物包围着，面对生存的艰难，它们的准备远比我们充分得多。其中有的足有100英尺长，重量比得上一个小型火车头；有的拥有锋利如圆锯的利齿。许多生物都如同中世纪骑士一般整天披着铠甲。还有的，凭人类的肉眼根本就看不见，却拥有可怕的繁殖速度，要不是有天敌以同样的速度消灭它们的话，要不了一年，整个地球就都被它们占领了。然而，人类却只能在最适宜的环境下生存，不得不在高山深海间小小的几片陆地上寻找安身处，要知道，我们的这些同路人可不会顾忌高山太高，深海太深。显然，它们天生就不受周遭自然环境局限。

当我们听到专业人士说，有好些种类的昆虫能够欢快地在石油里扑腾（我们很难想象以这种物质为日常主食），另一些则可以在急剧变化的温度下存活（这样的温差足以在几分钟内就把我们全都杀死），当我们极度沮丧地发现，那些永远在我们的书架里跑来跑去，似乎非常钟爱文学的棕色小甲虫，即便少了两条腿、三条腿甚至四条腿也照样过日子，而我们自己哪怕只是脚指头被扎一下就几乎残废，在那些时刻，我们或许才意识到，从第一次出现在这个旋转的、迷失在冷漠宇宙最黑暗外围不知名处的小岩石上时，我们就被迫在怎样的环境下求存，就面对着怎样的竞争对手。

多可笑啊，我们必须和那些身披坚甲的同行者生存在同一片天空下，它们只是站在一旁，看着这大自然的粉红色小丑努力笨拙地尝试用后腿行走，力求不借助树枝或藤杖，还为此得意扬扬！

可是，那些曾经统治过差不多两亿平方英里陆地与海洋（更别提广袤无垠的天空）的骄傲霸主们，那些以残暴强力与狡黠诡计获取至高权力的高高在上者们，如今又怎样了呢？

它们大部分都已消失，再也见不到了。唯一出现的可能，就是蒙我们慷慨，在自然史博物馆里诸如"A展区"或"B展区"之类的地方有小小一块容身之地。其他动物则不得不接受驯养，为我们服务，拿出它们的兽皮、蛋、奶和两肋的肉来讨好我们，要不就是在我们稍稍感觉吃力时奋力拉纤负重，所求的，只是延续生命，好在当今的生物圈中守住一席之地。更多动物迁往了荒山野岭，我们允许它们在那里觅食吃草、繁衍生息，因为到目前为止，我们还不觉得那些地方值得花工夫去清理扫荡再据为己有。

简单说来就是，只用了两千个世纪的时间（对比永恒，也不过一瞬而已），人类这个物种就牢牢奠定了自己统治者的地位，占有每一寸土地，如今更是理直气壮地致力于将天空和海洋纳入版图。这一切，不好意思，只是由区区几亿生命完成的。别忘了，在芸芸众生中，除了天赋的神圣智慧，他们并不具备任何先天优势。

就连这也是夸大了的。更高级的天赋智慧和独立思考的能力只限于极少数男人和女人所有。他们因此成为团队的掌控者。至于其他人，无论有多厌恶这个事实，也只得跟从。于是，一支古怪的、磕磕绊绊的队伍出现了，毕竟，无论人们多么努力，每一个真正的先锋身后总拖着上万个掉队者。

前进的道路最终会将我们引向何处，我们无从知晓。不过，从最近四千年的成绩看来，我们未来的成就应当是不可限量的——除非我们被深藏的残忍怪诞本性蛊惑，偏离正常的发展轨道，用甚至不敢加诸牛羊猪狗乃至草木的方式来对待自己的同类。

地球和它丰饶的物产都摆在了人类面前，予取予求。至于暂时还没有掌控的地方，人类会用优越的大脑、深谋远虑的能力以及枪炮去夺取。

我们这个家园是美好的。它给予我们充足的食物。它有大量的岩石、土壤和森林，为所有人提供远不止于温饱的庇护。牧场上温顺的绵羊，蓝花烂漫、绵延起伏的亚麻地，别忘了，还有中国的桑树上那勤劳的小蚕，它们全都在努力帮助我们的躯体抵挡冬季的严寒和夏日的酷热。我们这个家园是美好的。它创造了如此多的好东西，足够让每一个男人、女人和孩子都拥有自己的一份，只要求人们为了未来付出一点点努力。

但自然有它自己的法则。这些法则很公平，不可抗拒，也没有法庭可以上诉。

自然会慷慨地给予，相应地，它也要求我们研究它的戒律，遵从它的训示。

在只能供养50头奶牛的草地上放牧100头就意味着灾难。稍有头脑的农夫都清楚这一点。应当生活10万人的地方挤上100万人，随之而来的便是拥挤、贫困和额外的苦难。这一事实显然已经被引领我们命运的人忽视了。

然而，在我们一再犯下的若干错误中，这还不是最严重的。我们还在以另一种方式冒犯慷慨养育我们的母亲。人类是唯一会残害同类的生物。狗不吃狗，老虎不吃老虎，是的，就连恶心的鬣狗都能与同类相安无事。可是人不同，人憎恨人，屠杀人，眼下这个世界，每个国家考虑的第一要务都是如何防备来自周遭各国的杀戮。

维护同种族成员之间的和平和友好，这是创世法则的第一要则。对此的公然违背将我们带到了一个危险的临界点上，只要再往前一步，整个人类就面临物种灭绝的风险。因为我们的敌人永远警醒。面对眼前的大千世界，如果智人（一个玩世不恭的科学家为我们这个物种起了个纯属自我粉饰的名字，以此表示人类的智力比世上其他动物都更加优越）不能或不愿承担起主人的职责，那么，还有数以千计的候补者正虎视眈眈，通常情况下，即便猫、狗、大象或更加有组织的昆虫所统治的世界（它们会怎样看待这样的机会啊）也总比一个本末倒置、尊崇战舰和枪炮的星球强吧。

这丑陋可耻的情形出路在哪里？最终答案会是什么？

这本小书无意臧否是非、指点江山，只希望能寻找到那个唯一的出口，逃离这悲惨无望的死路——我们早已迷失在这条路上，当年我们的祖先误入其中，实属愚昧无知。

寻找真正的救赎之道需要时间，需要经过成百上千年漫长而痛苦的学习。但这条路会帮助我们意识到：我们都是同一颗星球上彼此相伴的同路人。无论好坏，这都是人类共同的家园，我们别无他处可以安身，宇宙茫茫，我们刚巧出生在这里，并且永远不可能离开。一旦明白这样一个绝对真理，认识并记住了它，我们就会知道，人类理应同舟共济，就像同在开往不明目的地的火车或轮船上一样，我们得迈出最重要的第一步，行动起来，解决将我们带入种种困境的万恶之源。

我们是同一星球上彼此的同路人，每个个体的福祉与苦难都意味着我们共同的福祉与苦难！

你们可以说我是空想家，也可以叫我笨蛋，可以说我白日做梦，招呼警察或救护车把我送到某个地方，让我再也无法发表如此不受欢迎的异端邪说。但请记住我说过的话，如果有一天，人类被要求打包好自己的小玩意儿，把幸福的钥匙交给更值得信赖的继任者，到那时，再想想吧。

生存的唯一希望只在于一句话：

我们都是同一星球上的同路人，刚巧生活在这个世界里，对于它的幸福安康，我们肩负着相同的责任。

Chapter 02

A DEFINITION OF THE WORD GEOGRAPHY
AND HOW I SHALL APPLY IT IN THE PRESENT VOLUME

"地理"的定义及在本书中的应用

开始一段旅程之前，我们通常会事先多少了解一下目的地，看看应当如何前往。读者在翻开一本书时，也有权得到一点这样的信息，因此，先对"地理"一词简单地加以定义，倒也不算节外生枝。

我的书桌上刚巧有一本《简明牛津词典》，1912年出版，和其他经典书籍一样管用。我在第344页的页末找到了这个词。

地理：研究地球的地貌、结构、物理性质、自然与政治划分、气候、物产以及人口的科学。

我不可能给出更加完美的定义，但在这里却会有所侧重，因为我希望将人类作为关注的焦点。这本书不会只讨论地球的表面形貌、物理性质以及政治自然的分野。我更愿意称之为一种人类研究，着眼于人类如何为自己及家人寻求食物、居所和休闲娱乐，并试图从中找出答案：为了追求舒适的生活、充足的营养和幸福快乐，人类如何利用自身有限的力量，自我调整以适应环境，同时对周遭的环境加以改造。

要说上帝的信徒中有一些怪家伙，这话没错。我们也的确能在这个星球上找出千奇百怪的寄居者。乍看之下，其中许多似乎都有惹人厌的坏毛病和我们绝不希望在自己孩子身上看到的性情。但20亿人类，哪怕是真的全都被塞进小木箱，也不能否认，这终究是个可观的数字。既然有这样大的群体，自然也就拥有最多的可能性，足以容纳各种经济、社会和文化本性的实践。在我看来，这些事件理应得到最多的关注。毕竟，高山始终只是高山，除非它进入人类的眼帘，被人类踏遍，它的山坡与谷地为数十代嗷嗷待哺的定居者所占有、争夺和耕作。

人类出现

无论13世纪开启之前还是之后，大西洋同样那么辽阔、深邃、湿润、多盐，是人类的探索让它成了今日的大西洋，一座连接新旧世界的桥梁，一条贯穿东西方的贸易通道。

千百年来，广袤无垠的俄罗斯平原静静等待着奉上它丰收的累累硕果，只要有人来撒下第一把稻种。如果手扶铁犁翻出第一道犁沟的是法国人或德国人，而非斯拉夫人，那么这个国家的面貌如今也就迥然不同了。

无论居民是如今的日本土著还是现已不存的塔斯马尼亚人，日本诸岛的山摇地震照样没完没了，只是，换成后者的话，恐怕很难养活6000万人口。至于不列颠群岛，如果那不勒斯人或柏柏尔人还占据主导地位，没有被好战的北欧勇士打败的话，也就绝不会成为一代帝国的中枢所在，拥有150倍于本身国土的土地和我们星球上1/6人口的属民。

总的说来，我更加注重地理中纯"人类"的一面，而非当今这个一心追求大生产的时代所无比看重的经济问题。

经验告诉我，无论你怎样高谈进出口问题、煤炭产量、石油储量和银行存款额，将它们粉饰得光鲜亮丽，那一页又一页的文字也永远无法提供任何能让读者记住的东西。每当有需要时，他还是不得不再一次在十几份相互矛盾（甚至自相矛盾）的商业数据手册里去查阅、核对。

人是这本地理书里的第一主角。

他的生存环境和背景位居其次。

若有更多篇幅，才谈谈其他的。

Chapter 03

OUR PLANET:
ITS HABITS, CUSTOMS AND MANNERS

我们的星球：习性、风俗和习惯

让我们从一个古老可信的定义开始。"世界是一个深色的小物体，被太空包裹。"

它不是"球体"或"球"，而是"椭球体"，也就是说，它是球体的近亲，一个极点处被微微压扁了的球体。所谓"极点"，你可以自己做个实验，用毛衣针穿过一个苹果或橙子的中心点，竖直立在面前，毛衣针穿出苹果或橙子的地方就是极点的所在。至于地球的极点，一个在深海中央（北极），一个在山地高原。

说到极地区域的"扁平"，那只是就椭球体而言，你大可不必为此困扰。因为连接地球两极的地轴总共也就比赤道直径短1/300。换句话说，如果你刚巧有一个直径3英尺的地球仪（商店里很难买到这么大的，你可能不得不到博物馆去寻找），那么地轴长度只比赤道直径短1/8英寸，除非那个地球仪做得非常精准，否则几乎可以忽略不计。

对于试图穿越极地和深入研究地理学的人来说，这一事实非常重要。但就眼下这本书的目的而言，我刚才提到的那些已经足够了。或许，你的物理学教授能有个实验室来演示，自转是如何令我们这个泥土小圆球的两极不由自主被拉扁的。去请他演示一番吧，也好省去你专程跑到子午线上考察的奔波。

人人都知道，地球是一颗行星。我们从希腊人那里学会了这个名词，他们观察到（或者说，自以为观察到），有的星星在天空中不断移动，有的看起来却固定不动。于是他们称前者为"行星"或"流浪星"，称后者为"恒星"——毕竟，他们没有望远镜，追踪不到恒星的移动痕迹。至于"星"（star）这个词，我们不知道它源起何处，但大约和梵文中相当于动词"散播、点缀"（strew）的词根有些关系。如果真是这样，那么星星便是"洒落"满天的小小火苗，这样的描述既切合实际又分外美丽，真是叫人赞叹。

地球围绕太阳运转，依赖太阳提供的光和热生存。考虑到太阳的体积相当于所有行星加起来的700多倍，靠近太阳表面的温度差不多有3300多度。[①]地球倒也不必因为借邻居的光得了一点舒适而愧疚，毕竟，这些仁慈的光芒对它来说实在是微不足道，借不借出来也没什么差别。

很久以前，人们相信地球位于宇宙正中央，是一小片圆盘状的干燥陆地，完全被海洋包围，就好像穆罕默德的棺木或从孩子手中逃离的玩具气球一样悬浮在空中。似乎只有极少数智慧的希腊天文学家和数学家（他们是最早敢于绕开神职人员独立思考的人）深深怀疑这个理论的正确性。经过若干个世纪非常艰难也非常冷静理智的思考，他们得出了结论：地球不是平的，而是圆的；它并非静静悬浮在空中，也不是刚巧在宇宙的正中心，它在宇宙中穿行，以极高的速度围绕着一个大得多的物体旋转，这个物体被称为"太阳"。

同时，他们还提出，别的那些看似在同样的背景布下围绕我们运转的

[①] 这里对于太阳的描述都比较含糊，目前的科学测算认为，太阳的直径约为地球的109倍，表面温度应在5500摄氏度上下。

发光小天体,也就是所谓"恒星",其实同我们的星球一样,都是"太阳妈妈"的孩子,遵循与我们相同的行动规则,正是这些规则决定了我们自己的日常生活——比如规律地在某个固定时刻起床和睡觉,比如沿着自我们出生之日起就确定的轨迹生活,从而避免误入歧途,踏入即刻覆灭的险境。

太空

在罗马帝国的最后两百年里，这一理论已经成为有识之士的共识，毋庸置疑，也无须辩驳。孰料走进公元4世纪后，教会一朝独揽大权，再持有这样的观点，特别是宣称地球是圆的，便不再安全了。我们不应对此太过严苛。首先，最初皈依基督教的信徒大多出身于绝少有机会接触先进思想与知识的社会阶层。他们无比确信世界末日近在咫尺，到时耶稣基督将重返祂受难的地方，判决善恶。他将回归所有的荣光，令人人仰望。于是，他们开始推断（从他们自己的角度来说，这个推断完全正确），如果以上都是真的（对此他们毫不怀疑），那么地球必须是平的。否则耶稣基督就不得不重生两次，一次赐福西半球居民，一次赐福世界的另一边。显然，这样就太荒谬、太不庄重了，因此必然是不可能发生的。

于是，教会花了差不多一千年的时间不断教导人们，地球是个扁平盘子，位于宇宙正中央。在学术圈子里，包括在少数几个修道院的科学家和高速发展的城市里的天文学家之间，希腊人的古老设想——地球是圆的，与若干其他行星一起围绕着太阳转动——从未被丢弃。只是持有这种观念的人不敢公开谈论这个话题，只能深深藏在心里。因为他们知道，还有数以百万计的同胞并不那么聪明，发起公开讨论只会打破他们的平静安宁，却无法对切身问题的解决提供任何帮助。

再往后，除极少数特例外，教会中人也不得不承认，我们所居住的星球是个球体。到15世纪末，支持这一古希腊理论的证据大占上风，再也不容辩驳。这些都基于以下观察结果：

第一，事实证明，当遇到一座高山或一艘海上的船只时，我们首先看到的必定是山巅或桅杆顶部，只有继续靠近，才可能慢慢观察到其他的部分。

第二，无论我们在什么地方，身边的景象都会形成一个圆。也就是说，不管在陆地还是海面上，往任何方向看去，我们所能看到的距离都是一样的。如果乘上热气球或爬上高塔，那么，离地面越远，我们看到的圆圈越大。如果地球碰巧是鸡蛋形的，那么我们总会发现自己站在一个巨大的椭圆形中央。如果地球是四方或三角形，那么地平线也同样会是方形或三角形。

第三，每当月食发生，地球投在月亮上的影子都是圆的，只有球形能投下圆形的阴影。

只有球形能投下圆形阴影

第四，其他行星和星球都是球体，地球身为亿万星球中的一员，为什么偏就得是个例外？

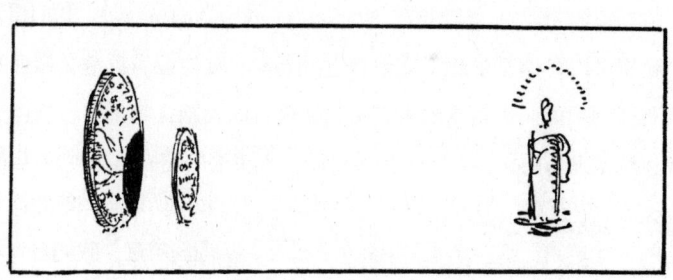

日食

第五，麦哲伦的船队向西航行，经过漫长的时间后最终回到了他们出发的地方，无独有偶，库克船长[①]自西向东航行，探险队里的幸存者最终也回到了他们启航的港口。

最后，如果朝着北极前行，熟悉的星座（古老的黄道十二宫，即十二星座）会渐渐下沉，直至消失在地平线下；而当我们回头向赤道行走，它们又会再次出现，并在天空中越升越高。

希望我列举的事实足够充分，能够证明这个刚巧充当了我们家园的星球必定是圆的。如果这些证据还不能说服你，那就去找一个值得信赖的物理教授问问吧。他会捡起一块注定会从高塔上坠落的石头，演示几个有关万有引力的小把戏，以此拨开疑云，证明地球只能是个球体。如果他运用的词汇非常简单，话说得也不太快的话，你或许能够听明白，但前提是你在数学和物理学上要比我精通得多。

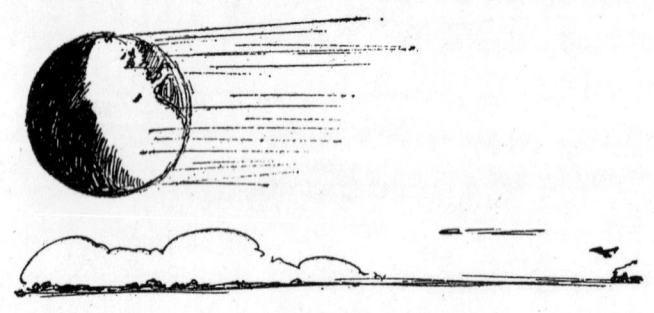

我们穿越空间的速度比最快的古炮炮弹更快

我也可以在这里乐此不疲地抛出一大堆非常专业的数据，但那对你不会有任何用处。平常人的大脑（包括作者的大脑在内）并不适合这类运算，这毫无乐趣可言。举个小例子吧。光传播的速率是每秒186,000英

[①] 詹姆斯·库克（James Cook，1728—1779），英国航海家、冒险家，曾三次率船队探索太平洋，留下了欧洲与今澳大利亚、夏威夷群岛建立联系的最早记录，首位发现澳大利亚东海岸和夏威夷群岛的欧洲人，绘有详细的纽芬兰地图。

里。你打个响指的工夫，它已经绕着地球转了7圈了。然而，从距离我们最近的恒星（如果你想知道确切名字的话，是半人马座阿尔法星）射出的光要以每秒186,000英里的速度飞行四又三分之一年才能抵达我们眼前。太阳的光能在8分钟内到达，木星的光需要3分钟，而北极星，这个在航海科学中举足轻重的角色，却得花上足足40年才能为我们送上一丝光线。

喏，要是被要求"形象地描述"这样一个距离，我们中的大部分人多半都会有些头昏脑涨，就算只是一个"光年"的概念，或者说一束光飞行一年走过的距离，或者说是365×24×60×60×186,000英里这个数字，也实在是大得吓人，所以通常我们只会说"噢，是吗"，然后就起身走开，去逗逗猫或是打开收音机了。

不过，我们对铁路都很熟悉。不妨试试换个方式：

一辆普通的客运火车，昼夜不停，开到月球需要5/7年。如果这辆车今天①出发，那么不到公元2232年是开不到太阳跟前的。进入海王星范围则需要8,300年。然而，和最近的恒星比起来，以上就全都是儿戏了，因为这段旅程所需要的时间是75,000,000年。至于到北极星，这列火车得开上700,000,000年，700,000,000年将是一段漫长的时光，非常非常长。如果我们假设人类平均寿命是70年（这是个相当乐观的数字），那么，在列车抵达终点之前，以生死交接为一代，车上的人口也已经繁衍10,000,000代了。

到目前为止，我们还只涉及了看得见的那部分宇宙。和伽利略时代人们用来搜索天空并且偶然做出了些最伟大发现的有趣小装置比起来，我们的望远镜可是精良得多了。即便如此，它们仍然很不完美，除非我们能将镜头进行千倍级的提升，否则还是很难取得太多进展。因此，谈论"宇宙"的时候，我们指的其实只是"可见的一小部分宇宙，也就是我们自己能看到，或如今替代肉眼观测的高灵敏度感光片能观察到的宇宙"。至于

---

① 本书首次出版于1932年，则此处所指的"今天"在此之前，约略可视为车程300年。

宇宙的其他部分，目前还看不到的那些，唉，我们实在是一无所知。更糟糕的是，我们甚至不敢猜上一猜。

那些小点——那就是我们对于宇宙所有的了解

　　距离我们较近的星有数百万颗，包括恒星和其他星，其中只有两颗对我们自身的存在有着极其直接的明显影响，它们便是太阳和月亮。太阳每天轮流为东西半球送来一半时间的温暖与光亮。月亮离我们这样近，近到足以影响海洋活动，引发我们称之为"潮汐"的奇怪水文现象。

月亮离我们真的很近。因此，尽管它个头比太阳小得多（假如我们提到过的直径3英尺的超大号地球仪是太阳，那地球就好比一颗小豌豆，月亮则不过针尖大小），可作用于地球表面的"引力"却比太阳大得多。

如果地球是个纯固体的实心球，月亮的引力便可以忽略不计。然而，地球表面3/4的面积都被水覆盖，这些水追逐着月亮环绕地球的足迹，就像撒在纸上的铁屑追逐你从桌面上方移动的磁铁。

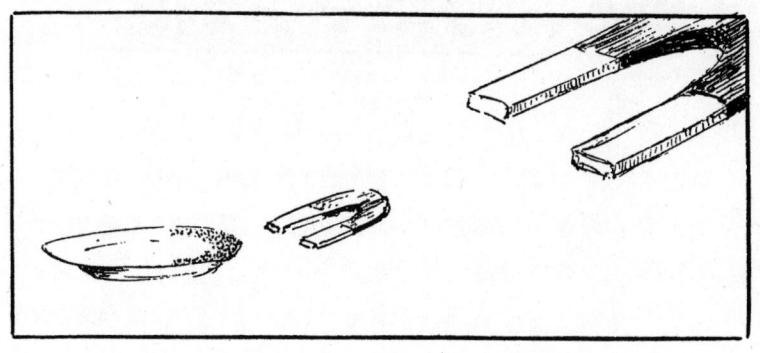

潮汐

一天天，一夜夜，成百上千英里宽的广阔水域紧紧跟随月光的召唤涌动。

当它们涌入海湾、港口、河口，紧紧挤作一团，便生成了潮汐，20、30、40英尺，大大小小，千差万别，使得行船其中成为一桩无比艰难的事情。若是太阳和月亮正巧都在地球的同一侧，引力自然要比只有月亮的时候大得多，于是，就有了我们所说的"大潮"，在全球许多地方，一次大潮几乎就是一场小规模的洪水。

地球被一层氮气和氧气紧紧包裹着，我们称这层气体为"大气层"或"空气"。通常认为，大气层厚约300英里，它随地球一起转动，就如同橙子皮与它所包裹着的橙肉同行。

大气的层次

就在差不多一年前,一位瑞士教授乘坐特制的热气球升上10英里的半空,进入了人类此前从未造访过的大气层内部。这是一项了不起的壮举,但还有290英里的高空等待我们去探索。

大气层与地球表面的陆地和海洋一起组成实验室,制造出千变万化的天气,风、暴风雨、暴风雪和旱季。它们无时无刻不在影响人类生活的喜乐与幸福康宁,既然如此,我们就应该在这里对它们进行一番认真的探讨。

三大要素决定了我们的气候是什么样(可惜,很少天从人愿),即土壤温度、盛行风①和空气湿度。"气候"(climate)最早的意思是"地球的斜坡"。因为希腊人留意到,随着地球表面向两极越来越"倾斜",温度和湿度也随之发生变化,就这样,"气候"一词便背离了它原本的地理意义,转而指代一定地区范围内的大气条件。

今天我们说起某个国家的"气候",指的是一年不同时间段里主要的常规天气条件,我在这里采用的也是这一含义。

首先,请容我就神秘的风谈一谈,它们在人类文明发展史上扮演着非常重要的角色。如果没有赤道地区洋面上规律的"信风",美洲大陆的发

---

① 气象术语,又称"最多向风",指特定区域在特定时间段内出现最多的风和风向。

现时间大概会一直推迟到蒸汽船舶出现以后。如果没有满含水汽的清风，加利福尼亚和地中海诸国绝不会如此繁荣，将它们北面和东面的邻居远远抛下。更不用说风里夹杂的土石尘埃就像一张巨大的隐形砂纸，经过数百万年的打磨，就算最雄伟坚实的山峰也会被碾碎，从地面消失。

地震

它们像许多层毯子一样为我们保暖

"风"最直白的含义是指某种"蜿蜒前行"的东西。也就是说,风是一股从一个地方"蜿蜒前行"到另一个地方的空气。可这股空气为什么要从一个地方蜿蜒前行到另一个地方呢?原因在于,总有一部分空气比其他的温暖一些,相应也就轻一些,于是它们获得了上升的动力,直至可以抵达最高处。这时候,真空出现了。正如早在两千年前希腊人就发现了的,"自然憎恶真空",与水和人类一样,空气也是"真空憎恶者",于是,较重的冷空气便立刻冲进真空区。

当然,人人都知道如何在屋子里制造热空气,很简单,点个火就行。放大到星际层面,太阳便是炉灶,行星便是等待加热的屋子。得到最多热量的自然是最靠近炉子的部分(即赤道一线),分得最少热量的也就是距离炉子最远的地方了(南极和北极地带)。

现在,炉子在空气里搅起了一场大骚动——循环式的骚动。热空气上升,升到最高处的同时,也就远离了原本的热源,于是开始冷却。冷却过程中,它不复轻灵,转而向地面下沉。而一旦回到低处,它便重新与炉子建立起联系。再一次,它变热,变轻,开始上升。如此周而复始,直到炉火熄灭。但房屋四壁已经趁着炉火还燃烧时吸收了相当多的热量,因此还能在一段时间内保持房屋的温暖,时间长短取决于建造墙壁的材料。

这些墙壁就好比我们赖以生存的土地。沙子和岩石吸收热量比浸透了雨水的沼泽快,相应地,散起热来也快得多。

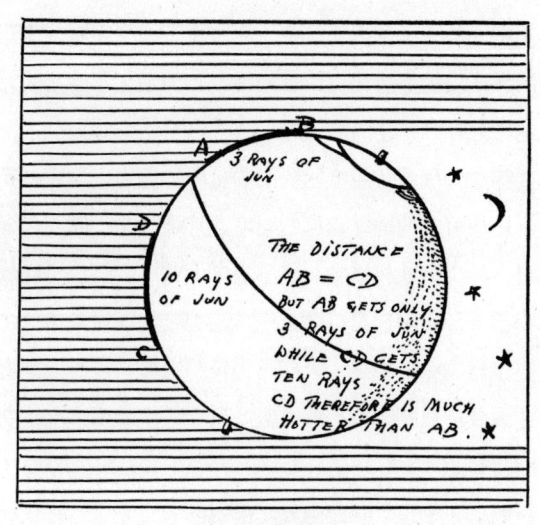

太阳温暖地球

  结果就是，沙漠在日落之后很快就会冷得令人难以忍受，而森林在天黑后的好几个小时内还能保持温暖舒适。

  在存储热量方面，水是名副其实的能量池。结果就是，比起内陆腹地，所有海洋上或近海的国家都享有更加稳定、温和的气温。

  若说我们的火炉太阳在夏季燃烧得比冬季更久、更猛烈，那么夏天比冬天温暖倒也是必然结果。但还有别的因素影响着太阳的工作成效。如果你曾尝试在极寒冷的天气里用小电暖器来加热浴室，希望里面不至于冷得让人发抖，就必定知道，这个小炉子的放置角度有多重要。太阳也是如此。热带地区阳光接触地面的角度比极地正得多。因此，一束100英里宽的阳光会端端正正地直射在100英里的非洲森林或南美洲荒野上，丝毫没有分散。而在极地附近，同样一束100英里宽的阳光却要覆盖两倍宽的一长溜土地或冰面（就像插图里画的那样，说上一千句也不如它清楚），也就是说，这100英里阳光加热的能力在极地附近被减半了。就好像同一个燃油锅炉，为一套6个房间的公寓供暖可以确保温度适宜，可若是要求它为12个房间的公寓提供同样的保障，则必然会失败。

我们的空中火炉的工作更加复杂，原因在于一个事实：太阳必须确保包裹着我们的大气层也保持相对稳定的温度。但她却不能直接完成这一任务，只能以地球为媒介，迂回地去做。

阳光需要穿透大气层才能抵达我们的星球，但它们穿越得太容易、太快，很难影响这块可靠的地球盖毯的温度。于是，它们照射在地球上，地球储存下热量，再缓慢地将其中一部分送进大气层。顺便多说一句，这一事实正好解释了为什么山顶总是那么冷。因为我们登得越高，山体从地球本身获得的热量就越少。如果（人们过去曾经这样猜测）太阳直接加热大气层，再通过大气层温暖地球，那么情况就会完全颠倒过来，高山顶上也就不可能有白雪皑皑了。

现在，我们进入了这个问题中最困难的部分。空气不只是我们想当然的"空"气。它也有实体与重量。由此推断，较低处空气层所承受的压力比较高处的更大。当你想要压平一片叶子或一朵花时，你会把它夹在书中，然后在上面压上另外二十本书，因为你知道，书堆最下方的那本书受到的压力最大。我们人类背负着压力生存，这个数值比大多数人想象的更加大，相当于每平方英寸15磅。这就意味着，要不是身体里也充满了同样的空气，我们早就被压扁了。真是万幸。即便如此，超过30,000磅的重量（依照平均人体体表面积来算）也是个不容小觑的数字。不信的话，不妨去试试举起一辆小型货车。

然而，即便在大气层内部，气压也是不断变化的。我们能够知道这一点，多亏了埃万杰利斯塔·托里拆利[①]的发明，他是伽利略的学生，早在17世纪初就为我们带来了气压计，就是那个无论白天黑夜都能测量气压的著名仪器。

第一批托里拆利管一上市，人们便开始将它投入实践。他们注意到，

[①] 埃万杰利斯塔·托里拆利（Evangelista Torricelli, 1608—1647），意大利物理学家、数学家，除了发明气压计之外，在光学等方面也颇有建树。

海拔每上升900英尺，气压柱便下降1英寸。紧接着，一个影响深远的发现浮出了水面，它让研究大气现象的气象学成了一门胜任天气预测工作的可靠学科。

  有物理学家和地理学者开始怀疑，气压和盛行风的风向相互影响，两者间存在某种确定联系。然而，要找出适用于所有气流活动的不容辩驳的规则，首先必须花上好几个世纪的时间来搜集数据，以便从中归纳出一些确定的结论。当这一步完成，人们便肯定了，世界上有些区域的气压远远超过了海平面平均气压，与此同时，另一些区域的气压却远远低于这一数值。于是，前者被命名为高压地区，后者则是低压地区。紧随其后被确定的是，风永远是从高压地区向低压地区吹，风速和风力取决于高压区气压究竟有多高而低压区气压有多低。当前者极高且后者极低时，就会出现非常强的风，如风暴、气旋或飓风。

  风不但能够确保我们居住的地球保持良好的空气流通，还在雨水分布上扮演了十分重要的角色，若非如此，植物和动物的常规生存发展都将变成完全不可能的事。

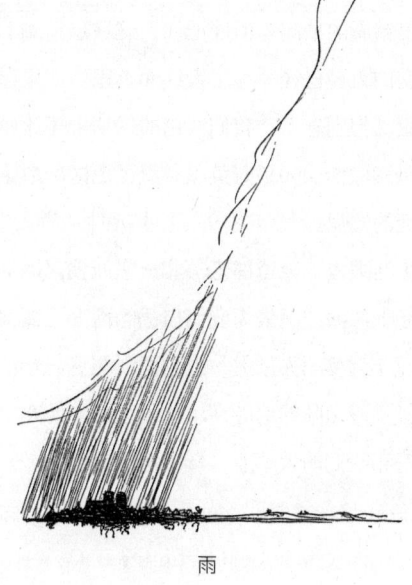

雨

雨水最初只是海洋、内陆盐湖及内陆雪原所蒸发的水分，它们以水蒸气的形态随空气移动。由于热空气携带蒸汽的能力比冷空气更强，因此无须太费力就能将水汽带走。直到空气开始冷却，部分水蒸气凝结起来，以雨水、冰雹或雪的面貌落回地面。

由此可见，任何区域的降水情况都几乎完全取决于风。如果我们有一片海岸，高山围绕，与内陆隔绝（这是很常见的情形），那么海岸地带必然潮湿润泽。因为风被迫向高处爬升（高处气压比较低），就在渐渐远离海平面的过程中，温度随之降低，直到以雨雪的形式卸去水蒸气，变成不含一滴水的干燥风，重新出现在山的另一侧。

热带多风且规律，因为地面的巨大热量能够推动空气上升到极高处，空气在高空冷却下来，被迫抛下原本携带的大部分水汽，水汽化为倾盆大雨返回地球。但太阳毕竟不是一年到头都高挂在赤道正上方，总会略微有些或南或北的偏移，因此赤道周边的绝大多数地区还是分得出四季的，其中两季总是暴雨倾盆，另两季却天气干燥。

暴风雨终归只是地区性的

从寒冷地带向温暖地带移动的稳定气流所行经的地区情况最糟。因为，当风从寒冷地区向较热地区移动时，它们吸收水分的能力也随之增长，却无法释放所携带的水蒸气，以至于地球上的这类地区很多都变成了沙漠，十年里也下不了一两场雨。

有关风和雨的话题大体就先谈到这里。更多详情，咱们在涉及具体国家时再讨论。

现在，该谈谈地球本身以及它那供我们安身立命的薄薄一层岩石硬壳了。

关于我们这颗星球的天然内部构造有非常多的理论，但我们能确定的东西依旧极其模糊。

坦白些吧。我们上到过多高的天空，深入过多深的地底？

缩放到直径3英尺的地球仪上，世界最高峰珠穆朗玛峰看来不过一张棉纸的厚度，菲律宾群岛东面的世界最深海沟也只是一张邮票大小的凹痕。你看，我们从未潜入海底的最深处，也从未登上过珠峰之巅[1]。就算借助热气球和飞行器，我们如今也只是刚刚飞上了比这个喜马拉雅巨人高一丁点儿的地方，可无论如何，哪怕算上瑞士科学家皮卡德[2]最近的成功飞行，还有29/30的大气层尚未揭开面纱。说到水域之深，我们对太平洋的探索还不曾超过它1/40的深度，顺便说一下，最深的海洋深度远远大于最高的高山高度。我们并不清楚这是为什么，但假如我们能把不同大陆上最高的山峰投进最深的海洋，珠穆朗玛峰和阿空加瓜山[3]都会停留在海平面以下好几千英尺处。

---

[1] 有明确记录的人类首次登顶珠穆朗玛峰（约8848米）的时间是1953年（即本书首次出版后的第21年），由英国登山队完成。
[2] 奥古斯特·皮卡德（Auguste Antoine Piccard, 1884—1962），瑞士物理学家、发明家，以其在热气球飞行器上的开创性成就而闻名。
[3] 阿空加瓜山是亚洲大陆以外的最高山峰，位于阿根廷境内的安第斯山脉部分，海拔6,961米。

地壳像海绵，遍布洞眼

哪怕是以我们今日的知识水平，这些令人困惑的事实也没能为地壳起源及其后续发展问题提供任何可资参考的信息。同样，也不必向火山寻求地球内部的真相（我们的祖辈曾抱有这种天真的期望），因为我们已经知道，即便地心确实充溢着灼热的物质，火山也并非出口。要不是这样的类比太让人不快，我倒是想将它们比作皮肤表面的疥疮，肮脏、恼人，但纯属局部的小问题，绝不至于病入膏肓。

地球上总共还有差不多320座活火山。① 另有400座曾经也在活火山的名单中，但已经偃旗息鼓，彻底熄灭，成了普通（或者说平凡）的高山。

绝大部分火山都分布在海岸地带。确实，日本位于全球最不稳定的地壳上（地震仪显示那里平均每天有4次轻微的火山活动，一年可累计达

---

① 据欧洲航天局发布的数据，目前观测到，地球表面的活火山数量超过1500座，大部分分布在环太平洋地带。

026

1,447次），它是个岛屿，马提尼克和喀拉喀托①也是岛屿，后者是近年来火山喷发活动中最大的受害者。

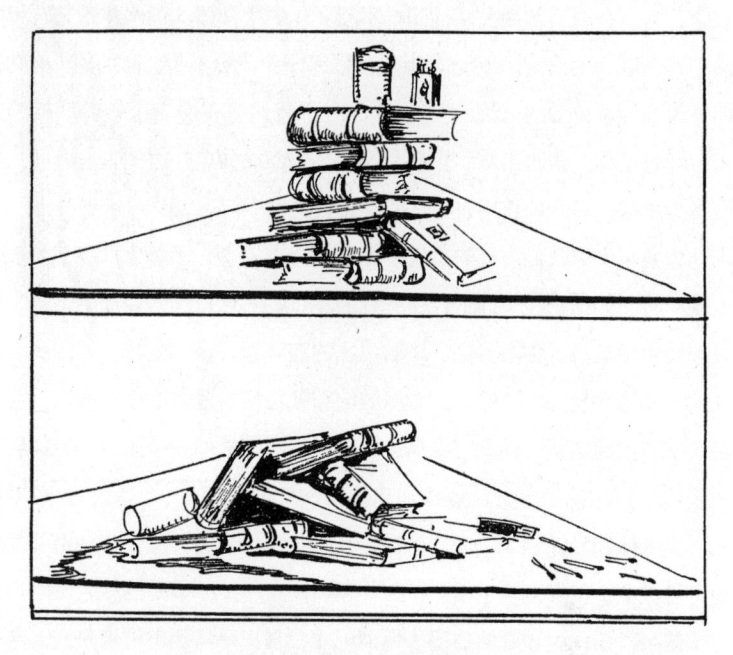

何不制造一场自己的地震呢

有鉴于海洋与火山的亲密关系，很自然，人们会试图将一切火山活动都解释为海水渗入地球内部所导致的某种规模巨大的锅炉爆炸，同时伴随着因岩浆、水蒸气等物质四溢而带来的灾难性后果。然而，就在那之后，我们发现了好几座相当活跃的火山，全都距离海洋成百上千英里之遥。这个理论只得宣告失败。在两个世纪后的今天，如果你要问我同样的问题，我也只能摇摇头，给出同样的回答："我们不知道。"

---

① 马提尼克为加勒比海东部小安的列斯群岛中的法属岛屿。喀拉喀托岛因喀拉喀托火山得名。1883年，该火山最剧烈的一次喷发摧毁了2/3的岛屿，全球的自动记录仪都捕捉到了最后一波喷发的痕迹，其冲击波在地球发生了7次反射，持续至少5天。1927年，它的再次喷发造就了一座新岛，名为"喀拉喀托之子"（Anak Krakatau）。

同时，还有另一个问题，地表本身是什么？我们从前总是张口就说，岩石亘古不移，无视时光的变迁。现代科学对此可没那么自信，它转变了观念，将所有岩石都视为某种同样不断变化的生命体。雨水冲刷它，风吹拂它，两者合力之下，就算高山也要以每十个世纪3英寸的速度被消磨。如果没有反向活动来抵消这些侵蚀作用，我们所有的崇山峻岭早就消失了，就算是喜马拉雅山脉，也会在大约116,000,000年的时间里被磨成一片广袤的平原。但反向作用是存在的，而且还很多。

想要至少对我们周遭的真实世界约莫有点概念，不妨拿六块干净手帕出来，将它们摊平在桌面上，一张叠着一张。然后慢慢合拢双手，将它们一起向中间推挤。你会得到一堆皱巴巴的亚麻布，奇形怪状，遍布高山、峡谷、褶皱和反向的褶皱，这堆揉皱的布就是惟妙惟肖的地壳模型。地球是一个巨大的结构，在太空中高速运转，不时释放掉一些热量。而这层壳正是这个结构的一部分。就像所有渐渐冷却的东西一样，它也在慢慢收缩。你大概已经知道了，当一个物体开始收缩，它的外皮上就会出现凌乱的奇怪皱褶，就像两块手帕被揉在一起那样。

截至目前，最精彩的猜测（但请记住，这只是猜测）告诉我们，自从地球诞生以来，它的直径已经缩小了大约30英里。如果是直线距离，这个数字似乎并不起眼。但别忘了，我们谈论的是一个无比巨大的曲面。这个世界的地表面积是196,950,000平方英里。直径上区区数字的突然变化就足以引发令人类灭绝的惨祸。

好在大自然干活很慢，鬼斧神工都非一蹴而就。她竭力维持着造物的平衡。如果答应让一片海洋消失（我们自己的盐湖干涸得很快，瑞士的康斯坦茨湖再有10万年就要消失了），她会同时在另一个地方着手造另一片海洋；如果给出了某段山脉的退隐许可（再过6000万年，欧洲中部的阿尔卑斯山脉就会变得和我们的大草原一样平坦），那么，在毫不相干的地球另一角，地壳就会开始缓缓变形，隆起为新的山脉。至少我们相信是这样，尽管这个过程往往太慢、太温和，以至于我们很难察觉。

山脉的起落

然而，普遍规则也有例外的时候。只有自己时，大自然不急不忙。可一旦有人类为虎作伥，她或许就会证明，她是个多么让人难受的快手工匠。自从人类真正进入文明时代，为自己发明了些小蒸汽机和炸药，地表的改变就快了起来，想必我们的祖先很难再认出曾经的牧场和花园——如果他们能回到我们身边度个短假的话。对木材的贪得无厌和冷酷无情驱使我们扒去了几乎所有山脉的森林与灌木盖毯，将无数区域变成了史前荒野。从森林消失的那刻起，山坡上多少年来紧紧依附在岩石上的肥沃土壤便遭到了无情冲刷，光秃秃的山坡变成了四野村庄的威胁。雨水再不会被草皮树根拦截并储存下来，而是如瀑布般汹汹冲向平原，冲毁沿途的一切，直奔山谷与平原。

很不幸，这并非危言耸听。不必返回冰河时期——不知为什么，那时候厚厚的冰雪覆盖了整个北欧和北美，在山脉上凿下凶险的沟壑——我们只需要看看罗马时代。罗马人都是一流的开拓者（不就是古代的"实干家"吗？），只花了不到五代人的时间，就愚蠢地摧毁了一直在确保意大利成为生态平衡、气候温和的国家的一切东西，彻底改变了他们半岛的气候。至于西班牙人，一出现就将小个子印第安人无数代精心经营的肥沃梯田毁于一旦，他们对南美洲山川的所作所为还历历在目，无须多加解说。

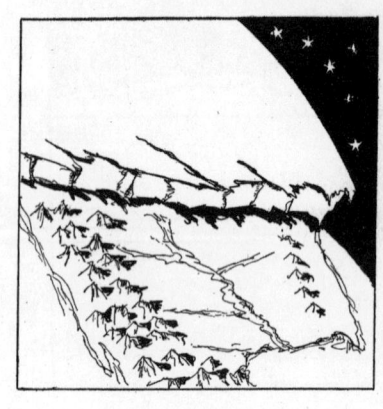

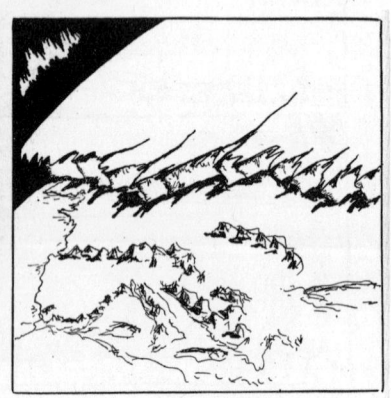

美洲的冰川　　　　　　　欧洲的冰川

当然，以饥饿相胁迫是最简单的手段，剥夺他们惯有的生活，令其驯服——就像在我们的统治下灭绝的野牛——以有效的方法将凶悍的战士变成保留区里肮脏、懒散的顺民。然而，这些粗暴、愚蠢的手段本身就背负着自然的惩罚，任何一个熟悉我们的平原或安第斯山脉的人都能解释给你听。

公元前500万年　　　　　　　　　　公元1932年

能令高踞权力宝座的人意识到实用地理学的重要性的问题不多，幸运的是，这正是其中之一。对维系所有人福祉的土地横加扰乱的行径，如今再没有哪个政权能够容忍。我们无权左右宇宙的变迁，哪怕这变迁就发生在地球表面。但有无数小事是我们可以在一定限度内把握的，它们能影响某片区域降水的多寡，避免肥沃的土地变成呼啸的沙漠。或许我们对地球内部一无所知，但至少还可以对它的外部多加学习。每一天，我们都在向实用信息库注入更多信息，并聪明地运用它们，为众生谋取福利。

但我不得不遗憾地说，对于地表的大半区域，人类还不具备这样的掌控力，这些区域被称为大洋或大海。在我们的这颗圆球上，几乎3/4的区域都不适宜人类生存，因为它们表面都覆盖着或浅或深的水，浅的不及2英尺（近岸处），深的就像紧邻菲律宾东侧那近乎35,000英尺的著名"深洞"[①]。

[①] 即马里亚纳海沟，这是目前已知的世界最深海沟，位于菲律宾以东、马里亚纳群岛附近的太平洋底，最深处深度约为10,994米（±40米）。

这些水域可以大略分为三个主要部分。其中最重要的是太平洋，其水域面积约达68,500,000平方英里，大西洋水域41,000,000平方英里，印度洋29,000,000平方英里。另有内海面积总计2,000,000平方英里，湖泊、河流总计1,000,000平方英里。无论过去、现在乃至将来，水面覆盖的所有地方都是我们无法居住的失落之地，除非我们能像几百万年前的祖先那样，重新长出鳃来——这个痕迹在我们出生那一刻还存在着。

如果我们将世界上最高的山峰挪到位于菲律宾群岛和日本之间的海洋最深处（34,210英尺），就算是珠穆朗玛峰，距离水面也还有5,000英尺，其他高山以此类推，排列如下。它们是：

1. 珠穆朗玛峰（29,141）。
2. 干城章嘉峰，同样在亚洲尼泊尔附近（28,225）。
3. 阿根廷的阿空加瓜山（22,834）。
4. 厄瓜多尔的钦博拉索山（20,702）。
5. 阿拉斯加的麦金利山（20,300），北美最高峰。
6. 非洲的乞力马扎罗雪山（19,710）。
7. 加拿大的洛根山（19,850）。
8. 高加索的厄尔布鲁士峰（18,465），欧洲最高峰。
9. 墨西哥的波波卡特佩特火山（17,543）。
10. 亚美尼亚的亚拉腊山（17,090），诺亚方舟所在地。
11. 法国阿尔卑斯山脉的勃朗峰（15,781）。
12. 日本的富士山（12,395）。

（顺带说明一下，喜马拉雅山脉还有12座山峰比阿空加瓜山高，我在这里没有一一列举，是因为从来没人听说过它们的名字。）

人类能够全年生存的最高点是西藏（13）噶尔雅沙（14,518）。最高的湖泊是秘鲁（14）的的喀喀湖（12,545）。最高的城市是南美洲的（15）基多（9,343）和（16）波哥大（8,563）。
（17）瑞士圣伯纳山口的修道院是人类能够全年居住的欧洲最高点（8,111），（18）墨西哥城是北美洲最高的城市（7,415）。
最后，巴勒斯坦的（19）死海位于海平面以下1,290英尺处。

如果最高的山峰落进海洋最深处

乍看起来，如此丰沛的水源似乎纯粹是对良好地域的浪费，让我们不由遗憾，自家星球怎么偏偏这样湿。别忘了，在我们名下还有5,000,000平方英里的沙漠、19,000,000平方英里各种半荒芜的西伯利亚荒原和干草原。此外，还有面积惊人的成百上千万平方英里无人地带，或是太高（例如喜马拉雅山脉和阿尔卑斯山脉），或是太冷（例如南极和北极周边），或是太湿（比如南美洲的沼泽），或是森林太密（比如中部非洲的丛林），都不适合人类生存。所有这些，统统得从57,510,000平方英里的"陆地"面积里减去。我们难免会觉得，如果再多一点土地的话，人类必定能善加利用。

然而，非常值得怀疑的是，要是没有这个被我们称为"海洋"的巨大蓄热池，人类是否还能生存。史前时代的地质遗迹肯定地告诉我们，地球上也曾有过若干次陆地更多、水域更少的时期，无一例外，都是酷寒时期。当前1:4的陆地水域比是维系现有气候条件的最佳状态，不随意打破它，则是有利于我们所有人的最佳选择。

和坚硬的地壳一样，包裹在地球表面的广袤水域（在这一点上，古人猜对了）也处在不断的运动中。月亮和太阳用各自的引力将水高高拉起，蔚为大观。然后，白天的热量也参与进来，促使水汽蒸腾，逃离地面。极地的严寒用冰覆盖住水面。不过，从直接关乎我们自身福利的实用角度看来，气流或风才是最重要的，因为它们会直接影响海洋表面。

如果一直对着盘子里的汤吹气，你会发现，汤开始朝着远离你的方向移动。同样，当特定气流年复一年不间断地吹拂洋面，也能引发远离该气流的"漂流"。海面上随时都有若干气流自不同的方向吹拂，这些不同的"漂流"会相互冲撞抵消。然而，当风稳定下来，就像赤道两侧那样，"漂流"就会变成真正的洋流，这些洋流在人类发展史上扮演了重要角色，许多地方因此变得适宜居住，否则它们多半还像格陵兰岛的冰架一样寒冷呢。

洋流图能够告诉你，这些海洋中的河流（洋流的本质就是如此）在哪

墨西哥湾流

儿。太平洋里有许多这样的洋流。其中最重要的——就像大西洋上的墨西哥湾流一样重要——是东北信风带来的日本海流，日语叫Kuro Siwo（"黑潮"）。它首先完成在日本的使命，随后横穿北大西洋，在阿拉斯加留下祝福，以免这个地方冷到人类无法居住，之后，猛地掉头向南，将最宜人的气候送到加利福尼亚。

不过，只要谈到洋流，我们首先想起的总是墨西哥湾流，那条神秘的河流足有50英里宽、2000英尺深，不知多少个世纪以来，源源不断地将墨西哥海湾的热带温暖输送到欧洲北部，成就了英格兰、爱尔兰和所有北海①海域国家的丰饶。

墨西哥湾流本身很有趣。它源自著名的北大西洋涡流。和洋流比起来，北大西洋涡流更接近漂流，就像一个位于大西洋中部的巨大漩涡，一圈又一圈地旋转，将圆圈内部与外部水域隔绝，变成一个半死水状态的水塘，养育着亿万小鱼和浮游生物，并以"马尾藻海"或"海草海"之名在早期航海史上扮演着举足轻重的角色。一旦被信风（只出现在赤道以北的东风）送进马尾藻海，你就处境堪忧了——至少中世纪的水手对此深信不疑。你会发现自己的船深陷在无穷无尽的稠密海藻中，船上所有人都会慢慢饥渴而死，万里无云的天空下，惨白的骨骸将永远在水面上随着波浪起起伏伏，无声地警告试图违抗上帝旨意的后来者。

数十亿年前的大陆看起来和现在很不一样

---

① 大不列颠群岛和欧洲大陆之间的大西洋海域。

直到哥伦布顺利穿过这片昏暗水域的中心，才算是告诉人们，有关这片绵延数英里的稠密海藻的传说太夸张了。然而，哪怕到了今天，在大多数人眼里，"马尾藻海"这个名字依旧蕴含着某些神秘可怕的东西，听上去充满了中世纪意味，就像但丁笔下的地狱之路。尽管它事实上并不见得比中央公园里游弋着天鹅的水塘更激动人心。

还是回到墨西哥湾流吧。北大西洋涡流中的一部分终于找到进入加勒比海的通道。在那里，一股来自非洲海岸的西行洋流与之交汇。两股洋流的涌入，令加勒比海的水量远远超过了它的容量。就像倒得太满的杯子，水开始向墨西哥湾漫溢。

厨房里的湾流

墨西哥湾也装不下这么多额外的水，于是佛罗里达和古巴之间的海峡变成了水龙头，倾泻出一股宽阔的暖流（约27℃），即所谓"墨西哥湾流"。一旦墨西哥湾流穿过海峡，便以每小时5英里的速度奔流向前。正因为这样，古老的帆船才总是远远避开，宁可花费时日绕上一大圈也不愿直接切入湾流航行。

墨西哥湾流从墨西哥湾出发，一路沿着美国海岸线向北行进，直至被东部海岸推开，转而开启它横穿北大西洋的旅行。刚离开纽芬兰大浅滩[①]，它便遇到了自己的后裔，"拉布拉多寒流"，后者同样刚离开格陵兰岛的冰川区域，墨西哥湾流有多温暖、多友善，它就有多冰冷、多讨厌。两股强大的洋流相遇，生成可怕的浓雾，让这一带的大西洋蒙上了糟糕透顶的恶名。过去五十年里，还有无数冰山随寒流而来，座座都是航海史上的噩梦。每当这些停泊在格陵兰岛岸边的坚实冰山被夏日的太阳切割下来（然而这个巨大岛屿上90%的面积依旧被冰川覆盖），它们便顺水缓缓南行，直至被因墨西哥湾流和拉布拉多寒流相会而形成的涡流捕获。

接下来，它们便一边转着圈，一边慢慢融化。可恰恰是融化这一过程让它们变得格外危险，因为从水面上只能看到冰山的峰顶，而与此同时，山体那锯齿般的边缘全都隐藏在水下，深度刚好足以将船切开，就像刀切开黄油一样。这片海域如今完全禁航，还有美国的巡逻船持续巡视（一支专门的冰海巡逻队，由各国共同出资），他们负责炸毁较小的冰山，并就大冰山向过往船只发出警告。但不管怎么说，渔船热爱这片海域，因为在北冰洋出生的鱼儿习惯了拉布拉多寒流的温度，墨西哥湾流温暖的水让它们很不舒服。就在它们犹豫着是否要下定决心横穿温暖的墨西哥湾流回到北极时，法国渔民的渔网已经到来，那些人的祖先早在数百年前就常常光顾传奇的美洲大浅滩，比任何人都早。加拿大海岸附近的两座小岛圣皮埃尔和密克隆，不仅是两百年前占据北美大陆大半地区的法兰西帝国最后的残留，还见证过诺曼底渔民的勇气，静静地看着他们造访美洲海岸，那还是哥伦布出生之前150年的事。

至于墨西哥湾流，在从容离开所谓"冷壁"（因墨西哥湾流和拉布拉多寒流的温差而形成）向北后，便悠然横越大西洋，呈扇形散开，覆盖欧

[①] 大浅滩是北美大陆架上位于加拿大纽芬兰岛东南岸的一系列水下浅滩。文中两股洋流的交汇处便是全球四大渔场之一的纽芬兰渔场。

邻居们

洲西部海岸。它来到西班牙、葡萄牙、法国、英格兰、爱尔兰、荷兰、比利时、丹麦和斯堪的纳维亚群岛，为这些国家送上温暖的气候，远胜它们原本应得的。好心完成了它的职责后，这股水量超过全世界所有河流总和的奇特洋流便悄悄退入北冰洋。随即，这片海洋也发现自己的液态物实在太多，必须送出一股洋流才能解决问题，于是，格陵兰洋流诞生了，之前提到的拉布拉多寒流便来源于它。

多么奇妙的故事啊。

这个故事如此奇妙，以至于我忍不住想在这一章花费更多更多的笔墨。但不行。

这一章只是背景，一个关于气象学、海洋学和天文学的简单背景，在它的前方，我们戏里的演员很快就要一一登场。

现在，让我们暂且放下幕布。

当它再次升起，舞台上将呈现新的一幕。

下一幕将向你们展示，人类是如何学会寻找道路翻越高山、穿越海洋和荒漠的。唯有征服了它们，我们才能真正将这个世界称为"我们的家园"。

幕布再次拉起。

第二幕：地图和航海术。

Chapter 04

MAPS. A VERY BRIEF CHAPTER UPON A VERY BIG
AND FASCINATING SUBJECT. TOGETHER WITH A FEW
OBSERVATIONS ON THE WAY PEOPLE SLOWLY LEARNED HOW TO
FIND THEIR WAY ON THIS PLANET OF OURS

地图,一个基于极大极迷人课题的极简略概要,以及对于人类如何渐渐学会在这颗星球上寻路的些许观察

地图如此司空见惯,以至于我们几乎无法想象没有地图的时代,那时候的人们对于凭借一张地图旅行的想法很陌生,就像今天的我们说起依靠数学公式来完成太空旅行一样。

古巴比伦人是出类拔萃的几何学家,能够完成整个国家的地籍勘探(这项工作完成于公元前3800年,或者说,摩西[①]出生前的2400年)。他们给我们留下了几块泥板,上面描述的多半就是古巴比伦王国的疆域版图,只是和我们脑海中的地图大相径庭。埃及人为了从辛苦劳作的臣民身上收足每一分税款,也进行过一次全国调查,这证明他们掌握了足以完成这项艰难任务的实用数学知识。然而,寻遍法老王的墓葬,依然没有找到任何现代意义上可称之为地图的东西。

希腊人拥有最好奇的头脑,作为最擅长寻根究底的古人,曾写下无数

[①] 摩西是基督教、犹太教和伊斯兰教等亚伯拉罕诸教中的先知、犹太人领袖,曾带领以色列人离开埃及摆脱法老的奴役,前往新的定居地,并留下《摩西十诫》,这是人类社会最早的成文法雏形之一。

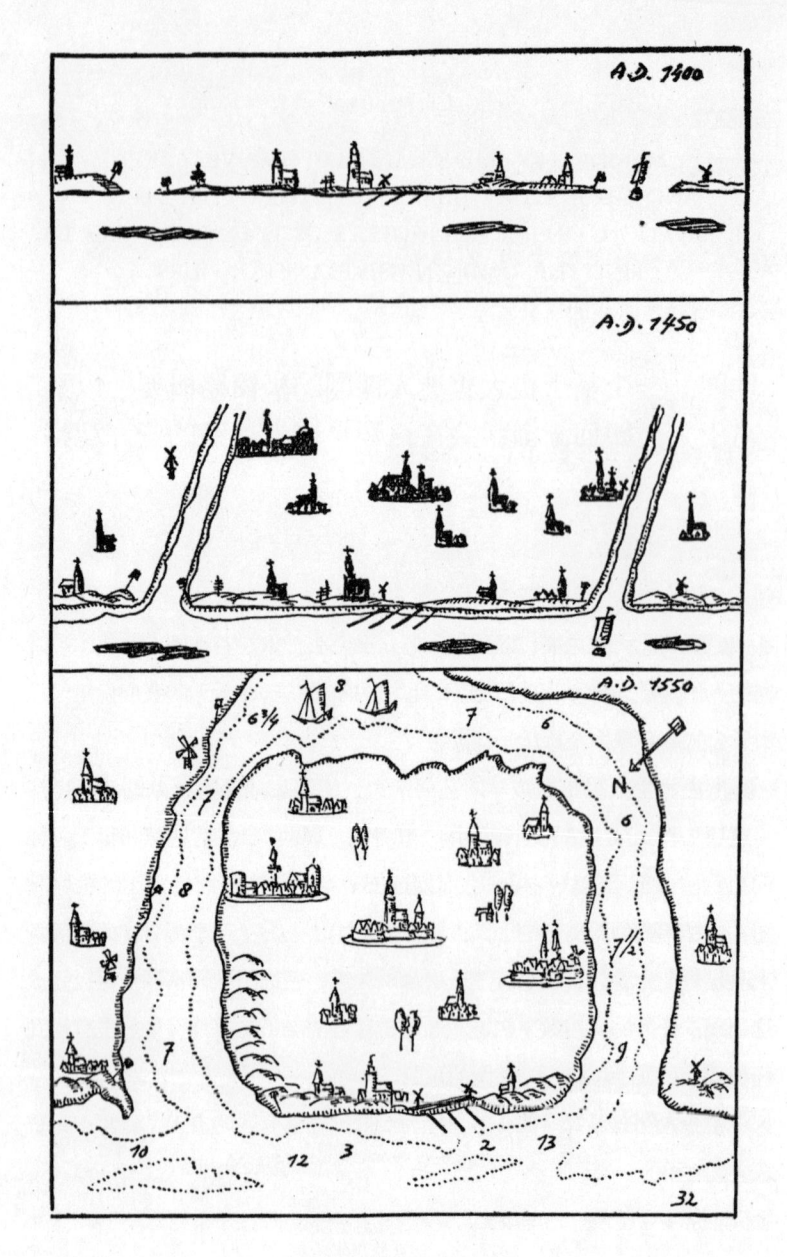

地图是如何成为地图的

有关地理的论文，可我们对他们的地图却几乎一无所知。看起来，当初某些大的商业中心地区应当曾经有过一种青铜板，刻着从地中海东部一个地方前往另一地方的最佳路线，供商人们参考。但至今没有一块实物出土，它们究竟是什么模样，我们完全无从知晓。亚历山大大帝到过前人从未抵达的远方，就算后来者也多有不及，他一定是拥有某种"地理意识"，才会设立了一支专门的"步测者"队伍，当他那不知疲倦的马其顿军团四处搜寻印度黄金时，这群人始终走在军队最前方，随时报出精确的里程数。然而，至于我们所能理解的那种地图，依旧毫无痕迹，没留下哪怕一角残片、一根线条。

追逐战利品的罗马人（在欧洲的大殖民地时代开启之前，他们是这个世界上最惊人的有组织、有体系的"抢劫团体"）无处不在，到处安家，到处修路，到处收税，到处把人挂上绞刑架或钉上十字架，到处留下他们的庙宇和游泳池，大有统治世界帝国的架势，却没有一张名副其实的地图。没错，古罗马的作家和雄辩家们许多次提到过他们的地图，信誓旦旦地说，它们相当准确，完全值得信赖。但唯一一张流传到我们手中的罗马地图（如果不算公元2世纪那张微不足道的古罗马规划小图的话）实在是粗糙含混，对于现代人来说，顶多只是一件古董，却没有什么实在价值。

在史学界，它被称为《波伊廷格地图》，得名于德国奥格斯堡一位名叫康拉德·波伊廷格的市政官员，是他首先想到，借助斯特拉斯堡的约翰内斯·古滕堡刚刚发明的印刷技术来印刷发行这份古地图。遗憾的是，波伊廷格手头并没有这份绘制于公元3世纪的地图原稿。他使用的是一份13世纪的摹本，在这之间的一千年里，蛇虫鼠蚁抹去了许多重要的细节。

尽管如此，它的主体轮廓无疑还是出自最初的罗马版本，如果这就是罗马人最出色的作品，显然，他们还有许多东西需要学习。我会在这里临摹这张地图的一部分，你可以自己判断。只有对它进行漫长而耐心的研究之后，你才会慢慢开始理解罗马的地理学家们脑子里想的是什么。同时，也会意识到，从那个意大利细面条式的"世界"到今天，我们取得了多么大的进步。对于当年要前往英格兰或黑海的罗马将军来说，那就是行军文件里最新的成果了。

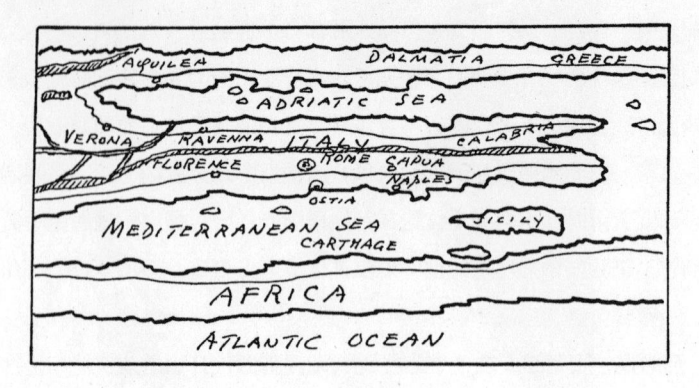

一张罗马地图

至于中世纪的地图，我们可以直接忽略。教会不赞成一切"无用的科学探索"。前往天堂的道路比莱茵河口到多瑙河口的最短路线重要得多，地图只不过是些可笑的图片，满是没头的妖怪（可怜的因纽特人是这种奇特想象的原型，他们缩在皮毛衣服里，连脑袋都看不见）、喷鼻息的独角兽、喷水的鲸鱼、长翅膀的鹰马、北海巨妖、美人鱼、鹰鹫兽等等整个恐怖迷信世界里所有的居民。自然，耶路撒冷是整个世界的中心，印度和西班牙是世界的边界，没有人会想要越过它们，苏格兰是个单独的岛屿，而巴别塔①足有10个巴黎那么大。

和中世纪绘图师的作品比起来，波利尼西亚人的纺织地图（它们看上去简直就是幼儿园孩子的涂鸦，却绝对实用，非常精确）足以称得上航海者的精妙杰作。更不用说同时代阿拉伯人和中国人的成果了，尽管他们被当作可鄙的异教徒而被忽视。在15世纪航海技术终于跻身科学之列以前，我们的地图都没有任何实质上的进步。

---

① 西方创世神话中，人类试图修建直通天堂的城市与高塔，即巴别塔，而为了阻止这项工程，上帝才将人类分散到世界各地，并令其语言不通。《圣经》中记载了这个故事。

最短的路线飞往最近的陆地。不知该往哪里走时,他们就放飞一只鸽子,看看它往哪里飞。接着便开船朝着鸽子的方向走,直到看到山峰,找到最近的港口去打听,这是闯到了什么地方。

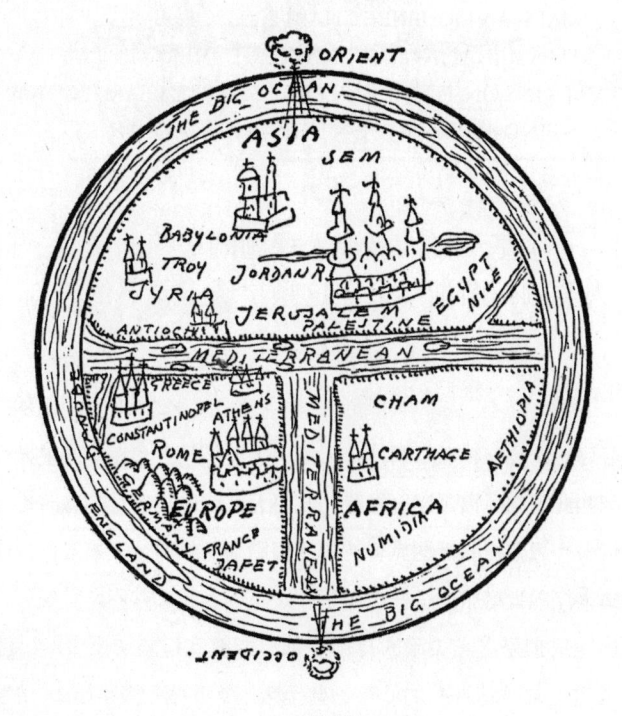

中世纪地图

当然,中世纪的任何人都比我们更熟悉星星。他们必须懂,因为那时候可没有今天的日历、年鉴之类的印刷品来提供信息。所以,聪明的船长只要看星星就能找到方向,并借助北极星和星座确定航线。只是北部的天空常常阴霾密布,星星就帮不上多大忙了。要不是一项外国发明在13世纪上半叶后迅速传入欧洲,航海依然会是一件痛苦而且代价巨大的事,只能依靠上帝的慈悲和人的猜测(基本上是后者)而行。可是,罗盘的起源和历史至今仍旧是个巨大的谜,我在这里告诉你们的更像是一些推测,而不是常识。

波利尼西亚织物地图

那时候，土耳其人攻下了连接欧洲与亚洲的桥头堡，通往东方的陆地交通被阻断了，突然间，在开阔的海洋上找出一条通往印度的新路线成了当务之急。这意味着，过去那种依靠岸边教堂灯塔或水边犬吠声导航的航海体系走到了尽头。现在，航行得横跨大洋，一连若干个星期里除了天空和水之外什么都看不到。恰是定位导航的需要大大促进了当时航海术的发展。

埃及人大概曾冒险抵达克里特岛，但没有继续前行。事实上，这座大岛的来访者似乎耗尽了力气，以至于整段航程看起来并不像是规划周详的探索之旅。腓尼基人和希腊人骨子里都是"教堂灯塔航海者"，虽说他们也完成过几次激动人心的航行，甚至大胆远航至刚果河流域和锡利群岛[1]。即使在那样的航行中，他们无疑也是尽可能紧贴住海岸线的，而且一到晚上就把船拽上陆地，免得它们飘向开阔的海面。至于中世纪商人，只不过死守着地中海、北海和波罗的海打转，从不允许远方的山脉连续多天从视野中消失。

如果发现自己在一望无际的海面上迷了路，他们唯一的想法就是找到最近的陆地。为此，他们总是随身带着几只鸽子。他们知道，鸽子会选择

---

[1] 刚果河是非洲第二长河，锡利群岛位于英格兰的西南端。前面提到的克里特岛是希腊诸岛中最大的岛屿，一度是欧洲有史以来最古老的米诺斯文明的中心，后在保留独特文明特色的同时，发展成为古希腊的文化和经济要地。

北,而总会向东或向西略微偏移一点,这种差异有个专业名词,叫"磁差"。这是因为我们星球的南北磁极并不完全与地理意义上的南北极重合,两者往往相距数百英里之遥。磁北极位于加拿大最北端的布西亚半岛处,詹姆斯·罗斯爵士于1831年首次登陆该岛;而磁南极位于南纬73°、东经156°处[①]。

也就是说,作为一名船长,只带着航海罗盘上船是不够的。还必须有航海图来告诉他,各个地方的磁差具体是多少。不过接下来就属于航海科学的范畴了,眼下这本小书并不是专门讨论航海术的。航海极其艰难,涉及庞杂的知识门类,这本身就决定了它绝无可能靠简单的寥寥数语就解说明白。就我们现在的目标而言,你只要记住,罗盘在13、14世纪间进入欧洲,大大促进了航海术的发展,帮助它成长为一门可靠的科学,而不再只是一件依赖运气和无望的复杂运算(那远远超过了绝大多数人脑力所能达到的水平)的事,这就足够了。

但一切才刚刚开始。

今天,任何人都可以轻松知道一艘船的航向是正北、北偏东、北北东、北东偏北、北东、北东偏东或是任何罗盘上标记出的32个"大概方向"[②]之一。中世纪的船长却只有另外两种工具来帮助他们大概判断自己身在大海中的哪片区域。

首先,是测深绳。测深绳的历史可能和船舶本身一样悠久。有了它,就能测出海洋中任意指定地点的水深,再配上一份标明海洋各处不同深度的图表,船便可以一边探路一边缓缓前行。测深绳能帮助人们大致估计出

[①] 磁极随地核磁场变化而移动,位置并非固定不变。詹姆斯·罗斯爵士(Sir James Ross, 1800—1862),英国海军军官、探险家,因对北极地区和南极洲的航海探索而闻名,他在跟从叔父约翰·罗斯爵士和威廉·帕里爵士探察北极地区时,于1831年登上布西亚岛,并以当次探险的投资人布西亚·菲利克斯(Felix Boothia)的名字为岛屿命名。
[②] 过去的航海罗盘上常会标记16个方向,将东南西北四个方向加以细分,这里的"正北"(N)、"北北东"(NNE)等即为方向名称,各方向范围内的具体偏转则以"偏东""偏北"等表示,合计可表述32个方向。

成吉思汗，这个眉眼斜挑的小个子蒙古人在13世纪上半叶里统治着一个前所未有的辽阔帝国（疆域覆盖黄海到波罗的海之间，直到1480年时，今天的俄罗斯都还在它的统治之下），在穿越广袤的亚洲中部荒漠前往欧洲寻求财富的征途中，他很可能就已经用上了某种罗盘。只是当地中海的水手们第一次看到这"亵渎上帝的魔鬼造物"（教会的人这样称呼它）时，绝没有人知道，就在不久之后，它会引领人类的航船驶向地球另一端。

这类发明对整个世界来说都非常重要，来由却全都模糊不清。也许是某个从迦法或法玛古斯塔回来的人在波斯商人手中买下一个罗盘，带了回来，波斯商人告诉他，这是刚刚从某个来自印度的人手里得到的。[①] 传言在岸边的酒馆里扩散开来。又有一些人想看看这被撒旦施过魔法的有趣小指针，无论你在什么地方，它总能告诉你哪一边是北方。当然，他们并不相信真会有这样的事情。尽管如此，他们仍旧会要求朋友下次从东方回来的时候也帮他们带一个。他们甚至提前付了钱。于是，6个月后，他们有了一个属于自己的小小罗盘。真没想到，这小东西真的有用！那么，人人都必须有一个罗盘。大马士革和士麦那[②] 的商人接到了更多的罗盘紧急供货需求。威尼斯和热那亚的工厂开始自己动手制造。眨眼间，欧洲的每一个角落都听说了罗盘。短短几年内，这个罩着玻璃面板的小金属盒子就变得如此司空见惯，以至于甚至不会有人想到这种随处可见的小仪器也值得书写一番。

到此为止吧，更详细的来龙去脉之谜大概永远都解不开了。然而，从这敏锐的指针第一次指引威尼斯人从他们的潟湖去往尼罗河三角洲到现在，我们对罗盘本身的认识已经取得了巨大的进步。比如说，我们发现，除了少数几个地点之外，在地球上的大部分地方，罗盘的指针并不指向正

[①] 迦法（Jaffa）是以色列港口古城特拉维夫南部，也是其中最古老的城区，因在圣经故事及星座传说中多次出现而闻名。法玛古斯塔（Famagusta）为塞浦路斯东海岸城市，是中世纪最重要的港口和丝绸之路连接西欧的商业门户。
[②] 士麦那为今伊兹密尔，土耳其西部港口城市。

冰

自己身在哪一个区域。

另一样是测程仪。最早的测程仪只是一块小木头，人们站在船头将它投入水中，观察它需要多长时间才漂过船尾。自然，船头到船尾的长度是已知的，于是人们就能知道船完全经过某一点所需要的时间，进而计算出时速。

木头测程仪渐渐被计程仪绳取代，那是一条非常结实的细长绳索，尾端拴着一块三角形木片。绳索打了许多"结"，被均匀地分成若干段。在它被投入水中的同时，另一名水手翻转沙漏开始计时。当所有沙子漏光（这个时间当然也是事先就知道的，通常是两或三分钟），前者收回绳索，数清楚在沙子从一个玻璃樽漏进另一个玻璃樽的时间内一共放出了多少个绳结。然后，只需要简单的计算，就能知道船行速度是多少，或者，就像水手们习惯说的，"多少节[①]"。

然而，即便船长知道了船速和大致的行进方向，也倍加小心地进行了计算，洋流、潮汐和风还是会出来捣乱。结果就是，哪怕在罗盘被引入之后的很长一段时间里，远洋航行依旧是最难以预测的冒险。致力于寻求理论上解决问题方案的人们意识到，要改变这一状况，他们必须找到什么来替代过去的教堂灯塔。

这并不是开玩笑。教堂灯塔、高山顶上的树、堤岸上的磨坊风车和看家狗的吠叫在航海领域有着举足轻重的意义，因为它们都是"固定的点"，也就是说，无论发生什么，它们都不会改变位置。有了这样的"定点"，水手就可以做出推断。"我得再往东走一点"，他回忆起上一次经过这个区域的情形，得出结论。这个结论也可能是"还要再往西（或南，也可能是北）走一段才能到达我的目的地"。那时候的数学家（顺便说一句，都是些非常聪明的人，考虑到当时信息的匮乏和工具的粗陋，他们在自己的专业领域已经做到了最好）很清楚问题的关键在哪里。他们必须找

---

① "节"是航速和流速单位，1节即1海里/时，约合1.85公里/时。

到自然界中的"定点"来代替人造的"定点"。

他们早在哥伦布大航海（我之所以在这里提到他，只是因为1492年似乎是个妇孺皆知的年份）的两百年之前就开始了这项研究，直至今天都还没有结束，尽管如今已经有了无线电报时信号、水下信号和机械驱动的操舵装置，而"钢铁麦克"[①]也已经让传统舵手几乎统统失业。

想象你自己站在一个圆球上，圆球位于一座塔的下方，塔顶上有旗帜飘扬。只要你还站在塔底，这面旗帜就永远在你的头顶正上方。但当你离开塔底想要抬头看看它时，你的视线必然与塔形成一个夹角，角度的大小取决于你与塔之间的距离，就像下面这幅图画里显示的。

教堂灯塔导航

一旦找到这个"定点"，剩下的就容易多了，无非是角度问题，就连古希腊人都知道怎样计算角度，他们奠定了三角学的基础，这门学科研究的正是三角形中边与角的关系。

至此，我们来到了本章节最困难的部分，事实上，我得说这是全书中最难的部分——对于今天被称为"经度"和"纬度"的东西的探寻。确定具体纬度的正确方法先被找到，比经度早了上百年。经度的问题（当然，

[①] 早期航海用语，指代陀螺罗盘，它不依赖磁场，而是依据地球自转确定方向。

现在我们知道怎么划分了）看上去比纬度简单得多。但对于我们那不知时钟为何物的祖先来说，却是几乎无法逾越的难关。反倒是纬度，只要求细致的观察和更加细致的计算，这是他们在相对早期就能够解决的。笼统的话已经说得太多了。现在应该做的是，尽我所能，简单地表述这个问题。

地心说时期对于世界的构想

在下图中，你会看到一些平面和夹角。站在D点上，你会发现自己正处于塔顶的正下方，就像正午12点时刚巧站在赤道的太阳下一样。当你移动到E点时，事情稍稍复杂一些。这个世界是圆形的，如果打算研究角度，你需要一个平面。因此你从设想的地球中心拉出一条线，地心为A点，这条线穿过你自己的身体，直抵你正上方的一个点，这个点在天文学里的正式名称是"天顶"，位于观察者头顶正上方的天空中，与"天底"相对，后者位于观察者脚底的天空中。

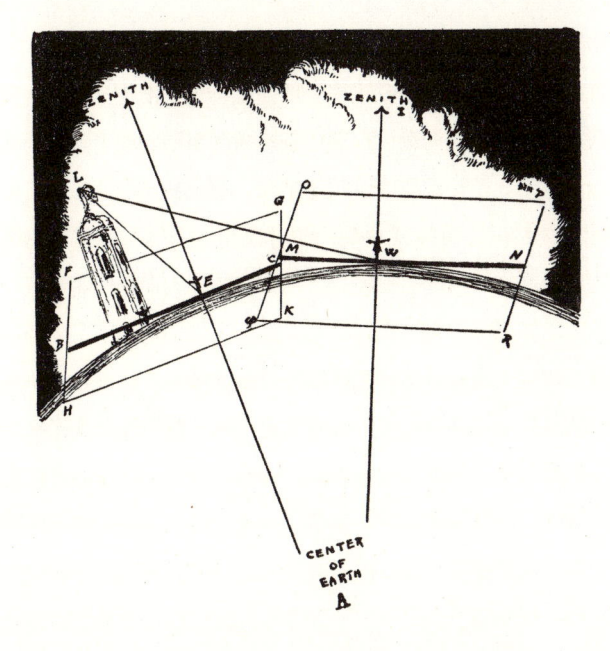

这真是太复杂了，让我们来做个实验吧，这样你能有一些直观的了解。用一根毛衣针穿透一个苹果，确保穿过了苹果正中心，然后想象你背靠毛衣针坐在苹果上。毛衣针的顶端就是天顶，而另一端则是天底。接下来，想象一个平面，刚好经过你站或坐的位置，垂直于毛衣针。当你站在E点时，这个平面就是FGKH，而BC就是经过你的观察点并沿平面伸出的线。此外，为了方便起见，也为了让这个问题稍稍简单一点，不妨想象你的眼睛长在脚趾上，不偏不倚，就是BC线与你的脚相交的点。现在，抬头去看塔顶的旗杆顶端，估算旗杆顶点（L点）、你所在的点（E点）和你脑海中那条BC线的顶端所形成的角度。BC线是假想的FGKH平面的一部分，垂直于天顶与A点之间的假想线，这条假想线连接着地心和你这名观察者头顶正上方的天顶。只要懂一点三角学，这个角度就能告诉你，你离塔有多远。移动到W点，重复这一过程。W就成了MN假想线与你相交的点，这条线属于虚构平面OPRQ，平面垂直于地球A点与新的天顶（天顶随着你的移动而改变）之间的连线。计算LWM的角度，你就知道，这

里到塔的距离要远得多。

你看，哪怕用最简单的方式来加以描述，它仍旧十分复杂。就是因为这样，我只能对现代航海赖以存在的基本原理粗略勾勒个大概。如果你有志成为一名水手，就一定要去专门的学校，花上数年时间来学习如何进行必要的计算；然后，再经过20或30年对仪器、表格和海图的熟练掌握之后，你的老板或许会让你担任船长，相信你有能力指挥一艘船从一个港口开到另一个。如果你没有这样的梦想，那么无论如何也不可能彻底弄懂这部分问题，所以一定能原谅我把这部分写得这样短，而且只谈梗概。

既然航海完全就是一桩关于角度的事，那么在三角学再次被欧洲人捡起之前，航海科学绝无可能有所进展。希腊人早在一千年以前就奠定了这门学科的基础，可自从托勒密（居住在埃及亚历山大港的著名地理学家）死后，三角学就被遗忘，或者说，被视为太过奢侈的无用品被抛弃了——这东西有点过分聪明了，以至于不大安全。但印度人及其之后的北非阿拉伯人与西班牙人没有这么多顾虑，他们骄傲地拾起了希腊人扔下的东西。天顶（Zenith）、天底（Nadir）这类词汇都是地道的阿拉伯语，它们证明了一个事实，在被允许重新排上欧洲学校的课程表（这是13世纪某个时期的事情）之后，三角学已经变成了一门穆罕默德的学科，再也不是基督的学科了。但在接下来的三百年里，欧洲人追回了丢失的时间。因为虽然可以再次展开对于角度和三角形的研究，他们却发现，自己仍然面对着同一个问题：如何找到地球之外的某个定点，来代替他们的教堂灯塔。

这一崇高荣誉的最强候选人是北极星。北极星离我们那样遥远，看起来仿佛是固定不移的，何况它也很容易辨认，就算最驽钝的渔夫也能在看不见陆地的时候很快找到它。他所要做的，只是想象一条穿过北斗七星右侧最远处两颗星星的直线，延伸出去，这样就一定能找到北极星。当然，太阳也是个选择，但它的轨迹从未被系统地标记出来，只有最聪明的水手才能借助它找到方向。

只要人们还不得不相信地球是平的，一切计算就都是徒劳的，它们游离在事实之外。直到16世纪早期，这些生搬硬凑的理论走到了尽头。"盘子"理论被"球体"理论取代，地理学家们终于迎来了自己的时代。

他们做的第一件事，就是用一个垂直于南北极连线的平面将地球分成对等的两个半球。这条分割线被称为"赤道"。因此，从赤道上的任意点到南、北极的距离都是相等的。接下来，他们将极点和赤道之间的区域均匀分成90个部分。再下一步，在赤道和极点之间画好90条平行线（当然是圆圈，别忘了，地球终究是圆的），每条线到另一条的距离都是69英里，也就是说，69英里就是人们心目中极点到赤道之间距离的1/90。

地理学家为这些圆圈标上了数字，从赤道开始向上（或向下）递增，直到极点。赤道本身是0°，极点是90°。这些线被称为纬度（Latitude，图中的L会帮助你记住它们是怎么回事），数字右侧的小"°"符号代表词语"度"，这很方便，因为如果在数学计算中直接用后者就太麻烦了。

以上种种意味着一个巨大的进步。可即便是这样，走进海洋依然是非常危险的尝试。在大多数船长都能掌握纬度问题之前，不少于十代的数学家和水手不遗余力地投身于有关太阳数据的编制工作，标出了它在每个地方的每一年的每一个日子里所处的位置。

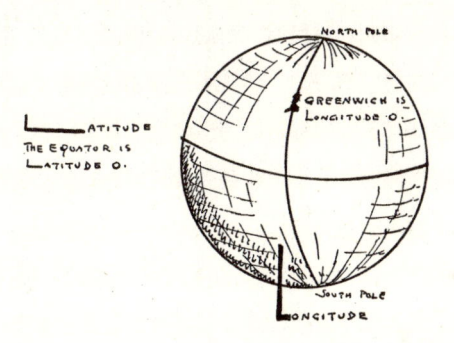

于是，到最后，任何一个拥有正常智力的水手——只要他能阅读、会写字——都能判断出自己距离北极点和赤道有多远，误差不会超过两三英里，或者用术语说，找出自己位于北纬（赤道以北的纬度线）或南纬多少度上。然而，一旦越过赤道，事情就不那么简单了，因为他无法再依赖北

极星,毕竟在南半球是看不到北极星的。好在问题最终还是得到了科学的解决,及至16世纪末过后,乘船出海者已经不需要为纬度问题担忧了。

尽管如此,经度(Longitude这个词有助于你记住,经线是纵向延伸的)的判断依然是个难题,彻底解决它又花费了整整两个世纪。在划分纬度时,数学家们至少有两个固定的起始点——南极和北极。"北极(或南极),"所以他们可以说,"就是我的'教堂灯塔',它会一直存在,直至时间的尽头。"

但地球上可没有东极或是西极这样的地方,毕竟地轴不巧没在这个方位上。当然,谁都可以随便画出无数条子午线,只要是个穿过两极点环绕地球的圆圈就行。但在这些数以百万计的圆圈中,哪一个才会雀屏中选,成为"本初子午线",将地球一分两半,让水手们从此可以说,"我正位于'子午线'以东(或以西)两百英里外"? "耶路撒冷是地球中心"的老观念依旧根深蒂固,许多人建议,应当把经过耶路撒冷的那个圈定为零度经线,或者说,我们垂直的赤道。但家国民族的自豪感否定了这个方案。每个国家都希望零度经线能穿过自己的首都,即便到了人类自以为在这方面已经开放了不少的今天,德国、法国和美国地图上的零度经线依然标在柏林、巴黎和华盛顿。到最后,考虑到英格兰刚巧在17世纪(经度问题就是在这时候得到彻底解决的)的航海科技领域做出了最大贡献,而自从英国皇家天文台1675年在伦敦附近的格林尼治设立以来,一切航海行动都由其统管,穿过格林尼治的子午线最终被定为独一无二的本初子午线,在纵向上将世界一分为二。

就这样,水手终于有了纵向方位上的"教堂灯塔",可在他面前还有另一个难题。一旦深入远洋公海,他要怎样得知自己处在格林尼治子午线以东或以西多少英里之外呢?为了一劳永逸地解决这个问题,英国政府在1713年专门组建了"海上经度探索委员会",重奖征集"外海经度测定"方案。两个世纪前的10万美元是很大一笔钱,于是每个人都满怀期待地着手参与这项工作。到19世纪上半叶委员会最终解散为止,它已经拿出了50

万美元作为奖金奖励给有价值的发明。

　　人们的辛苦工作几乎早已被忘却殆尽，研究成果也大都淘汰了。然而，重金刺激下出现的两项发明被证实具备长久的价值。第一项是六分仪。

　　六分仪是个复杂的装置（一种可以被夹在腋下带走的小型海上天文台），可供水手测算任何角距离。它直接诞生于笨拙的中世纪观象仪、十字测角器和16世纪的象限仪[1]，巧合的是，由于全世界都在同一个时刻寻找同一样东西，足有三个人声称自己是真正的发明者，为了这份荣誉苦苦相争。

　　然而，第一台六分仪在航海界引起的兴奋却比不上四年后出现的航海经线仪。这个精准可靠的计时装置出现于1735年，发明者是约翰·哈里森[2]，一个天才钟表大师（在转行当钟表匠之前，他一直是个木匠）。事实上，它就是一种行走极精准的钟表，从此，在世界各地显示格林尼治时间成为可能，无论什么地方、什么气候，乃至于以什么样的方式搭载在什么交通工具上。能够做到这一点，是因为约翰·哈里森在时钟里加装了一个他称之为"补偿弯曲"的东西。这个装置能够随着温度的变化调节弹簧长度，使之相应伸展或收缩，从而使他的航海经线仪基本能做到适应任何气候条件。

　　经过无休无止的争论扯皮后，哈里森得到了他的10万美元奖金（那已经是1773年，他逝世之前的第三年）。如今，无论一艘船开到了哪里，只要有航海经线仪，人们就能随时知道格林尼治时间。既然太阳每24小时围绕地球转一圈（并不是真的绕地旋转，我在这里只是为了表述方便），也就是每小时行走15度经度的距离，那么，要确定我们在本初子午线以东或以西多少距离之外，就只需要将当地时间与格林尼治时间比较一下，算出时间差就行了。

　　比如说，如果我们发现（这需要仔细计算，任何有经验的船员都能够

---

[1] 均为早期测量天体高度、角度等的仪器。
[2] 约翰·哈里森（John Harrison，1693—1776），英国人。

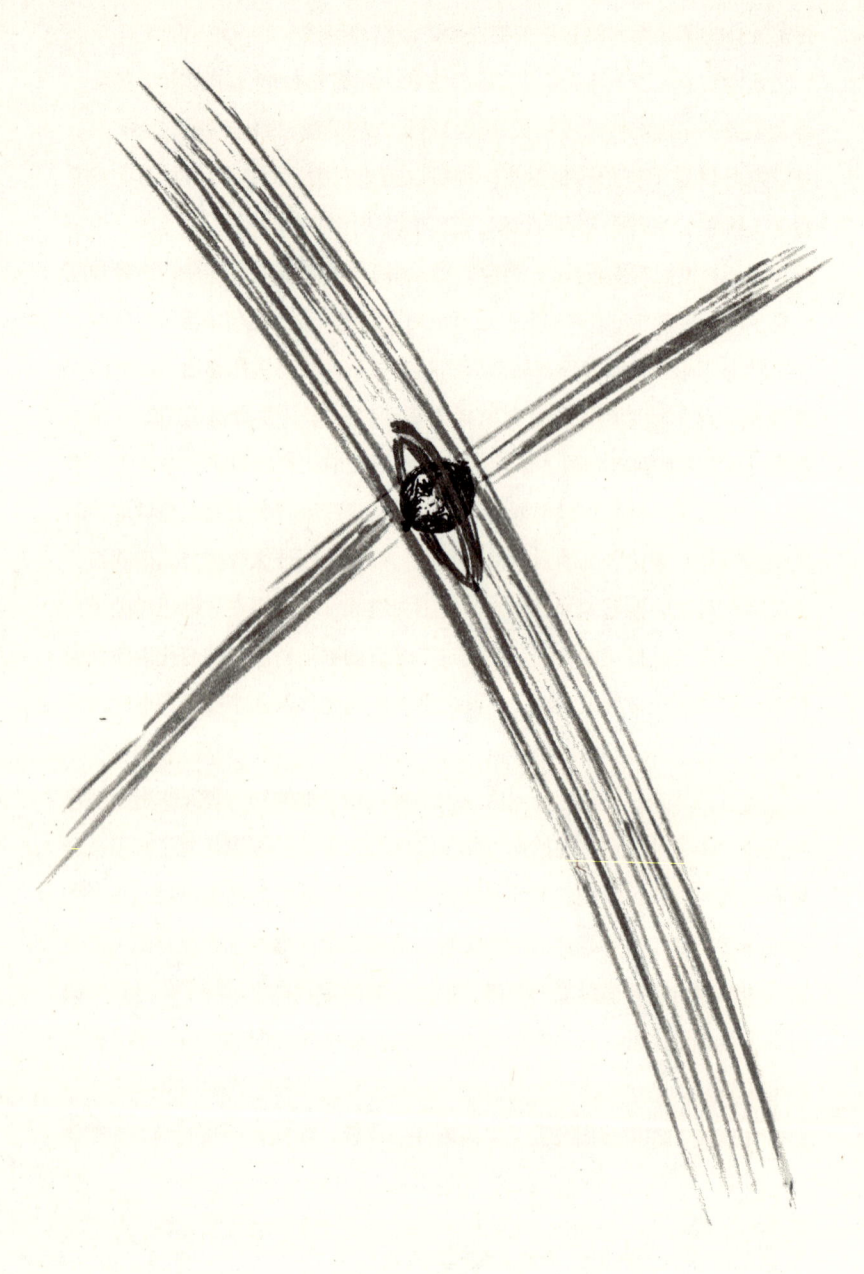

对太空中地球的新观念

做到）当前所在地的时间是正午12点，而航海经线仪显示精确的格林尼治时间为下午2点，而我们已经知道太阳每小时行走15度（这就意味着行走每一度耗时4分钟），又知道了当前位置与格林尼治的时差为2小时，那么就能得出结论，我们距离本初子午线必定刚好是 $2 \times 15° = 30°$。于是，我们就可以在航海日志（英文log-book，直译为木头书，这是因为在纸张普及之前，类似数据都是用粉笔写在一块木板上的）上记录下来：这艘船在某日正午行进到了西经30°处。

这个1735年的惊人发明在今天已不再那么重要。格林尼治天文台每天中午都会向全世界播报准确时间。航海经线仪迅速沦为非必要的奢侈品。事实上，如果我们信得过导航器，无线电足以替代我们所有复杂的表格、劳心费力的计量运算。现在，这讲述人类如何在没有标记的海洋中寻路的冗长章节就要结束了，描摹勇气、坚韧与智慧的伟大篇章也走到了尾声。当年，在茫茫大海上，令人绝望的波涛一浪接着一浪涌来，就连最出色的水手也难免在一瞬间迷失方向，时间短得甚至来不及写完上面这句话。如今，甲板船桥上将不再有手持六分仪的高大身影。他会坐在机舱里，头戴无线电耳机，问："你好，楠塔基特！（或者，你好，瑟堡！）我现在的位置是哪里？"楠塔基特或瑟堡①便会给出答案。就这么简单。

不过，这些二十个世纪以来孜孜不倦追求安全、舒适且有效穿行地球表面的努力并非无用功。因为这是首次全球合作的成功经历。中国人、阿拉伯人、印度人、腓尼基人、希腊人、英国人、法国人、荷兰人、西班牙人、葡萄牙人、意大利人、挪威人、瑞典人、丹麦人、德国人……全都在这项事业中做出了贡献。

有关人类合作史的这个专门章节至此就要结束了。但还有其他许多内容够我们好好忙上一阵子。

---

① 楠塔基特是美国马萨诸塞州东南部岛屿；瑟堡为法国西北部重要的港口。

Chapter 05

THE SEASONS
AND HOW THEY HAPPEN

季节及其由来

英语里"季节"写作"season",源自拉丁语的动词"serere",意思是"播种"。这样看来,"季节"最初应当只是表示春天——播种的时节。但刚一进入中世纪,这个词语的独特指代性便消失了。其他三个季节加入进来,将一年平均分成了四部分:冬季,有时也叫雨季[①];秋季,生长繁殖的季节(英文"autumn",与"增大,augmentation"和"8月,august"词根相同;不光指代"繁殖的季节",也指代"日益重要的人物");而夏季的英文"summer"则来自古梵文,原本指代全年。

撇开关乎人类的实用意义或浪漫意味不谈,四季的背后只有一个最最乏味的天文含义:它们都是地球每年围绕太阳旋转一圈的直接结果。对此,我会在合理的范畴内尽可能讲得简单、直接一些。

地球每24小时围绕地轴自转一圈,每365又1/4天围绕太阳公转一周。

---

① 雨季通常指一年中平均降雨最多,且降雨量大于蒸发量的月份。雨季的长短和具体时间因地而异,有的地方没有雨季,而有的一年有两个雨季,美国西海岸和地中海沿岸的雨季出现在冬季。

为了去掉1/4这个零头，让历法多少显得更加一目了然一些（是的，它不完全准确，但当今各国是否肯花费功夫同心协力来改进它实在是个值得怀疑的问题），每4年里我们就有一年变成366天或是闰年，除非那一年的末两位数刚好都是零，比如900年、1100年、1300年或1900年。而数值能够被400整除的年份又是例外中的例外。最近的一次例外是公元1600年，而下一次将是公元2000年。

地球环绕太阳的轨迹并非正圆，而是一个椭圆。它椭得并不厉害，但足够让有关太空中地球运行轨迹的研究变得复杂，大大超过研究正圆轨迹的难度。

地轴也并非垂直于太阳和地球所在的平面，而是以66.5°的角度相交。

但在围绕太阳公转期间，地轴始终保持着同样的倾斜角度，这直接导致了全球不同地区之间的季节差异。

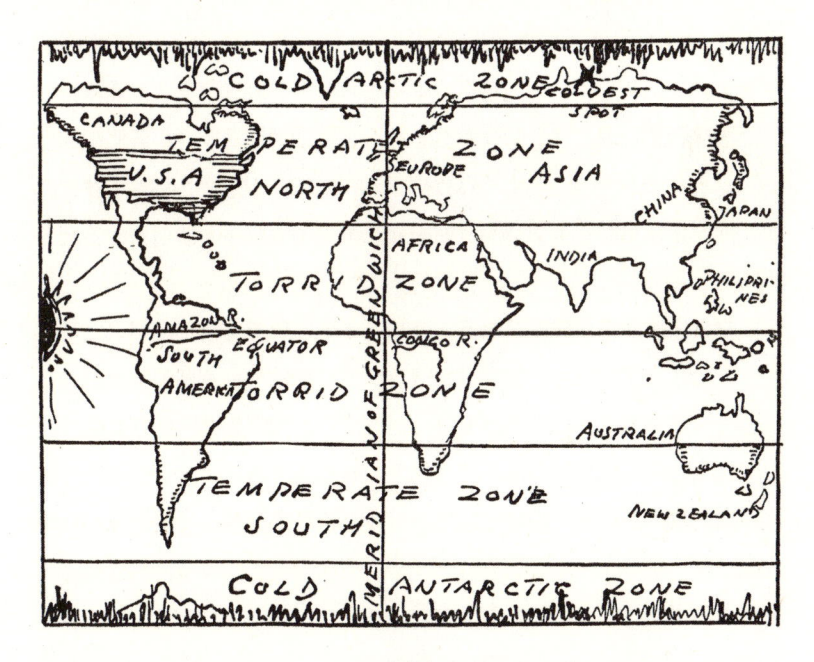

时区

每年3月21日，地球相对于太阳的位置刚好可以让阳光覆盖地球表面的一半。也就是说，在这个特殊的日子里，全球各地区的白天和夜晚都完全等长。3个月后，当完成了绕日旅行的1/4行程时，北极开始靠近太阳，而南极远离太阳。因此，北极长达6个月的极昼开始了，而南极则开始享受它每年一度的6个月极夜时光；相应地，北半球拥有了夏季里阳光灿烂的漫长白天，而南半球开始了围炉捧书的漫漫冬夜。想一想，当我们在圣诞节里滑雪时，阿根廷和智利的人们正热得几乎中暑；我们苦熬每年一度的高温暑热时，就轮到他们穿上冰鞋了。

第二个在季节意义上十分重要的日子是9月23日，因为在那天，白天和夜晚再次变得一样长，世界各地无一例外。接下来我们就来到了12月21日，这时南极开始迎接太阳，而北极转身背离了我们的热源。于是，北半球变得寒冷，南半球则温暖起来。

然而，地轴的特殊倾斜与地球的自转所带来的，不只是季节的变换。66.5°这样一个角度为我们带来了五大气候带区域。赤道两侧是我们的热带地区，在那里，阳光垂直或近乎垂直照射在地球表面。南北温带地区介于热带和极地之间，阳光相对不那么垂直于地面，因此，所温暖的地面和水面面积比热带更大。最后是两极地区，阳光照射地面的角度如此大，即便是在夏季，每69英里宽的阳光也不得不为几乎两倍面积的土地提供热量。

要单凭借文字说清楚这些不太容易。你可以到天文馆了解到以上所有内容，比起在这里看书，会懂得快得多。但我们却很少有城市认为有必要建造一座天文馆。去找市政委员会，告诉他们，你们想要一座天文馆作为圣诞礼物。等待他们在字典上查找这个高难度的字眼时（这大概要花上他们20或30年的时间），你最好还是自己找来橙子或苹果、一根蜡烛和一点儿黑墨水，碰碰运气来试着划分气候带。一根火柴是代表南极和北极的好道具。如果有苍蝇落在你的小小自制星球上，不要联想。不要暗自琢磨：
"假设——只是假设——我们也只是某种苍蝇，漫无目的地在一个巨大的橙子表面爬来爬去，这个巨大的橙子旁有一根巨大的蜡烛为它照明——而这两样东西其实都只是某个巨人手中的小玩具，他也只不过是想在下午消遣一下！"

想象力是好东西。

但不适用于天文领域。

风

Chapter 06

CONCERNING THE LITTLE SPOTS OF DRY LAND ON THIS PLANET AND WHY SOME OF THEM ARE CALLED CONTINENTS WHILE OTHERS ARE NOT

这颗星球上散落的小块陆地，以及为什么有的被称为"洲"而有的却没有

我们所有人都生活在岛屿上，无一例外。这个星球上，有的岛屿远比其他岛屿大得多，于是我们决定让它们自成一个体系，取名为"洲"。由此可见，一片大洲就是一个"包含"或"汇聚"更多土地的岛屿，总面积比英格兰、马达加斯加或曼哈顿这类常规岛屿更大。

但这并没有一定之规。美洲、亚洲和非洲是最大的陆地，以其巨大的面积而成"洲"。欧洲比印度大不了多少，若是火星上也有天文学者，一定会把它看成亚洲旁边的一个半岛，却始终坚持独立成为一个洲。如果有人胆敢以澳大利亚不够大或人口不够多为由质疑它跻身"洲"之行列的资格，深爱这座岛屿的澳大利亚人一定不惜掀起战争。而另一边，格陵兰岛上的居民似乎很满足于当一名平平无奇的因纽特人，哪怕将新几内亚和婆罗洲这两个全球最大岛屿的面积加起来，也才只有他们祖国疆域的一半大。至于南极的企鹅，如果它们不是这般低调、和善的话，多半早就发表声明强调自己是生活在一个"洲"上了，毕竟，南极洲的范围肯定不会比北极区与地中海之间所有陆地的总面积小。

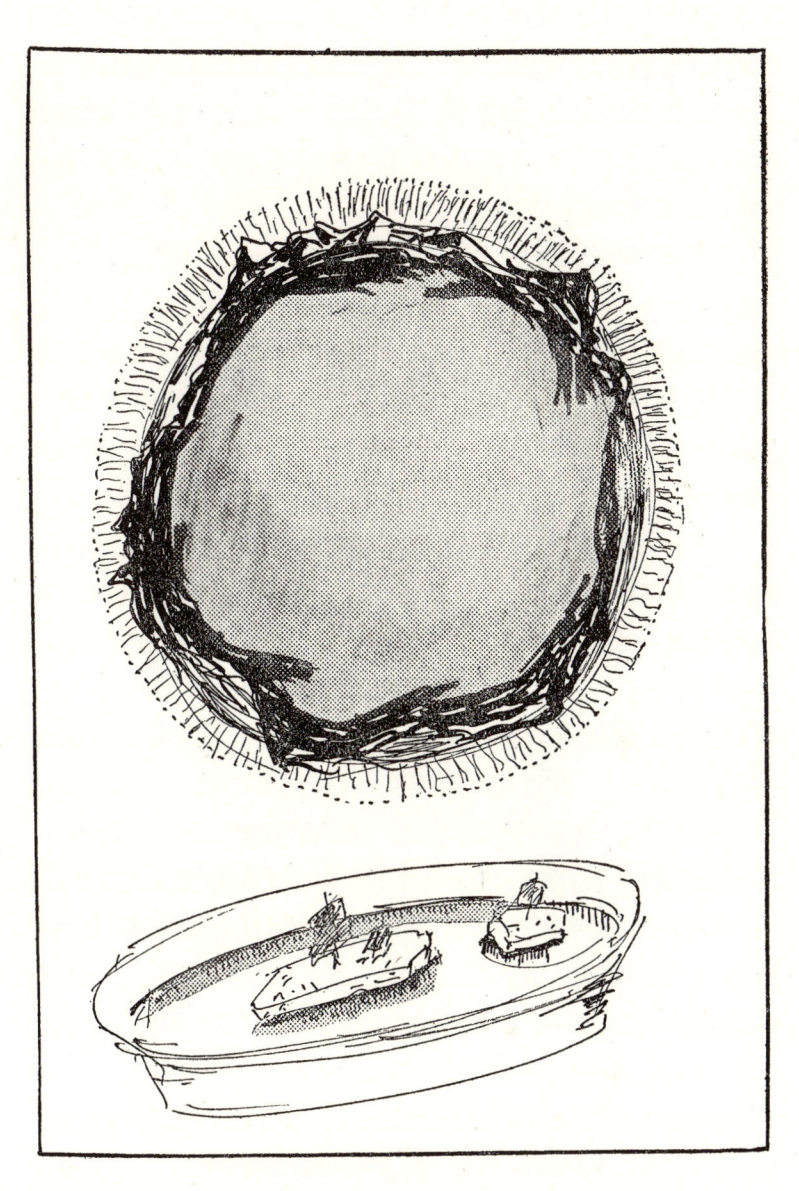

我们为之骄傲的大陆有可能只是某些岛屿吗
材料比较轻，漂浮在地球内部较重的材料上
就像漂在盆中水面上的软木塞

我不知道所有这些混乱矛盾是如何产生的。但地理学在过去若干个世纪里就这样对它们视而不见。其间，错误的观念与我们的地理信息本身形影相随，就像紧贴在码头废船龙骨上的藤壶。年深日久（这段被我们视而不见的日子延续了差不多1400年），总有藤壶留在船底，越积越多，最后索性被当成了船体的一部分。

与其把大家弄得更糊涂，倒不如沿用现有概念的好。我会说，世界上有五大洲：亚洲、美洲、非洲、欧洲和大洋洲。论面积，亚洲是欧洲的4.5倍，美洲是欧洲的4倍，非洲是欧洲的3倍，大洋洲倒是比欧洲稍微小上几十万平方英里，照这样看，地理书里谈到五大洲时，亚洲、美洲和非洲都应该排在欧洲前面。然而，如果不只看面积大小，更多考虑它们在整个星球的历史发展进程中所扮演的角色，我们就必须先从欧洲谈起了。

让我们先看看地图吧。事实上，与看书比起来，我们更应该多看看地图。你不可能手无乐器学音乐，也不可能在旱地里学游泳，同样，也不可能离开地图学地理。只要看看地图（地球仪更好），你就会立刻留意到，欧洲半岛位于这个半球上几乎所有陆地的中心，周遭环绕着北冰洋、大西洋和地中海。而可怜的、备受忽视的大洋洲恰恰相反，刚好位于拥有最大水域面积的另一个半球正中央。这是欧洲享有的最大优势，当然不止这一点优势。亚洲足有将近5个欧洲那么大，可1/4的地方热得让人难以忍受，1/4太靠近北极，除了驯鹿和北极熊之外，没人会选择那样的地方定居。

接下来还是欧洲得分，因为它享有其他洲都没有的先天优势。意大利南端的靴尖虽然挺热，离热带地区却还有差不多800英里。北欧的瑞典和挪威虽说向极圈里探进了好一段距离，却又刚好有墨西哥湾流经过，送上温暖，要知道，同纬度的拉布拉多完全就是个冰天雪地的荒原。

除此之外，欧洲的半岛和切入内陆的海洋比其他任何大洲都多。想一想西班牙、意大利、希腊、丹麦、斯堪的纳维亚、波罗的海、北海、地中海、爱琴海、马尔马拉海、比斯开湾、黑海，再对比一下非洲或南美洲，后者恰巧最缺这类资源。如此大面积的水体几乎照顾到了整片大陆的每个部分,孕育出极其温和的气候。也就是说,冬天不会太冷,夏天也不会太热。生活不会太轻松也不会太艰难。结果就是,人们不会变成懒汉(像非洲那样),也不会变成只知道埋头苦干的骡子(像亚洲那样),工作和娱乐总是搭配适度,既令人愉快又健康有益,令其他地方都望尘莫及。

但欧洲人之所以能够成为我们星球上大半土地的主宰者,并保持这一地位——直到他们自杀式地开启1914年至1918年那场不幸内战[①]——依靠的不仅仅是天气。地理环境是他们的另一大优势。当然,这一点纯属运气,与个人努力无关。但无论如何,终究是他们摘得了果子。剧烈的火山喷发、惊人的冰山运动和毁天灭地的洪水造就了今天的这样一片大陆,将高山放置在最适于防御的边境,让河流流淌过每一片内陆,使其得以享受直通海洋的便利,在汽车铁路发明之前,这正是贸易与商业发展的关键要素。

比利牛斯山将伊比利亚半岛与欧洲其他部分隔绝开来,成为西班牙和葡萄牙的天然屏障。阿尔卑斯山为意大利提供类似的守护。法国西部的大平原藏在塞文山脉、汝拉山脉和孚日山脉背后。在近八百年历史中扮演着重要角色的奥地利帝国,可以简单地看作一片圆形平原,不同山脉环绕四周,帮助它抵御邻国的入侵。若是没有这些屏障,奥地利绝不可能存在这么长时间。德国也不只是政治的偶然。它那广阔方正的土地自阿尔卑斯山和波希米亚群山缓缓向波罗的海铺展开去。还有岛屿,比如英国和古老的希腊爱琴海诸岛,还有荷兰和威尼斯这样的多水之地,林林总总的天然屏障看上去都像是上帝亲手安放好的,为的就是发展出各自独立的不同政权。

就连俄罗斯,尽管我们常常听到它被描述成个人(罗曼诺夫王朝已故的彼得大帝)权力欲可怕膨胀的后果,但事实并非如我们往往愿意相信的那样,它更多的也是特定自然环境和必然因素的产物。广袤的俄罗斯平原位于北冰洋、乌拉尔山脉、里海、黑海、喀尔巴阡山脉和波罗的海之间,

---

[①] 即第一次世界大战。主战场和参与国均以欧洲为主,这里将欧洲作为一个整体谈论,因此称之为内战。下文提到的"世界大战"均同。

天生就是个孕育高度中央集权帝国的地方。苏联能够顺利取代没落的罗曼诺夫王朝就是明证。

高山和大洋是最好的自然边界

然而，正如我已经提到过的，河流的分布注定了它们将扮演欧洲大陆经济发展中最重要也最实际的角色。从马德里到莫斯科画一条线，你可以看到，每一条南北走向的河流都是连接内陆与海洋的直达通道，这些通道遍布整个内陆。既然文明多半是水而非土地的产物，这得天独厚的水网无疑大大有助于欧洲成为最繁荣的大洲，进而成为这颗星球的权力中心，直到1914年至1918年间那场自取灭亡的战争灾难让它失去令人称羡的地位。还是让地图来证明吧。

将欧洲与北美洲对比一下。后者有两条几乎与海洋平行的高大山脉；占据整个中部区域的中西部大平原只有一条连接海洋的通道，即注入墨西哥湾的密西西比河及其支流，而墨西哥湾更像是个内海，与太平洋和大西洋都相去甚远。也可以和亚洲对比一下，在那里，杂乱无章的地表褶皱与所有山脉的不规则坡面使得河流可能流向任何方向，而其中最重要的水系穿过一望无际的西伯利亚大草原，最终消失在北冰洋，除了少数几个本地渔民，水道没有任何意义。还有澳大利亚，那里索性就没有河流。至于非洲，辽阔的中央高原迫使河流翻越近海处高耸的山脊，阻断了连接内陆的天然水道。现在你该渐渐明白了，为什么欧洲注定会成为各大洲之中的领跑者，它拥有便利的山脉和更便利的河流网络，拥有曲折的海岸线（如果像非洲和澳大利亚的海岸线那样规整的话，长度就只有如今的1/9了），拥有温和的气候，并且位于地球各大陆地的中心。

但光凭这些自然优势还不足以让地球的这个小角落在所有邻居中称王。人类的创造力也帮了忙。这并不难。因为北欧拥有最适宜刺激人类脑力转化为行动的气候。不至于太冷，那会让人只顾得上追求舒适，也不至于太热到放任人们安于日常琐事的地步，而是刚好让人觉得想要做些事情。结果就是，一旦各个国家基本安顿下来，并且能够为居民提供最低限度的法规保障——这是必不可少的，没有就谈不上精神生活的可能——北欧人就开始投身科学探索，并借此成为其他四大洲的主人和开拓者。

数学、天文学和三角学教会他们如何在大洋中航行，在合理范畴内确保他们能够成功返航。对于化学的兴趣为他们提供了一种能够在内部自行燃烧的机械（这种古怪装置名叫"枪"），借助它，他们能够更加快速准确地杀死其他人类和动物，这是任何别的民族或部落都从不曾做到的。对于医学的追求让他们能够拥有更强的抵抗力，以应对各种各样的疾病，因为这些疾病，地球人口一直都在减少。最后，自家相对贫瘠的土地（与恒河流域的平原和爪哇的山地相比）和永远都得"精打细算"生活的必要渐渐养成了他们深入骨髓的节俭习惯与贪婪欲望，以至于欧洲人为了获取财富不惜不择手段，毕竟，没有了财富，他们便只能沦为邻居们鄙夷眼光下可怜的失败者。

当来自印度的神秘工具罗盘被带到欧洲，当船舵从船舷移到了船尾，

我们只能生活在高山和海洋之间的陆地上

从那一刻起，欧洲人就拥有了走出他们的狭小内海（地中海、北海、波罗的海），在浩瀚的大西洋上探索航线，走得更远去开启商业与军事征程的可能。前者帮助他们摆脱了"教堂灯塔"和海岸线的束缚，从此能够随心所欲漫游；后者是有史以来最伟大的发明，有可能出现于14世纪上半叶，让人类从此可以在航行中享受前所未有的掌控力。至此，他们终于可以将自己最大的优势——幸运地居住在我们星球上大面积陆地的最中心——彻底发挥出来了。

欧洲人在五百多年里一直保持着这样的优势。蒸汽轮船取代了帆船，可贸易是个青睐廉价交通方式的家伙，欧洲才得以继续领跑。军事作者们坚称，拥有最强大海军力量的国家拥有号令世界的权力，这曾经是对的。依照这条法则，古斯堪的纳维亚人被威尼斯和热那亚人所取代，威尼斯和热那亚人被葡萄牙人取代，葡萄牙的世界霸主地位被西班牙取代，西班牙被荷兰取代，荷兰被英国取代，原因正是它们依次拥有最多的战舰数量。然而，如今海洋正迅速失去它从前的重要性。海洋作为商贸通道的角色正在被天空取代。或许，世界大战不该为欧洲的衰败退位承担最大责任，更重要的，是那种比空气沉重的飞行机器的发明。

一名热那亚羊毛商人的儿子通过发现海洋的无限可能改变了世界历史进程。

美国俄亥俄州代顿市郊区一间小自行车修理铺的两名店主在天空中做到了同样的事。千年后的孩子们或许再也无从得知克里斯托弗·哥伦布的名字，但一定会知道莱特兄弟（威尔伯·莱特、奥维尔·莱特）。

推动全球文明中心从旧世界渐渐转向新世界[①]的，正是这对兄弟的耐心与开创性头脑所创造的产物，而非其他。

---

① 此处"旧世界"可理解为欧洲，"新世界"指代美洲。

Chapter 07

OF THE DISCOVERY OF EUROPE AND
THE SORT OF PEOPLE WHO LIVE IN
THAT PART OF THE WORLD

有关欧洲的发现，
以及生活在世界这个角落的人们

论人口，欧洲是北美洲与南美洲总和的两倍。这片小小大陆上生存的人比美洲、非洲和澳大利亚加起来还多。只有亚洲的人口数目比欧洲更大，亚洲有950,000,000人，欧洲有550,000,000人。这些数字大体上是准确的，因为它们出自与国际联盟合作的国际统计学会[①]，那是个学者云集的地方，他们能冷静、超然地思考这类问题，不必为了取悦任何国家的狭隘民族自豪感而去篡改研究结果。

同样来自这群饱学之士的数据显示，当今地球人口每年净增长30,000,000人。这是个非常严重的问题。因为若是延续这个速度，大约在60年之内全球总人口就会增加一倍。想想人类还有成百上千万年的日子要过，我真不愿设想，到了19320年、193200年或1932000年时会是怎样的情

[①] 国际联盟（League of Nations）创立于1920年，源自结束一战而召开的巴黎和平会议，是第一个国际联合机构，旨在维护世界和平，1946年解散，被1945年创立的联合国替代。国际统计学会（International Statistical Institution）是创建于1885年的国际性专业统计机构。

形。在地铁里"只有立足之地"就够糟了。在我们的星球上"只有立足之地"绝对是无法忍受的事情。

可那就是摆在我们面前的前景,除非我们愿意面对事实,在一切太迟之前采取恰当的措施。

然而,这些都应该在政治经济学的书里讨论。眼下我们要讨论的问题是:在历史上扮演着举足轻重角色的欧洲大陆早期居民来自哪里,他们是最早出现在这片土地上的人类吗?我得遗憾地说,答案必定是极其含糊的。这些人有可能来自亚洲,他们可能是通过乌拉尔山脉和里海之间的狭窄通道进入了欧洲,还可能发现在他们之前已经有了更早的移民族群和更古老的文明形式。但在人类学家搜集到更多资料加以研究之前,有关史前之前"入侵者"的故事就依然模糊,绝非一本通俗的地理书所能探讨的,我们只能专注于后来者。

他们为什么会到这里来?理由和过去百年来数以亿计的人口从旧世界移居新世界一样——因为他们食不果腹,西面的土地能够给他们提供更大的生存机会。

这些移民散布整个欧洲,一如后来的移民遍布广阔的美洲平原。在疯狂争抢土地和湖泊(在人类社会早期,湖水甚至比土地更加珍贵)的过程中,一切"纯血统"的痕迹都迅速丢失。只有在人迹罕至的大西洋海岸或深山秘谷里还零星残留着几个弱小的部落,延续着单调呆板的生活,为他们纯粹的血统而自豪,却由于失去了与外部世界的联系而几乎无法得到真正的满足。因此,当我们今天再提起"血统"这个词时,已经摒弃了绝对纯粹的人种学含义。

方便起见,我们使用这个词语来表示凑巧使用同样语言(大体相同)的大型人类群体,他们拥有共同的起源(大体一致),在有史可查的过去两千年里发展出了特定的性格特征、思维模式和社会行为习惯,这些特征能让他们意识到自身的归属。既然找不到更好的名称,倒不如沿用"人种"这个说法。

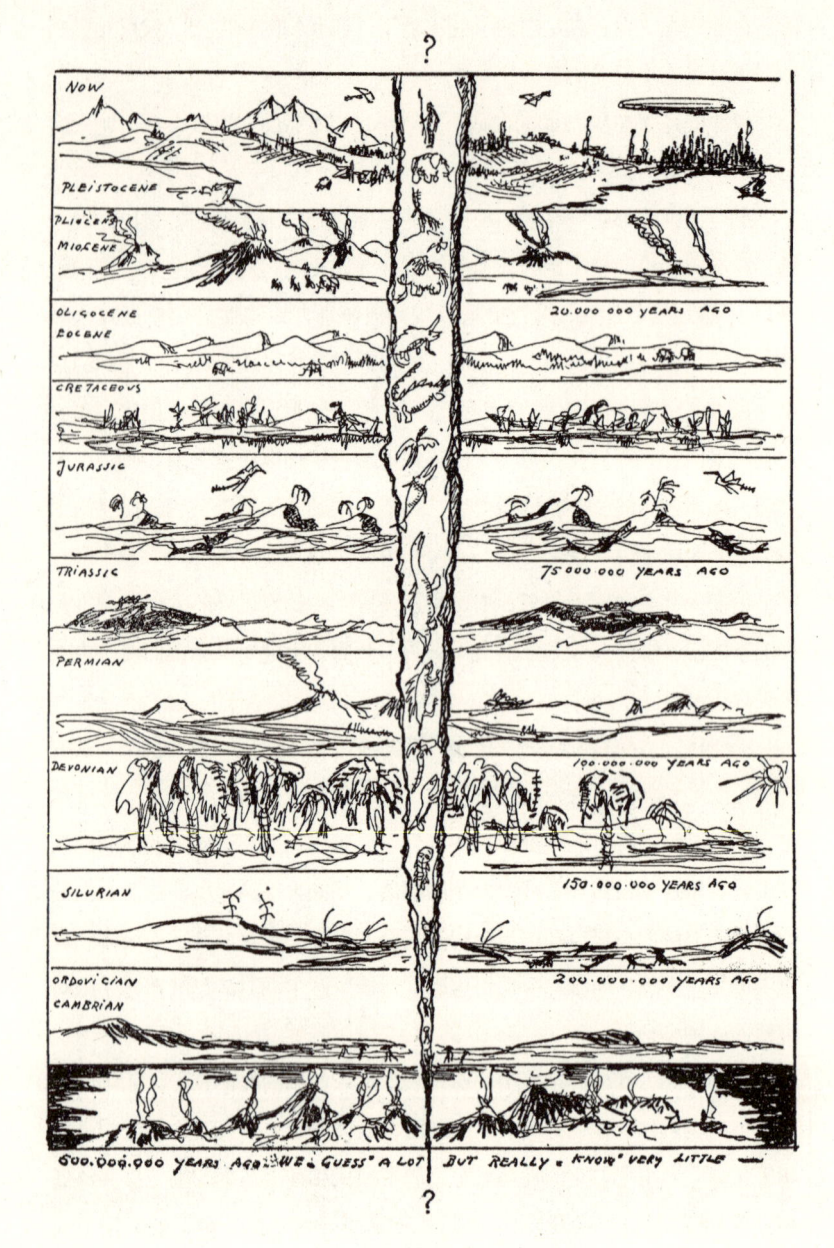

从动物到人

根据以上对"人种"的定义（相当于代数方程中的"x"，发明出来只是为了免于啰唆的描述），当代欧洲人口中包括三个主要人种和五六个较小的人种。

首先是日耳曼人种，比如英国人、瑞典人、挪威人、丹麦人、荷兰人、佛兰德斯[①]人和部分瑞士人。然后是拉丁人种，包括法国人、意大利人、西班牙人、葡萄牙人和罗马尼亚人。最后是斯拉夫人种，主要是俄罗斯人、波兰人、捷克人、塞尔维亚人和保加利亚人。三大种族占欧洲总人口的93%。

余下的包括：两三百万马扎尔人，也称匈牙利人；人数稍少的芬兰人；100万左右土耳其人后裔（居住在古奥斯曼帝国仅存的君士坦丁堡[②]一带）；以及大约300万犹太人。此外还有希腊人，他们与各"种族"融合得如此深，以至于我们只好无望地猜测，他们的起源大概最接近日耳曼人。最后是阿尔巴尼亚人，同样可能与日耳曼人同源，今天的他们看起来依旧像是生活在一千年以前，而事实上，早在罗马人和希腊人出现在欧洲版图的五六个世纪以前，阿尔巴尼亚人就已经舒舒服服地安家在他们如今的农场里了。最后的最后，还有爱尔兰的凯尔特人，波罗的海沿岸的列托人[③]和立陶宛人，以及人数不明、来源不清的吉卜赛人。后者最值得一提，堪称对迟到者的历史警示样板——如果不幸等到最后一片空地也被人占据后才姗姗来迟，便不免难逃这般命运。

关于居住在这片古老大陆的山地与平原上的人类，我们就谈到这里了。现在该看一看，地理环境如何塑造了他们，而他们又如何反过来改造了环境。因为，正是这些努力才造就了我们今天的世界。若非如此，我们至今还像荒原野兽一般地活着呢。

---

① 佛兰德斯是欧洲重要的古封邑国，通常认为始于公元9世纪，疆域曾覆盖今比利时、法国和荷兰等的部分地区。
② 今伊斯坦布尔，是土耳其最大的城市。
③ 居住在波罗的海东岸今拉脱维亚一带的欧洲民族。

JUST A MOMENT BEFORE WE GO
ANY FURTHER WHILE I TELL YOU HOW TO USE THIS BOOK

别急，先听我说一说这本书应该怎么读

这本书应该配合地图来读。优秀的地图数不胜数，基本上任何地图都行。因为在这里，地图册就是我们的字典。哪怕品质不好，也胜过两手空空。

正如你很快就会发现的，这本书里已经有很多地图，但这并不意味着它们可以取代常规的地图。我画下它们，只是为了以多样的方式向你呈现正在讨论的问题，同时（如果一定要说实话的话）激发你自己绘制地图的兴趣，照你的地理概念去画，无论它正确与否。你看，无论构思多么精巧，平面地图总有一些地方不准确。唯一接近精准的，是贴在地球仪上的那些地图，但就连我们的地球仪也不是完全无可挑剔的，因为它们本该是真正的椭圆球体，我们却只为贪图方便就把它们做成了正圆。显然，地球在两极是略微有些扁的，只是若要展现这一点偏差，非得有一个巨大的球体不可，所以，我们也就没必要为这么点儿小误差担忧了。找一个地球仪（我写这本书时借助了一个杂货店里买回来的小地球仪，而那其实是个卷笔刀），尽情使用它，但要记住，它只是一个"近似"而非"完全真实"的模型。只有当你真的努力去赢得船长资格时，"完全真实"才会进入你的生活。不过，那样的话，你就要花费许多年的时间去掌握极其丰富的各门类科学知识了。至于这本书，并不是为专业人士而写，而是写给普通读者看的，他们只希望对自己天生居住的这颗星球有一些基本概念。

现在，我要告诉你一个秘密：学习地理最好也最简单的办法，就是自己动手画地图。不要照着我的画，也不要照其他任何人的画。如果你想从

临摹开始,可以参考我的地图,但要把它们看成某种地理学的开胃小菜,看成有节制的指引,帮助你为自己即将操刀的大餐做好准备。

基于作者本人的地理观点,我为你们画了相当多的样本。我画了些二维的平面地图,也从三个维度上画了一些。你大概需要一点时间来适应三维地图的结构,不过,一旦看懂了它们,你就再也不会想看二维的那些了。我为你们准备了从山顶眺望的地图,不同的视角能够帮助你想象出完整的地貌。还有从飞机和飞艇上俯瞰的地图,我们或许会想看看排干了水的海洋地貌图。有几张地图只是漂亮的装饰,也有些像是几何模型。看看你喜欢什么,然后,就动手画出你自己心目中的地图吧。

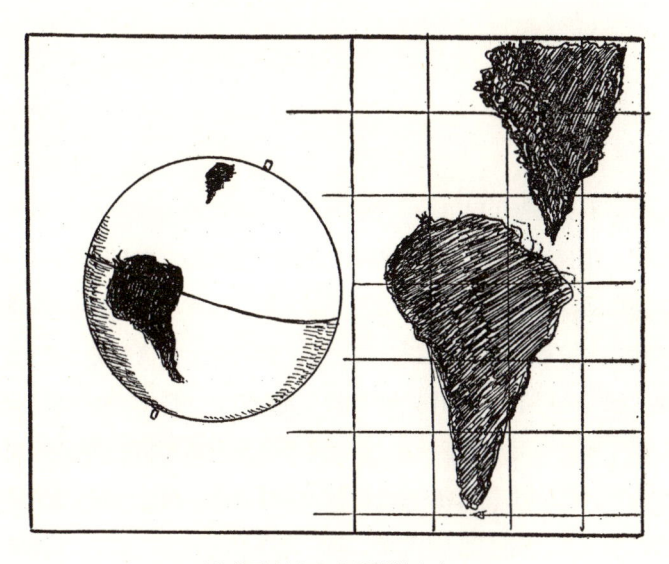

对比格陵兰岛和南美洲的大小
看看在球体上和在平面地图上有什么不同

动手之前,先准备好一个地球仪,大的小的都行,再加一本地图册。记得买一支铅笔和一叠纸。然后,就开始你自己的地图绘制大计吧。

因为只有一个办法可以让你真正学会地理,而且永远都不会忘记,那就是,画地图。

Chapter 08

GREECE, THE ROCKY PROMONTORY OF THE EASTERN
MEDITERRANEAN WHICH ACTED AS THE CONNECTING LINK
BETWEEN THE OLD ASIA AND THE NEW EUROPE

希腊:
连接古老亚洲与新兴欧洲的地中海东部岬角

希腊半岛占据了巴尔干半岛最南端,后者比它大得多。巴尔干半岛四面环水,北有多瑙河,西有亚得里亚海隔开意大利,东有黑海、马尔马拉海、博斯普鲁斯海峡和爱琴海分隔亚洲大陆,南有地中海与非洲为界。

我从来没有从空中看过巴尔干半岛,但想来,居高俯瞰的话,它一定像是欧洲的一只手,伸向亚洲和非洲。希腊就是大拇指,色雷斯是小指,君士坦丁堡是小指上的指甲盖,其他手指是自马其顿和色萨利伸向小亚细亚的山脉。① 人们只能看到这些山脉的高处山脊,较低的部分都掩藏在爱琴海的波涛下,但只要站得够高,就一定能发现它们的影子,就像浸在水盆中半隐半现的手一样。

---

① 色雷斯是欧洲东南部地理学和历史学概念,大体为今天的保加利亚、希腊和土耳其三国相邻区域。马其顿是巴尔干半岛的地理概念,历史悠久,具体范围曾多次发生变化,今天的马其顿共和国位于古马其顿帝国以北,而马其顿地区则包括希腊、马其顿共和国、保加利亚、阿尔巴尼亚、塞尔维亚和科索沃六个国家的部分地区。色萨利为希腊地名。小亚细亚又称安纳托利亚高原,为亚洲大陆最西端的突出部分,占据今土耳其的大部分地区。

这只手的皮肤覆盖着坚实的高山骨架。总体上，由西北向东南伸展，我得说，几乎呈对角线走向。这些山脉有许多名字，保加利亚语的、黑山语的、塞尔维亚语的、土耳其语的、阿尔巴尼亚语的、希腊语的，但你只需要记住几个重要的就够了。

比如迪纳拉山脉，自瑞士的阿尔卑斯山脉延伸至柯林斯湾，这个广阔的海湾将希腊分成了南北两半，北部的三角地带被早期希腊人误认作一个岛屿（这也不足为奇，因为连接它与大陆的柯林斯地峡只有区区3.5英里宽），称之为"伯罗奔尼撒半岛"或"珀罗普斯岛"。在希腊神话中，珀罗普斯是坦塔罗斯[①]的儿子、宙斯的孙子，在奥林匹亚被尊为所有优秀运动员之父。

中世纪时征服了希腊的威尼斯人都是些乏味的商人，对曾经被做成烤肉端上父亲宴会桌的年轻人的故事毫无兴趣。他们发现伯罗奔尼撒的地图很像桑树（morus或mulberry）的叶子，于是给它起名为摩里亚（Morea），后来的地图上便都出现了这个名字。

在地球的这个部分有两条各自独立的山脉。北部是巴尔干山脉，也是整个半岛名字的由来。巴尔干山脉只占据了这片半环形山地的南端，余下的北段则是著名的喀尔巴阡山。一道有"钢铁门户"之称的狭窄河道切断了它们与喀尔巴阡山脉其他部分的联系。那是多瑙河为自己开凿出的入海通道，两道山脉却好似屏障，直接逼迫多瑙河掉头向东，最终放弃爱琴海，汇入黑海，要知道，刚离开匈牙利平原时它看起来可是直奔爱琴海去的。

不幸的是，这道将半岛与罗马尼亚隔开的高墙没有阿尔卑斯山那样的高度，面对自辽阔的俄罗斯平原呼啸而来的凛冽寒风，无法保护巴尔干免受其苦。因此，半岛北部堪称冰天雪地。但不等阴云抵达希腊，第二道屏

---

① 根据希腊神话，坦塔罗斯曾在宙斯的宴会上行止不端，盗窃美食琼浆给人类，又将儿子珀罗普斯烹制后设宴款待众神。宙斯命令命运三女神之一的克洛索复活了珀罗普斯，将坦塔罗斯打入地狱下的幽暗深渊，罚他站在果树下的水中，却有水不能饮，有果不得食，永受饥渴之苦。

障就把它们拦了下来,那是罗多彼山脉(Rhodope Mountains),字面意思是"开满玫瑰的山脉"(同样的字眼还出现在杜鹃花"rhododendron"中,即"rose-tree",树玫瑰;以及爱琴海的罗得岛"Rhodes","玫瑰覆盖的岛屿"),意味着更为温和的气候。

希腊

罗多彼山脉的最高峰海拔接近9000英尺。而巴尔干山脉的最高峰也才8000英尺,旁边就是著名的希普卡山口,1877年9月,俄罗斯军队曾在它的种种恶劣条件下艰苦鏖战①。因此,在关乎半岛其余部分的气候问题上,罗多彼山脉扮演了非常重要的角色。更别说还有白雪皑皑的奥林波斯山加持了,这座海拔10,000英尺的高山守卫着色萨利平原,希腊的国土正

---

① 即1877年俄土战争中争夺希普开山口的战役,最终俄罗斯获胜,土耳其军队失守山口,双方均伤亡惨重。

是自此展开。

肥沃的色萨利平原曾是一片内陆海。但珀纽斯河（中世纪地图上标为撒拉门布里亚河）在著名的坦佩河谷里掘出河道，将水引到了撒罗尼迦湾，广阔的色萨利湖于是倾泻一空，变成了陆地。可土耳其人对色萨利这个古希腊的谷粮仓视而不见，就像对其他东西视而不见一样。这不一定是出于恶意，倒更像是无望的穆罕默德信徒通常的态度，面对一切关乎眼前实际的问题，他们只是耸耸肩，回一句："有什么用？"等到土耳其人一被逐出，希腊的债主们就将农民攥到了手里，继续之前中断过的事。如今，色萨利的土地上生长着烟草。这里有一个港口，名叫沃洛，阿尔戈的英雄们曾由此出发去寻找金羊毛，这个故事的出现远在伊阿宋诞生之前。此外还有一个工业市镇和铁道枢纽站，叫拉里萨。

出于好奇，也是为了说明在曾经的岁月里人们的争斗是怎样不可思议，我想提一句，这座位于色萨利平原上希腊领土中心的城市里有一片黑人区。土耳其人不在乎为他们作战牺牲的是什么人，为了镇压1821年至1829年间希腊人的大规模起义，他们从埃及属地调来了好几个兵团的苏丹人。拉里萨是那场战争的指挥中心，然而，战争一结束，可怜的苏丹人就被忘记了。他们困在了原地，直到今天都还在。

在我们继续之前，我得说，这样的怪事还多着呢。你会听到，非洲北部有北美印第安人，中国东部有犹太人，大西洋的一座无人岛上还有马。谨此供"纯血统"爱好者参考。

现在，我们要离开色萨利平原，翻越品都斯山脉，进入伊庇鲁斯[①]。品都斯山脉与巴尔干山脉差不多高，一直充当着分隔伊庇鲁斯与希腊其他部分的屏障。亚里士多德认为这里是人类的起源地，至于为什么，永远是个谜。毕竟，这是个饱受贫困之苦的国家，只有高山和漫步的牛群，没有

---

① 欧洲东南部的地理和历史区域，位于品都斯山脉和爱奥尼亚海之间，为今希腊和阿尔巴尼亚一带。

海港，没有一条像样的道路。自从罗马人在一场战役后将15万伊庇鲁斯人卖作奴隶（罗马人惯用的手段，以此建立权威与规则），这里的早期居民便所剩无几了。但伊庇鲁斯有两个地方很有意思，通往爱奥尼亚海的狭窄水道将它们从大陆上切了下来。一个是伊萨卡岛，传说中饱经磨难的奥德修斯的故乡；另一个是科孚岛，费阿刻斯人的早期家园，这个民族的国王阿尔喀诺俄斯是瑙西卡的父亲，瑙西卡是古代文学形象中最可爱的女人，是无人能够超越的优雅好客的典范[1]。如今这座岛屿（爱奥尼亚群岛中的一员，最初曾被威尼斯人占领，然后是法国人，接着是英国人，直至1869年才回归希腊）最著名的身份是塞尔维亚军队在1916年战败后撤退的藏身之所，就在几年前，它还遭受着法西斯海军的胡乱炮击。不过，这座岛屿很有希望成为一个冬季度假胜地，只是它也确实坐落在一条巨大的欧洲地震带上。

迪纳拉山脉是一个记录不良的地震源头，就在1893年，附近的桑特岛还在一次地震中承受了极严重的破坏。然而地震从来就无法阻止人们对于舒适地点的选择，我们总会轻视潜在的危险。如果环游世界，我们会在旅途中遇到无数火山，同时发现，平缓的火山坡地区域总是人烟稠密，胜过相对缺乏生气的贫瘠地带。谁又说得清这是为什么呢。现在我要离开伊庇鲁斯继续南行了，看呀，那是维奥蒂亚[2]！

我之所以要特别谈到这个地区，是因为它正是自然影响人类的经典范例，就像我在本书开头提到的。南有阿提卡的丘陵，北有伊庇鲁斯的群山和色萨利，维奥蒂亚看起来就像个夹在中间的大汤盘。对于美好古典时代的普通希腊人来说，维奥蒂亚人就是大老粗、头脑愚钝的乡巴佬、粗鲁笨拙的小丑、白痴、笨蛋、呆子、傻头傻脑的大傻瓜，注定是早期舞台上遭人取笑的廉价丑角，哪怕他来自缪斯诸女神的居所帕纳塞斯山，哪怕铭刻

---

[1] 出自荷马史诗《奥德赛》，讲述伊萨卡岛国王奥德修斯在特洛伊战争结束后历经十年海上漂泊返回家园的故事，其间奥德修斯曾途经科孚岛，受到热情款待。
[2] 希腊地名，希腊神话中的许多故事都发生在这里。

着德尔斐神谕①的神殿早已矗立在那片山坡上。

然而,维奥蒂亚人并非生来就比其他希腊人蠢笨。军事大师伊巴密浓达、传记作家普鲁塔克都是维奥蒂亚人,只是他们都很早就离开了家乡。没能离开的人继续承受着来自密布科派斯湖边的沼泽里蒸腾起的有害蒸汽。用后来的医学名词说,他们可能都是疟疾的受害者,这种疾病会妨碍人们的头脑发育。

地中海

法国十字军在整个13世纪自命为雅典的统治者,于是开始着手排掉沼泽中的水,维奥蒂亚的情况随之好转。土耳其人自然是放任蚊子在它们的中央腹地里滋生,维奥蒂亚人的情况便愈发糟糕。最后,新王国的时期到来了,法国和之后的英国人将科派斯湖的泥水全部排进了优比亚海湾,湖底露出来,变成了肥沃的牧场。

如今的维奥蒂亚人早已不再是连雅典或布鲁克林的擦鞋童都比不上的笨蛋了,而且,上帝啊,他们机灵得甚至能从苏格兰人或亚美尼亚人手中赚钱了。泥沼已逝,蒸汽远去,传染疟疾的蚊子不复存在。只是排干了几个瘴气弥漫的沼泽,若干世纪以来一直被视为傻瓜代名词而备受鄙夷嘲弄的乡村就完全恢复了正常。

---

① 一套铭刻在希腊中部德尔斐阿波罗神殿(太阳神庙)的神谕,全文共147条,流传甚广,其中最著名的一条是"认识自己"。对于这套诫谕的真正作者,学界并无定论。

接下来，我们来到了阿提卡，那是希腊最有趣的地方。如今我们可以搭乘从拉里萨开往雅典的火车前往阿提卡，这条铁路还与开往欧洲的主干线相连。但在过去，要想从北部的色萨利到南部的阿提卡，人们只有一条路可走，就是穿越著名的德摩比利山口（温泉关）。那并非我们今天所说的真正意义上的"山口"，而只是两座高山间的一条狭窄缝隙。这道狭窄的山口只有45英尺宽，夹在奥塔山①和阿拉伊海湾之间，后者是优比亚海的一部分。就是在这里，古斯巴达国王莱奥尼达斯和三百斯巴达勇士为了保护欧洲，奋起抵御亚洲的进犯，战至最后一人。那是公元前480年，他们面对的是波斯王薛西斯集结而来的大队人马。两百年后，还是在这里，凶悍的高卢人被阻断了入侵希腊的步伐。甚至近到1821年和1822年，这处山口还在土耳其与希腊的战争中扮演着重要的军事角色。这个山口现在已经看不到了。海面退后了将近3英里，留下的只是一个五流浴场，只有饱受风湿病痛和坐骨神经痛的人会来泡泡温泉（德摩比利山口拼作"Thermopylae"，其中"thermos"是希腊语，意为"热"；英语中的温度计"thermometer"、热水瓶"thermos bottle"都源出于此），希望缓解病痛。温泉关战场之名就来自这些泉水。这是一场值得人类永远铭记的战役，只要人们还要向所有明知不可为却依旧坚守到底的牺牲者致敬。

至于阿提卡本身，那只是一个小小的三角地带，一个岩石海岬，处在爱琴海碧蓝海水的环抱中。无数小山谷散落在它众多的丘陵间，每一道山谷都直通海洋，海面吹来的微风让它们永远保持着清新纯净的模样。古雅典人宣称自己机敏的头脑和敏锐的目光完全来自他们所呼吸的清新空气。他们也许是对的。这里可没有维奥蒂亚那样污浊的池塘来吸引疟蚊群集。所以，雅典人很健康，并且能够一直保持健康。正是他们最早意识到人类的身体与灵魂不可分离，意识到它们是一个整体，健康的灵魂少不了健康身体的支持，健康的身体无法离开健康的灵魂而存在。

---

① 奥塔山（Mount Oeta）是品都斯山脉向西南方向延伸出的支系山脉。

唯有在这样的空气里,才可能从雅典卫城清清楚楚地看到彭特利安山脉,这条山脉巍然矗立在马拉松平原上,将大理石送往雅典卫城。但造就雅典人的并不只是气候,这一点至今依然。

那里有大海,因此阿提卡人才能抵达一切人居之地或无人荒野。还有大自然的奇思妙想,它在平原中央抛下一座危岩陡壁的微型平顶山,大体上就是一个500英尺高、870英尺长、435英尺宽的台地,四周环绕着伊米托斯山(雅典最好的蜂蜜产地)、彭特利库斯山和埃伽列斯山。就在这些山坡上,因薛西斯焚城而出逃的流离失所者目睹了波斯舰队在萨拉米海峡[①]的覆亡,前后不过短短几天。头一次,这座陡峭的平顶小山吸引了北方来客,因为他们在这里找到了所需的一切——食物和安全。

无论雅典还是罗马(或者现代的伦敦和阿姆斯特丹),古代欧洲最重要的定居点都不临海,而是在若干英里之外,这是个有趣的现象。或许是因为诺萨斯,早在两座城市建立的数百年之前,这座克里特岛城市就是地中海世界的中心,它的遭遇警告着后来者,如果永远都得为海盗突袭而提心吊胆,将会发生怎样可怕的事。不管怎么说,走海路到雅典总比到罗马更加方便。抵达比雷埃夫斯港口(至今仍是雅典的港口城市)后,希腊水手很快就能和家人团聚。而罗马商人还得花上3天时间赶路回家。这有点太远了。于是他们不再返回家乡,转而在台伯河口的水岸边安家,罗马就这样一点点失去了与辽阔海域的亲密联系,而对于任何有野心称霸世界的国家来说,这种联系都无比重要。

然而,渐渐地,这些台地人,这些"最高处城市"("卫城"拼作"acro-polis",这正是它的字面意思)的居民搬到了平原上,围绕他们的山脚修建起房屋,围绕房屋修建起城墙,最后,将它们与比雷埃夫斯的防御工事连接起来,开启了商贸与劫掠的辉煌时代,不久后,他们坚不可摧的要塞就变成了整个地中海上最富足的大都市。卫城不再是人们居住的地

[①] 萨拉米(Salamis)为雅典以西的近岸海岛,公元前480年希腊人在这里大败波斯军队。

方,摇身变成了圣地,一个白色大理石神庙群傲然矗立在阿提卡紫罗兰色天空下的圣地,一个至今依然独一无二的崇高圣地——即便土耳其火药库的爆炸摧毁了它的大多数主要建筑(发生在1645年的雅典之围中)[1],即便还有诸多历史名胜也同样完美展现了人类最了不起的才华。

1829年,当希腊重新赢得独立时,雅典早已萧条,变成了一个仅有2000人的村庄。到1870年,它的人口是45,000。现在是700,000人,增长幅度只有我们美国西部的一些城市可媲美。要不是希腊人在世界大战后立刻拿命运当赌注,还愚蠢地扔掉了他们从小亚细亚得来的一切财富珍宝,今天的雅典早就是爱琴海上一大强国的中心了。不过这依旧有可能在不久的将来实现。上帝的磨坊转得很慢,却日夜不停。这座以宙斯最聪明、最智慧的女儿——从父亲头颅里生出来的雅典娜——命名的城市已经展现出了它无比强大的生命力。

说到这里,我们就要前往伟大希腊半岛上最后也是最遥远的部分了。在那里,噢,我们的自信与祝福的言语都将失去效力。因为父亲的大恶而加诸珀罗普斯身上的诅咒从未离开这片承袭了不幸王子之名的土地[2]。在阻隔海洋的高大山脉背后,静静卧着田园牧歌的阿卡迪亚,这是诗人称颂之地,牧羊人和牧羊女生活在这里,他们头脑简单,淳朴可爱。诗人们将最大的热情倾注在这个他们所知最少的地方。事实上,阿卡迪亚人并不比别的希腊人更诚实淳朴。如果说他们不像其他世故的希腊同胞那样玩弄心计,那也并非他们不喜欢,只因为从没见识过这些手段罢了。他们的确从不偷盗,不过一个只有椰枣和山羊的乡村也没什么值得偷的。他们不说

---

[1] 从内容上看,应该是1684—1699的第六次奥斯曼-威尼斯战争。自15世纪中叶至1821年希腊独立战争爆发,希腊大部分地区一直处于奥斯曼土耳其帝国的统治下。1687年,威尼斯人登陆比雷埃夫斯,土耳其人退守雅典卫城,并将雅典娜胜利女神庙、帕特农神庙等改造为军火库,9月25、26两日,威尼斯人的炮弹先后落在两处神庙,引发军火库爆炸,其中帕特农神庙的爆炸更剧烈。
[2] 即伯罗奔尼撒。

谎,那是因为他们的村庄太小,每个人都熟知一切人和事。如果说他们没有像厄琉息斯①和其他雅典人的神秘宗教中心那样不厌精细奢靡地供奉神明,那是因为他们有自己的神,伟大的潘神②,若是比拼粗俗玩笑和粗野村夫的愚笨的话,他倒是能令奥林匹斯众神甘拜下风的。

没错,今天的阿卡迪亚人依旧骁勇善战,但这对他们来说却毫无益处,因为和绝大多数农民一样,他们讨厌纪律,永远也无法选出一个众望所归的指挥官。

阿卡迪亚山区以南是拉科尼亚平原,那是一片肥沃的原野,比阿提卡的河谷还肥沃得多,却也是一片自由思想的不毛之地,除了最必要的生存问题,人们的脑子里空空如也。这片平原上矗立着最古怪的古老城市。它的名字是"斯巴达",凡北方的希腊人所厌恶的,就是它所支持的。雅典人对生活说"好啊",斯巴达人说"不"。雅典人相信灵性的光辉,斯巴达人追求功效与实绩。雅典骄傲地宣扬它的杰出子民提出的"天赋人权"。斯巴达将所有人都拽入沉闷乏味的日常琐事。雅典向外国人敞开大门。斯巴达将他们拒之门外,加以杀害。雅典人是天生的商人,斯巴达人绝不允许自己的双手被交易玷污。如果我们以最终成果来判断这两种形态,斯巴达的城市做得并不那么好。雅典精神影响了整个世界。斯巴达精神与孕育它的城市同在——而这城市已经消亡了。

在现代希腊地图上,你会发现一个名叫斯巴达的地方。那是一个村子,生活着一些小个子的农夫和不起眼的养蚕人。村庄建立于1839年,据推测,那正是古斯巴达的所在地。热心的英国人出钱,一名德国建筑师做了规划。然而没有人愿意去那里生活。经过差不多一个世纪的努力,如今村子里有了4000名居民。古老的珀罗普斯诅咒!那是更加彰显于半岛另一地区的诅咒,在迈锡尼的史前要塞里大肆逞威的诅咒。

---

① 厄琉息斯(Eleusis)位于阿提卡西部,是厄琉息斯秘密宗教仪式的发源地。
② 潘神是希腊神话中的牧神和森林之神,外形半人半羊,负责照顾牧人、猎人等,好色纵情,喜好音乐。

迈锡尼遗址距离纳夫普利翁不远,后者是伯罗奔尼撒半岛最著名的港口城市,就坐落在同名海湾旁。这座城市在耶稣降生前5个世纪就已经毁灭了。但对于我们这些现代人来说,它甚至比雅典或罗马更加重要。因为在遥远的史前时代,人类文明正是在这里第一次触及了蛮荒欧洲的海岸。

看看从欧洲伸向亚洲的巴尔干"大手"那半没在水下的三条山脊,你就会明白这一切是怎么发生的。这三根"手指"由岛屿组成。如今这些岛屿大都属于埃及,只有爱琴海东部少数几座被意大利占据,而且将一直被意大利所占据,因为没有国家愿意为这么几座遥远海面上毫无价值的岩石堆大动干戈。方便起见,我们将这些岛屿分成两组,即靠近希腊海岸的基克拉迪群岛和靠近小亚细亚海岸的斯波拉得群岛。就像圣保罗早就知道的,这些岛屿之间的航行距离都很短。它们组成了桥梁,埃及、巴比伦和亚述文明循着这座桥梁西进,直至欧洲海岸。同时,受到爱琴海岛屿上的早期亚洲移民影响,这些文化显然都被打上了鲜明的"东方"烙印,带着这些烙印,它们最终来到迈锡尼。如此看来,迈锡尼本应替代后来的雅典成为古典希腊世界的中心。

为什么这一切没有发生?我们不知道。就像我们不知道为什么马赛屈居罗马的光芒之下,要知道,按道理说,前者本可以接替雅典成为地中海的霸主,而后者不过是一个异军突起的新兴村庄。迈锡尼短暂的辉煌和它突如其来的衰亡也许永远都是个谜。

可是,你或许要抗议了,这些都是历史啊,这本书不是讲地理的吗!是的。但在希腊和许多古老的文明之地,历史和地理总是相互交织,无法分开来单独探讨。而且,依照现在的观点看来,这地方也没多少地理知识值得特别提出来说。

如今,一条大约3英里长的运河穿越了柯林斯地峡①,但它太窄太浅,大型船只无法通行。而经过一系列与土耳其的战争后(有单独打的,也有

---

① 即柯林斯运河,后经改建,如今运河长6.4公里,河床宽21.4米。

联手保加利亚、塞尔维亚和黑山共同作战的），希腊几乎扩大了一倍的疆域，可随后又丢失了一半的新领地，因为它忙着实现辉煌的梦想，却低估了土耳其的战斗力。今天的希腊和过去一样乐于探索海洋，共和国的蓝白旗（那是古老的巴伐利亚色，1829年重获独立后由第一任国王引入）在地中海随处可见。偶尔，这些希腊轮船也会出现在北海和波罗的海，只是在那里，它们可不像济慈[①]笔下的希腊水瓮，反倒以邋遢肮脏而著称。至于其他，这里还有无花果、橄榄和黑醋栗，可以出口到所有喜爱这类美味的国家。

希腊能够像它的众多子民所希望和热切期盼的那样，重新赢回曾经的辉煌吗？或许吧。

这样一个国家，曾经被马其顿人、罗马人、哥特人、汪达尔人、赫鲁利人和斯拉夫人轮番占领，曾经被诺曼人[②]、拜占庭人、威尼斯人和十字军那乱七八糟的乌合之众征服而沦为殖民地，曾经人口锐减以至几乎被阿尔巴尼亚人所取代，曾经被迫屈服于土耳其人的统治几乎整整四个世纪，曾经在世界大战中被当作协约国的给养基地甚至被迫成为战场……这样一个国家，历尽种种磨难，几乎看不到重新崛起的希望。诚然，有生命的地方就有希望。只是他们的希望分外渺茫。

[①] 济慈（John Keats，1795—1821），英国著名诗人，著有《希腊古瓮颂》。
[②] 哥特人属于东日耳曼人，曾占据欧洲腹地大面积地区，在西罗马帝国的覆亡中扮演重要角色。汪达尔和赫鲁利都是东日耳曼部族。诺曼人源自挪威维京人，10至11世纪生活在今法国诺曼底地区。

Chapter 09

ITALY, THE COUNTRY WHICH DUE TO ITS GEOGRAPHICAL SITUATION COULD PLAY THE ROLE OF A SEAPOWER OR A LAND-POWER, AS THE OCCASION DEMANDED

意大利：海陆皆宜、因势可变的地理强国

从地质学的角度说，意大利本身就是一个遗迹。这个国家完全是一处巨大山脉群的遗存，它们曾经形成了一个四四方方的区域，就像现在的西班牙一样，只是渐渐消弭（就算是最坚硬的岩石，在历经数百万年的岁月后也免不了如此），最终没入了地中海的水面之下。我们今天还能看到的唯有那古老山地的最东端——亚平宁山脉，自波河河谷一路延伸到靴子尖上的卡拉布里亚。

科西嘉、厄尔巴和撒丁等岛屿是古老高原留存至今的高地。西西里岛自然也是它的另一处遗存。第勒尼安海①中星罗棋布的小岛泄露了古老山峰的所在。当年，当海水淹没整片陆地时，必定是一场天地为之色变的灾难。但那是差不多两千万年前的事了，当时的地球正承受着它最后一连串剧烈的火山运动，没有见证者能够讲述那一幕场景。可最终，事实证明，之后来到亚平宁半岛的人受益匪浅。他们得到了一个如此得天独厚的国

---

① 意大利西部科西嘉岛、撒丁岛和西西里岛之间的海域，属于地中海。

家,享有无比优越的自然条件,从气候、土壤到地理位置,几乎注定要成为一方霸主,更别说同时还坐拥古老传承,能够化身为艺术与知识萌发、传播的主力军之一。

希腊一手牵着亚洲,牢握尼罗河谷和幼发拉底河流域的文明,并将它们传播到欧洲其他地方。然而,在将种种文明的馈赠送到欧洲的同时,希腊人却始终保持着他们自己有别于这片大陆的某些东西。不如说,他们的国家就是一个岛屿。地处半岛这一现实并未给希腊带来任何好处,只因为一道又一道山脉——事实上,是整个巴尔干山脉——将它与欧洲的其他人类文明隔开了。

意大利则不同,它揽尽地利,既有三面环海的岛屿之便,又是北欧大陆密不可分的一部分。我们往往忽略这一事实,却说西班牙、希腊和意大利没有多少差别。西班牙和希腊有许多共同点。比利牛斯山脉和巴尔干山脉都是隔绝南北的天堑。但波河流域的大平原却伸出一角,直奔欧洲腹地。跟日内瓦和里昂比起来,意大利北端的城市有更高的纬度。就连米兰和威尼斯的纬度也比波尔多和格勒诺布尔要高。至于佛罗伦萨这座常常被我们下意识当作意大利心脏的城市,几乎与马赛①处在同一纬度线上。

更进一步说,要是从南往北走,就连阿尔卑斯山都比巴尔干诸山脉和比利牛斯山更易通行,虽然前者海拔更高。平行于意大利北部边境线的莱茵河与罗讷河一起,将阿尔卑斯山脉一分为二,由此,许多山涧小河得以汇入两河,与它们垂直相交,充当起通往波河平原的便捷通道——当年汉尼拔②带着整整一个军团的战象前来,出其不意重创罗马人,第一次证明了这些道路可以通行。

---

① 日内瓦位于瑞士,里昂、波尔多、格勒诺布尔、马赛均为法国地名。
② 汉尼拔·巴卡(Hannibal Barca,公元前247年—前183年),北非迦太基统帅,被认为是史上最伟大的军事将领之一。第二次布匿战争中,曾率伊比利亚军团及数十头大象,自今西班牙翻越阿尔卑斯山攻打古罗马,他最大的声誉也来自这场战争。公元前195年前后,出于政治原因,汉尼拔自愿流放离开迦太基,辗转来到意大利北部的阿普利亚地区(今普利亚区)直至逝世。

091

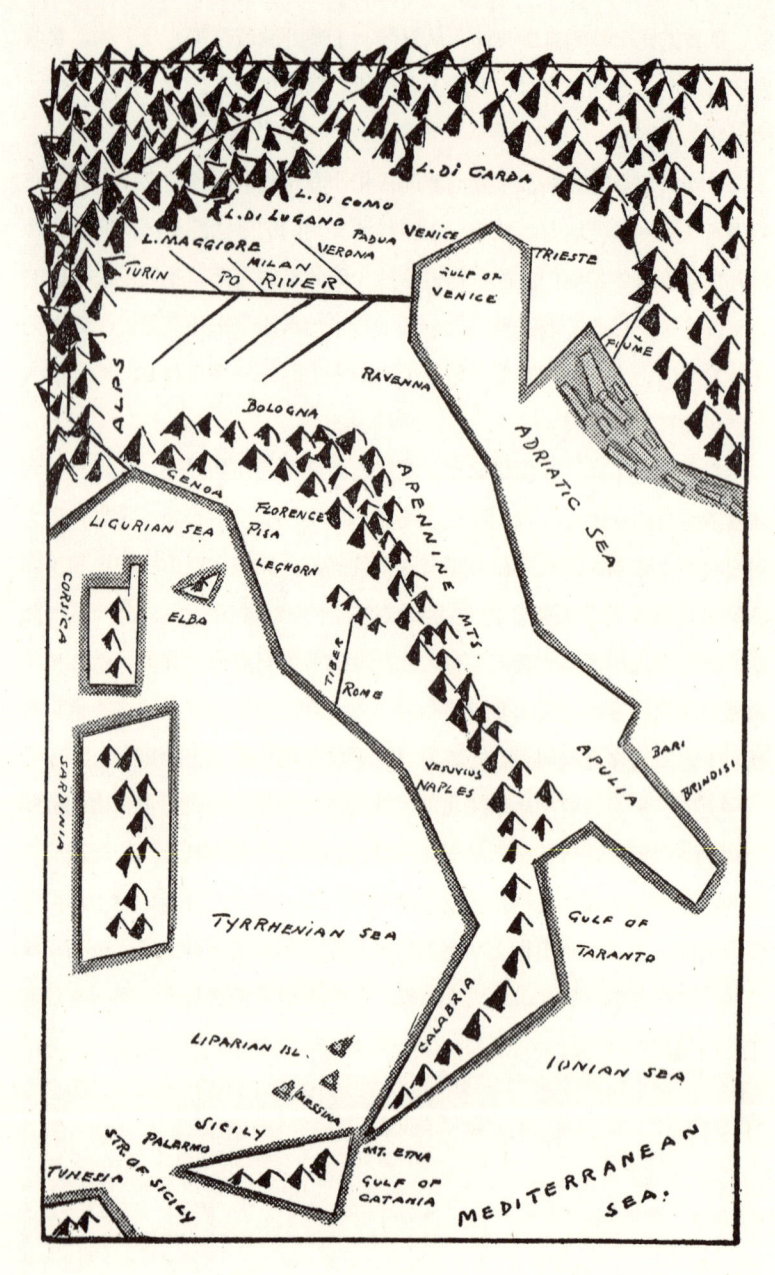

意大利

正因为这样，意大利才能够扮演双重角色：作为沿海国度，它统治着地中海；作为大陆势力，它征服并掌控了整个欧洲。

当地中海不再是世界之洋，当美洲的发现让大西洋成了贸易和文化的中心，意大利便也失去了它曾经的优越地位。没有煤矿和铁矿，它无法抗衡西方工业国家。然而，从公元前753年罗马建立，到公元4世纪，将近1200年的时间里，意大利统治、掌控着易北河与多瑙河以南的欧洲每一寸土地。

当野蛮的日耳曼部族从亚洲抵达这令人满意的"遥远西方"，开始为土地与财富大吵大闹时，是意大利让他们第一次有了法律和秩序的概念，尝到了以半开化的生活方式取代懵懂无序、脏兮兮的游牧生活的甜头。当然，意大利也从他国收取利益，一个也不放过，因此聚集起了不可思议的财富。可就在课取重税的同时，它也将实实在在的"财富"分送到各个不同的地区，就此塑成了它们各自永恒的命运。即便到了今天，一个稍稍有心的观察者都能在走访巴黎或布加勒斯特、马德里或特里夫斯①之后立刻察觉到，它们的居民无论外表还是内在都有某种近似之处。他会惊讶地发现自己认得出商店的招牌，无论它们是用法文、西班牙文、罗马尼亚文还是葡萄牙文写成。然后，他会意识到："我正在古老罗马帝国的土地上。这里的一切都曾属于意大利，就像如今菲律宾属于美国一样。这里最初的房屋是意大利建筑师建造的，最初的街道是意大利人铺设的，最初的交通和贸易规则是用意大利中部的语言写下的。"他会开始欣赏赞叹，这个既是岛屿，又是大陆一隅的国家，享有多么惊人的天然优势。

地质运动让意大利有幸获得了征服整个已知世界的能力，却也同时为它埋下了致命的隐患。一个诞生于火山活动的国家必定永远活在火山活动的威胁下，恰恰是这位赋予了它生命的"母亲"，随时可能将它毁于一旦。毕竟，意大利不只是拥有遍洒月光的遗址、橘子树、曼陀铃音乐会和

---

① 巴黎为法国首都，布加勒斯特为罗马尼亚首都，马德里为西班牙首都，特里夫斯即今德国城市特里尔。

如画般田间劳作风光的古老土地，还是典型的火山频发地。

在被恭敬地抬入公墓中的家族墓地之前，每一个年逾古稀的意大利人（这并不难，在这个国家里，欢笑与优雅的言谈举止似乎已经成为自然，就像在世界上其他不那么迷人的地方，人们对冷笑和粗鲁习以为常一样）都必定亲身经历过至少一次大地震和两三次小地震。仅仅在1905年至1907年间，地震仪（最可靠的仪器之一，真希望我们所有的仪器都这样准确可靠）就记录下了三百次地震。就在接踵而至的1908年里，墨西拿[1]被夷为平地。如果你想了解一点必要的统计数据（简单的数字往往比长篇大论更有说服力），下面的记录来自伊斯基亚岛，它就坐落在卡普里岛对面。

只是这一个岛，遭遇过地震的年份就有1228年、1302年、1762年、1796年、1805年、1812年、1827年、1828年、1834年、1841年、1851年、1852年、1863年、1864年、1867年、1874年、1875年、1880年、1881年、1883年，等等。

持续数百万年的火山喷发造就了一个结果，那就是，大片的意大利土地上都覆盖着厚厚的凝灰岩，那是一种质地松软的岩石，由火山喷发时自火山口喷出的火山灰凝结而成。这些凝灰岩层颇多空隙，对整个半岛的地貌景致产生了非常显著的影响。有的凝灰岩地带面积逾4000平方英里，标志性的罗马七丘[2]其实并非其他，就是七座坚实的火山灰山丘。

除此之外，让意大利的土地变成如今这般不可靠模样的，还有其他地质因素，同样都是史前地壳抬升的结果。亚平宁山脉纵贯整个半岛，几乎将它一分为二，山体的很大一部分由石灰岩构成，它质地较为松软，覆盖在更加古老而坚硬的岩体上。这一层石灰岩很容易滑移。意大利先民完全了解这一情况，所以，哪怕不再生活在火山地带，他们仍旧习惯每二十年

---

[1] 意大利港口城市，西西里岛第三大城市。1908年12月28日，意大利南部发生7.1级地震，震区涉及西西里岛和卡拉布里亚，墨西拿（Messina）和雷焦耳－卡拉布里亚（Reggio Calabria）两座城市几乎被完全摧毁，死亡人数介于7.5万至20万之间。
[2] 罗马城内的七座小山丘，位于罗马心脏地带，台伯河以东，被视为罗马建立之前最早的人居地。

彻底检查一次大型田庄的界碑石，看它们是否还停留在原来的地方。界碑石标示着人们各自地产田庄间的分界线。现代意大利人也被迫认识到了他们土地上的这种"滑动进程"（以一种相当靡费而且痛苦的方式），每一次，不是铁路被推变了形，就是公路也被挤得支离破碎，再不然就是有一座村庄整个翻过了美丽青山上的道路护堤。

在意大利，你会惊讶地发现，那么多城镇都矗立在高山之巅。通常的解释是，最初的居民出于安全考虑，选择了这些老鹰的巢穴作为家园。那只是次一级的考虑。他们之所以爬上这些绝不舒适的山峰，不惜远离山谷的水源和商贸交通要道，最重要的原因就是为了躲避滑坡的死亡威胁。在靠近山巅处，古老地质结构中的岩架上升为地表，为它未来的居民提供了长久稳定的安居之所。至于山坡，表面全都覆盖着松软的石灰岩，可靠程度几乎与流沙无异。因此，远看那些风景如画的村庄有多么美妙绝伦，身处其中时你就有多么惶恐不安。

这让我们不由想到今天的意大利。意大利不像希腊，它的未来不只在于复兴旧日荣光。它明智而勇敢地为新的目标努力，假以时日，自然能消解掉上千年默默无闻所带来的伤害，再次跻身世界强国之列，赢回往昔的荣耀体面。

1870年，意大利重新成为完整的国家。独立战争的硝烟方才平息，外国统治者刚刚被逐回阿尔卑斯山另一侧自己的国家，意大利人就开始了他们几乎看不到希望的浩大工程——将他们长久以来未曾得到好好照顾的家园重新整饬得井然有序。

首先，他们将注意力投注在波河流域，那是足以轻松供养整个半岛的粮仓。就河流而言，波河算不上一条长河。事实上，如果你能找到一张河流长度的对比图，就会发现，整个欧洲，只有伏尔加河[①]有资格竞争"长河"的名号。波河位于北纬45°附近，全长仅420英里，流域面积——包括

[①] 欧洲最长河流，位于俄罗斯境内，全长3692公里，汇入里海。

主河道、诸多支流和受其直接影响的区域——有27,000平方英里。好几条河流都比它更加广阔，但它之所以无可替代，自有其独特之处。

波河有5/6的河道可以通航，同时，它还是世界上最高效的三角洲建设者。每年，它都能将波河三角洲的面积扩大约3/4平方英里，外缘向外推约200英尺。如果照这样的速度推进，一千年后，波河三角洲就将登陆如今还位于大海对面的伊斯特拉半岛，而威尼斯也将成为湖上之城，与亚得里亚海之间将横起一道7英里宽的长堤。

被波河携带入海的沉积物如此多，自然有一部分要堆积在河床上，积起一层若干英尺厚的泥土层。为避免不断抬升的河流泛滥淹没周边地区，两岸居民不得不修筑起防洪堤坝。这项工程从罗马时代就开始了，至今仍在继续。于是，波河河面远远高出了它所流经的平原。好几个村庄旁的河堤足有30英尺高，河流就在与房顶齐平的空中汩汩流过。

但波河流域出名还另有原因。从地理角度说，就在不算太久以前，意大利的整个北部平原都曾是亚得里亚海的一部分。那些迷人的高山峡谷如今大受夏季旅行者喜爱，当初却都是窄小的海湾，就像如今挪威山间的峡湾，是藏在水下的山谷。这些山谷是冰川融水流泻的出口，欧洲的大部分地区都有冰川覆盖，当然，当年阿尔卑斯山上的冰川可比如今多得多了。当冰川向下滑动，两侧山坡上的石头滚落下来，将它们深深埋起来。这样的岩石镶边被称为"冰碛"。当两道冰川交会，两重冰碛就必然合并成一个双倍高的冰碛，这便是"中碛"。待到冰川最终融化，这些压舱岩石被抛下，就是"终碛"了。

终碛是地质运动筑就的海狸坝，隔断了最高处与低处的河谷。只要冰川期一直延续，就会有足够多的水，试图阻碍冰川下行的终碛也就只是无关痛痒的小麻烦。然而，渐渐地，随着冰川消失，水越来越少，终碛石越垒越高，最终超出水面，我们就得到了湖泊。

马焦雷湖、科摩湖和加尔达湖，所有的意大利北部湖泊都是冰碛湖。当人类来到这里，开始耕作灌溉，它们就成了便利的天然水库。因为，每

096

侵蚀

到春天，当积雪开始消融，是它们接纳了新增的额外流水，流水原本可能引发最具破坏力的洪水（如果一股脑儿涌进山谷的话）。加尔达湖的水面可以上升12英尺，马焦雷湖在湖面上升15英尺之后还有余力接纳更多的水。至于接下来的工作，只要一个简单的水闸系统就能完成，它们为湖泊装上阀门，根据每日需水量调节水流量。

从很早开始，波河大平原的居民就开始对这得天独厚的环境加以利用。他们开凿水道，将数以百计的小溪流引向波河，又筑起水坝和防洪堤，如今每几分钟就有成千上万立方英尺的水流过这些水道。

这是最适合种植稻谷的地方。1468年，一名比萨商人带来了第一批水稻，时至今日，水稻梯田已经成了波河中央平原上随处可见的风景。其他作物随后加入进来，玉米、大麻、甜菜根。虽然降水量比不上意大利半岛其他地区，这广袤的大平原却是整个国家最富饶的地方。

但它并不只为人们提供食物，还照料着妇女们的衣饰服装。9世纪早期，原产中国的桑树经拜占庭（也就是东罗马帝国，拜占庭帝国一直延续到1453年，同年，土耳其占领了它的首都君士坦丁堡，并将这座城市变成了土耳其帝国的首都）首次被带入意大利，这是桑蚕养殖必不可少的基础。桑树生长需要很多热量。它在伦巴第找到了最适宜的生长环境。伦巴第位于波河平原，名字来源于伦巴第人，或称"长胡子"[①]，那是一个从易北河口迁来的条顿人部落，在这里居住了很长时间。现在这里有大约50万人投身丝织工业，产品质量比中国和日本的更好，后两者是桑蚕的故乡，这种不起眼的小昆虫为我们提供了最奢华的衣饰享受。

[①] 据本笃会僧侣保罗（Paul the Deacon，约720—799）所著的《伦巴第史》（Historia Langobardorum）记载，传说伦巴第人的祖先原本居住在斯堪的纳维亚南部，是温尼里部落（Winnili）的分支，迁徙到易北河畔或波罗的海海岸时，温尼里人与当地汪达尔部族发生冲突，前者得到北欧神话中女神弗丽嘉的指示，女人放下头发，扎在下巴下伪装成长胡子，从而引起主神奥丁的注意并最终获胜。从此，这支部族就被称为"长胡子"（Long Beards），在不同语言的转化过程中渐渐变成"伦巴第"（Lombards）。下文提到的"条顿人"出自希腊和罗马记述者笔下，指代居住在斯堪的纳维亚的日耳曼或凯尔特人部落。

这也就难怪平原上处处人烟稠密了。尽管如此，最初建立城镇的人们还是与河流保持了一个安全的距离。那时候，他们的工程技术还不够先进，无法造出足够可靠的堤坝，况且他们也畏惧每年春天洪水过后留下的泥沼水泽。都灵是波河边唯一方方面面都很重要的城市，它是如今掌控着整个意大利的萨沃伊王室的古老家族居所，身处法国与瑞士两国交通要道（经塞尼山口的道路通往法国；以犬和修道院闻名的圣伯纳山口则是往来罗讷河谷的通道）的枢纽之地。不过它的地势实在很高，完全不必担心淹水的问题。至于其他城市，当地首府米兰是五条重要贸易通道（圣哥达山口、辛普朗山口、小圣伯纳山口、马洛亚山口、施普吕根山口）的交会地，位于波河到阿尔卑斯山的半程处。维罗纳是布伦纳山口的最后一站，也是德国和意大利之间最古老的衔接地，它直接选择了阿尔卑斯山脚下安身。克雷莫纳，以孕育了斯特拉迪瓦里、瓜奈里和阿马蒂家族等小提琴制作"王朝"而闻名，倒是在波河边。可帕多瓦、摩德纳、费拉拉和博洛尼亚（坐落着欧洲最古老的大学之一）全都与这条为它们带来了繁荣兴盛的主动脉保持着安全的距离。

　　古文明世界里最浪漫的两座城市威尼斯和拉文那也不例外。威尼斯城内共有157条水道充当着街道，总长28英里，它最初只是一个避难所，人们因为丧失了在内陆腹地生活的安全感而来到这里，宁愿忍受波河和其他小河扔下的让人难受的烂泥滩，也不想直面伴随人口大迁徙①而来的风险。很快，避难而来的人们发现了盐，可以说，这就是一座只待开采的金矿。对盐的垄断让他们踏上了富裕之路。茅草屋变成了大理石宫殿。他们的渔船威武有如战舰。几乎整整三个世纪里，他们是整个文明世界的殖民统帅，是头顶高冠的主教、帝王和苏丹，无比傲慢，却又风度优雅，无人能及。当哥伦布安全返航并且发现了（当然，是以为发现了）印度航线的

---

① 这里指的应当是始自公元4世纪的日耳曼人和匈奴人进入罗马帝国疆域的大范围迁徙。也被称为"蛮族入侵"。

日照的南北

消息传到里亚尔托——威尼斯当时的贸易中心——恐慌出现了。所有股票和债券闻声暴跌50点。这一次，掮客成了先知，因为威尼斯再也没能从这次打击中恢复过来。它精心维护的商贸路线成了无法收回的投资。里斯本和塞维利亚取代它成了国际化的商贸港，整个欧洲都转向这里寻找香料以及其他亚洲和美洲的物产。曾日进斗金的威尼斯变成了18世纪的巴黎。有钱的年轻人——想要接受优雅绅士教育的和追逐不那么优雅的娱乐的——统统涌到威尼斯。当饮宴狂欢终年不断，末日也就到了。拿破仑只派出一队下士就征服了这座城市。水道依旧，静候人们的到来与赞赏。再过20年，它们就会被摩托艇彻底毁掉。

另一个由波河泥沼成就的城市是拉文那。如今这是座内陆城市，与亚得里亚海之间隔着6英里的淤泥。一个阴沉乏味的地方，就算但丁、拜伦这样赫赫有名的大诗人前来做客，也只能喝喝酒，免不了满心烦乱。然而，15世纪的它比如今的纽约更加重要，因为它是罗马帝国的首都，拥有一座巨大的要塞，也是当时最主要的海军基地，有最大的码头和最充足的木材。

公元404年，皇帝认定罗马不再安全。野蛮人的力量太强大了。于是，他搬到"海上的城市"以策安全，在这里，他更有把握对抗突袭。他和他的子孙后代在这里生活，掌管国家，品味爱情，如果有一天你能到这里亲眼看一看，面对那些不可思议的马赛克，你会张口结舌，无法言语，画上那位黑眼睛的女子，起初只是君士坦丁堡马戏团里的一名舞女，死时却已是神圣尊贵的狄奥多拉，著名的东罗马帝国皇帝查士丁尼一世深爱的妻子。

后来，城市被哥特人占领，变成他们新建立的帝国的首都。再后来，潟湖开始被渐渐填满。再后来，威尼斯和教会为它争夺不休。在短暂的一段时间里，拉文那成为那位悲伤的流放者[①]的家园，他为故乡佛罗伦萨所

[①] 即但丁（Dante, 1265—1321），因宗教分歧于1302年遭教会流放，辗转几个城市后定居拉文那，直至去世。流放期间，诗人耗时12年创作出叙事诗《神曲》。

做的一切，换来的却是火刑柱的威胁。他在拉文那周围著名的松树林里度过了寂静的时光，直到安睡墓中。很快，声名显赫的古老皇城也步他后尘而去。

关于意大利北部，还得再多说一句。这个王国里没有煤炭，却有几乎无穷无尽的水力资源。当战争爆发，水资源就得到了利用。在下一个20年里，我们将看到这种廉价电力得到极大发展。资源的匮乏始终是一大难题。但有鉴于意大利人有口皆碑的勤勉美德、极端冷静的生活方式和适度节制的需求，意大利必将成为那些物质资源丰富却人力资源匮乏的国家最危险的对手。

在西面，利古里亚阿尔卑斯山脉将波河大平原和地中海隔断，这道山脉连接着阿尔卑斯山脉与亚平宁山脉，完全阻隔了来自北方的冷空气，在一定程度上成就了著名的里维埃拉，那是全欧洲的冬季游乐场，更确切地说，是成就了欧洲这一地区的漫长火车旅行和颇为昂贵的诸多酒店。这一地区的中心城市是热那亚，现代意大利王国的主要港口和最辉煌的大理石宫殿之都。宫殿全是古迹，修建之时的热那亚，正是威尼斯掠夺近东殖民战果的最具威胁的对手。

热那亚正南面是另一个小平原，阿尔诺河平原。阿尔诺河发源自佛罗伦萨东北25英里外的山间，流经城市中心。中世纪时，这座城市正位于欧洲各地通往罗马的大道旁，既然罗马是基督教的中心，它便聪明地利用起了这份地利，很快，佛罗伦萨就成长为全球最重要的金融中心。美第奇家族（他们起初是医生，因此家族纹章里才会有三颗小药丸，现在，这三颗药丸变成了我们典当行招牌上的三颗金球）在其中展现出了超凡的天赋，他们如此擅长这项工作，甚至于最终成为整个托斯卡纳的世袭统治者，将他们的家乡变成了15至16世纪最辉煌的艺术中心。

从1865年到1871年，佛罗伦萨都充当着新意大利王国的首都。之后，它稍稍退居二线，却依然是值得人们赞叹的地方，赞叹当金钱与良好的品位相得益彰时，生活会是多么美好。

阿尔诺河流经一个全世界最美丽的花园城镇，除爪哇岛外无可与之匹敌者。至于入海口附近，只有两座没多少历史可谈的城市。比萨有一座斜塔，它的出现只是因为建筑师安放地基时不够小心，不过事实证明，当伽利略想要研究自由落体时，它是很有用的。另一座城市是里窝那，英国人出于一些莫名的理由而称它为"麦秆草帽"（Leghorn），不过，人们之所以记住这座城市，还是因为1822年英国诗人雪莱在附近沉船死去。

从里窝那往南有一条古老的公共马车道，紧贴海岸，与现代公路并行。行人过客由此得以匆匆瞥一眼厄尔巴岛（拿破仑当年被流放的地方，从这里，他出其不意地回到法国，随后一路冲向最后的败亡之地滑铁卢）再进入台伯河平原。大名鼎鼎的台伯河在意大利语里叫"Tevere"，茶色的河水缓缓流淌，让人隐约想起芝加哥河来，只是没那么宽，又有些像柏林的施普雷河，只是远没有那样清澈。它发源自萨宾人[①]居住的群山中，最初，罗马人就是从这里掳走了他们的女人。史前时代，台伯河入海口只在罗马以西12英里外。从那时到现在，河流的长度增加了2英里，因为台伯河和波河一样，都是一流的泥沙搬运工。台伯河平原与阿尔诺河平原不同。它宽广得多，可阿尔诺一带却健康且肥沃得多，事实上，台伯河平原不但贫瘠，更是疾病的温床。"malaria"（疟疾，古语有"瘴气"的含义）一词就是中世纪的朝圣者发明的，他们坚信"malaria"（糟糕的空气）是害人发高烧的罪魁祸首。出于这样的恐惧，当地人都会在日落后立刻紧闭门窗，确保室内密不透风。这套卫生防疫措施有一个非常大的缺点，那就是，所有小蚊子也同时被关在了室内。考虑到我们自己也只是在差不多30年前才刚刚了解到蚊子和疟疾的关系，实在很难就这一点疏忽去批评我们的祖先。

[①] 古老的意大利部落，居住在亚平宁山脉中部。

罗马时期，这片以坎帕尼亚大区之名而闻名的平原被合理地排干了积水，人口随之增长。然而，由于地处开阔的第勒尼安海岸，无遮无拦，一旦罗马警察消失，它便立刻成了为祸整个地中海的海盗最青睐的地方。城镇被毁，农田荒芜，排水渠无人照料。死水潭中疟蚊滋生，整个中世纪，乃至于就在30年前，对于台伯河口到齐尔切奥山附近彭甸沼地的整片地区，人们要么绕道而行，要么驱赶可怜的马儿拉着车飞奔而过，能跑多快就跑多快。

那么，问题出现了。为什么古代最重要的城市会建在疾疫肆虐的地方，原因究竟是什么？为什么圣彼得堡要建在吞噬过千万条生命的沼泽上？为什么马德里要建在树木不生的贫瘠高原上，方圆数百英里外都没有城镇？为什么巴黎坐落在大盆地的底部，一年到头都雨淋淋的？我不知道。是机遇加上贪念，还是这历历可数的错误之下掩藏着了不起的政治远见？或者，只是机遇，或纯属贪念。我不知道。好在我写的也不是哲学书。

罗马就建在它矗立着的地方，无视糟糕的环境、炎热的暑天、凛冽的寒冬和一切合理交通设施的缺乏。它还成了一个全球性帝国的中心，世界性宗教的圣殿。在这样的事实面前，我们要寻找的不是一个解释，而是上千个各不相同却又相互交缠的解释。但别在这里找，至少得三本这样厚的书才能说得清楚。

同样，我也不会涉及太多有关这座城市本身的细节。因为我是这个世界上最不可能公正评判东半球这座"不朽之城"的人。这或许跟我那些桀骜不驯的祖先[①]有关，从基督诞生前50年到我们这个时代的1650年，他们始终激烈对抗着出自罗马的一切。站在古罗马广场上，我应当要流泪的，可我只看到强盗、骗子以将军和政治领袖之名在整个欧洲、亚洲与非洲的大部分土地上肆意劫掠，然后占领几条道路，仿佛这就可以成为永远掩盖他们那罄竹难书的残暴行径的遮羞布。站在为纪念圣彼得殉难的教堂前，

---

① 即荷兰人。

我应当感到战栗敬畏的，可我只想哀叹它的靡费，这么多钱，花在了一座既无美感也无魅力的建筑上，它所追求的，只是比所有同类建筑"更大"。我期盼佛罗伦萨和威尼斯能够和谐相处，好保住热那亚恰到好处的平衡。我当然知道，没有人会与我感同身受。彼得拉克、歌德，每一个有所作为的人，在见到布拉曼特的穹顶时都流下了眼泪[①]。就让它去吧，该到此为止了。对于这样一座有时会让人看到自己影子的城市，我并不想破坏你们的印象，只是还得说一下，罗马自1871年开始成为意大利王国的首都，1930年屈服于教皇的压力建起一座城中城，也就是我们说的梵蒂冈，如今更是赋予教宗极大的行动自由，自从意大利国王在1870年9月派军队进入这座城市，颁布宪法取代此前罗马政府的绝对君权之后，教会就再也没有享受过这样的自由。

现在的罗马城里几乎没有实业。只有几处面目可怖的遗迹，一条让人不由想起美国费城的主街道和许多穿制服的人。制服倒是很漂亮。

由此，我们被带到了下一个城市。直到最近，它都是整个半岛上人口最多的地区。更是地理与历史交织的奇特混合体。在这里，我们不得不再次面对那个让人头疼的谜："这个城市占尽了天时地利，为什么没能取代坐落在乏味小河边死角里的罗马，成为重中之重？"

毕竟，那不勒斯就在一个壮丽的海湾边，直面大海。它比罗马的历史更悠久，周遭原本都是意大利海岸线西部最肥沃的土地。最初建立那不勒斯的是希腊人，他们在安全距离外的伊斯基亚岛上与危险的亚平宁山地部落做生意。但事实证明，伊斯基亚岛实在算不上一个可靠的基地。它永远随着火山的喜怒而颤抖，于是希腊人转移到了大陆上。殖民者之间惯

---

① 彼得拉克（Petrarch，1304—1374），意大利诗人、学者，有"文艺复兴之父"之称，尤擅十四行诗，主要作品包括史诗《阿非利加》和爱情诗集《歌集》等。歌德（Goethe，1749—1832），德国著名诗人、思想家，代表作包括《浮士德》《普罗米修斯》《少年维特的烦恼》等。布拉曼特（Bramante，1444—1514），意大利建筑师，将文艺复兴建筑风格带到了米兰和罗马，罗马圣彼得大教堂的底稿设计者，教堂最终由米开朗基罗等人建成。

常而且明显不可避免的争夺（很无聊，因为远离家乡，贪婪的管理者又把事情弄得一团糟）引发了大混战，3/4的小定居点被摧毁（听上去和美国建立之初差不多），就在此时，一批新的移民者决定从无到有重新开始，他们为自己修建了一座城镇，称之为"新城"（New City），或"尼亚波利斯"（Neapolis，新城邦），最终演变成了意大利语的"那波利"（Napoli），或是英文的"那不勒斯"（Naples）。

当罗马城还只是一个牧羊人的小村庄时，那不勒斯就已经是个繁华的商业中心了。可那些牧羊人一定是天生的政治家，才会早早在公元4世纪就将那不勒斯变成了罗马的"同盟伙伴"，这个名头很好听，不像"下属"那么刺耳，但代表都是同一种关系。从那一刻开始，那不勒斯就退居下首，后来又被成群结队的蛮族占领，最后落入波旁家族的一支西班牙旁系手中，它的治理之道成了丢脸、无能以及压制一切独立思想与行为的代名词。

但不管怎么说，这座城市毕竟得天独厚，还是拥有了欧洲大陆上最密集的人口。至于这么多人怎么生活，没人知道，也没人关心，直到1884年霍乱爆发，当时的王国才被迫开始清理房舍，这事他们做得非常聪明，手段雷霆。

这座不可思议的城市拥有与之相称的背景景观，那是壮观迷人的维苏威火山。在所有已知的火山中，维苏威喷射火山灰的方式是最利落、最有序的。火山平地拔起约4000英尺，周围团团环绕着迷人的小村庄，村庄里酝酿着分外浓烈的红酒——著名的"基督的眼泪"。村民的先祖从罗马时代开始就住在这里了。为什么不呢？维苏威火山已经熄灭了。在人类近千年来的记忆中，它一次也没有喷发过。公元63年时地底下曾有些含糊的隆隆声，可在意大利这样的国家，这又算得了什么呢。

16年后，巨大的意外突然到来。短短不到两天时间里，赫库兰尼姆、庞贝和另一座小些的城市被深深埋在了厚厚的岩浆与火山灰下，彻底从地球表面消失了。从那之后，维苏威火山以每百年至少一次的喷发频率告诉世界，它还远远没到熄灭的时候。新的火山口在原来残存的火山口上抬升了1500英尺，永不停歇地向天空嗳出浓重的烟云。最近三百年的数据记录下了以下年份：1631年、1712年、1737年、1754年、1779年、1794年、1806年、1831年、1855年、1872年、1906年等等。看来，那不勒斯也不是不可能变成又一个庞贝。

从那不勒斯往南，我们进入了卡拉布里亚区。它的苦恼在于，距离这个国家的中心太远了。北部有火车连接，但沿海地区却饱受疟疾困扰，中部区域遍地花岗岩，农业水平比最初的罗马共和国时期[1]也好不了多少。

一条窄窄的墨西拿海峡将西西里岛从卡拉布里亚切下。这条宽度不过一英里出头的海峡早在古代就威名赫赫，原因在于两个漩涡：锡拉和卡律布狄斯[2]，传说要是有谁胆敢偏离航线半码，它们就会将整艘船吞没。这些漩涡带来的恐惧足以让我们了解古老船只的无助，若是现代汽艇，大可以噗噗作响着径直飞快穿过漩涡中心，压根儿感觉不到水下的骚动。

至于西西里岛，地理位置注定它天然就是古代世界的中心。更别说它还坐享宜人的气候，拥有鼎盛的人烟和极其富饶的土地了。但和那不勒斯一样，这里的生活有点太好了，太容易，太舒服，两千多年来，西西里人平静地接受了一切外国统治者加诸他们身上的恶政。当终于不必再忍受腓尼基人、希腊人、迦太基人（这里离欧洲北部海岸只有100英里）、汪达尔人、哥特人、阿拉伯人、诺曼人、法国人或是从这片乐土上赢得头衔的120个王子、82个公爵、129个侯爵、28个伯爵和356个男爵中任何一个的掠夺与折磨时，他们开始修复被本地火山埃特纳毁坏的家园了。1908年的那次火山喷发还留在每个人的记忆中，它几乎将岛上最重要的城市墨西拿夷为平地，超过75,000人丧命其间。

马耳他岛其实可以被视为西西里岛的水上郊区，自然也该在这里提一

---

[1] 即古罗马共和国（公元前509年—公元前27年）。
[2] 英文为"Scylla and Charybdis"，后用以表示进退两难。

笔,尽管从政治角度说,它并不属于意大利。这是个非常富饶的岛屿,位于西西里岛和非洲海岸的中间,在欧洲经苏伊士运河到亚洲的商贸通道中扮演着重要的角色。十字军东征失败以后,马耳他岛就被让给了圣约翰骑士团,到后来,他们索性自称为马耳他骑士团。1798年,拿破仑挥师取道埃及和阿拉伯半岛,打算将英国人赶出印度(一个无比巧妙的计划,但最后还是失败了,原因是沙漠比他预想的大得多),途中占领了这座岛屿。这让英国人有借口在两年后攻占马耳他,从此再也没有离开。对此,意大利人的懊恼更甚于马耳他人本身,后者的境遇总体上比在自治政府统治下时还要好一些。

我没怎么谈到意大利东海岸,但这并不要紧。首先,亚平宁山脉总是尽其所能地靠近水岸,以至于大规模定居在这一地区很难实现。另一方面,由于山势险峻,亚得里亚海岸事实上也不适宜居住,贸易的发展自然无从谈起。从北部的里米尼到南部的布林迪西(发往非洲和印度的邮件就是在这里启程的),其间一个重要的港口都没有。

靴跟部分名叫阿普利亚。和卡拉布里亚一样,它也受困于远离文明中心的烦恼;同样和卡拉布里亚一样,它的农业水平还停留在汉尼拔时期,这位名将的到来令这片地区与有荣焉,可就他本人而言,却是苦守十二载也没能等来迦太基的援手。

阿普利亚地区有一个城市拥有全世界最好的天然港之一,可惜,没有客人光顾。它名叫塔兰托,这个名字源于一种特别的毒蜘蛛和一种舞蹈,传说人们如果被这样的蜘蛛咬伤,就要立刻跳起这种舞蹈,以免睡着后陷入昏迷。

世界大战让地理学变得非常复杂。若是不提及伊斯特拉半岛,对现代意大利的讨论就不算完整。半岛归于意大利,是对意大利人脱离同盟国加入敌对阵营的奖励。的里雅斯特原本是奥匈帝国的主要出口港。没有了内陆腹地的支持,它也就不复从前了。最后要提一下的是古阿尔涅诺湾另一端的阜姆港①，它曾属于哈布斯堡王朝，也曾是德国人的天然良港，更是他们在整个亚得里亚海岸唯一的良港。意大利人担心它最终会成为的里雅斯特的竞争对手，于是强烈要求将阜姆划归己有。当签署《凡尔赛和约》的政治家们拒绝了这一要求之后，意大利人便自己动手了，确切地说，是他们的诗人邓南遮②为意大利动手了，这是位了不起的作家，也是超级恶棍。随后，同盟国将它变成了"自由邦"，但最终，经过意大利和南斯拉夫漫长的讨价还价，它归了意大利。

至此，本章就要结束了，现在只剩下撒丁岛了。那是个地地道道的大岛，但实在太远，人口又太少，以至于我们常常忘记它的存在。但它的确就在那里，以欧洲第六大岛的身份占据了足足10,000平方英里陆地。撒丁岛与亚平宁山脉同属一条古老山脉，只是分居两端，远离了它的祖国。岛屿西海岸拥有出类拔萃的港口。东岸险峻陡峭，连一个方便登陆的地点都找不到。近两个世纪以来，撒丁岛在意大利历史上扮演着奇怪的角色。1708年之前，它属于西班牙。随后落到了奥地利人手中。1720年，奥地利人用撒丁岛交换了西西里岛，随后它便成了萨沃伊公爵家族的领地，其领地首府是波河边的都灵。此后，萨沃伊公爵们骄傲地自称为撒丁国王（从公爵到国王，无疑是前进了一大步），这就是现在的意大利王国如何从撒丁王国发展而来的，尽管十万个意大利人里也未必有一个曾亲眼见过这座岛。

---

① 古阿尔涅诺湾（bay of Guarnero）和阜姆港（Fiume）均为意大利语，即今天克罗地亚的克瓦内尔湾（Kvarner Gulf）和里耶卡（Rijeka）。
② 邓南遮（Gabriele D'Annunzio, 1863—1938），意大利文坛巨匠，也是政坛上风靡一时的人物。

Chapter 10

SPAIN,
WHERE AFRICA AND EUROPE CLASHED

西班牙：非洲与欧洲碰撞的地方

伊比利亚半岛的居民以格外显著的"种族"特征著称。在人们眼中，西班牙人的"种族性"是如此有别于其他任何群体，以至于无论在哪里，在什么情况下，你都能一眼认出他们，依据的就是这个种族与生俱来的傲慢、一本正经的礼仪、他们的高傲、他们的清醒，乃至于他们弹吉他、敲响板的能力。连音乐都被拽了进来，只为证明这套"种族理论"。

或许真是这样吧。或许真的可以凭借傲慢，凭借一个人演奏吉他和响板的能力轻易辨认出西班牙人。但我对此深表怀疑。西班牙人喜欢弹吉他敲响板，不过是因为他们那干燥温暖的气候允许他们使用便于携带到户外的乐器。至于演奏水平，不管美国人还是德国人都更有天分。如果说他们比不上西班牙人弹奏得那样多，那也只是因为天气罢了。你不可能在柏林寒冷的傍晚顶着瓢泼大雨打响板，也没法用长着冻疮的颤抖的手指拨动吉他弦。至于傲慢、自大、注重礼仪之类的品质，难道不是数个世纪以来严苛军事训练的结果吗？难道这样的军事化作风不是西班牙既可能划归非洲也可以归属欧洲的地理特性直接导致的结果吗？更进一步说，难道这个国家不正是因此注定了要成为欧洲与非洲鏖战的战场，直至一方或另一方大获全胜？最后，西班牙人胜利了，而他们为之战斗了漫长岁月的这片土地也将自己的烙印深深打在了他们的身上。如果西班牙人的发源地是哥本哈根或伯尔尼，这个民族又会成长为什么模样？大概是无可挑剔而又平凡普通的丹麦人或瑞士人吧。他会扔掉响板，唱起约德尔[①]，因为高山峡谷那陡峭的山壁能够回荡出美妙的回声，引人高歌。他也不必再靠可怜的干面包和酸葡萄酒度日，那是他千辛万苦从自己备受忽视的土地上种出来的（由于非洲和欧洲的冲突，它们一再被忽视），相反，他会吃下大量的黄油，好帮助他的身体抵御永远湿漉漉的天气，这是必要的，他会喝阿瓜维特酒[②]，因为便宜又多产的粮食几乎注定了杜松子酒会成为国民饮品。

现在，看看地图吧。你一定还记得希腊和意大利的山脉。在希腊，它们呈对角线斜穿全国。在意大利，它们几乎是一条从南到北的直线，将整个国家分成两半，但两边都有足够的空间筑路，从一头直通另一头，串联起城市乡间，同时，探出的波河平原确保亚平宁半岛为欧洲大陆不可分割的部分。

在西班牙，水平横拉开来的山脊简直就是一条肉眼看得见的纬度线。只消瞟一眼地图，你就会明白，这些山脉是如何阻碍一切有序发展的。它们全都源自比利牛斯。

比利牛斯山脉绵延240英里，从大西洋笔直伸向地中海，毫无间断。它不像阿尔卑斯山脉那么高，这样说来，经隘口横穿山脉应当更容易才对。但事实并非如此。阿尔卑斯山虽高，却也足够宽，横穿山脉的道路尽管很长，坡度却也相当平缓，无论人还是驮马走起来都毫无困难。可比利牛斯山只有60英里宽，结果就是，它们的山道实在太陡峭，除了山羊或骡

[①] 约德尔是一种真假声频繁转换的演唱方式，据称最初是阿尔卑斯山中部放牧人召唤牧群或村庄间隔山交流的方式，后成为瑞士、奥地利等国的民间传统音乐形式之一，19世纪30年代开始流传到世界各地，风靡一时，直至20世纪上半叶。
[②] 斯堪的纳维亚国家特产的烈酒，通常以谷物或土豆酿造，并加入香料调味。杜松子酒以麦类和杜松子酿造而成，发源自荷兰。

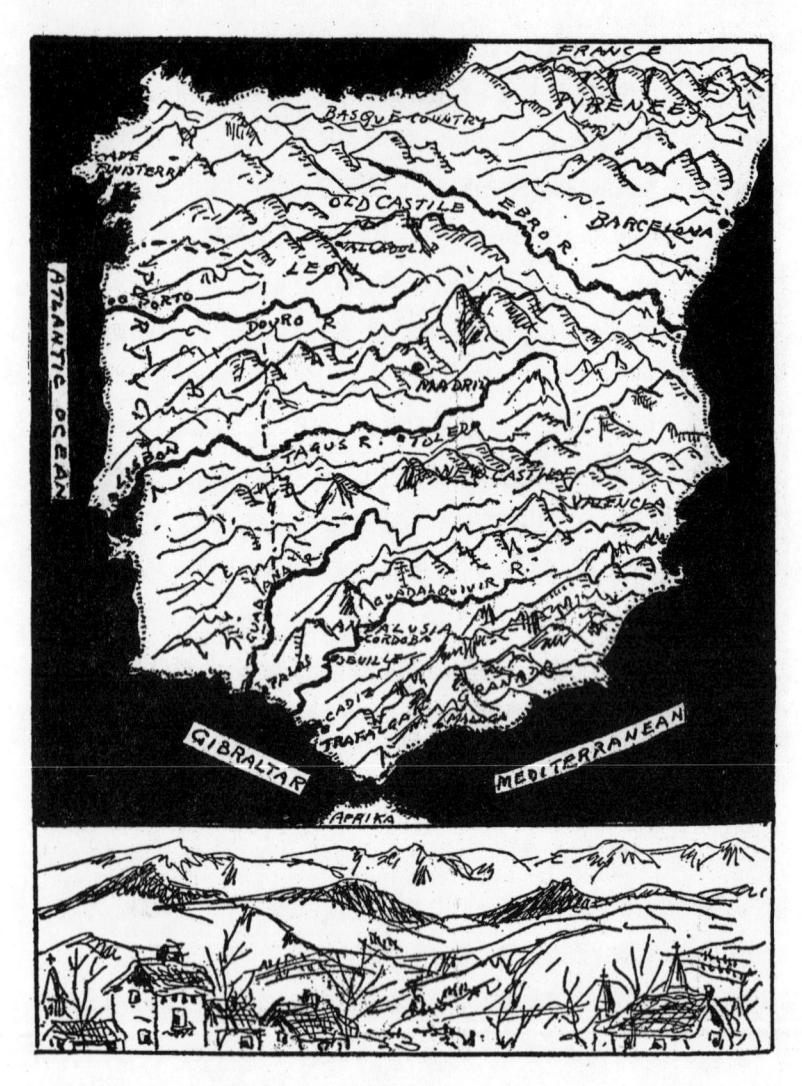

伊比利亚半岛

子，谁都走不了。据走过的人说，就算是骡子，走起来也非常艰难。训练有素的登山者（大部分是职业走私犯）能翻过去，但也仅限于夏季的几个月。为西班牙修建欧洲铁路的工程师们显然认识到了这一点，因为他们造了两条主干道，一条从巴黎到马德里，一条从巴黎到巴塞罗那，分别沿大西洋和地中海海岸延伸。可阿尔卑斯有6条翻越或穿越山区的铁路线，比利牛斯连一条从东面的伊伦直通西面的菲格拉斯的隧道都没有。毕竟，谁也无法去挖一条60英里长的隧道，也没有人能让火车开过40度斜角的轨道。

西班牙峡谷

西侧倒是有一个很好走的山口，著名的龙塞斯瓦列斯山口，查理曼大帝麾下的著名骑士罗兰就是在这里为主人尽忠职守，与撒拉逊人战至最后一刻而光荣捐躯。七百年后，另一支法国人组成的队伍选择了这道山口进入西班牙。他们成功穿越了山口，却被拦在了扼守着南侧道路的潘普洛纳。围城战中，一位名叫伊格拉休斯·罗耀拉的西班牙士兵被子弹射中大腿，命在旦夕。康复过程中，眼前出现的幻景启发他在日后创立了著名的耶稣修道团体，即耶稣会。

此后，耶稣会影响了众多国家的地理发展，影响力更甚于其他任何宗教组织，就连不知疲倦的传道者方济会也无法比拟。而这守卫着横贯比利牛斯中心唯一通道的地方，就是他们的起点。

毫无疑问，交通不便为比利牛斯山区著名的巴斯克人提供了机会，让他们得以从古至今都自成一体，这也是安道尔共和国能够保持独立的原因。这是一个位于山脉东部相当高海拔处的国家。巴斯克人总人口约70万，呈三角形分布，北面是比斯开湾，东面是西班牙的纳瓦拉区，西侧边界是一条从桑坦德市到埃布罗河畔洛格罗尼奥市的直线。"巴斯克"这个名称相当于我们的"牛皮大王"，但这和达达尼昂队长的密友们毫无关系[1]。罗马征服者称他们为伊比利亚人，称整个西班牙为伊比利亚半岛。至于巴斯克人自己，他们骄傲地称自己为爱斯库尔杜纳克（Eskualdunak），听起来不太像欧洲，倒是和爱斯基摩（Eskimo）很像。

考虑到你们可能和我有同样的疑惑，在此再稍稍提一下现有的几种巴斯克人起源理论。有的学者根据头骨和语言中的喉音归结出人种理论，相信他们与柏柏尔人有关，我在好几章之前提到过这个民族，谈到他们有可能是最早的史前欧洲人部族克罗马农人的后裔。也有人声称，他们是传说中的岛屿亚特兰蒂斯沉入茫茫大洋时碰巧留在欧洲大陆上的幸存者。还有人认为他们就起源于现在生活的区域，完全用不着自寻烦恼去探究他们来自哪里。无论真相如何，巴斯克人在与世隔绝以保持自我这一点上都展现出了引人注目的能力。他们非常勤勉。如今已有10万余人迁徙到南美洲。他们都是出色的渔夫、水手和铁匠，只关心自己的事，从来不会翻开报纸读一读。

巴斯克地区最重要的城市是维多利亚，由一名哥特国王于公元6世纪

---

[1] 这里指的是法国作家大仲马的小说《三个火枪手》，达达尼昂是其中的主角。现实中，达达尼昂（Comte d'Artagnan，约1611—1673）出生于商人出身的新兴贵族家庭，后进入路易十四的火枪队并担任队长，死于法荷战争。民间流传着许多关于他的故事。

创立，也是那场著名战役发生的地方，当时，一位名叫阿瑟·韦尔斯利的爱尔兰人打败了一位名叫波拿巴的科西嘉将军的军队，并将后者永远地赶出了西班牙，前者更为人所知的是他的英国头衔"威灵顿公爵"，后者的法国头衔更加如雷贯耳，叫"拿破仑皇帝"①。

至于安道尔，这个奇特的共和国总共只有5000人口，靠一条马道与外部世界连通，是千奇百怪的诸多中世纪公国中唯一的幸存者，它们之所以能够保持自身的独立，是因为，一开始作为前沿边哨，它们对于远方的君王来说颇有价值，到了后来，它们距离繁忙的外部世界实在是太过遥远，无法引起任何人的关注。

它的首都只有600个居民，但同冰岛人和意大利的圣马力诺人一样，在我们初次尝试实践民主的至少800年以前，安道尔人就已经依照民众的意愿治理国家了。作为相当高龄的姐妹共和国，安道尔至少应得到我们心有戚戚的尊重。800年是一段漫长的时光。等到2732年时，我们又会在哪里呢？

比利牛斯和阿尔卑斯在另一方面也完全不同。前者几乎没有冰川。曾经有过，山头覆盖的冰雪甚至比瑞士群山的更厚，但如今总共也就只剩下了区区几平方英里的冰川。整个西班牙的山岭都一样。它们山势陡峭，难以穿越。然而，就连安达卢西亚南部的内华达山②顶上也只在每年10月至来年3月间会披上些雪花——如果冬天有那么长的话。

自然，山脉走向对西班牙的河流有直接影响。所有河流都发源自中部高原（那是一座历经百万年的风雨剥蚀后留下的巨大史前山脉残骸）及其

---

① 即半岛战争（1807—1814），1812年，威灵顿公爵率英、西、葡联军在维多利亚大败法国军队，当时法军将领是拿破仑一世的哥哥约瑟夫-拿破仑·波拿巴，拿破仑一世本人当时正指挥军队远赴俄国征战。
② 安达卢西亚是西班牙南部自治区，这里的内华达山是一座位于格拉纳达附近的雪山，"内华达"（Nevada）本意即为"冰雪覆盖的山脉"，并非美国的内华达山脉。

周边，随后急奔入海，水流如此湍急，途中还有无数直坠的飞瀑，连一条哪怕有一丁点儿可能成为商贸通道的河流都找不出来。更何况，漫漫长夏耗干了它们的大部分水量，就像你在马德里会看到的，每年有5个月的时间，曼萨那雷斯河的沙砾河床就是一片正适合首都孩子们玩乐的人造海滩。

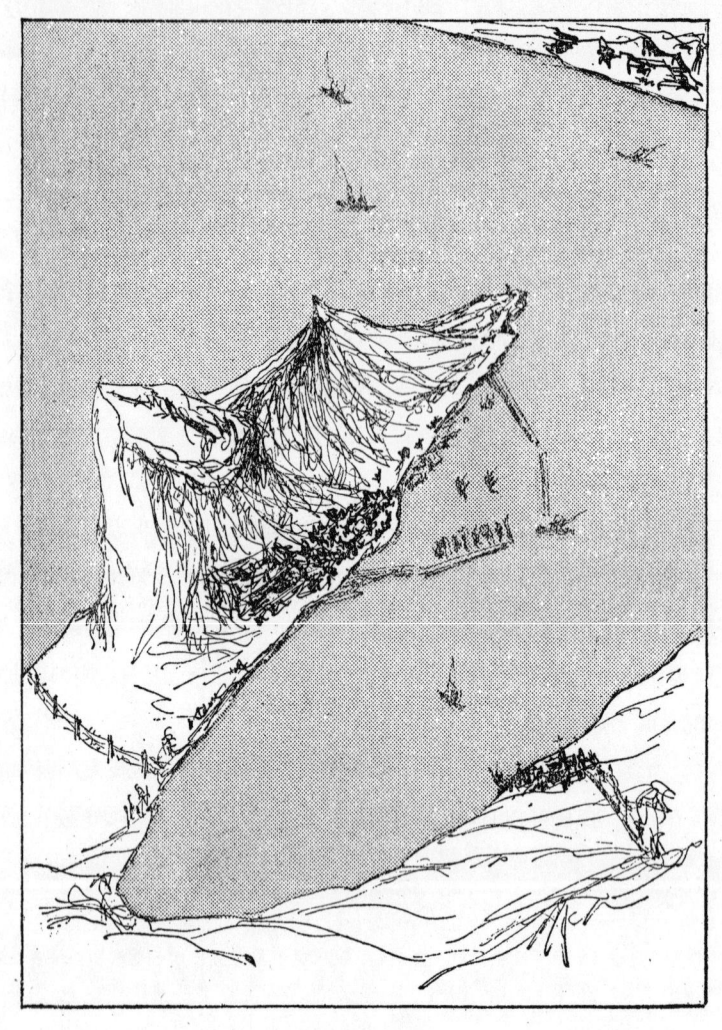

直布罗陀海峡

这就是为什么我压根不打算费神把其中大部分河流的名字告诉你们。流经葡萄牙首都里斯本的塔霍河是个例外。轮船可以沿着河道一直开到西葡边境。同样例外的还有西班牙北部的埃布罗河，它流经纳瓦拉和加泰罗尼亚地区，可容纳小型船只通航，但大船在大多数河段都只能从旁边并行的运河通过。瓜达尔基维尔河（源自摩尔人对它的称呼"Wadi-el-Kebir"，意为"大河"）从塞维利亚到大西洋的河段只能允许吃水不超过15英尺的船只航行。从塞维利亚到著名的摩尔人首都科尔多瓦（在基督徒接管之前，这座城市曾号称有不少于900个公共浴场，而在那之后，城市人口从20万锐减至5万，公共浴场的数字更是从900家直跌到0）之间，瓜达尔基维尔河上只有小船可以通行。再往后，这条河就变得与大多数西班牙河流无异，钻进了山谷里（就像美国的科罗拉多河），不但于水上贸易毫无裨益，更成了陆路商贸的一大障碍。

所以，总体说来，大自然对西班牙并不特别仁慈。这个国家广阔的中部地区是一片高原，被一道低矮的山脊一分为二。北半部叫"旧卡斯蒂利亚"，另一半就叫"新卡斯蒂利亚"。分隔它们的山脊名叫瓜达拉马山脉[1]。

"卡斯蒂利亚"这个名字很美，意思是"城堡"，实际却和那些标签远比内里体面的盒装西班牙雪茄差不多。因为卡斯蒂利亚是一片环境严酷、其貌不扬的土地，哪里都有这样的地方。谢尔曼将军[2]在穿越佐治亚州的行动后曾说，如果有乌鸦打算飞越谢南多厄河谷，那它非得随身带好自己的口粮不可。发表这番评论时，他有意无意地引用了2000年前罗马人对卡斯蒂利亚的评语：如果有夜莺想要穿越卡斯蒂利亚，那它一定要带足

---

[1] 旧卡斯蒂利亚包括今卡斯蒂利亚—莱昂自治区、坎塔布里亚自治区、拉里奥自治区等的部分区域。新卡斯蒂利亚大体为今马德里和卡斯蒂利亚—拉曼查自治区范围。瓜达拉马山脉为中央山脉东部。
[2] 全名威廉·特库赛·谢尔曼（William Tecumseh Sherman，1820—1892），美国南北战争中的北方军将领，以卓越的军事战略才能和严酷的铁血手腕著称，1864年，他指挥部队穿越美国乔治亚州抵达海上，成功捣毁南方邦联诸多军事设施。

食物和饮水，否则必定在半途就饥渴而死。因为环绕高原的群山高到足够拦截大西洋和地中海上升起的云团，不让它们抵达这不幸的台地。

结果就是，卡斯蒂利亚每年有9个月宛如地狱，剩下3个月里则任由干冷的寒风呼啸着扫荡过这树木不生的土地，绵羊是唯一能够勉强生存的动物，各种各样的草是唯一能够蓬勃生长的植物，比如细茎针茅，或者叫哈勒发草，它非常坚韧，可以用来编织东西。

这个桌状台地（西班牙人称之为"meseta"）的大部分区域都很接近于平坦、平常的荒漠，所以你也就能够理解，为什么西班牙和葡萄牙的面积比英国大得多，人口却只有不列颠群岛的一半。

关于这些地区的艰难困苦，要想了解更多细节的话，我建议你去看看那位米盖尔·德·塞万提斯·萨阿维德拉的作品。你大概还记得他笔下的英雄，那位"异想天开的绅士"，他拥有一个骄傲的名字，叫堂吉诃德·德·拉曼查。你瞧，拉曼查就是那些星星点点散落在卡斯蒂利亚高原上的诸多内陆荒原之一，一片至今依旧阴冷、荒芜的荒原，位于西班牙旧都托莱多附近。在西班牙人听来，这个名字本身就不大吉利，因为它来自阿拉伯文"al mansha"，意思是"荒野"。可怜的堂吉诃德可不就是"荒野之王"么。

在这样一个国家，大自然吝啬又桀骜，人类要么不得不付出艰苦的劳作来向自然换取生存所必需的一切和安稳的生活，要么就只有选择大多数西班牙人的生活方式，通常说来，他们一家人的全副身家只需要一头很小的驴就能驮走。这便是最悲壮的一幕剧，一个因国家不幸的地理位置而诞生的悲剧。

800年前，摩尔人统治了这个国家。这不是伊比利亚半岛第一次遭受入侵了。因为这个国家拥有贵重的矿藏。两千年前的铜、锌、银就相当于我们今天的石油。哪里发现了铜、锌或银，逐利的军队就在哪里开战。当地中海最终形成两大武装阵营，闪米特人（来自迦太基古城，腓尼基人的一支，对属国的剥削十分残酷）和罗马人（与闪米特人不同源，但对属国的剥削同样十分残酷）便掷起了灌铅的骰子（铅最初的主要用途之一就是用来做称量的铅锤），来争夺世界的财富。西班牙再也无法长久逃避它的宿命了。就像现代许多不幸被赐予珍贵自然资源的地方一样，西班牙沦为了战场，两大训练有素的强盗集团驰骋往来其上。

当他们终于离开，这个国家立刻成了北欧蛮族进犯欧洲的便利的大陆桥。

随后，7世纪到来，阿拉伯半岛上一名赶驼人[①]得到天启，开始将若干无人听闻过的沙漠部族统合起来，厉兵秣马，准备征服世界。一个世纪后，他们征服了整个北非，准备踏足欧洲。公元711年，塔里克[②]渡海前往著名的猴子岩（欧洲唯一有野生猴子生存的地方），未遇任何抵抗便在直布罗陀附近顺利登陆——这座著名的巨岩（有时看起来不太像人们熟悉的广告画上的模样，那是因为它背对陆地，面朝大海）在最近两百年里一直属于英国。

从那之后，古老的赫拉克勒斯之柱与赫拉克勒斯推开欧、亚山脉造就的海峡都归了穆罕默德的信徒。

这一次，西班牙人能够成功抵御进犯，保护好自己吗？他们努力过。但这个国家的地理条件不允许任何统一的行动，因为一道道平行的山脉和峡谷深深的河流将整个国家分隔成了无数各自独立的小块。要知道，即便到了今天，还有大约5000个西班牙村庄与世隔绝，无论是相互之间还是与外部的世界都没有往来，最多只有一条狭窄的小道，可以让行人在一年中

[①] 赶驼人指的是伊斯兰教创始人、先知穆罕默德（Muhammad，约570—632），《古兰经》记载称，穆罕默德在公元610年第一次得到天启，并受命成为安拉在人间的使者。
[②] 全名塔里克·伊本·齐亚德（Tariq ibn Ziyad），柏柏尔人，后成为倭亚马王朝名将，公元711年率部从北非海岸渡过直布罗陀海峡，击溃西哥特军进入伊比利亚半岛。直布罗陀（Gibraltar）出自阿拉伯语，原意即为"塔里克山"，即现在的直布罗陀巨岩，也就是下文提到的"猴子岩"，同时也是"赫拉克勒斯之柱"中的北柱。希腊神话中，大力神赫拉克勒斯（又译海格力斯）在取金苹果途中将亚洲和欧洲山脉分开，开凿出了直布罗陀海峡，赫拉克勒斯之柱便是古代西方对于海峡两岸突起岬角的称呼，亦可指代海峡本身。

的特定几段时间里通行，倒是免去了迷路的困扰。

历史和地理教给我们的真理极少，其中有一条应当要记住，那就是，这样的国家恰是滋生宗族主义的温床。说到这里，宗族主义无疑有其一定的优点。它令同一宗族集团的成员忠诚于彼此，忠诚于公众利益或宗族利益。但苏格兰和斯堪的纳维亚半岛已经以自身经验告诉我们，宗族主义是一切经济合作和全国性组织的死敌。岛民被认为是"狭隘保守"的，除了自己小岛上的事务外，对一切都漠不关心。但他们至少还可以每隔一段时间就与邻居们一起坐在小船上消磨一个下午，也可以救起失事船只上的人，顺便听听大千世界里都在发生着什么。而山谷里的居民除了自己和邻居之外一无所有，反过来，他的邻居们也除了自己和他们的邻居之外一无所有，几乎无法逾越的山脉将他们与其他人类隔绝开来。

穆罕默德的信徒想要征服西班牙，这是可能做到的，因为摩尔人虽然是沙漠居民，也有强烈的"部族"观念，可这一次却有了强大的领导者，将一个关乎全民族的目标放在他们面前，令他们忘记了自己的小小抱负，前所未有地团结起来。当西班牙的宗族还在各自为战，对竞争宗族视若仇雠（情况常常更加严重）更甚于令他们流离失所的共同敌人时，穆罕默德的信徒追随的却是唯一的首脑。

西班牙人争取解放的伟大战争持续了七个世纪，在此期间，北部的基督教小政权之间无休无止地上演着对抗与背叛的戏码。这些政权能够坚持下来，全靠比利牛斯山横亘在它们面前，形成了天然屏障，他们绝无可能在翻越屏障的同时躲开与法国人的冲突。至于法国人，查理曼大帝含含糊糊地摆出了几个姿态之后，也就任由他们自生自灭了。

此间，摩尔人将西班牙南部变成了名副其实的花园。这些沙漠居民懂得水的价值，热爱花朵和树木这类在自己家乡不幸稀缺的生灵。他们修筑起大规模的水利工程，引进了橘树、枣椰树、杏树、甘蔗和棉花。他们善用瓜达尔基维尔河，将科尔多瓦和塞维利亚之间的山谷变成了巨大的花果园，在那里，农民每年可以收获四次。他们为流经瓦伦西亚附近并汇入地中海的胡卡尔河装上了水闸，在自己的财产簿上又增加了1200平方英亩的肥沃土地。他们引进工程师，创办大学，让农业科学在这里得到研究发展，修筑起当时全国仅有的公路。至于他们在天文学和数学上的成就，我们已经在这本书的第一部分里了解过了。他们还是当时欧洲大陆上唯一会对医药卫生稍加关注的人，他们在这类事务上很是开明宽容，甚至借助自己的阿拉伯译本将古希腊相关著作重新回输到西方世界。他们还释放了另一支生力军，从而获得了极大收益——他们没有将犹太人关在犹太社区或更糟糕的地方，而是让后者自由自在地发挥了不起的商业和组织能力，为国家赚取巨大的利益。

接下来，不可避免的事情发生了。这个国家几乎被完全征服，基督教徒一方毫不构成威胁。其他忍受着沙漠困苦的阿拉伯和柏柏尔部族听说了这个人间天堂的消息。在专制的统治下，成功失败都系于一人之力。身处在如此奢华丰足的环境中，悍勇农家子弟创建起来的王朝也开始衰败孱弱了。但总有悍勇的农家子弟还在他们的耕牛身后挥汗如雨，羡慕地看着格拉纳达的阿尔罕布拉宫和塞维利亚的阿尔卡萨尔宫中极乐的欢愉。内战爆发了。谋杀开始了。整个家族被抹去痕迹。新人被推上前台。与此同时，在北部，一个强有力的人物出现了。宗族开始联合成小公国。小公国合并成小国家。人们开始听到卡斯蒂利亚、莱昂、阿拉贡、纳瓦拉等名字。直至最后，他们忘记了祖先之间的争斗，忘却的时间如此漫长，长得可以让阿拉贡的斐迪南与城堡之地卡斯蒂利亚的伊萨贝拉缔结婚约。

这场了不起的解放之战旷日持久，其间经历过三千余场激战。教会将"种族"之争转化为宗教冲突。西班牙人成了十字军战士——出于最高贵的动机，却最终将他们为之浴血奋战的国家拖入了深渊。就在摩尔人丢失了他们最后的据点格拉纳达那年，哥伦布发现了通往美洲的道路。六年后，达·伽马绕过好望角，发现了直达印度的航线。就这样，正在西班牙本应好好经营自己家园的财富，本应继续发展自己国家潜在的自然之力——摩尔人已经开了个好头——时，它却转头去追逐不劳而获之财了。

膨胀的宗教自豪感毫不费力地让它将自己想象成了神圣的传教士，而事实上，除了罕见的土匪强盗（罕见的残忍和贪婪）之外，它什么也不是。1519年，它征服了墨西哥。1532年，它占据了秘鲁。在那之后，它迷失了。巨大的帆船源源不断地将金币倾泻在塞维利亚和加的斯的库房里，淹灭了所有雄心壮志。只要还能分享从阿兹特克或印加掳夺的战利品，就没有一个"金领阶层"的人会动手工作来给自己抹黑。

摩尔人的苦心工作统统白费了。他们被迫离开了这个国家。接着是犹太人，被成群地赶上肮脏的运输船，身无长物，两手空空，任凭船长随心所欲地扔上某片陆地。从此，犹太人的心中充满了复仇的念头，他们的头脑被苦难砥砺得更加敏锐，为了将所受的痛苦还诸其身，他们向一切直接对抗西班牙这个可恶名字的异端组织伸出援手。然而，一定是连上天都看不过去了，为这些"黄金信徒"的受害者降下一位西班牙君主，在他眼中，生活不出于埃斯库里阿尔宫殿那与世隔绝的四方天地，他为自己修建了这座宫殿，就在阴冷的卡斯蒂利亚高原边缘，并将首都从马德里迁到了这里。

从此以后，三个大陆的财富和整个国家的人力都被用在了抗击异教徒的进犯上，北面的新教徒，南面的穆罕默德信徒。七百年的宗教战争将西班牙人变成了欣然服从皇家主人的种族，在他们眼中，超自然才是理所当然。在这样的努力中，他们流尽了血汗，仿佛在攫取太多财富的过程中也耗尽了自己。

伊比利亚半岛造就了今天的西班牙人。西班牙人能否返身回头，在数个世纪的怠慢忽视之后，将伊比利亚半岛改造成他们想要的模样，从此抛却过往，一心着眼未来呢？

他们正在努力，在某些城市，比如巴塞罗那，他们非常非常努力。

但这是一项怎样浩大的工程啊！怎样的浩大啊！

Chapter 11

FRANCE, THE COUNTRY THAT HAS EVERYTHING IT WANTS

法国：要什么有什么的国家

我们常常听说，法国从不认为自己是外部世界的一分子，生活在大陆上的法国人比居住在阴郁海岛上的英国人更加"与世隔绝"，一言以蔽之，法国人一贯固执地拒绝向这颗星球上的事务投注哪怕半分兴趣，他们是所有民族里最自私、最自我中心的人，也是我们眼前大多数麻烦的根源。

要真正了解一件事就必须追本溯源。任何人的根都深扎在他生活的土地里，深藏在他的灵魂中。土地影响灵魂，灵魂也影响土地。我们无法撇开一个了解另一个。一旦抓住两者真正的内在，我们就拥有了一把钥匙，几乎足以了解任何民族的特性。我们常常听到各种对于法国人的批评，大多数都是有来由的。但世界大战期间法国人获得的无尽赞扬也是有来由的。他们的优点和缺点都直接源于这个国家的地理位置。它让他们变得自我中心、沾沾自喜，因为他们所占有的这片大西洋与地中海之间的土地足以满足他们的一切需求。当你能够在自家后花园看到所有风景时，为什么还要出国去寻找不同的风土与风光？当只要坐上几小时火车就能从20世纪穿越到12世纪，从矗立着城堡的葱郁乡村转向遍布沙丘与庄严松林之地的无尽神秘，为什么还要周游世界去研究语言、习惯和风俗的不同？当你已经拥有了这苦恼人世间所能提供的最好的食物、饮品、卧榻和社交生活，当你居住在一片人们能够把菠菜也做成人间美味（信不信由你）的地方，为什么还要为了护照、信用证、糟糕的食物、酸的酒和冻傻了的北部农民那呆滞庸俗的面孔而烦恼呢？

当然，一个除了山之外什么也看不到的可怜瑞士人，或是一个除了点缀着几头黑白花奶牛的平整草甸之外什么也看不到的可怜荷兰人，是需要每隔一阵子就出国走走的，否则他会无聊得闷死。德国人也早晚有一天会厌倦他那一流音乐搭配三流香肠三明治的菜单。意大利人不能靠意大利面过上一辈子。俄罗斯人一定期盼偶尔能吃上一顿不必为了半磅人造黄油排上六个小时队的饭。

可是法国人，这些幸运的家伙，却生活在人间天堂，那里应有尽有，人人足不出户就能丰衣足食。所以，他们一定会问你："我为什么要离开自己的国家？"

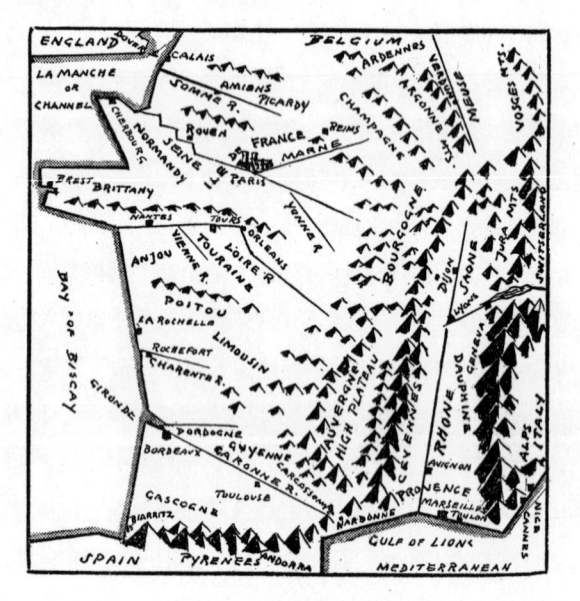

法国

你可能会说，这是无可救药的片面之词，我对法国的描述都是错的。我很希望能够赞同你，但却不得不承认，在许多方面，法国都是一个备受大自然眷顾的国家，整体环境的确得天独厚。

首先，法国的气候丰富多样。这里有温带气候。这里有热带气候。还有介于两者之间的气候。法国是欧洲最高峰的骄傲拥有者。与此同时，法国的运河流淌过无比平坦的土地，将所有工业中心串联起来。如果一个法国人喜欢沿着雪坡飞驰而下，以此消磨冬日时光，他只要去阿尔卑斯山西侧支脉的萨瓦找个村子住下来就行了。如果比起滑雪来他更喜欢游泳，他要做的也只是买一张车票，动身去到大西洋海岸的比亚里茨或地中海海岸的戛纳。如果他对人（无论男人女人）更有兴趣，希望亲眼看看流亡中的君王或即将成为君王的流亡者，看看前程远大的演员和风光不再的女星、小提琴名家或钢琴大师，以及翩然转身便能倾国倾城的舞者和所有其他引人注目的了不起的小人物，他只需要到和平咖啡馆[①]坐下，点上一杯加奶油的咖啡，等着就好。或早或晚，那些出现在全世界新闻栏头条上的男人、女人和孩子会经过那个转角。更重要的是，没有任何人会在意他们的路过，因为这一幕已经持续上演了将近十五个世纪，无论国王、皇帝乃至于教会的最高人物，所引起的关注都不会比一名大学新生更多。

在这里，我们遇到了政治地理学无法解释的一大谜题。两千年前，大部分如今飘扬着共和国三色旗（白天黑夜都飘着，因为只要升起一面旗帜，法国人就再也不会把它们放下来，直到经年累月的风雨将它们侵蚀成无法辨认的破布条）的土地都属于西欧平原，没有切实的（也就是说，地理上的）迹象表明，这片夹在大西洋和地中海之间的地方有一天会变成全世界高度中央集权的国家之最。

[①] 和平咖啡馆（Cafe de la Paix）是巴黎著名咖啡馆，于1862年开业，因靠近巴黎歌剧院而吸引了众多名流出入。

有一个地理学派认为,气候和地理环境对人类命运起着决定性的作用。的确如此——但只是有的时候。事实上,截然相反的情况屡见不鲜。1200年的摩尔人和1600年的西班牙人生活在同一片土地上,沐浴着同样洒落在瓜达尔基维尔山谷里的灿烂阳光。然而,1200年的阳光是向花果丰茂的人间天堂赐下的祝福,1600年的却化为诅咒的射线,投向水渠淤塞、野草丛生的荒野。

瑞士人说四种语言,依旧觉得自己同属于一个国家。比利时人只有两种语言,却彼此憎恨到要拿羞辱对方战士的坟茔作为周日下午的常规消遣。冰岛人在他们的小岛上抵御外敌,一千多年来,始终保持独立与自治;同样生活在岛上的爱尔兰人却几乎从来不曾品尝到独立的滋味。这样的例子还有许多。抛开科学、技术的发展以及各门类标准的提高不说,人类的天性永远是发展大势中最不稳定、最不可靠的变数。它已经导致了许多不可预期的奇怪走向,世界地图就是活生生的例证。至于法国,只是无数经验教训中又一个能够印证我这观点的反面例证。

从政治上说,法国是一个国家。但如果你仔细看看地图,就会发现,法国事实上是由两个背靠背、各自分立的部分组成的:东南部分的罗讷河谷,面朝地中海;西部和北部缓缓倾斜的大平原,面朝大西洋。

让我们从两者中较古老的一半开始。罗讷河发源于瑞士境内,但直到离开日内瓦湖抵达里昂之前,都谈不上有任何重要性。里昂是法国的丝绸工业中心,在这里,罗讷河与索恩河汇合,后者自北而来,发源地距墨兹河源头仅数英里。墨兹河与欧洲北部的历史紧密相关,就像索恩河(以及罗讷河)与南部历史有关一样。罗讷河并不是一条十分适宜行船的河流。因为在抵达利翁湾(Lion)——不,很多地图上标成"里昂湾(Lyons)"是错的——之前,它的水平面下降了约6000英尺,这就是说,它水流很急,即便现代轮船也还没能完全征服它。

即便如此,它还是为古老的腓尼基人和希腊人提供了一条进入欧洲心脏的便捷通道,因为人力(奴隶的人力)是廉价的。船只可以由这些史前

126

的伏尔加河纤夫（他们的命运不会比他们的俄罗斯同行更好）拽着逆流而上，至于顺流而下，就只是短短几天的事情了。因此，地中海的古老文明才有可能沿着罗讷河谷向欧洲内陆腹地发起第一次冲击。说来也怪，作为该地区最初的商业聚居地（至今仍是法国在地中海地区最重要的港口），马赛城并没有建在河口，却选择了向东好几英里外的地方，如今全靠一条运河与罗讷河相连。可事实证明，这是个非常出色的选择，因为马赛早在公元前3世纪就成为如此重要的商贸中心，以至于在遥远的奥地利提洛尔和巴黎周边地区也能看到马赛钱币的踪迹。很快，马赛就成为整个北部地区共同认可的首府。

接着，它走到了一个不幸的历史时刻。这座城市的居民受到来自阿尔卑斯山蛮族的威胁，于是向罗马人求助。罗马人来了，而且遵循他们的习惯，来了就不走了。整个罗讷河口地区成了罗马的一个省，起名叫"普罗旺斯"。它在历史上扮演了非常重要的角色，默默证明了一个事实：首先意识到这片肥沃三角洲的重要性的，不是腓尼基人，不是希腊人，而是罗马人。

到这一步，我们发现自己遇到了一个无论从地理还是政治角度看来都最为复杂的问题。普罗旺斯融汇了希腊文明与罗马文明，拥有理想的气候、最肥沃的土地，它前门开向地中海，后门直通向欧洲中部和北部的平原，怎么看都应当是罗马天经地义的接班人。它拥有一切天时地利，手中握着所有王牌，却没能打好。在恺撒和庞贝的争斗中，普罗旺斯站在了庞贝一边，接着，马赛就被对手捣毁了。但这只是一个小小的意外，很快，居民们就又在老地方做起了生意，当罗马不再安全，文学、宫廷事务、艺术和科学就统统转移到了利古里亚海对岸，普罗旺斯成了野蛮人包围下的文明孤岛。

当坐拥财富与权力的教皇再也保不住他那台伯河边的城市[①]时（中世纪的罗马暴徒一点儿也不比一群饿狼好，和美国的黑帮匪徒一样残暴无

[①] 即罗马。台伯河位于意大利境内，流经罗马。

情），便将教廷也挪到了阿维尼翁，这座城市以最早开始尝试大规模建桥而闻名（其中大部分如今都静静卧在河底，但在12世纪时，它们堪称世界奇观）。在那里，他们拥有一座足以抵御上百次进攻的城堡。就这样，在将近整整一个世纪里，普罗旺斯都是基督教世界首脑的座席所在，他们的骑士是十字军中不可小视的部分，一个普罗旺斯的贵族家族更是成为君士坦丁堡的世袭统治者[①]。

但不知怎么回事，普罗旺斯从来没能成为大自然在创造这些明媚、肥沃而浪漫的山谷时期望它成为的角色。它为我们培养出了游吟诗人——他们被视为这种文学形式的创造者——不断出现在我们的小说、戏剧和诗歌中，可就连这样一群人也没能让他们柔和的普罗旺斯方言——奥克语——成为全法国的标准语言。做到这一点的是北部和它的奥依语（奥依和奥克只是"是"的不同说法罢了，就像"oui"和"yes"）。就是那个不曾享有南部任何自然优势的北部，那个为法国奠基，创立了法兰西民族，将法国文化的方方面面传递、造福于世界各地的北部。只是没人能在16个世纪前就预见到这样的发展。毕竟，当时从比利牛斯山脉到波罗的海之间的整个北部平原看起来注定会被纳入庞大的条顿帝国[②]。这是自然的发展态势。可惜人们对自然发展没什么兴趣，于是，一切都不同了。

在恺撒当政时的罗马，欧洲一带全都是"远西地区"。罗马人称之为"高卢"，因为这里居住着高卢人，他们属于一个神秘的种族，男人女人都有金色的头发，希腊人给了他们一个统称，叫"凯尔特人"。那时有两

[①] 在第四次十字军东征中，十字军攻占了拜占庭帝国大部分领土，建立拉丁帝国（拉丁语原文称"罗马尼亚帝国"，1204—1261），定都君士坦丁堡，来自法国佛兰德伯爵家族的"埃诺的鲍德温六世"（Baldwin VI of Hainaut, 1172—约1205）成为拉丁帝国皇帝，改称"拉丁皇帝鲍德温一世"。
[②] 条顿人为古日耳曼人或凯尔特人的一支，以条顿骑士的骁勇善战闻名。这里所说的条顿帝国即罗马帝国，公元前50年至公元486年间，今法国大部分地区均为罗马帝国高卢地区。

种高卢人。一种住在阿尔卑斯山脉和亚平宁山脉之间的波河流域，这些金发的野蛮人很早就出现在了这里，被称为"山南高卢"或"山那边的高卢人"。那是恺撒孤注一掷穿越卢比孔河[①]时留下的高卢人。另一种是"翻过阿尔卑斯山的高卢人"，或称"山那边的高卢人"，被用以含糊地指代欧洲其他所有地区的高卢人。但在公元前58年到公元前51年恺撒那场著名的远征之后，这个名词被更多地与如今的法国人联系起来。这是一片肥沃的土地，在征收赋税方面不会遭遇太多本地土著的反抗，对于中央集权的罗马来说，正是理想的殖民地。

北部孚日山脉和南部汝拉山脉之间的道路畅通易行，就算是以步兵团为主的队伍也不会遭遇多少行军困难。很快，广袤的法国平原上就星星点点地竖起了罗马要塞、罗马村庄、市场、神庙、监狱、剧场和海外商栈。塞纳河上一个名叫"卢泰西亚"（在巴黎西人首次占领这处天然要塞后，又被称为"卢泰西亚-巴黎西"）的小岛成了修建朱庇特神庙[②]的理想地点。那时候，凯尔特人还住在木桩子撑起的房子里；如今，巴黎圣母院就矗立在神庙原址上。

这座岛屿有水路直通大不列颠群岛（公元元年后的头400年里最有利可图的罗马殖民地），也是监控莱茵河与默兹河之间纷乱区域的最佳战略中心，因此，它能够发展成为掌控远东地区的巨大罗马体系的首脑中心，也就是非常自然的事情了。

就像我在"地图"章节中提起过的，我们有时会好奇，当年的罗马人如何能够找到穿越整个岛屿与大陆的道路，毫无疑问的是，无论修建港

[①] 公元前50年，尤利西斯·恺撒的高卢总督任期期满，却遭当时罗马执政官庞贝指控抗命与叛国，遂于次年率部穿越卢比孔河，宣告与庞贝决战，最终进军罗马获得胜利，成为一代大帝。卢比孔河是罗马共和国时代山南高卢与意大利的界河，当时罗马法律规定将领不得出所驻行省，据传恺撒在渡河时曾引用雅典剧作家米南德的话说"骰子已经掷出"，以示背水一战、举手无悔。下文提到的公元前58年—前51年的远征即恺撒征服高卢的战争。
[②] 朱庇特（Jupiter）是罗马神话中的主神，相当于希腊神话中的宙斯（Zues）。

129

口、要塞还是商栈,他们在选址上天生拥有敏锐的直觉。旅行者若是在巴黎谷地里度过了六周阴雨雾霾的沉闷日子,可能会问自己:"以战神玛尔斯的名义啊,罗马人为什么会选这么个让人绝望的地方当他们的行政首府,管理所有西部和北部的属地?"问问面前摊开着法国北部地图的地理学家吧,他应该能给出答案。

法兰西岛的地形

百万年以前,当这个地区还忍受着接连不断的地震之苦,当山峰与深谷仿如赌桌上的筹码被抛来掷去,四层不同地质年代的厚重岩层已经一层叠在了一层之上,就像总能让我们的祖母欢喜的成套中国茶碟那样。最下面也最大的"茶碟"从孚日山脉铺展到布列塔尼,然后将它的西缘埋入了英吉利海峡的水下。第二个"茶碟"从洛林地区延伸至诺曼底海岸。第三个是著名的香槟地区,将第四个"茶碟"圈在中间,后者被恰如其分地命名为法兰西岛。这个"岛屿"是一个被塞纳河、马恩河、泰夫河①与瓦兹河圈出的大略的圆,巴黎不偏不倚,就在它的正中心。这意味着安全,几乎绝对的安全,因为它拥有足以抵御他国入侵的最大保护。来犯之敌将不得不首先向这些"茶碟"最外圈的峭壁发起猛攻,而与此同时,本国守军不但占据了最好的防御位置,而且就算万一失败,还能从容退入下一个

---

① 泰夫河(Thève)是瓦兹河左岸支流。

"茶碟"的保护圈，在来犯者抵达塞纳河包围的小小"岛屿"之前，这样的过程可以重复四次，至于塞纳河，只要烧掉河上寥寥的几座桥梁，就能立刻化身难以逾越的天堑。

套碟里的法兰西岛

当然，如果来者是一队实力强横、装备精良的铁骑，终究还是能攻下巴黎的。但这实在太难了，不久前的世界大战刚刚证实了这一点。法国人与英国人的英勇并非将德国人阻挡在法国首都外的唯一原因。百万年前幸运形成的地势不可忽视，老天将一切可能用得上的自然屏障都放在了东方入侵者可能经过的路上。

为了争取民族独立，法国人不得不战斗了将近十个世纪。然而，几乎所有国家都必须分兵防守四境，法国却能将所有力量都投入到西侧国境线的防御上。法国比欧洲其他国家早很多年发展成高度中央集权的国家，这或许正是原因所在。

介于塞文山脉、孚日山脉和大西洋之间的整个法国西部自然下沉，形成众多半岛与峡谷，相互间隔着低矮的山脉。其中，最西端的峡谷属于塞纳河与瓦兹河，它们都与比利时平原相连，途中穿过一处亘古以来就由圣康坦城守护的自然门户。如今它已是非常重要的铁路枢纽，因此也成了1914年德国人进军巴黎时的一大战略目标。

塞纳河谷与卢瓦尔河谷可经由奥尔良轻松连接。由此而来的结果就是，这一地区注定要在法国历史上扮演极其重要的角色。法国的民族女英雄被称为奥尔良少女①，巴黎最大的火车站名叫奥尔良车站，这两者的名字都直接来源于扼守南北交通要道的奥尔良城。中世纪时，身披铠甲的骑士为这些战略要地而战。今天，铁路公司为这些枢纽要地而争夺不休。世界改变了，变过很多次。但变化越多，越有一些东西是恒久不变的。

连接卢瓦尔河谷与加伦河谷的通道则同如今经过普瓦捷的铁路路线相同。就在普瓦捷附近，查理·马特于公元732年成功阻挡了摩尔人进一步踏足欧洲的脚步；也是在普瓦捷附近，黑太子爱德华在1356年如此彻底地摧毁了法国武装势力，直接导致法国在接下来的将近又一个世纪里不得不臣服于英国的统治②。

至于宽阔的加龙河流域，南部就是著名的加斯科涅，雄赳赳的达达尼昂骑士和尊贵的亨利四世皇帝都来自这片土地。经由一段从图卢兹到纳尔博纳的河谷地带，它直接连通了普罗旺斯和罗讷河谷。纳尔博纳③过去就在地中海旁，恰巧是罗马人在高卢最古老的定居点之一。

像这样古老的史前"公路"（它在有史记载之前就已经使用了上千年）总会是某个人手中的"生财之道"。敲诈勒索、牟取暴利的历史和人类一样长。如果不信，你可以到全世界任何地方的任何一条山路上转一转，多待些时候，直到确认一千年前那条路上最狭窄的地方究竟是哪里。然后，你总能在那里找到一些废墟，可能是五六座甚至二十多座城堡的遗迹，如果你对古老文明稍有了解，不同的石头层会向你诉说："就在这里，公元前50年、公元600年、800年、1100年、1250年、1350年或1500年时，某个强盗头子为自己修了一个堡垒，好向所有来往的车马收取过路费。"

---

① 即圣女贞德，百年战争中，17岁的她率领法国军队击退英军，解了奥尔良之围。
② 查理·马特（Charles Martel，约686—741），法兰西政治家、军事领袖。黑太子爱德华（Edward the Black Prince, 1330—1376），英王爱德华三世的长子、理查二世（英格兰）的父亲，本人是康沃尔公爵、威尔士王子。
③ 纳尔博纳（Narbonne）曾是繁荣的地中海口岸，如今城市距海岸约15公里。

你也可能吃惊地找到一座繁华的城市，而不只是一处废墟。但卡尔卡松的塔楼、三角堡、外层护墙和棱堡会告诉你，这样一个山道要塞，能够在众多如狼似虎来敌的攻击下存活下来，是多么惊人的坚固有力。

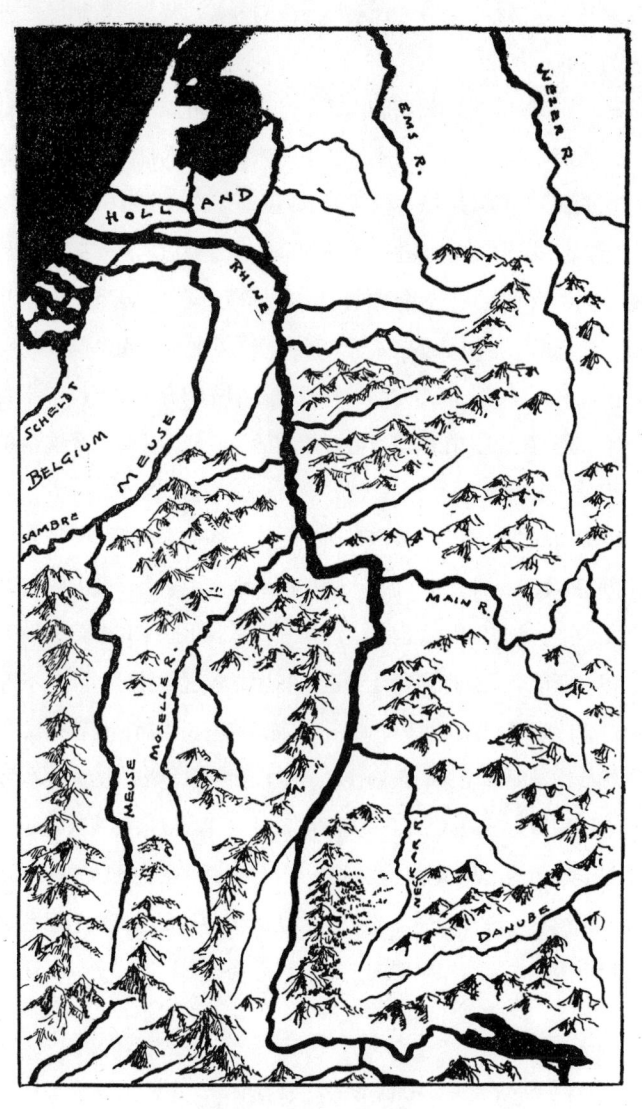

莱茵河、默兹河及其三角洲

关于法国地貌风光的介绍到这里就该打住了。现在，请允许我就地中海和大西洋之间这片土地上居民的特质再多说几句吧。有一点似乎是他们所共有的，那就是关于平衡与比例的感觉。要不是"有条有理"这个词太容易让人联想起枯燥、乏味、迂腐这一类的形容，我倒是很想说，法国人总是力图"有条有理"。

的确，法国拥有欧洲最高的山峰之一。勃朗峰如今位于法国版图内，但这只是巧合。普通法国人并不太在乎这冰雪覆盖的荒山，就像美国人不在乎彩色的佩恩蒂德沙漠一样。他们真正喜爱的，是默兹河流域、吉耶纳、诺曼底和皮卡第地区那些柔美的绵延山丘，是讨人喜欢的、高大白杨夹岸的小河和河面上从容徐行的驳船，是华托[①]画笔下笼罩在夜间山谷间的轻霭。他们最了解的是那些永远一成不变的小村庄（每个国家最强大的力量之所在），那些人们遵循或竭力遵循着祖先们五千或五百年前生活方式的小镇，还有巴黎，在那里，最好的生活与最好的思想已经携手并肩，走过了至少十个世纪。

与世界大战期间流传到我们耳边的无稽之谈恰恰相反，法国人并不是多愁善感的梦想家，而是最理智、最热切的现实主义者。他们的双脚稳稳地踏在实地上。他们明白，自己只能活一次，人生七十年就是他们所能期望的一切。所以，他们尽可能让自己在有生之年过得舒适，丝毫不肯浪费时间去幻想比眼下更好的世界。C'est la vie，这就是生活，让我们做到最好吧！既然食物是能够让文明人愉快的，就让我们拿出最好的烹饪本事吧，哪怕对方是最最穷苦的人。既然美酒自救世主降临以来就被认为是适合真正的基督徒享用的饮品，就让我们酿出最好的美酒吧。既然主的智慧让这世间充满了悦目、悦耳、悦鼻的东西，就让我们不要再沉溺于拒绝上天恩赐的傲慢自大，顺应全知全能的上帝那显而易见的期望，全身心投入其中

[①] 让-安东尼·华托（Jean-Antoine Watteau，1684—1721），法国风俗画画家，作品常以山野风光为背景。

吧。还有，既然人类在团体中奋斗时比独自行动更强大，就让我们紧紧凝聚成家族，将它作为组成社会、承担社会责任的基本成员单位，与所有成员祸福与共，一如家族成员承担起对家族的责任，祸福与共。

巴黎

这是法国人生活中理想的一面。但还有另一面，远没有那么美好，尽管它们往往就滋生于我刚刚列举过的种种美好素质之中。家庭生活不再是美梦而成了噩梦，这样的情形实在很常见。无数祖父祖母掌管着宗族事务，却阻碍它的发展，不允许任何进步。节俭的好习惯到了儿子、孙子、重孙辈却变成了可怕的陋习，偷摸勒索、压榨克扣，甚至缩减一切生活中必要的开支，包括对左邻右舍的宽容与善意——没有了这些，文明生活就是真正苍白黯淡的人生苦旅。

不过，大体说来，法国人通常无论身份多么卑微、地位多么低下，似乎都秉持着某种实用的生活哲学，凭借它，他们能够以最小的代价赢得最大的收获。首先，他们没有我们所说的那种奢望。他们知道，人生而不平等。他们会告诉自己，在美国，每一个还是小职员的男孩都有可能成为银行总裁。那又怎样呢？他可不想承担那么大的责任！要是真有那么一天，他那必须吃上三个小时的午间大餐该怎么办呢？能赚那么多钱当然好，但要牺牲的舒适和快乐也太多了。于是，法国男人都要工作，还要勤奋工作，他们的妻子要工作，女儿和儿子也要工作，是的，整个国家都在工作，都勤俭节约，过着他们自己喜欢的生活，而不去尝试别人认为他们应当喜欢的生活。这也算一种智慧，无法带来巨额财富，却能更好地保证他们享有真正的幸福，这是被成功哲学席卷的世界其他地区所无法比拟的。

在我们这本地理书里，无论什么时候谈到海洋，我都不会说：海岸居民喜欢钓鱼。他们当然喜欢。你还指望他们会喜欢什么呢？挤牛奶，还是挖煤？

但当我们聊到有关农业的话题时，却会有一个非常奇怪的发现。鉴于最近百年来几乎所有国家的人口都被吸引到了城市，法国却还有足足60%的人居住在乡村，在今天的欧洲，法国是唯一能够不依赖进口粮食就撑得住漫长围困的国家。古老的土地耕作方式正在逐步让位给现代的科学改良方式，待到法国农民彻底摒弃他的曾曾曾祖父在查理曼大帝和克洛维国王时代耕田种地的方法，法国就能完全实现自给自足了。

将农民留在土地上的，是一个事实：大多数人都是土地所有者。他的农场或许没有多么了不起，但那是他自己的。在英国和东普鲁士这两大旧世界的农业大区里，农场属于遥不可及的领主。法国大革命废除了领主，无论他们是贵族还是教士，并将土地分给了普通的小农民。在这个过程中，原来的土地所有者往往是最大的阻碍。但他们的祖先原本也是靠抢夺才得来财产，所以，现在又有什么区别呢？何况事实已经证明，这对整个国家是有益的。因为它让全国超过半数的人口开始关注整个国家的福祉。或许这就是法国人那超乎寻常的民族情结的由来。它或许能够解释，法国人为什么那样坚持他出生的村庄的方言，哪怕已经移居巴黎。所以巴黎才到处都是各种小旅馆，专为接待来自某个特定地区的旅行者，这样的景象，大概只有等到纽约城里布满专门接待芝加哥人、卡拉马祖人、弗雷斯诺人或纽约州霍斯黑兹人的旅馆时才能比拟吧。它还能解释，为什么他们那么不愿意移居到这个世界的其他地方，话说回来了，既然家乡的生活已经那样幸福美满，又有什么理由跑到其他国家去呢？

下一个话题是农业，酒用葡萄的种植让众多法国人保持着与土壤的联系。整个加龙河谷都致力于葡萄文化。这种葡萄酒的出口中心城市波尔多就在加龙河口附近，恰好位于广阔的冲积平原朗德以北，在那里，牧羊人踩着高跷走路，羊群整年待在门外。同样的还有地中海边的塞特，那是为炎热的罗讷河谷酿出的著名葡萄酒而建造的港口。勃艮第有"金丘"之称，出产的葡萄酒都集中到第戎，而香槟产区的美酒都汇聚到（成倍地来，迅速地分散）曾经有法国王室加冕的城市兰斯。

当粮食和葡萄酒无法再养活所有人口，工业伸出了援手。古老的法国君主并不是傲慢自大的傻瓜，并非只会压榨臣民，却白白放着数以百万计美丽的凡尔赛女士不懂欣赏。他们将自己的王城放在了时尚与文明生活的中心，全世界的人都蜂拥而来，只为学习良好的礼仪，学会分辨吃东西和就餐的不同。至今依然，在最后一位古老君王的脑袋被塞在两脚间扔进巴黎公墓的生石灰里[①]后又过了一个半世纪，巴黎仍然在向全世界传授应该穿什么以及如何穿。这些工业产业向欧洲和美国输送不可或缺的奢侈品——当然，绝大多数人不可或缺的是真正的生活必需品。它们集中在法兰西岛及周边，为数百万女人与女孩提供工作机会。我们能见到的大部分香水都来自里维埃拉的无边花田，每瓶要卖6美元或10美元（非常小的一

[①] 即波旁王朝的路易十六（Louis XVI, 1754—1793）。1789年法国大革命爆发，路易十六乔装脱逃不成，于1793年被送上断头台斩首处决。

瓶，非常小。但这是税务政策的结果，我们明智地决定，要向所有这类我们自己无法制造的产品征税）。

接着，法国发现了煤矿和铁矿，皮卡第和阿图瓦变得灰秃秃的，丑陋不堪，到处都是成堆的煤渣与炉渣，其中大部分都是蒙斯战役①的产物，当时，英国人试图在蒙斯阻拦德国人进军巴黎的步伐。洛林则成了冶铁工业的中心。中央平原出产钢。战争一结束，法国人便赶紧将阿尔萨斯夺了过来，用来为他们冶炼更多的钢材，而此前在德国人控制的50年里，它始终更偏重纺织业的发展。由于这一最新的发展，如今1/4的法国人都从事工业生产，他们可以骄傲地宣称，这些工业城市的外表已经变得无比丑陋，毫无吸引力，毫无人性，就像英国和美国的工业城市那样。

---

① 一战期间英国远征军的第一次大规模战斗，发生于1914年8月。战场在今比利时边境城市蒙斯。

Chapter 12

BELGIUM, A COUNTRY CREATED BY SCRAPS OF PAPER AND RICH IN EVERYTHING EXCEPT INTERNAL HARMONY

比利时：
纸上建立起的国家，万物富足，只缺内在和谐

现代的比利时王国由三个部分组成：北海海岸一带的佛兰德斯平原，佛兰德斯和东部山脉之间富藏铁矿和煤矿的小高原，以及东部的阿登山脉。默兹河穿过阿登山脉，绘出美丽的曲线，流往更北方不远处低地国家①的沼泽。

列日、沙勒罗伊和蒙斯等城市周边的煤炭和钢铁储量如此丰富（追求民主的伟大战争有个怪习惯，总把这些煤炭与钢铁城市的名字放在我们报纸的头条上），就算德、法、英三国的煤田和铁矿挖掘殆尽，它们还能继续为全世界供应这两种现代生活的必需品。

说来也奇怪，这个国家虽然拥有发展德国人所谓"重工业"的天赋资源，却没有一个属于自己的现代意义上的优质港口。英吉利海峡沿岸地势狭窄，沙岸与狭地错综交杂，没有任何港口值得一提。比利时人在奥斯坦德、泽布吕赫和尼乌波特挖掘了人造港，但它最重要的港口安特卫普却距

---

① 低地国家通常指代卢森堡、比利时、荷兰，这里特指荷兰。

离北海足有40英里之遥，斯海尔德河的最后30英里河段也落在了荷兰境内，这多少有些荒唐。这些以地理眼光看来"不自然"的东西，在一个有各国代表隆重召开会议并共同签署文件的世界里，大概是不可避免的。既然比利时这个国家原本就是一系列这类会议的产物，我们就应该了解一些类似的历史先例，看看尊贵的大人阁下们是如何舒服地围坐在绿色赌桌旁决定世界命运的。

罗马的比利时高卢地区[①]过去住着凯尔特人（英国和法国的原住民也是他们）和若干小的日耳曼部落。所有人都被迫承认罗马的宗主权，而罗马人一路向北推进，穿过佛兰德斯平原，翻越阿登高地群山，直至抵达几乎不可能通行的沼泽地，就在这些沼泽上，诞生了现代的荷兰。然后，比利时变成了查理曼大帝治下的一个小小省份。然后，随着公元843年《凡尔登条约》的签订，它变成了洛泰尔的中央王国的一部分[②]。然后，它被分割成一大堆半独立的公爵领地、伯爵领地和主教辖区。然后，哈布斯堡王朝得到了它。哈布斯堡家族是中世纪最强大的土地掌控者，他们并非为了煤炭和铁矿而来，看中的反倒是稳定的农场收益和快速的贸易回报。因此，这个国家的东部（现在是最重要的部分）被视为半荒野地带。但佛兰德斯人拥有一切机会来发展他们潜藏的力量，他们也正是这么做的，到14、15世纪之交时，它成了北欧最富庶的地区。

这得益于两点：幸运的地理位置使得中世纪的中型船只能够深入内陆腹地；早期统治佛兰德斯的男人女人都独具慧眼，当其他封建领主还一心盯着农业，像教会瞧不起借贷利息一样对资本主义不屑一顾时，他们已经开始发展工业制度了。

[①] 比利时高卢为罗马帝国时期罗马高卢的一部分，公元前22年建立，至公元5世纪结束，主要覆盖今比利时、卢森堡、荷兰，以及法国和德国部分地区。
[②]《凡尔登条约》是查理曼帝国加洛林王朝皇帝路易一世的三个儿子分割国土的协议，将查理曼帝国分为东法兰克帝国、中法兰克帝国和西法兰克帝国。洛泰尔是长子，人称洛泰尔一世（Lothair I, 795—855），分得中法兰克帝国，今瑞士、比利时、荷兰、卢森堡都在其中。

由于这一颇为明智的决策，布鲁日、根特、伊普尔和康布雷蓬蓬勃勃地发展起来，变得十分富庶。若非君主们不允许人们抓住这样的机会，他们所做的一切原本早该在各个国家上演。这些早期资本主义工业中心后来渐渐衰落，则是地理与人类特性——人之常情的特质——共同作用的结果。

地理需要承担的责任在于，它改变了北海一些水流潮汐的情况，出人意料地将大量泥沙送进了布鲁日和根特的海港，直至将它们变成陆地环绕的内陆城市。人类的责任在于工会，它们最初的确是巨大的力量之源，孰料却迅速退化成目光短浅、专横霸道的组织，除了延缓和阻碍一切已知的工业发展形势之外，别无他用。

当古老的本土王朝消亡，佛兰德斯暂时依附于法国，无人再关注这片土地，潮汐与其间巡视的工会代表让佛兰德斯沦为了一个令人昏昏欲睡的地方，可爱的白色小农场和漂亮的遗迹激发起英国老女士们的创作冲动，让她们画出有生以来最糟糕的水彩画；古老住宅区闪亮的鹅卵石间，野草从未停止生长。

宗教革命完成了余下的工作。因为佛兰德斯人曾对路德教派产生兴趣，却在经历过一阵短暂而激烈的动荡后回归了传统的天主教会。当荷兰赢得独立，佛兰德斯的这位北方邻居立刻关闭了他们老对手仅存的最后一个口岸，随着安特卫普与欧洲其他区域的连接中断，整个比利时陷入了漫长的冬眠，直至詹姆斯·瓦特那些饥饿机器的渴求将全世界的目光引向它无比丰富的自然资源。

外国资本纷纷涌入默兹河谷，不到二十年，比利时就成了欧洲首屈一指的工业国家之一。随后，这个国家里说瓦龙语[①]或法语的区域（布鲁塞尔以西的所有地方）得到了长足发展，尽管他们只占全国总人口的42%，所拥有的财富却很快远远超过了国内其他人口，佛兰德斯人沦为了屈居人

[①] 瓦龙语是公元6—9世纪间基于通俗拉丁语演化成的一种现代语言。下文的佛兰芒人是居住在今比利时境内佛兰德斯地区的一个日耳曼部族，讲方言化的荷兰语，称佛兰芒荷兰语。

下的农民种族，他们的语言只能在厨房和牲口棚里说说，绝不允许出现在一个有教养家庭的客厅里。

从人类到鼹鼠

1815年的维也纳会议让事情变得更加复杂，这次会议原本希望为世界带来长久的和平（和一个世纪前的凡尔赛会议比起来，只是形式不同罢了），在它看来，将比利时与荷兰合并成一个王国是最好的，这样就能在北方形成一股制衡法国的力量。

1830年，这场古怪的政治联姻破裂了，比利时人奋起反抗荷兰人，法国人（如人们所料）迅速伸出援手。列强也插手了（同往常一样姗姗来迟）。德国科堡家族的一位王子，维多利亚女王的舅舅，成为比利时国王。这位利奥波德舅舅是个非常严肃的绅士，对他亲爱的小外甥女影响至深。此前他刚刚拒绝了来自希腊的一项类似任命，而且从未后悔过自己的选择。事实证明，新的王国是胜利者。尽管斯海尔德河口留在了荷兰人手里，可安特卫普再一次成为西欧最重要的港口之一。

　　欧洲列强曾正式公告，宣布比利时为"中立国"。但利奥波德国王（开国国王的儿子）十分精明，对这种写在纸面上的"请勿践踏草坪"一般的承诺不抱任何信任。他励精图治，希望他的国家能够超越三流小国水

形成中的煤炭

准，不再只依靠富强邻居的仁慈而苟且生存。当一位名叫亨利·斯坦利[①]的绅士从非洲腹地返回，利奥波德说服他来到布鲁塞尔，这次会面达成了一场关于刚果的国际合作，比利时由此得以及时跻身现代世界最强大的殖民力量之列。

比利时地理位置优越，占据着北欧最繁华地区的正中心地带，如今摆在它面前的主要问题已无关经济了，而是种族问题。占人口多数的佛兰德斯人在基础教育、科学和文化发展等方面已经飞速赶上了少数派的法国人。要求参政的政治吁求已经出现，从王国独立以来，他们始终被隔绝在这一领域之外。他们坚持，佛兰德斯语和法语应当拥有绝对平等的地位。

但我最好还是不要再谈这个话题了。它让我迷惑，我看不出事情为什么会发展成这样。佛兰德斯人和瓦龙人有着同样的种族起源，共同经历了将近二十个世纪的历史，可他们却像猫和狗一样无法相容。在接下来的章节里，我们会看到瑞士人，他们说着德语、法语、意大利语和罗曼什语（一种奇怪的罗马语言，存在于瑞士恩加丁山区）四种不同的语言，彼此间却没有任何真正不可调和的摩擦。这必定是有原因的，但就我本人而言，只好承认，这个问题超出了我的理解能力。

热度

[①] 亨利·斯坦利（Henry Morton Stanley, 1841—1904），美国探险家、记者，出生于威尔士，曾探访非洲中部，探寻尼罗河源头，并于1876年受比利时国王利奥波德二世委托考察刚果。

Chapter 13
LUXEMBURG, THE HISTORICAL CURIOSITY

卢森堡：历史的珍玩

不过，在讨论瑞士之前，还是应该先提一提一个小得出奇的独立公国，要不是在世界大战初期扮演了那样重要的角色，"卢森堡"这个名字恐怕很难为人所知。卢森堡（字面意思就是"小城堡"）只有25万人口，从还属于罗马的比利时省期间开始，他们的祖先就生活在这里。然而，由于首府的强大力量，它在中世纪时也曾举足轻重，被认为是世界上"不可攻克"的要塞之一。

在1815年的维也纳会议上，由于法国和普鲁士相似的情况与相互间的戒备，这个小国家得以以公国的身份保持独立，为补偿荷兰人被德国人夺去祖先领地的损失，荷兰国王以个人身份出任卢森堡君主。

19世纪时，这个小小的公国曾几乎两度引起德、法两国的战争。为避免再出现类似的麻烦，防御工事最终被彻底拆除，卢森堡被公开宣布为"中立国"——就像比利时一样。

当战争爆发，德国人撕毁了中立决议。这样的决定是基于战争的地理需要，他们打算经东北部平原入侵法国，不去尝试西部那令人绝望的层层

"茶碟"天堑(参见"法国")。直到1918年,卢森堡一直处于德国的掌控之下。即便到了今天,这个小公国也没能真正摆脱危险,因为这片土地下还埋藏着数量相当可观的铁矿资源。

Chapter 14

SWITZERLAND, THE COUNTRY OF HIGH MOUNTAINS, EXCELLENT SCHOOLS AND A UNIFIED PEOPLE WHO SPEAK FOUR DIFFERENT LANGUAGES

瑞士：
高山与名校之国，汇聚了说四种语言的人们

瑞士人喜欢称他们的国家为"赫尔维希亚邦联"，赫尔维希亚是一位身着古老服饰的女士，常常出现在22个独立小政体①的硬币和邮票上，这22个州的代表聚集在首都伯尔尼，讨论他们共同祖国的事务。

世界大战期间，这个国家的大部分人（70%说德语，20%说法语，6%说意大利语，2%说罗曼什语）多少都倾向德国人（尽管他们极力小心地保持中立地位），从那时候起，一个略微理想化了的青年英雄人物威廉·退尔似乎有可能渐渐取代赫尔维希亚女神的地位，我十分遗憾地说，当后者开始出现在维多利亚时代中期英国的杰出画家笔下时，她就越来越像英国人了。这一关乎硬币和邮票上女神形象的冲突（并不限于瑞士，几乎任何国家都有一两个这样的古怪问题）清楚地表现出瑞士的双面性。不过对外部世界而言，这些完全不重要。在我们这些非瑞士出身的外国人眼里，

---

① 即"州"。瑞士在13世纪末至18世纪末为邦联国家，各州高度自治，国家事务由各州组成议事会讨论决定。今天的瑞士共有26州，各州为主权州，有各自的议会、政府，可制定州法律。

瑞士只是一个有着如画般山脉的国家,我要在本章探讨的正是这一点。

阿尔卑斯山脉从地中海一直延伸到亚得里亚海,全长几乎是大不列颠岛的两倍,面积与其持平。其中,16,000平方英里都在瑞士境内(丹麦总共就这么大)。在这16,000平方英里中,12,000平方英里在某种程度上堪称丰产富饶,因为这些土地上覆盖着森林、葡萄园和小片的操场。4,000平方英里对任何人来说都没什么用,因为它们要么是广阔的湖面,要么是颇为美丽的悬崖,还有700平方英里的冰川天地。这直接导致瑞士的人口密度仅为每平方英里250人,同样的数据,比利时为655人,德国347人。不过挪威每平方英里只有22人,瑞典只有35人。这样看来,那种"瑞士其实只是一个巨大的高山度假村,里面除了酒店经营者和客人外就没有其他居民了"的看法有些偏差。事实上,除了奶制品,瑞士还已经将阿尔卑斯山脉和汝拉山脉之间广阔的北部高原变成了欧洲最繁荣的产业区之一,而且不需要任何原材料的辅助。当然,它拥有丰富的水利资源,更不用说还享有欧洲中心的绝佳地理位置,从而令赫尔维希亚共和国的产品有可能稳定而迅速地源源不断流入周边至少十几个国家。

在前面的章节里,我曾试图让你们大概了解,以阿尔卑斯和比利牛斯为代表的所有这些复杂纠结的山脉究竟是如何形成的。听我说,拿半打干净的手帕过来,展开它们,一块叠着一块铺好,然后将它们一起往中间推,仔细观察这样的强力挤压所造成的褶皱、纹路、重重叠叠的圆圈和起伏。你做这个地理小实验的桌面就是最古老的岩基或花岗岩的核心(那足有无数个百万年的历史了),随后的百万年里,年轻的地层在它们之上折叠隆起,又经过上百万年的风雨侵蚀、冰雪琢磨,最终雕琢出那些奇形怪状的山峰,呈现出山脉如今的模样。

这些巨大的褶皱横亘在平原上,深则12,000英尺,浅也有上万英尺,渐渐崩裂成一系列平行的山脉。但在这个国家的中心(圣哥达山口旁的安德马特是这个国家的地理中心点),它们汇聚成了一片巨大的山脉群(也就是所谓的圣哥达山脉),莱茵河和罗讷河都由此发源,前者流向北海,后者奔向地中海。此外，这里还孕育了诸多山间河川，滋养着北部的图恩湖、卢塞恩湖、苏黎世湖和南部诸多著名的意大利湖泊。正是在这片遍布冰川、悬崖且不见阳光的幽深峡谷之地上，在处处雪崩、无法通行的山涧和十数条冰川寒意刺骨的融水所渲染的绿意之间，瑞士共和国开始萌发。

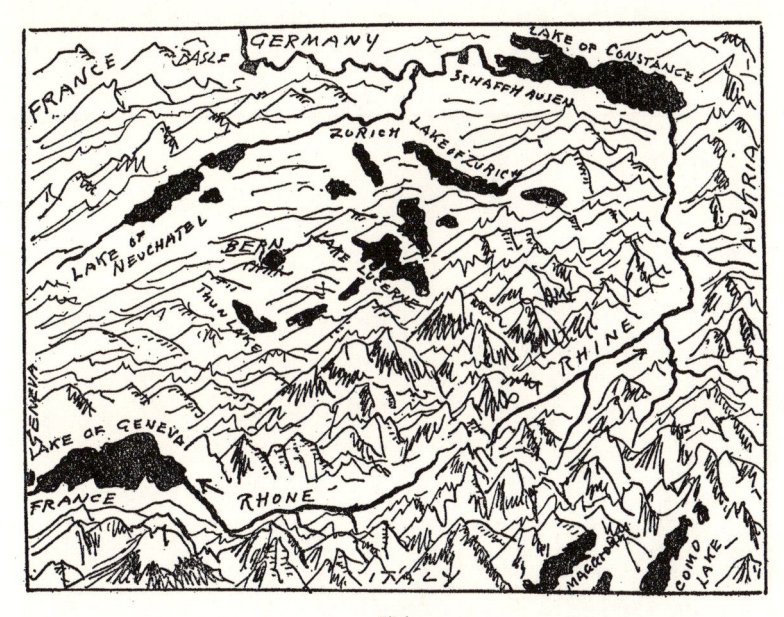

瑞士

和通常情况一样，切实可行的政治主张和土地上的某些地理特性为瑞士创造了争取独立的第一次机会。几乎整整一千年的时间里，在这些难以抵达的山谷中，尚未完全进入文明阶段的农夫被他们更加强大的邻居忘却了。如果无法获取战利品，去彰显帝国的骄傲与优越又有什么意义呢？从这些蛮荒边民的手里最多也就能抢到两三张牛皮吧。偏偏他们还都是些危险的野蛮人，擅长游击战，那些令人不安的大圆石从山坡上滚下来的话，足以把全副盔甲碾碎，就像它们是羊皮纸糊的一样。于是，同大西洋海岸最初定居者到来时阿利根尼山脉背后的印第安人一样，瑞士人得到了同样的待遇——他们都被忽略了。

然而，随着天主教会的地位日益提高，随着十字军东征之后意大利贸易席卷式地急速扩张，北欧意识到了一个非常严肃的需求，他们需要一条比圣伯纳山口或布伦纳山口更加直接、更加便利的通道来连接德国和意大利。毕竟，前者得绕上一大圈，穿过里昂和整个罗讷河谷，行经日内瓦湖；而后者则意味着要穿过哈布斯堡家族的领地，面对他们那几乎让人无法忍受的高额税赋。

山口

随后，翁特瓦尔登①、乌里和施维茨三个州（行政区域名称，用于瑞士各个独立的小共和国或地区）的农民决定联合起来，各出一点钱（上帝知道，他们本来就没多少钱），修筑一条从莱茵河谷到提契诺河谷的道路。他们挖去了一些岩石。如果遇上鹤嘴锄对付不了的大石头（想一想在

---

① 旧瑞士邦联建国时的三个创始州之一，即今瑞士上瓦尔登州和下瓦尔登州所在地。

没有炸药的情况下修山路是什么情形吧！），他们就搭起一种窄窄的精巧木头装置，紧贴山壁绕过去。他们还在莱茵河上建了一些原始的石桥，即便到了今天，这条河也只有夏天能通行。部分路段上，他们沿着查理曼大帝的工程师曾规划过的道路修建，那是四个世纪以前的事，却始终没能完工。到13世纪末，若是有商人要带着骡队拖车从巴塞尔经过圣哥达山口前往米兰，他可以确信的是，途中因为跌断腿或落石而损失的牲口不会超过两到三头。

早在1331年，我们就听闻山口顶上有了一处客栈，尽管直到1820年它才对四轮马车开放，也并不妨碍这条道路迅速成为南北之间最热门的商贸路线。

当然，翁特瓦尔登、乌里和施维茨的好心人允许他们自己为自己的艰苦劳作收取一点点报酬。稳定的收入，外加这条跨国通道为卢塞恩、苏黎世之类的城市所带来的冲击，让这些小小的农民社区对于独立有了新的体会，无疑，这是对哈布斯堡家族的公开蔑视，后续还有很多事要做。说来也巧，哈布斯堡家族的祖先原本也是瑞士农民，不过他们从来不在任何一本宗谱里谈及这一事实，这些宗谱全都保藏在他们那矗立在阿勒河与莱茵河交汇点附近的家族城堡鹰之城（Habichtsburg，或者叫"鹰巢"）中。

很抱歉讲了个这样乏味的故事。但为后世的现代瑞士共和国奠定基础的，的确是繁忙的阿尔卑斯山商路的收入，而非某位并不存在的威廉·退尔的英雄故事[①]。现代的瑞士共和国是一个非常有趣的政治实验体，这牢牢建立在它拥有全世界最有效的公立教育体系的基础上。政府机器运转得如此流畅高效，以至于当你猛然间问起谁刚巧是总统时，他们都不得不想一想。因为他们的国家是由议事院管理的，这有点像某种托管委员会，由七名成员组成，每年任命一位新总统（通常是上一年的副总统），依照不成文的惯例，总统应当由各语言区的代表轮流出任，一年是德语区的，下

---

① 对于威廉·退尔是否确有其人，以及相关历史影响，学界一直存在争议。

一年就是法语区，第三年则轮到意大利语区。

不过，这里的总统与美国的总统完全不同。他只是一个联邦执行委员会的临时主席，也就是说，一切都得经过七个独立委员的同意。除了主持联邦议会的会议，总统还相当于外交大臣，但这个职位实在是不起眼，所以他也没有官舍可住。瑞士可没有"白宫"。需要招待外国显要时，宴会就设在外交部。即便是这些宴会，也更像是小山村里简单的啤酒聚会，而不像法国总统或他们的美国同行举办的那些仅次于王室规格的招待盛宴。

管理体系太复杂，无法在这里详细讨论，但来到阿尔卑斯山这一段的人们随时都在被提醒：在某个地方，有个聪明正直的人一直盯着监控器，确保事情都一一到位，以诚实、聪明的方式做到位。

比如修建铁路，这当然是一项需要面对无数困难的工程。连接意大利和北欧的两条主干线笔直穿过瑞士阿尔卑斯山地区的心脏地带。塞尼山隧道行经法国第戎与里昂两地，将巴黎和都灵（萨沃伊王国的古都）连接起来。布伦纳线为德国南部和维也纳之间提供了直达的通道，它虽然穿越了阿尔卑斯山，全程却没有一个隧道。辛普朗线和圣哥达线则不然，不但堪称隧道挖掘机，更是名副其实的爬山高手。两者中，圣哥达线更古老一些。它于1872年开始兴建，十年后完工。其中八年都用在了一条隧道的挖掘上，这条隧道很棒，全长半英里，高处海拔近4000英尺。比这条隧道本身更有趣的，是瓦森和格舍嫩的螺旋隧道群。因为山谷太狭窄，甚至容不下一条单线铁路通过，铁道只好穿过山体中心攀爬。除了这些特别的隧道之外，另外还有59条隧道（其中好几条都足有将近一英里长）、9座巨大的高架桥和48座桥梁。

在穿越阿尔卑斯山的道路中，第二重要的是辛普朗线，它让我们可以从巴黎出发，一路经法国第戎、瑞士洛桑，穿过罗讷河谷到布里格，然后转头向南直奔米兰。全线于1906年通车，恰好是拿破仑完成他著名的辛普朗山口公路后的整整一个世纪，那条公路上的大、小桥梁数量分别为250

征服屏障

座和350座,此外还有10条长隧道,是有史以来最伟大的公路建筑杰作。辛普朗线的修建比圣哥达线容易得多,它沿着罗讷河谷平缓上升,直至抵达2000英尺高处的隧道起点。这条隧道全长12.5英里,双线穿行。勒奇山隧道也是如此(长9英里),连接瑞士北部、辛普朗线和意大利西部。

被称为"本宁阿尔卑斯"的山脉是世界上最狭窄的山脉之一,尽管与辛普朗线有部分重合,却拥有完全独特的气候。它在小小一处四方天地间拥有不少于21座海拔12,000英尺及以上的山峰,140座冰川供养着丰沛的河川溪流——它们有一个极其惹人厌的习惯,就是专爱赶在某列大型国际快车抵达前的几分钟冲毁桥梁。从来没有列车因为这些"水家族"的惊喜派对而失事,无疑是对瑞士铁路工作人员工作效率的高度评价。然而,就像我之前说过的,在这个多少有些死板且极度官僚的共和国里,很少有什么是留给命运来决定的。生活太艰难、太危险,"蒙混过关"的好人哲学无处容身。总有某个人,在某个地方,以某种方式,一刻不停地盯着,观察着,留意着。

这样的共性孕育出一种中小学校长式的极端的守时与高效,这无助于艺术的成功。人人都看到了这一事实。在文学和艺术——绘画、雕塑和音乐——领域,瑞士从来没能孕育任何足以走出他们自己狭小国境的成果。可是,世界上到处都是"艺术"国度,却没有几个能凭借数个世纪从不间断的政治、经济成长与发展而自豪。这套体系完全适合普通的瑞士男人和他们的妻子。我们还能苛求什么呢?

Chapter 15

GERMANY, THE NATION THAT WAS FOUNDED TOO LATE

德国：姗姗来迟的国家

仅仅是为了方便起见，我将欧洲各国暂且分成野蛮和文明两个阵营。在此前的部分中，我首先简单探讨了那些虽已独立，却仍残留着此前罗马统治时期明显痕迹的国家。

没错，罗马也曾攻占过巴尔干诸国，而且有一个国家（罗马尼亚）至今还将拉丁语列为官方语言。但了不起的蒙古人、斯拉夫人和土耳其人在中世纪时的入侵彻底摧毁了这部分世界里罗马文明存在过的一切痕迹，因此，如果要将巴尔干各政权归于上一部分，显然是不妥的。从这里开始，我就要告别地中海文明的势力范围，进入另一种文明形态，它们源自条顿人，围绕北海与大西洋展开。

就像我在法国章节里已经谈到过的，从俄罗斯东部群山（第聂伯河、德维纳河、涅瓦河和伏尔加河都起源于此）到比利牛斯山之间是一片巨大的半环形平原。在日耳曼部族不知为何开始向西迁徙之后，半环南部地区曾短暂地处于俄罗斯的控制之下。而即便在那时候，东部看起来也始终是无数斯拉夫游牧族群的天下，他们繁衍的速度与被杀死的速度一样快，就像澳大利亚的兔子一样,无法征服。因此,当饥渴的条顿入侵者出现在这片天地间时,唯一可能得手的就是东至维斯瓦河、西至莱茵河三角洲的大方块了。它的北侧边界是波罗的海,南侧是长长的罗马碉堡防线,这道防线提醒着后来者,前方是"禁区"。

这一区域西部多山。首先,阿登高地和孚日山脉矗立在莱茵河西岸。其次,从正东至西,依次是黑森林、提洛尔山脉、厄尔士山脉(又名铁矿石山脉,即今波希米亚地区)、克尔科诺谢山脉(对利森山区),最后是几乎直抵黑海的喀尔巴阡山脉。

这片土地上的河流都被迫向北流去。依照它们出现的顺序,从西向东,首当其冲的是莱茵河,最文学化的河流,人们为之战斗、为之哭泣、为之挥洒的汗水和泪水比其他任何一条山间小溪更多。因为莱茵河的确是一条非常虚怀若谷的小河流。亚马孙河的长度是它的5倍。密西西比河和密苏里河是它的6倍,就连我们在历数全世界大河时很少想起的俄亥俄河,都比它长500英里。接下来是威悉河,现代城市不来梅就在河口附近。然后是易北河,它造就了今天的汉堡市。下一条是奥得河,它孕育了什切青,柏林和内陆工业地区的产品由此出口。最后,是维斯瓦河,河边的但泽如今是个自由市,由国际联盟指定的一个委员会管理。

千百万年前,冰川覆盖着这整片地区。当冰川退却,留下一片广阔的沙质荒野,荒野向北海和波罗的海蔓延,变成了无法通行的沼泽。渐渐地,北部的沼泽形成了一圈沙丘,从佛兰德斯海岸一直到靠近俄罗斯边境的哥尼斯堡(过去的普鲁士首都,如今的加里宁格勒)之间几乎随处可见沙丘的踪迹。沙丘一成型,沼泽便有了天然的保护屏障,海洋潮汐从此被隔绝在外。这意味着植被的初生,当土壤为孕育树木做好准备,森林出现了,森林又变成一片片泥煤地,为我们的祖先提供了取之不尽的优质燃料。

北海和波罗的海是这片平原的北侧和西侧边界,都得享"海"之尊称。它们实在只算得上些浅浅的池塘罢了。北海的平均深度只有60英寻(1英寻等于6英尺),最深处不超过400英寻。波罗的海的平均水深约36

英寻。至于大西洋，平均深度足有2170英寻，太平洋则为2240英寻。这些数据告诉我们，咱们最好把北海和波罗的海看成被水淹没的山谷。地壳的一次微微抬升就能将它们变为陆地。

现在，让我们来看一张绘制了德国陆地情形的地图。我的意思是，和今天的德国一样的地图。与人类随着冰川退却的脚步安顿下来，决定长久定居在这一地区之初相比，这张地图必定多少有些不同。

这些早期移民都是野蛮人。靠猎捕野兽和种植少许粮食为生。但他们拥有非常明确果断的审美，由于自己的故土缺乏那些可以用作装饰的金属，他们不得不远涉重洋，寻找黄金与白银。

下面的话可能会让我的许多读者感到小小的震惊，然而，所有最初的商贸线路都是奢侈品线路。居住在世界不同地区的两个种族之间的争夺统统都是针对奢侈品的争夺。商人们为了寻找琥珀——罗马女子用来染发的一种石化松脂——而深入神秘的波罗的海，罗马人由此了解了北欧的地理概况。坚硬的石灰石质结块有时会出现在牡蛎的身体里，女人很喜欢用它们来吸引人们留意她们耳朵的漂亮曲线或十指的纤细，对它们的渴望，加上许多正派人要将福音带给异教徒的渴望，导致了太平洋与印度洋上许多航海线路的发现。

龙涎香，一种存在于抹香鲸肠道内的物质，换句简单的话来说，我们可以称之为某些倒霉鲸鱼染上胆病后的产物，对它的索求驱动着一艘艘船驶向巴西、马达加斯加和马鲁古群岛的海岸线，比捕捞鲱鱼、沙丁鱼或其他可以作为食物的实用鱼类的船只更多。因为龙涎香能够被用作许多香水的基底料，让它们或如鲜花般芬芳，或洋溢着异国情调。而食物只是食物，连一半的趣味都没有。

17世纪的女人将束身衣穿在长裙礼服下藏起来（有12道菜的晚餐对身材很不利），这一时尚风潮直接导致人们拥有了如今关于北极区的大部分知识。巴黎刚刚宣布帽子上应当装饰鹭鸶羽毛，猎人们立刻深入美国南部

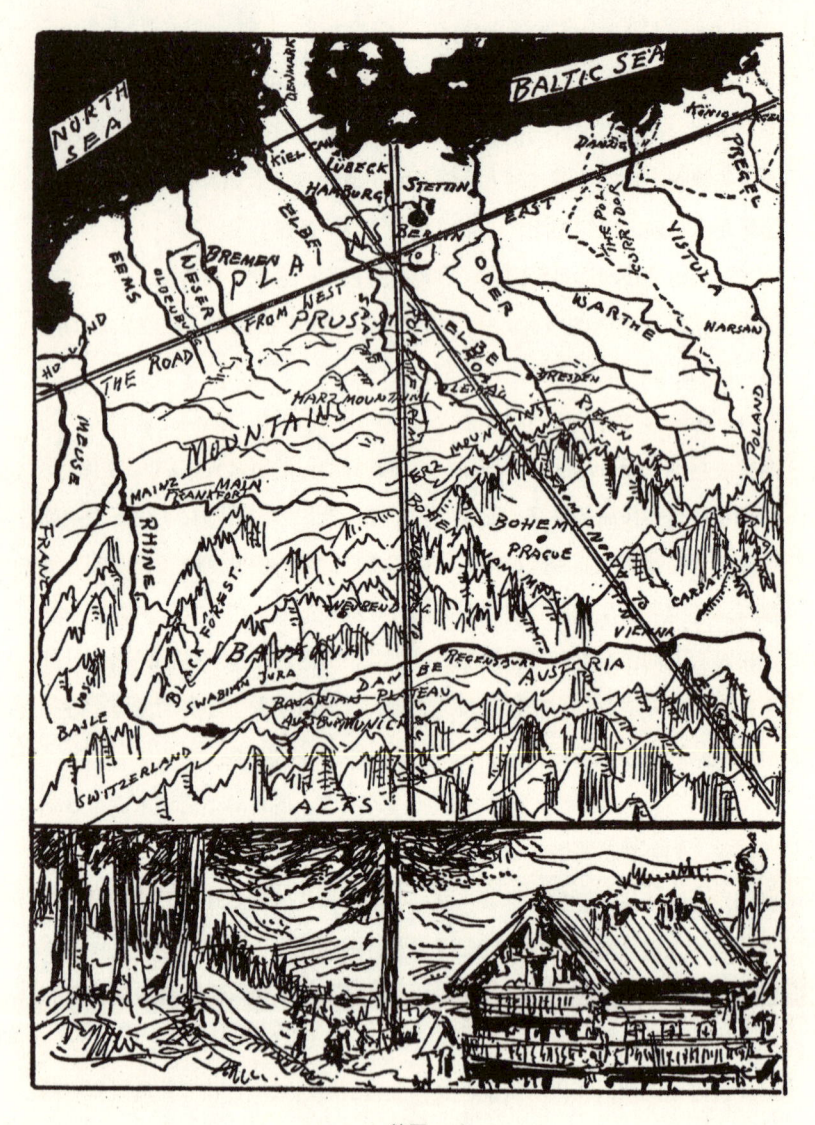

德国

诸州，猎杀苍鹭以获取它们的冠羽（全然不顾一个事实：这将意味着众生中最美丽、最高贵的一种鸟儿的灭绝），在仅仅忙于换取日常生活的面包黄油时，猎人们从来没有走出过这样远。

这样的例子我可以继续举下去，列满十二页。任何因稀少而昂贵的东西都会成为一些人追捧的对象，他们以此来奢靡地炫示自己的财富，希望给他们那些不那么有钱的邻居留下深刻印象。有史以来，真正拓开探险线路的是奢侈品，而非生活必需品。如果我们仔细研究史前德国的地图，还能找出古老的奢侈品迁移路径，因为大体而言，它们跟中世纪和现代的并无不同。

再来看看大约三千年前的情形。包括哈茨山、厄尔士山脉和克尔科诺谢山的南部诸多山脉距海洋都有数百英里之遥。如今向北延伸到北海和波罗的海的平原还远没有从沼泽变成干燥的陆地，更没有稠密的森林覆盖。冰川已经整体向斯堪的纳维亚和芬兰方向退去，人类紧随而至，宣布将整个荒野收归己有。在南部群山之间，河谷部落已经发现，砍下树来卖给据守在莱茵河与多瑙河战略要地上的罗马人可以获利。除此之外，这些早期的条顿游牧民和农夫几乎从未见过一个罗马人。一支罗马人的探险队试图深入他们的家园腹地，却在积水的幽暗河谷里中了埋伏，全军覆没，从此再也没有出现过这样的尝试。但这并不意味着北部的德国完全隔绝了与外部世界的联系。

伟大的史前贸易线路起自西面的伊比利亚半岛，直抵东面的俄罗斯平原。它沿着从比利牛斯到巴黎的路线行进，穿过我在"法国"章节里描述过的普瓦捷和图尔的峡谷。接着，绕过阿登高原，从这里开始，沿着欧洲中部的高地外缘前行，直至后来属于苏联①的低地。在东行途中，这条路当然需要穿越许多河流，对策就是利用一切可以找到的狭窄处。罗马建在横跨台伯河的一片浅滩上，德国北部最初的许多城市也是如此，只是，我

---

① 1917年建立，1991年解体为俄罗斯、白俄罗斯、乌克兰等15个国家。

们如今在那些史前和早期历史聚居地的原址上找到的，往往是加油站或杂货店。汉诺威、柏林、马格德堡、布雷斯劳，全都是这样建起来的。莱比锡虽然起源于一个位于斯拉夫区域的村庄，同样也因商业而生。撒克逊山区出产的银、铅、铜、铁等矿产就是在这里打包，然后顺流而下，卖给沟通东西的欧洲"商业大道"上往来的商人们。

当然，一旦道路抵达莱茵河，长途负重跋涉的挂篷马车便有了一个有力的竞争对手，水运。水运通常比陆路交通便宜得多，也方便得多，早在恺撒第一次将目光投向莱茵河之前，河上便已有筏子将斯特拉斯堡（连接莱茵河与弗兰科尼亚、巴伐利亚、符腾堡的内陆腹地）的商品运送到科隆，再由此转运至遍布沼泽的低地国家，最后抵达不列颠群岛。

柏林与耶路撒冷距离遥远，但两个城市都遵循同样的地理法则：城市必须建在重要商道沿线，彼此有道路交通。耶路撒冷位于连接巴比伦王国和腓尼基、大马士革和埃及的马车要道旁，早在犹太人的名号为人所知前就是重要的贸易中心。柏林紧邻河岸，东西向、西北至东南向（以现在的地名来说，就是从巴黎到圣彼得堡，从汉堡到君士坦丁堡）的通道刚好交汇于此，它很快成长为第二个耶路撒冷。

整个中世纪期间，现在的德国都只是一堆半独立状态的小国家，直至300多年前也还没有任何迹象表明，有朝一日，欧洲大平原西侧的这部分会发展成世界领先的国家。说来也怪，现代德国几乎是直接从十字军东征的失败中崛起的。当确定西亚已经没有新的土地可供征服（穆罕默德的信徒证明了他们完全有能力与基督徒抗衡）后，欧洲的无业者开始寻找其他可以获取农业财富的地方。很自然，他们立刻就想到了奥得河和维斯瓦河另一侧的斯拉夫土地，那里住着野蛮的普鲁士异教徒。一队曾经的十字军开始行动，从巴勒斯坦向东普鲁士席卷而来，将它的商业中心从以色列加利莱亚的阿克里转移到但泽以南30英里处的马尔堡。这些骑士花了两百年时间和斯拉夫人战斗，从西方带来贵族和农民，在战败者的农场里安下家来。1410年坦嫩贝格战役爆发，他们在波兰人手中尝到了惨败的滋味。1914年，在同一片战场上，兴登堡将军击溃了俄军[①]。但无论如何，即便遭受了这样的打击，这支队伍还是设法活了下来，直到宗教改革开始，依旧是一支不容忽视的重要力量。

凑巧的是，当时指挥这支队伍的刚好是一位霍亨索伦家族[②]的成员。这位特别的骑士团长不但信奉新教，还采纳马丁·路德的建议，宣布自己为世袭的普鲁士公爵，建都但泽湾附近的哥尼斯堡。17世纪初，勤勉精明的霍亨索伦家族中的另一系得到了这个公国，后者自15世纪中期开始就统领着勃兰登堡荒芜多沙的土地。一百年后（确切地说，是1701年），这些勃兰登堡的暴发户们觉得自己够强大了，不再满足于仅仅拥有"选帝侯"[③]的头衔，开始了一场争取"国王"称号的骚动。

神圣罗马帝国的皇帝没有意见。通常，同类不会相残，哈布斯堡家族很乐意为他们的好朋友霍亨索伦家族行些方便。这两个家族难道不是同一阵营吗？1871年，第七位霍亨索伦家族的普鲁士国王成为统一的德意志王国的首位皇帝。47年后，第九位普鲁士国王和现代德国的第三位皇帝被迫离开他的王位和国家，那是一大统治集团的终结，它开始时是破落流亡的十字军队伍，终结时是工业主义和资本主义的伟大时代里最强大的力量。

但现在，一切都结束了，最后一位霍亨索伦家族的成员正在荷兰砍木头。对此，我们最好还是坦白些，承认那些从前的提洛尔山民都是拥有惊人能力的人，至少也是非常聪明的，懂得如何将拥有杰出才能的人吸引到身边来为自己效力。要记得，他们最初的领地上没有自然财富。从前的普

[①] 坦嫩贝格战役发生在当时东普鲁士的两个村庄格伦瓦（Grunwald）和坦嫩贝格（Tannenberg，即斯滕巴尔克）之间，如今都在波兰境内。兴登堡（Paul von Hindenburg，1847—1934），一战中的德国陆军元帅，1914年以66岁高龄被复召入伍，同年8月底在坦嫩贝格会战中指挥德军打败俄军。
[②] 霍亨索伦家族为德国王室家族之一，曾统治德国、普鲁士、罗马尼亚等，11世纪崛起于霍亨索伦城堡所在地。
[③] 即拥有选举神圣罗马帝国皇帝权力的诸侯。这是德国历史上的特殊现象，勃兰登堡藩侯为七大选帝侯之一。

鲁士始终只是一片覆盖着农场、森林、沙漠和沼泽的土地。它不出产任何一种可供出口的物产，要知道，出口对于任何国家来说都是获取贸易顺差[①]的唯一途径。

当一名德国人发现可以从甜菜根里提取糖时，情况略微有了好转。但既然蔗糖依然比甜菜糖便宜得多，而且还依然能整船整船地自西印度群岛进口，普鲁士人和布兰登堡人口袋里的钱就还是少得可怜。然而，当拿破仑皇帝在特拉法尔加海战中损失了他的海军，决定通过"反向封锁"来摧毁英国时，对于普鲁士甜菜糖的需求便立刻爆发出来，居高不下。几乎与此同时，德国化学家们确定了钾肥的价值，而普鲁士恰好拥有大量的钾肥资源，这个国家终于能在国际市场上有所作为了。

但霍亨索伦家族始终是幸运的。拿破仑战败后，普鲁士得到了莱茵河地区。在工业革命使得煤炭和铁有了额外增值以前，这并没有多少特别意义。可普鲁士无比意外地发现自己拥有全世界最丰富的一部分矿脉和煤田。最终，此前五百年艰难严苛的贫困磨炼开始结出硕果。贫困教会了德国人节俭和物尽其用。如今又告诉他们，怎样大量生产，怎样低价出售，以此胜过其他国家。当陆地上再也没有空间容纳急速增长的小条顿人时，他们转向海外，只用了不到半个世纪的时间，就在以外贸为支柱产业的国家中跻身前列。

当北海还是文明中心（直到美洲大陆的发现使大西洋成为主要商路之前，它始终占据着这一地位）时，汉堡和不来梅的地位不可小视，如今它们重获新生，并且严重威胁到了伦敦和英国其他港口的显赫地位。一条从波罗的海到北海之间的大运河于1895年开始通航，名叫基尔运河。此外，连接莱茵河、威悉河、奥得河、维斯瓦河、美因河和多瑙河的多条运河（部分完工）纷纷提供连接北海和黑海的直接水上通道，柏林更是借助一

[①] 一个年度内国家的出口贸易总额大于进口额即为贸易顺差，表示该国当年在国际贸易中占据优势地位，收入大于支出。

条起自什切青首府的运河直通波罗的海。

无论人类的创造力能为确保大多数人过上最基本的得体生活提供多少帮助，他们都做到了。世界大战前，一般的德国农民和工人虽绝称不上富裕，还不得不遵守非常严格的纪律，但看来总是比世界其他地方同阶层的人住得好一点，吃得好一点，总体而言，在遭遇意外和面对衰老时得到的保障也好一点。

至于世界大战是如何让他们不幸损失掉一切的，这是个非常悲伤的故事，但并非这本书应当关注的内容。无论如何，作为战败的结果之一，德国人失去了富饶的工业区阿尔萨斯和洛林。还失去了所有的殖民地、海上商队以及一部分石勒苏益格-荷尔斯泰因的土地，后者是它在1864年的战争中从丹麦人手中夺来的①。好几千英里的前波兰领土（但在那时候已经完全德国化了）被割出普鲁士，归还给波兰。同时，波兰还成了一条宽阔狭长地带的领主，这片地带沿维斯瓦河河道延伸，从托伦到格丁尼亚，直抵波罗的海，这个国家从此有了与外海相连的直接通道。腓特烈大帝在18世纪时从奥地利夺取的西里西亚地区还有一部分留在德国人手里。但更有价值的矿藏都归了波兰，只留下纺织业还在德国人的控制之下。

至于其他，德国在前五十年里得到的一切都被夺走了，它的亚洲和非洲殖民地被分给了那些已经超额拥有土地的国家，以至于后者根本没有多余的人口可以往这些地方安置。

从政治角度说，《凡尔赛和约》或许是一份卓越的文件。从实用地理的角度看来，它却令人对欧洲的未来感到绝望。我疑心，那些手持基础地理书、心怀疑虑并且想要推选劳埃德·乔治和近来的克列孟梭阁下②的中立者们倒不至于错得这样离谱。

---

① 即1864年普鲁士-奥地利联军与丹麦之间爆发的第二次石勒苏益格战争。
② 劳埃德·乔治（David Lloyd George, 1863—1945），英国自由党领袖，曾出任英国财政大臣。克列孟梭（Georges Clemenceau, 1917—1920），法国激进党派领袖，曾两次出任法国总理，有"法兰西之虎""胜利之父"的称号。

Chapter 16

AUSTRIA,
THE COUNTRY THAT NOBODY APPRECIATED UNTIL
IT NO LONGER EXISTED

奥地利：除非消亡便无人赏识的国家

如今的奥地利共和国有6,000,000人口，其中2,000,000人口居住在首都维也纳。这样不寻常的人口分布所导致的结果就是，整个国家头重脚轻，无数多瑙河（那是一条浑浊灰暗的河流，完全不像你听着那首著名的华尔兹舞曲时可能想象的那样蓝）边的古老城镇正在慢慢退化成死城，在那里，年老的男人女人们心灰意冷，漫无目的地在昔日辉煌的遗迹间游荡。年轻一代要么逃出国去更明快的环境中开启新生活，要么因为无法忍受家乡的生活而自杀身亡。要不了一百年，快乐的维也纳（极少数人们看似真的快乐的城市之一，只是这种快乐常常是孩子气且漫不经心的），这个古老而重要的科学、医学和艺术中心就会变成第二个威尼斯。它没能成为可以容纳50,000,000人的帝国首都，却沦落为一个依赖旅游业的小村子，几乎没有任何可以作为港口枢纽的重要性，无法吸引满载货物的波希米亚和巴伐利亚船只，让它们到这里中转，前往罗马尼亚和黑海。

如今，古老的多瑙河王朝（这是奥地利人曾经熟悉的名字，无比准确地描述了这个国家的本质）的地理情况极度复杂，因为它被武断地分成了许多块,几乎无法分辨。但若要说到自然条件在一个中央集权强国的建立过程中能起到怎样的作用,从前的奥匈帝国就是完美例证。暂且忘掉那些国境线,看看地图上的这个区域。它几乎不偏不倚地位于欧洲大陆的心脏上,距意大利的靴子尖和丹麦半岛的鼻尖一样远。平坦的土地和绵延起伏的地带组成了一个巨大的圆,高大的山脉将它严密地包在中央。西部是阿尔卑斯山的瑞士部分和提洛尔部分。北面是波希米亚地区的克尔科诺谢(巨人山脉)和厄尔士山脉,另有喀尔巴阡山脉呈半环状庇护着匈牙利平原(或称草原),阻挡来自斯拉夫平原一侧的入侵。多瑙河将喀尔巴阡山脉及其南部(也称特兰西瓦尼亚阿尔卑斯山脉,或南喀尔巴阡山脉)与巴尔干山脉隔开,迪纳拉山脉则俨然一道屏障,保护平原不受亚得里亚海阴冷海风的侵袭。

创建这个国家的人手头的地图很不完善,他们本身拥有的地理理论知识也少得可怜。然而,和征服美国西部的拓荒者一样,他们只是循着某些一定的轨迹和路线行进,对于这些路最终会将他们带到哪里毫无概念,反正那些中世纪的征服者也只是靠做"眼前可做的"积聚起庞大的财富,从不为理论问题烦心。一切自然生长。自然为一切安排好了某种不可避免的"结果",至于人类,无论多么聪明智慧,仍然只能默默遵从它的指示。

在公元元年开始的第一个千年里,最初的匈牙利大平原是片真正的无人荒野,各部落自黑海西进,循多瑙河而来,却不存在任何稳定的政府形态。查理曼大帝毕生与来自东方的斯拉夫人作战,在此期间,建立起一个小小的"标记点",或者说,"界标"——我们会这么称呼它。这是一个位于东方的标记点,名叫"Oester Reich"(东方的帝国,和奥地利一个意思),而那个最终征服了全世界的公国就萌芽于此。尽管有时候会被匈牙利人和土耳其人侵扰(土耳其人最后一次围攻维也纳的时间比哈佛大学建校还要晚很多[①]),

---

[①] 哈佛大学是美国历史最悠久的大学,创建于1636年。最后一次土耳其围攻维也纳是1683年的维也纳战役。

总的说来，这个小小的界标大多数时候还是处在强有力的掌控之下，先是巴本堡家族[①]，后有哈布斯堡王朝——就在前几页才提到过的我们的瑞士朋友，他们总是最后摘得果子的人。最终，这个边界小国的统治者们设法让自己被推选成了犹如神圣罗马帝国那样的皇帝，虽然这个国家既不罗马也不神圣，更不是帝国，只是一群说日耳曼语的不同种族组成的松散联盟。他们一直拥有这个头衔，直到1806年，拿破仑为了把皇冠戴上自己那颗无产者的头颅，才将它扔进了垃圾堆。

但即便在那之后，不复辉煌却依旧顽强的哈布斯堡家族仍然设法在德国这块大蛋糕上插了一手——而且是非常重要的一手——直至1866年，普鲁士人将他们赶回他们自己的山脉一侧，并勒令他们待在属于自己的地方。

那块古老的东方标记到今天已经沦为了第七流的国家，因内耗而遍体鳞伤，看不到任何美好未来的希望，大部分国土都是山地，只保住了瑞士阿尔卑斯山的延伸部分。至于著名的提洛尔山脉的残存部分，则被一纸《凡尔赛和约》划给了意大利，依据是，该地区一度属于古罗马帝国。保留下来的山区中有两个相对重要的市镇：因斯布鲁克，经布伦纳山口穿过因河进入意大利的古老路线就经过这座城市，它的一切都让人不由想起中世纪；萨尔茨堡，莫扎特出生的地方，也是欧洲最美丽的城市之一，如今它正试图通过向全世界奉上几场音乐和戏剧演出来保持活力。

无论这里还是北部波希米亚平原上的山脉都不出产任何有价值的物产。同样的描述也可以用在维也纳盆地，当年罗马人在那里建立了一座军营，取名为Vindobona（即维也纳）。那只是一个小小的定居点，公元180年，著名的皇帝哲学家马可·奥勒留[②]在这里死去，于是，维也纳开始出名了。马可·奥勒留曾无数次抗击来自北方日耳曼平原的蛮族，这只是其

[①] 巴本堡家族在10世纪末至13世纪上半叶是奥地利的统治者，之后经过短暂的空位期，哈布斯堡家族于13世纪末开始统治奥地利。
[②] 马可·奥勒留（Marcus Aurelius, 121—180），哲学家，古罗马黄金时代的最后一位皇帝，罗马五贤帝之一，著有《沉思录》。

中一次。然而，直到十个世纪以后，这座城市才真正发展起来。当时适逢中世纪的大迁徙，也就是所谓"十字军东征"，所有想要前往"应许之地"①的人都要从这里出发，沿多瑙河而下，否则就只好把自己送到黑心的热那亚和威尼斯船主手里遭受敲诈勒索了。

1276年，维也纳成为哈布斯堡家族的定居地以及其广袤疆域的中心——哈布斯堡王朝的疆域最终包括了前几页里提到过的所有山脉之间的土地。1485年，匈牙利占领了这座城市。1529年和1683年，土耳其两次向它发起围攻。但这座城市在历经重重灾难后活了下来，直到进入18世纪。当时它执行了一项错误的政策：但凡具备一定重要性的职位，全都必须由纯日耳曼血统的贵族任职。结果，王国开始分崩离析。权力过大对任何人来说都是艰难的考验，和善的奥地利骑士也不例外。于是他们不只和善，更日渐软弱。

在古奥匈帝国中，47%的人口是斯拉夫血统，只有25%（或者说1/4）是日耳曼人，余下部分包括了匈牙利人（19%）、罗马尼亚人（7%）、约60万意大利人（1.5%）和大约10万吉卜赛人，后者集中居住在匈牙利，因为只有在那里，他们的待遇多少还有几分像是受尊重的市民。

日耳曼"主人"们显然从来都没能吸取过往的经验教训，而欧洲其他王国却已经慢慢开始用心了解。只有当他们愿意承担起"领导阶层"的职责时，君主和贵族才可能存在。一旦开始谈论"服务"而非"领导"，他们的末日便到了。拿破仑战争中，奥地利军队经历了无数次失败，之后，维也纳人开始对他们高贵的公爵和男爵们爆发出巨大的怒火，终至于将这些掌权者统统赶出这座城市，赶回了他们的田庄。在那里，他们无所事事，再也无法染指外面的土地。

从那以后，地理学开始为这座城市提供帮助。没有贵族挡道，商人与制造业者终于可以发挥所长。拆除了古老防御工事（它们是如此庞大，以

---

① 《圣经》记载，上帝将迦南许给亚伯拉罕作为以色列人的家园，迦南即为"应许之地"。

至于售卖这些土地所得的资金足以支付城市扩张与发展的各项费用）的维也纳摆脱束缚，迅速发展成东欧最重要的商业、科学和艺术中心。

世界大战令财富与荣耀双双戛然而止。这个如今被称为奥地利的国家再也不是几年前那个世界一流的帝国了。它的未来完全被扼杀在了过去，如今只是徒有其名罢了。法国拒绝让它加入德意志共和国是压死骆驼的最后一根稻草。

它最好的出路也许就是挂牌公开出售了。可又有谁会愿意买呢？

Chapter 17

DENMARK,
AN OBJECT LESSON IN CERTAIN ADVANTAGES OF
SMALL COUNTRIES OVER LARGE ONES

丹麦：扬长避短、以小胜大的典范

作为一个现代国家，丹麦实在是太小了（总共只有350万居民，其中75万居住在首都），如果数量对于人类来说真的比品质更重要的话，那我们最好的选择大概是直接略过它不谈。但若要讨论凭借智慧生活之理念（也就是希腊人视为最高智慧的"凡事适度节制"）善加利用不起眼素材的典范，丹麦和其他斯堪的纳维亚国家无疑应当赢得最高的崇敬与特别的关注。

这个国家总面积不过16,000平方英里，没有任何自然资源、军队、舰队、矿藏和山脉（全国没有任何地方高出600英尺，而那还不到帝国大厦的一半高），却能与诸多国家相匹敌。那些国家拥有大得多的疆域、多得多的纷争与军事野心，只要愿意，我能随口列出一打。完全依靠自己的努力，丹麦人将文盲率降到了零，将人均财富提升到欧洲第二位。事实上，正如全世界都知道的，他们已经消除了贫富分野，取而代之的，是建立起一种适度繁荣的平衡。在这一点上，无人可与之分庭抗礼。

正如从地图上一眼就能看到的，丹麦由一个半岛和若干岛屿组成，岛屿相互分离,中间隔着宽阔的海峡,轮渡载着火车穿越海峡。它的气候完全谈不上舒适。整个冬天里,强劲的东风不断刮过它平坦的土地,带来冰冷的雨水,迫使丹麦人不得不长时间关在室内(就像荷兰人一样,这两个民族在许多方面都很像),环境因素在很大程度上促使丹麦成了一个非常重视阅读的国家。正因为这样,丹麦人大都异常博学,人均书籍拥有量比其他任何国家都多。

但风雨也确保了牧场的湿润,牧草勃勃生长,喂肥了奶牛,以至于仅丹麦一个国家就能供应全球黄油需求量的30%。最独特的地方在于,大部分国家的土地往往集中在富裕甚至远在外地的大地主手里,而丹麦人本质上就是民主的(这里主要取其社会和经济意义,而非政治意义),从不鼓励大量集中财富的行为,尽管那是我们总能在其他国家见到的。

如今丹麦有15万自由农民,都经营着自己的小型农场,农场面积从10英亩到100英亩不等,超过100英亩的只有20,000个。他们以最现代、最科学的方式种植并加工用于出口的日常作物,照着乡村农业学校里教授的那样做,这类学校是免费中学教育系统的延续,遍布全国。脱脂酪浆作为黄油生产的副产品被用来喂猪,猪又提供了英国全国所需的培根。

由于黄油和培根的贸易收益远高于粮食种植,丹麦人宁愿进口粮食。要做到这一点十分容易,而且花费不高,因为蒸汽机车从但泽到哥本哈根只有两天路程,但泽又刚好是波兰和立陶宛这两个巨大粮仓一直以来的出口港。这些粮食部分被用于饲养家禽,同样,每年有数百万的蛋类被送到英国——由于某些神秘的原因,这个国家从来就无法长出任何比卷心菜更美味的东西。

为了维持在相关农产品上近乎垄断的地位,丹麦人对送出国的每一样东西都设置了极其严苛的品质控制,从而赢得了绝对可靠的声誉,他们的商标几乎等同于品质保证。

同所有源自条顿人的种族一样,丹麦人都是无可救药的赌徒,最近几年来,他们在银行业和股票市场里花掉了大笔资金。好在,银行纷纷倒闭

丹麦与挪威、瑞典的关系

时，孩子、奶牛和猪都还在，如今他们又开始工作了。唯一的困难是，随着越来越多的邻居快速陷入破产境地，诸如火腿鸡蛋这样简单的食物也开始成为普通人难以负担的奢侈品。

大陆上的市镇无关紧要。日德兰半岛（一个古老的半岛，英国最初的定居者有许多来自这里）的西海岸静卧着埃斯比约，那是所有那些琳琅满目的农产品的主要出口港；东岸有奥尔胡斯，全国最古老的基督教中心之一，然而，就在四个世纪前美洲被发现之际，这个世界依旧信奉着他们英雄化的异教神（奥丁、雷神托尔、光明神巴尔德尔）。

小贝尔特海峡（我相信他们如今正计划要建一座跨海大桥）隔开了日德兰与菲英岛，后者在波罗的海大岛中排在首位。菲英岛中心是欧登塞（以及牛群、猪和孩子们），这是献给奥丁的地方，也是汉斯·克里斯蒂安·安徒生出生的城市，他是一位贫病交加的鞋匠的儿子，也是造福了全人类的最了不起的人物之一。

接下来，我们要穿越大贝尔特海峡，来到西兰岛，那是古老丹麦帝国的心脏。就在那里，被誉为"首都菜篮子"的阿迈厄小岛护卫着一个宽阔的海湾，使之不受波罗的海风浪侵扰，海湾边坐落着迷人的城市哥本哈根，中世纪的"商港"。

9至10世纪，当丹麦人还统治着包括英格兰、挪威和瑞典部分地区在内的帝国时，哥本哈根只是个小渔村，位于内陆方向大约15英里处的罗斯基勒才是王室所在地，那些遥远领地接受的统治与命令都从那里发出。可今天的罗斯基勒已然无足轻重，哥本哈根却迅速成长为规模庞大的重要城市，招待着全国1/5的人口。

哥本哈根是王室居住的城市，不多的几个卫兵身穿相当帅气的制服，在国王去游泳、钓鱼或散步买香烟时举枪致敬。可如果你想找的是其他庄重宏大的军事痕迹，那就注定是白费工夫了。这个小国家在过去的岁月中曾经历过最艰难、最痛苦的战斗，甚至就在1864年时还曾坚持抗击普鲁士人，坚持了很长一段时间，如今却主动废除了它的陆军和海军，代之以小队的国家警察,以期在未来可能爆发的全欧冲突中尽可能保持中立,求取生存。

关于丹麦就说到这里了。这个国家平静地走在它自己的道路上。王室尽量避免登上报纸封面,很少有人拥有三件以上的外套,哪怕没有也没什么;很少人有汽车,无论男人、女人还是孩子,人人都有至少两辆自行车,如果你曾在午餐时间前站在丹麦街头等待过马路,就必定非常清楚这一点。

在一个满心追求"大"的世界里,丹麦很难发声。在一个全心追求"极大"的世界里,它必将占有非常重要的地位。因为,如果最多数人的最大幸福是所有政府应当追求的终极目标,那么,丹麦作为独立国家的持续存在已经证明,它所做到的早已远远不止于此。

Chapter 18

ICELAND,
AN INTERESTING POLITICAL LABORATORY
IN THE ARCTIC OCEAN

冰岛：北冰洋上有趣的政治实验室

从古老帝国荣光还在的时候起，丹麦就拥有几块零星的荒原，包括第六块大陆，格陵兰。格陵兰岛看似拥有珍贵的矿藏财富（铁、锌、石墨），但全都被严严实实地埋在冰川之下（整个岛屿只有1/30的地面上没有冰），除非地轴稍稍偏转一些，允许格陵兰再一次享受到它千百万年前曾享受过的热带阳光（从好几处大煤田的存在就可以推断出来），否则它永远不会为任何人带来任何价值。

它的另一片殖民地是法罗群岛（字面意为"绵羊群岛"），位于设兰得以北200英里外，人口20,000，首都名叫托尔斯港，就是从这里，哈德逊开始了他斗志昂扬的探险，远涉重洋，来到了曼哈顿[1]。再往北就是冰岛。冰岛是个特别有趣的国家。之所以这么说，不但是因为它的火山地

---

[1] 亨利·哈德逊（Henry Hudson，约1565—1611），英国航海家、探险家。这里说的应该是1609年的探险，他受荷兰东印度公司委托寻找通往亚洲的东线通道，从荷兰出发，经格陵兰岛一带，最终抵达今美国纽约一带。根据他的经历和航海日志，荷兰于1614年开始在美洲建立殖民地新尼德兰，后将殖民地首都设在曼哈顿。

貌——这让它成了自然奇观的集大成地,通常来说,我们总会把这些奇观与伏尔甘[1]古老的熔炉里的神秘之火联系起来——更因为它的政治发展。它是我们星球上最古老的共和国,有关自治政权的记载比美国早了大概八个世纪,并且一直延续至今,只有过少数几次短暂的中断。

岛上最早的居民是来自挪威的逃亡者,公元9世纪时,他们在这个遥远的地方找到了自己的生存之道。

冰岛总面积40,000平方英里,其中5000平方英里都是冰川与雪原,只有1/4的土地真正适合农业耕作,尽管如此,这里的生存环境却比祖国挪威好得多,因此,9世纪刚一开始,这里就有了4000多处田园宅邸,里面住着的都是自由独立的农民。基于几乎所有早期日耳曼部族的习惯,他们立刻建立起了一种松散的自治形式。其中包括一个"阿尔庭",那是处理各种地方"事务"和"讨论会"(其实就是我们所说的"会议")的集会。阿尔庭在每年仲夏时节召集一次,会场设在一个巨大的火山平原上,称"辛格韦德利"[2],距离现在的首都雷克雅未克约7英里,而后者只有一百年历史。

在他们自由生活的头两百年里,冰岛人展露出巨大的活力,创作了有史以来最出色的萨迦[3],发现了格陵兰岛和美洲大陆(比哥伦布早五个世纪),让这个冬季日长只有4小时的北地岛屿成为比它的祖国本身更重要的文明中心。

然而,所有日耳曼部族都逃不开的诅咒也在抗击西方势力的过程中与他们形影相随:由于过分强调个人主义,使得一切政治和经济的合作都几乎无法实现。13世纪,冰岛被挪威人征服;待到挪威成了丹麦的一部分,冰岛也跟着并了进去。丹麦人完全没把这座岛屿放在眼里,于是,它便开始受制于法国人甚至阿尔及利亚海盗,直至昔日的繁华彻底消失。与此同

---

[1] 罗马神话中的火神和金工锻造之神。
[2] 今称"古议会旧址"。
[3] 本意表示话语、短故事,特指北欧的神话和英雄传奇。

时，"异教"时期的文化与建筑也被抛诸脑后，古老贵族与自由居民的木建筑被泥炭小屋取代。

下面是什么

不过，从19世纪中叶开始，旧日的繁华多少恢复了一些，彻底独立的需求也再次被提了出来。尽管丹麦国王名义上依旧是它的君主，今天的冰岛却已重新掌握了自己的命运，就像它在11个世纪以前曾做过的那样。岛上最大的城市是雷克雅未克，目前人口依然不足10,000，却拥有一所大学。这个国家总人口数不会超过10万，却拥有属于他们自己的杰出文学作品。这里没有村庄，只有孤零零的农场，农场的孩子们却一直接受着巡回学者带来的良好教育。

总而言之，它是这个世界上最有趣的小角落。和许多其他小国家一样，冰岛也向我们展示了，当外部自然条件不好时，人类的聪明才智能够做到什么。无论如何，冰岛都绝算不上人间天堂。尽管在墨西哥湾流的支流影响下，冬天并不特别冷，但夏天却实在太短，无法令任何粮食或水果生长。更何况，它永远都在下雨！

29座火山为岛屿铺上了一片又一片厚厚的火山灰，有的地方超过1000平方英里。最著名的海克拉火山更是要为有记录以来的28次喷发负责任。地震不时发生，常常将成百上千个农场一并摧毁，巨大的裂纹或裂隙撕开坚硬的火山岩层，横亘数英里。硫黄喷泉和沸泥塘给从岛上一处到另一处的旅行添了些麻烦。大名鼎鼎的间歇泉和热喷泉与其说危险，倒不如说是有趣，原因在于，虽然其中著名的大温泉有时还是能将沸水喷上一百英尺的高度，但总体来说，它们的活动是在减弱。

然而，人们不只是眼下住在冰岛，更希望一直住下去。最近60年来，有两万多冰岛人移居到了美洲，大部分在马尼托巴湖一带。但其中许多又返回了他们离开的地方。那里总在下雨。那里并不舒适。但那是家。

冰岛

Chapter 19

THE SCANDINAVIAN PENINSULA, THE TERRITORY OCCUPIED BY THE KINGDOMS OF SWEDEN AND NORWAY

斯堪的纳维亚半岛：
被瑞典和挪威王国瓜分的土地

中世纪的人们生活在神话故事的幸福世界里，他们很清楚斯堪的纳维亚半岛为什么会是如今这副古怪模样。当善良的上帝完成创造世界的工作后，恶魔来了，想知道上帝在离开天堂的这长长七天里究竟做了什么。恶魔看到了我们这刚刚萌发生命的年轻可爱的星球，顿时怒不可遏，举起一块大石头就砸向了人类的新家。这块石头落进北冰洋，成了斯堪的纳维亚半岛。这块石头如此贫瘠荒凉，看起来完全不适合生存。但善良的上帝想起，在他精心创造其他大陆时还余下了一点肥沃的土地。他将剩下的这点土地撒在了挪威和瑞典的山间。当然，这些不够覆盖所有地面，如此也就解释了，为什么这两个国家的大部分地区始终是巨怪、侏儒和狼人的居所，因为没有人类能够在这样贫瘠的土地上生存，哪怕只是想一想都不可能。

现代人类也有一个属于自己的童话故事，不过是一个科学故事，基于他们用自己的双眼能够观察到的确定事实。按照地理学家的说法，斯堪的纳维亚半岛只是一个非常古老、非常大的陆地的幸存部分，这片大陆的存在远远早于泥炭沼泽森林的时代①,当时它横跨北冰洋,从欧洲一直延伸到美洲大陆。

我们当然知道,各大陆板块当前的分布格局是很晚才形成的,它们甚至似乎还在移动,就像漂浮在池塘上的落叶一般。这几大洲之间如今隔着大洋大海,从前却曾是一整块坚实广阔的大地。挪威和瑞典曾经同属的大陆已经消失不见,只留下最东侧的斯堪的纳维亚山脉还矗立在水面之上。冰岛、法罗群岛、设得兰群岛和苏格兰也是如此。其余部分如今都沉睡在北冰洋的海底。也许有一天情况会颠倒过来,那么北冰洋就会成为干燥的陆地,瑞典和挪威则将变成鲸鱼和大小鱼儿的乐土。

挪威人似乎从不为这个危及家园存亡的威胁而担忧。他们有其他事要操心。比如说,求生问题,如果你记得挪威只有4%的国土面积(区区4000平方英里)可用于耕种,就会明白,这可不是个简单的问题。瑞典稍好一点,有10%,也好得不多。

有失自然有得。瑞典的一半都是森林,挪威的1/4覆盖着松林和冷杉。这些森林在慢慢被砍伐,但伐木业造成的危害并不比我们的更致命。它以人们能想到的最科学的方式进行,因为瑞典人和挪威人都清楚,他们的国家在常规农业发展上讨不到任何好处。问题全在于冰川,它们一度覆盖了整个半岛,从挪威北角直至南端的林讷角。这些冰川从岩石山坡上滑下,所经之处就像猎狗舔过的盘子。它们不但夺走了这些山脉好不容易攒下的土壤(要覆盖这样广阔的地域,得花掉上百万年的时间),更是将泥土一路带出国境,送到我在德国章节里刚刚提到过的欧洲北部大平原。

四千年前,亚洲人西进欧洲的大迁徙先头部队一定很清楚这一点。当他们最终渡过波罗的海时,发现了斯堪的纳维亚半岛上还住着几个芬兰祖先的游牧民族。要把他们赶回北端偏僻的拉普兰荒野是非常容易的事。但

---

① 大约是三百万年前的石炭纪末期到二叠纪期间。当时地球上的热带区域大多丛林稠密,土地蓄水量极高,森林中的植物和落叶落下后,因缺氧而无法完全腐化分解,最终形成泥炭。泥炭经过适度条件下的长期演变即可形成煤炭。

即便这样做了,新来者又能指望靠什么为生呢?

山区贫瘠的土壤

倒是有好几条出路。首先,他们可以出海打鱼。无穷无尽的海湾与峡湾大大拉长了这个国家的海岸线,而它们都只是冰川试图冲入大洋时在岩石上刻下的深沟而已。若非如此,若是挪威海岸像荷兰或丹麦一样笔直的话,长度将只有现在的1/6。今天的挪威人依然在捕鱼。墨西哥湾流极力确保所有海港终年不冻,哪怕是极北的哈默弗斯特。罗弗敦群岛面对着寒冷、清冽的北冰洋海水,每个角落似乎都很适合鳕鱼的生长,它为超过十万名渔夫提供了工作机会,同时还有十万多人忙着将拖网渔船带到岸上的收获装进罐头。

第二条路,如果不喜欢捕鱼,还可以去当海盗。整条挪威海岸线上都排列着大大小小的岛屿,它们占据了这个国家总面积的7%,各岛之间互不连通,海峡、沙滩、海湾、峡湾组成了极其复杂的隔离网,以至于从斯塔万格驾驶汽船到瓦尔德①需要两名舵手六小时一班地轮换着严守岗位,一刻也不能松懈。

中世纪时还没有信号灯、浮标或灯塔(林讷角灯塔是挪威海岸线上最

---

① 斯塔万格位于挪威南端,瓦尔德位于北端。

古老的灯塔，即便如此，它的建成也是相当近代的事情了），任何外国人都无法在这条危险的海岸线上行驶十英里。尽管罗弗敦两座岛屿间那著名大漩涡的故事是被夸大了许多，可若是不带上半打以上的本地人指路，没来过的船长也绝不敢闯进这片水上迷宫。因此，海盗在他们熟悉的峡湾里打造出自己的作战基地，安心地知道，在能看得见自家山脉的范围内完全没什么值得害怕。他们将这份天然优势利用得相当好。此外，他们还不断改进船只和作战技巧，直至终于拥有了远征英格兰、爱尔兰及荷兰的能力。一旦发现了前往这些相对邻近区域的航路，他们便开始一点点拉长航线，直至法国、西班牙、意大利乃至远在君士坦丁堡的人一听到归国商人报告说在附近见到了维京海船上描画的龙便心神不宁。

挪威

仅仅9世纪初，他们就掠夺了巴黎不下三次。他们驾船逆莱茵河而上，一直到达科隆和美因兹。至于英格兰，古斯堪的纳维亚的不同部族为了这个国家的财富彼此征战不休，就像今天的欧洲国家会为了一块特别诱人的油田打仗一样。

就在冰岛被发现的同一时期,斯堪的纳维亚人在俄罗斯建立了第一个政权,并自行统治那片土地达整整7个世纪之久。再后来,一支两百艘船(都是小船,必要的时候可以扛着走过陆地)组成的抢劫探险队从波罗的海驶向黑海,在君士坦丁堡引发了巨大的恐慌,以至于东罗马帝国忙不迭地将这些野蛮人收归旗下,聘为特别护卫。

自西进入地中海后,他们在西西里岛以及西班牙、意大利和非洲海岸站住了脚,一次又一次在教会的四处征伐中"建功立业"。

这古老的斯堪的纳维亚国家的一切荣光最终归于何处了呢?

如今留下的不过是一个备受尊敬的小小王国,它捕捞并出口大量的鱼,从事运输贸易,政客们为了民众应该说哪种语言而舌战不休——要不是挪威当局有每两三年就为他们最重要的城市和火车站改一次名的要命习惯,国际世界压根儿不会留意到这些争论。

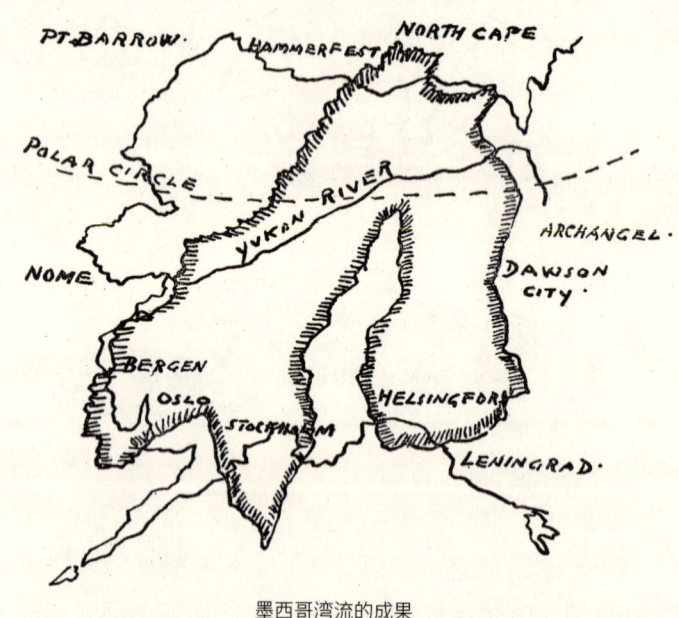

墨西哥湾流的成果
阿拉斯加590,000平方英里的土地上生活着60,000人口
挪威、瑞典和芬兰面积总和430,000平方英里,却拥有12,000,000人口

如今的首都奥斯陆建在一个非常古老的挪威人聚居点附近,这个聚居点早已毁于大火。丹麦国王克里斯蒂安四世修建了这座城市,因此它原本一直叫克里斯蒂安,直到挪威人决定净化他们语言中所有的丹麦痕迹。奥斯陆位于挪威最富庶的农业区,就在奥斯陆峡湾的头顶上。峡湾汇入斯卡格拉克海峡,这道宽阔的海峡事实上是大西洋的分支,将挪威与丹麦分隔开来。

像斯塔万科、奥勒松和克里斯蒂安桑这样的城市都只有在早上九点汽船鸣笛时才会苏醒过来。卑尔根则是古老的中世纪商业同业会所在地,这个组织照看着整个挪威海岸的商业需求,如今它依靠一条铁路与奥斯陆相连。特隆赫姆也是如此,有一条支线通往瑞典的波罗的海沿岸。更北部,深入北极圈内的纳尔维克港口吞吐着产自拉普兰的瑞典铁矿石。特罗姆瑟和哈默弗斯特的空气中永远飘荡着鱼腥味。这些地名出现在这里,是因为我们很少能看到有人类能够在北纬70°的地方舒适地生活。

这是片奇特的土地,也是片生存艰难的土地。一片会驱使它成千上万的子女扬帆出海,告诉他们要尽最大努力走得更远的土地,尽管如此,却也要设法保留住他们的爱与尊严。如果有机会,你也不妨乘船往北走走。所有地方都是一个模样。某个被上帝遗忘的小村庄,只因几丛草便存在着,那草只够一只山羊的口粮。村里有五六间房舍,几条破破烂烂的船,一艘每周造访一次的汽船。可人们会因为再次看到它而热泪盈眶,因为这是家,这是他们的家,这是融在他们骨血里的地方。

四海之内皆兄弟,这是个高尚的梦想。

在博德或瓦尔多这样到任何地方都得坐着汽船花上十天时间的处所,它却以奇怪的方式实现了。

北极大高原消失在北冰洋波涛之下,只留下一道山脉。山脉另一侧坐落着瑞典。这是个与挪威截然不同的国家。人们常常设想,为什么这两个国家不干脆合并起来。这样就能省下大笔的管理费用了。纸面上看来,这样的安排完全可行,但它们的地理环境决定了这绝无可能。挪威因墨西哥湾流而得享温润的气候,多雨,少雪(在卑尔根,连马儿见到不带伞也不穿雨衣的人都会惊讶犹疑);瑞典则是大陆性气候,冬季漫长而寒冷,降雪量很大。挪威有探入内陆数英里之远的深深峡湾;瑞典海岸低平,有几个天然港口,但全都不及卡特加特海峡的哥德堡来得重要。挪威完全没有自己的矿产,瑞典却拥有世界上最富的一些矿床。遗憾的是,煤矿的缺乏还是迫使瑞典不得不从德国和法国进口大量矿石,不过,最近二十年里,许多大瀑布相继被驯服、开发,瑞典得以渐渐摆脱了对煤炭的依赖。同时,覆盖这个王国大部分土地的森林成就了庞大丰厚的瑞典火柴托拉斯和远近闻名的瑞典造纸业。

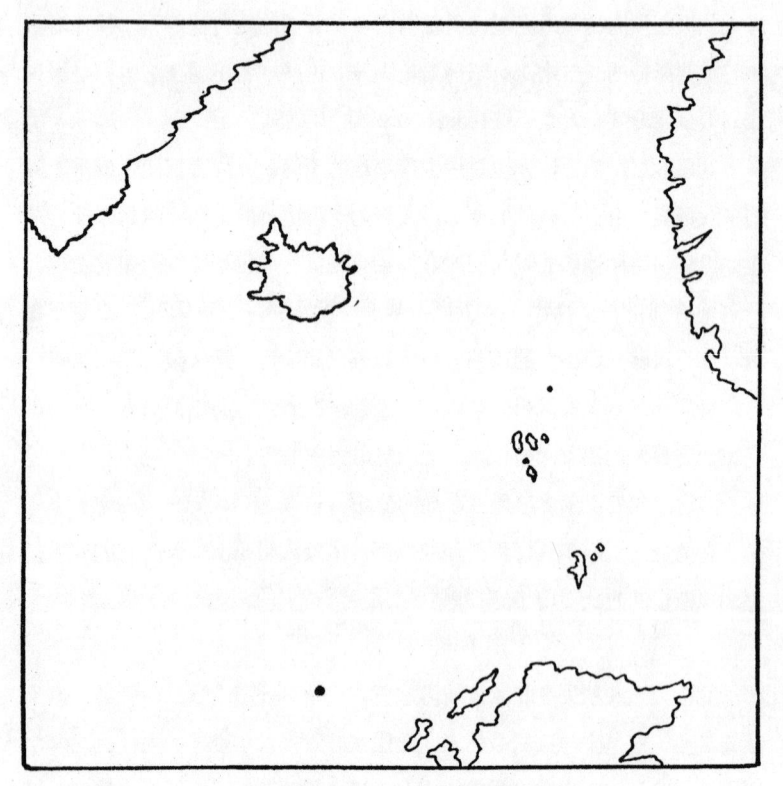

看看北冰洋地图,这就是你全部看到的

同挪威和丹麦人一样（你也可以说，除了英国，所有日耳曼种族的国家都一样），瑞典人对于人类智慧的无限可能深信不疑。它的科学家因此拥有无限自由的发挥空间。结果，化学家们从原本要被丢弃的木材工业废料中发现并研制出了大量副产品，比如赛璐珞和人造丝。它的农业发展水平虽然比挪威高得多，却依旧受困于艰苦的自然环境，高大的山脉如此斩截地将斯堪的纳维亚半岛一分为二，瑞典不巧正处于无遮无拦的寒冷一侧。或许这能够解释，为什么鲜花在这里如此受人青睐。冬天实在太长，太阴沉。因此，每户瑞典人家都试图用鲜花和常绿灌木来为家中增添些许亮色。

在其他许多方面，瑞典也和挪威很不一样。在挪威，古代的封建制度随着黑死病的到来而灭亡，这场爆发于中世纪末期的可怕瘟疫中断了维京人进一步的野心与行动。在瑞典则是另一番景象，大片土地带来的收益使得这个国家的贵族能够存续至今。尽管它如今有了一个社会主义的政府（就像绝大多数欧洲国家一样），斯德哥尔摩仍然是以贵族政治为背景的城市，与奥斯陆和哥本哈根截然相反，后者极端平民化的质朴与瑞典首都娴熟的宫廷礼仪一样，都保持得分毫不差。

或许这样的发展也是由于瑞典奇特的地理位置。不同于面对大西洋的挪威，瑞典本质上是个面朝内海的国家，它整个的经济福祉，连同历史，都与波罗的海紧紧交织在一起。

只要斯堪的纳维亚依旧只是不宜居的荒野，西海岸与东海岸的斯堪的纳维亚人之间就没有太多区别。在外人看来，他们全都是"斯堪的纳维亚人"。还有那古老的祈祷词，当谦卑的祷告者念诵着"仁慈的主啊，请让我们远离斯堪的纳维亚人的怒火吧"时，他们的脑海中并不会分辨要远离的究竟是哪部分的斯堪的纳维亚人。

但公元10世纪后，事情开始起了变化。北部斯韦阿兰地区（其首府位于梅拉伦湖畔，今天的首都斯德哥尔摩也在这座湖边）的瑞典人与南部哥特兰省的哥特人之间爆发了一场大规模的惨烈内战。这两个部族有着非常近的亲缘关系，在同一座神殿附近供奉他们的神明，那是他们的"众神居所"，就建在如今北欧最古老、最重要的大学城乌普萨拉所在的地方。这些争斗持续了两个多世纪，在削弱国王力量的同时，大大增强了贵族的势力。也是在这期间，基督教打开了进入斯堪的纳维亚半岛的缺口，教士与修士都站在贵族一边（在大多数国家，情况恰好是反过来的），到最后，瑞典的君王变得那般孱弱，以至于在足足一个半世纪里，瑞典都不得不奉丹麦为君主国。

1520年，当一桩罪恶谋杀的消息震惊西方世界时，欧洲几乎已忘却了瑞典的存在。那是最可怕、最不可宽恕的阴谋屠杀，足以被永远铭刻在人类历史的耻辱柱上。那一年，丹麦国王克里斯蒂安二世邀请瑞典所有贵族首脑人物出席一场盛大的宴会，那本该是友爱的盛宴，针对国王和他所爱的瑞典臣民之间可能出现的问题，谋求一劳永逸地解决之道。然而，宴会的结尾是，所有客人被关押起来，或遭斩首，或被溺毙。只有一个有分量的人物逃脱了。那就是古斯塔夫。他的父亲名叫埃里克·瓦萨，几年前被同一位克里斯蒂安国王下令斩首。此后古斯塔夫便逃到了德国。当大屠杀的消息传来，他返回故土，领导从前的自耕农发起一场革命，最终将丹麦人赶回他们自己的国家，他本人则加冕为瑞典国王。

从此，一个国内与国际大冒险的非凡时代开启了，它不只让这一小片饱受贫瘠所苦的土地成了欧洲新教徒大业中的赢家，更将瑞典变成了抵挡斯拉夫人入侵的最后一道防线，当时这一威胁正日益增长。因为，在被忽视了数个世纪以后，俄罗斯终于踏上战争之路，开始了它向着大海进发的著名征程[①]，这一扩张至今未休。

瑞典似乎是唯一意识到威胁的国家。在整整两个世纪里，它将所有力量集中起来，只做了一件事：将俄罗斯堵在它自己的国境线内，远离波罗的海。当然，瑞典注定会失败。战争彻底掏空了它的国库，却也只不过让

[①] 指沙皇俄国时期俄罗斯对于波罗的海、黑海和亚速海诸出海口的争夺。

俄罗斯势不可挡的步伐稍稍晚了几十年而已。瑞典坐拥波罗的海大半的海岸线,统治着包括芬兰和英格尔曼兰(今圣彼得堡所在地)、爱沙尼亚、立沃尼亚和波美拉尼亚①,疆域面积达173,000平方英里(大体介于美国亚利桑那州和得克萨斯州之间),人口只比纽约市少一点(瑞典6,141,671人,纽约市6,930,446人),然而,当战争终了,却沦落为二流的王国。

森林至今仍覆盖着这个国家的一半领土,却摇身一变,成了半个欧洲大陆木材需求的支柱。这些树木在冬天里被砍伐,横七竖八地躺在地上,直至春天来临。这时候,它们就会被拖过雪地,来到最近的河边,扔进峡谷。当夏季到来,内陆高山上冰雪消融,河流开始奔腾,卷起这些木材,将它们带到山谷中。

还是同一条河流,从前一直充当着铁路的角色,如今渐渐变成了锯木场的动力源,它收拾起木材,将它们变成人们想要的东西,无论是火柴梗还是四英寸的木板。这时,波罗的海已经破冰化冻,轮船可以再一次抵达东海岸各地,完工的木材产品被托付给蒸汽轮船。在此之前,木材产品所费很少,只是一点伐木工人和磨坊工人的工钱,而无论什么时候,只要时间不是最重要的优先要素,轮船就始终为我们提供着最廉价的交通服务。

这些船只往返都载货。若是接不到返程货,就得放空回家了。当然,回程载货并不能收取很多费用,因此,瑞典的进口商品价格大都非常合理。

同样的系统也应用在铁矿石上。这些铁矿石的质量之高,就连本国拥有矿床的国家都对它们有着大量的需求。鉴于这个国家没有任何一处的宽度超过250英里,要抵达海岸总是一件相当容易的事。瑞典北部靠近基律纳和耶利瓦勒的拉普兰地区拥有储量巨大的铁矿,出于某个神秘理由,大自然直接将它们在地面上堆成了几座低矮的山。夏天,矿石被送到波的尼亚湾旁(波罗的海北部)的吕勒奥,冬天的吕勒奥港口很快就会结冰封冻,便送到挪威的纳尔维克,由于墨西哥湾流的缘故,它全年都不结冻。

---

① 立沃尼亚包括今拉脱维亚和立陶宛等地,波美拉尼亚今分属波兰和德国。

距离这些铁矿不远就是瑞典最高的山峰凯布讷山（海拔近7000英尺），此外，那里还矗立着欧洲最重要的发电站之一。发电站刚好位于极圈内，但既然电力似乎并不会受到地理纬度影响，它照样能以极低的成本满足铁路和那些地表矿场设备的能源需求。

瑞典南部自然是整个斯堪的纳维亚半岛最肥沃的部分，它得到了冰川从北部带来的一点泥土，相应地，人口也最为稠密。那里有大量湖泊。事实上，瑞典是世界上湖泊最多的国家之一，足有14,000平方英里的国土表面被水覆盖，仅次于芬兰。通过开凿运河连通各湖，瑞典人在全国范围内组建起了廉价的交通网络，有赖于此，不但如北雪平这样的商业中心大大受益，各港口也不例外，其中最重要的就是哥德堡和玛尔摩。

有的国家里，人们服从大自然的规则，最终沦为它的奴隶；有的国家里，人们彻底破坏了大自然，以至于完全断绝了与伟大生命母亲的一切联系，然而世间万物皆由自然创造，也注定了要终结于自然。最后，终于有了这样一些国家，在那里，人类与自然学会了相互理解、相互欣赏，心存感激，达成了互惠互利的妥协共存。如果你想找出一个例子，就向北走吧，年轻人，去看看斯堪的纳维亚半岛上的三个国家。

Chapter 20

THE NETHERLANDS,
THE SWAMP ON THE BANKS OF THE NORTH SEA
THAT BECAME AN EMPIRE

荷兰：北海海岸沼泽上建立起的王国

"尼德兰"这个名字，只用在非常正式的场合，准确地传达了这个国家的特质：一个比海平面还要低2至16英尺的"低"地综合体①。只要一场史前规模的大洪水，阿姆斯特丹、鹿特丹以及这个国家所有最重要的城市就会从地球表面消失。

然而，这个看似自然劣势的特质同时也是这个国家最强大力量的来源。因为北海岸边的这些沼泽并不足以容许人类建立起国家。若要做到这一点，人类不得不努力开拓创造。在人类的开创性与大自然的无情力量之间，拉开了一场实力并不对等的战斗。荷兰人赢了。他们从中学会了坚韧与远见。无论我们碰巧生活在哪一种世界里，这些素质总不会没有用处。

---

① 英文正式名称为the Kingdom of the Netherlands（尼德兰王国），中文定为"荷兰王国"，Netherland字面意即为"低处的土地"，荷兰亦有"低地之国"之称。另有Holland，古指荷兰伯国，位于今荷兰境内的南荷兰和北荷兰省，在非正式场合也用于指代该国。

当罗马人来到这个偏远、孤寂的欧洲角落时（他们在大约公元前50年就到了），整片区域还遍布泥淖与沼泽，从比利时一直延伸到丹麦的狭长沙丘为它们挡住了北海的侵袭。这条沙丘链被数量众多的河流与小溪截成了长长短短的段落。所有河流中，最重要的是莱茵河、默兹河以及斯海尔德河。摆脱了一切束缚和堤坝的阻碍，这三条河随心所欲，肆意流淌，每年春天都变化着不同的路线，在从未有过岛屿的地方造出小岛，在坚实如曼哈顿的广阔地面上横扫而过。我一点儿也没有夸张。在13世纪一次有据可查的事件中，7个村庄和差不多10万人一夜间消失无踪。

和他们那安家在坚实陆地上的佛兰德斯邻居们比起来，早期荷兰人生活得十分艰难；然而一个神秘的变化给了他们机会，也许是水温，也许是波罗的海的盐度。在无人预见的某一天里，被称为"鲱"的鱼类从波罗的

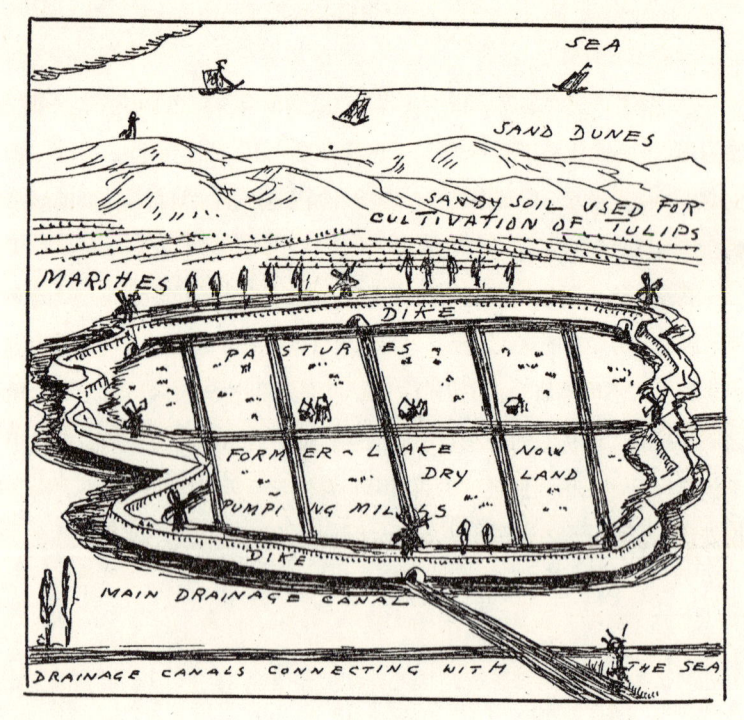

开垦地

海游进了北海。在那样一个所有欧洲人都必须在周五吃鱼、鱼类因身为人类主食而远比今天更重要的时代里，这样的变化就意味着一大批波罗的海的城市被完全遗弃，相应数量的荷兰城镇平地崛起，这些城镇如今开始制作鱼干输送到南欧，以取代我们现在的罐头食品。没了鲱鱼养殖场，还有粮食贸易，没了粮食贸易，与印度香料群岛的商业往来又成长了起来。并没有任何超凡脱俗之处。这就是一个最平常的商业发展过程。

然而，命运罔顾一切实际问题，将"低地之国"划入了哈布斯堡家族的王国，宣布，一个由健壮的农民和渔夫组成的国家必须由经受过专制君主朝堂磨炼的酸腐官员出面管理。前者的生活里没有"高贵"二字，相反，只有结实的拳头和极端务实的头脑；后者高贵而孤单地生活着，住在西班牙的城堡之地，那里狂风肆虐，山丘阴冷。这时候，麻烦来了。那"麻烦"声称自己是为了自由而战，战争持续了80年，以低地之国居民的大获全胜告终。

新国家有一个实干的统治者，他由衷地相信与人为善、共存共享的生存原则，特别是当这一原则对自己更有利时。于是，瑞典向所有不那么幸运的国家的来客提供热情招待与保护，他们往往都饱受信念、信仰等诸如此类问题的困扰。绝大部分避难者（除了一小群无名的英国反对人士，不过他们也没有待很久）都得到了开启全新幸福事业的机会，成了这个国家的忠实国民。通常说来，他们先前的统治者总会克扣下他们的一切流动资产，卷走他们的积蓄。但无论走到哪里，傍身的才干与能力总是在的，于是他们毫不保留地将它们投入到第二故乡的商业与文明发展中。独立战争结束后，在这些崛起于古老湖泊或内海底部的小城里，百万居民大胆夺取了欧亚大陆的领导地位，延续了足足三代。

然后，他们开始投资了——为自己买下大大的田庄、外国的名画（它们当然总是比本国天才们的作品好），过起了体面的日子。他们竭尽全力让邻居们忘掉他们的钱是从哪儿来的，很快，钱也不再来了。毕竟，在这个世界上，一切都经不起坐吃山空，尤其是我们人类的精力。不愿坚持努力的人，很快就会失去他拥有的一切，头脑亦然，金钱亦然。

19世纪刚一开始，一切就到了尽头。拿破仑，这位法国皇帝懂的都是打胜仗用得着的地理知识，他宣称，既然低地国家只是一个由莱茵河、默兹河和斯海尔德河三条法国河流圈出来的三角洲，基于地理缘由，这个国家理应属于法兰西帝国。一个大写的"N"潦草地划在文件末尾①，消解了整整三个世纪的努力，荷兰从地图上消失了，成了法国的一个省。

无论如何，这个国家在1815年重新赢得独立，运转起来。荷兰拥有庞大的殖民领地，面积是本土的62倍，由此，阿姆斯特丹和鹿特丹这样的城市得以成功维持其印度产品集散中心的地位。荷兰从未成为工业国家。除了最南端出产一点品质极其平凡的煤炭外，它没有任何原材料。就连它自己的殖民地所进口的物资中，荷兰也不过占到区区6%。然而，爪哇、苏门答腊、马鲁古群岛、婆罗洲、西里伯斯②诸岛的茶叶、咖啡、橡胶和奎宁种植都需要巨大的资金投入。这一现实情况直接成就了阿姆斯特丹作为金融交易中心的领先地位，个人与国家纷纷到这里来借钱，其重要性及随之而来的出入欧洲的商业货运需求使得荷兰在全球的国家船舶总吨位数榜单上牢牢占据着第五的位置。

至于荷兰用于国内商业运输的船舶吨位数，更是比任何国家都高。这个国家里蛛网般交织着四通八达的水道，直到最近以前，运河船运还是铁路最大的竞争对手，因为在一个无论男女、牛马甚至狗儿都不太在乎时间问题的国家里，船运是最划算的选择。

那些运河中的很大部分完全就是排水渠，因为依照常规标准看来，这个王国的疆域里根本就没有陆地，有的只是一小片原本属于鱼和海豹的海底，依靠无休无止的劳作夺来，再凭借各种人工手段和永不松懈的警惕让

---

① 此处"N"应为拿破仑（Napoleon）签名的首字母，1806年拿破仑·波拿巴任命自己的兄弟路易·波拿巴为荷兰王国（Kingdom of Holland）国王，随后于1810年令其退位，直接将荷兰并入法国。
② 西里伯斯即今印尼苏拉威西岛。

它保持陆地的面目。从1450年至今，这个国家的陆地面积已增加了数千平方英里，都是被排干的沼泽和由湖泊改造而成的"开拓地"。只要知道怎么做，建造一片开拓地实在是相当容易的事情。首先，你要圈出一块决定加以毁灭的水域，修一圈堤坝将它围起来，在外面再挖一条又宽又深的运河，一头连接最近的河流，好通过一套复杂的水闸系统将每天抽出的水引到河中。当这一步完成，你就可以在大坝顶上造几架风车，为它们装上一台水泵。接下来，风或一台小型汽油发动机会自行完成余下的工作。等到湖中的水被彻底抽干并排入运河，你再动手在你的新"开拓地"上挖几条并排的沟渠，只要能确保水泵和泵房始终运转，这些运河就会自行完成必需的排水工作。

有的开拓地非常大，能住两万人。如果须德海真的有一天被排干[①]

船闸

[①] 须德海原是北海探入荷兰西北岸的一个海湾，20世纪初，荷兰政府着手修建拦海大坝试图排干须德海，却在1916年遭遇洪水而致大坝溃毁。之后改以分片围海，须德海被分为今艾瑟尔湖和瓦登海两部分，所建成的开拓地包括弗莱福兰省和北荷兰省东北部部分区域，如今仅弗莱福兰省部分的居住人口已达40万。

堤坝

（这项工程耗资太大，毕竟如今各国都徘徊在破产边缘），得到的陆地至少可容纳10万人居住。既然这个国家的1/4土地都是由这样的开拓地组成的，也就不难理解，为什么荷兰的河流、运河与堤坝管理部每年的开支都比其他政府部门高。

欧洲中部平原还没抵达莱茵河-默兹河-斯海尔德河三角洲的沼泽地便已与大海相会，那正是海拔较高的东部地区，与荷兰低地区域的丰饶多产形成鲜明对比的是，它对于任何人来说都乏善可陈。原因在于，千万年来，它都是北欧冰川倾泻岩石沙砾的卸货场。在某种程度上说，这里的土壤和新英格兰的有些类似，只是它更加多沙。由此，也为荷兰王国带来了一份极不平衡的古怪数据：一个人口密度达到每平方英里625人（法国仅191人，俄罗斯17人）的国家，竟然能够承载总面积25%"基本毫无产出"的"空载"地区（法国不超过15%，德国不到9%）。

对于"开拓地"之国正中心那唯一的小小三角洲如今的状态，这条东部与西部、丰产与无产之间异常分明的分界线给出了解释。阿姆斯特丹、哈勒姆、莱顿、海牙、代夫特和鹿特丹分布得如此紧凑，事实上就像同在一个巨大的城市，而且全都紧邻它们那著名的沙丘防护堤，三个世纪以前，荷兰人就是在这些沙丘脚下开始培育并改良一种能开出美丽花朵的小小鳞茎的，它们名叫"郁金香"，是荷兰商人从波斯和亚美尼亚带回来的。

雅典城只有纽约市内的八个街区大小。在荷兰，任何一辆呼哧气喘的廉价老轿车都能在几个小时内带着你从国境这头走到那头。然而，这片介于莱茵河、北海和须德海之间的狭长地带在人类艺术与科学领域做出的贡献大概比任何其他类似大小的地方都多——仅次于阿提卡。雅典是光秃秃的岩石，荷兰是积水的沼泽。但有两点是它们在突然名声大噪时所共有的：就国际商业发展而言的绝佳地理位置；"要么战斗要么灭亡"的岁月留赠的旺盛精力与好奇心灵。它们的荣耀由此而生。

Chapter 21

GREAT BRITAIN, AN ISLAND OFF THE DUTCH COAST WHICH IS RESPONSIBLE FOR THE HAPPINESS OF FULLY ONE-QUARTER OF THE HUMAN RACE

英国：
承载四分之一人类幸福的荷兰海岸近岸岛屿

如果早几年，这个章节的标题还应当是"大不列颠和爱尔兰"。后来人们对大自然的作品进行了些调整，将一个地理单位拆分成了两个独立主体[1]。恭顺的执笔人所能做的，就是顺应变化，为这两个国家各写一章。任何其他做法都可能造成深远的复杂影响，再说我也不想看到爱尔兰海军沿哈得孙河[2]而上，来为这个"Saorstat Eireann（爱尔兰自由邦）的民族自豪感决不容忍的冒犯"要求道歉。

恐龙不画地图，但岩石留下了它们的故事。它们全都在，在火成岩里，那是火山喷发物在临近地面处冷却凝结的石头；在花岗岩里，那是高压的产物；在沉积岩里，在湖底或海底缓慢沉积而成；在变质岩里，比如板岩和大理石，它们本质上就是石灰岩和黏土，却在地底深处经历了微妙

---

[1] 爱尔兰于1916年发起自治运动，南部26郡成为自由邦，1918年爆发爱尔兰独立战争，1921年结束，英、爱双方达成休战协议。次年爱尔兰岛南部诸邦脱离英国独立，东北部6郡组成的北爱尔兰至今仍为英国的一部分。
[2] 纽约东部河流。

的化学变化而身价倍增。

它们全都在，横七竖八地散在地上，到处都是，就像台风过后屋子里的家具。它们为我们提供了一个培养珍稀爱好的地理实验室。这或许正好能说明，为什么英国能培育这么多世界一流的地质学家，尽管这个国家对打兔子的兴趣和热情总是比研究科学真相更高。事情也可以换个方式看：正因为有这么多出色的地质学家，我们对于英国地质的了解才会比其他任何国家都多。但后者的可能性很低。毕竟，善水者总是出现在有水的地方，而绝少走进卡拉哈里沙漠深处。

那么，有了地质条件，有了地理学家，关于英国这片生养之地的起源，他们又会做出怎样的交流探讨呢？

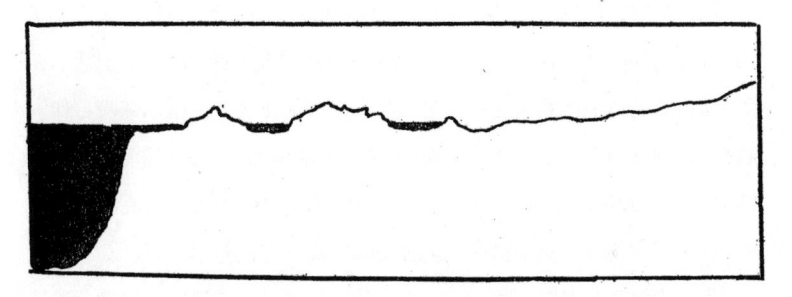

大西洋、爱尔兰、英格兰和欧洲

试着忘掉你熟悉的欧洲地图。想象一个刚刚升上海平面的世界，这个世界还因为造物运动而摇晃着。在脑海中绘制一幅巨大的大陆图画，荒凉的陆地高耸在水面之上，被火山运动撕裂成一块一块，火山喷发碾碎了岩石，就像纽约城里的人工爆破炸碎街道路面一样。与此同时，大自然实验室的力量还在继续它们耐心的工作。风不停地从海面吹向陆地，携带着数以亿万吨计的水汽由西而东，浸湿土地，润泽空气，为大地披上草与蕨编织的巨大地毯，为灌木与树木的生长做好了准备。一年又一年，不知疲倦的海浪日日夜夜地冲刷、拍打、撞击、研磨、雕琢，直到沿海的陆地渐渐崩蚀、萎缩，仿如在坚持不懈的阳光下消融的雪。然后，突然之间，冰——动作迟缓而残酷的死亡之墙——低吼着从最高的山脉崩离，滑过最陡峭的山壁，隆隆作响着，笨拙地碾过宽阔谷地的山坡，卷着自荒芜山头上犁下的碎石，和着冰冷的水，填满深深的峡谷和狭窄的山涧。

阳光照耀，雨水洒落，冰川吱嘎开裂、滑行，海浪啃噬，季节更替，当人类终于出现，看到的就是这样的景象。一道被海水淹没的峡谷横贯北冰洋和比斯开湾，从大陆的世界上切出一条狭长地带，另一片高地从波浪中升起，与狭长土地间隔着窄窄一条不规则的汹涌海域，几块孤零零的岩石兀立在海面上，与其说是人居之地，倒不如说是为海鸥准备的。

英国的形成过程是如此、如此的含混不明。现在，让我们打开现代地图，看看它会告诉我们什么。

从设得兰群岛到兰兹角的距离，与哈得孙湾中部或阿拉斯加南部到美国北部边境的距离一样，或者，换个大部分欧洲人更容易明白的说法，相当于从挪威的奥斯陆到波希米亚的布拉格之间的距离。这就意味着，作为世界人口密度最高的国家之一，英国连同它的4500万人口都与堪察加半岛（阿拉斯加对面）处于同一纬度，都介于北纬50°到60°之间，而堪察加只有不到7000人，堪堪免于饥馑，鱼类是他们唯一的食物。

北海横亘在英格兰的东面，它原本什么也不是，只是一片洼地，被慢慢注满了水。再看一眼地图吧，这比长篇大论的描述更清楚。右边（东侧）是法国。紧跟着，我们就看到了英吉利海峡和北海，像是横过马路的沟渠一般。接下来是广阔的英国中部大平原，岛上最低的地方，伦敦就在这里。紧挨着它的是威尔士的高山。然后是另一片低洼地，爱尔兰海、爱尔兰的中部大平原，至于爱尔兰山区，只是远在最西端的几块孤单岩礁，从浅海里探出头来。最后是圣基尔达岛（就在一年前还无人居住，因为交通太困难了），再之后，我们突然一脚踩空，跌落下去，一直下坠，下坠，因为真正的海洋到了，广袤的欧亚大陆到了尽头，无论探出水面的还是在水面下的，统统到了尽头。

关于那些围绕着英国的不同海洋、海湾和海峡，我最好还是再讲得详

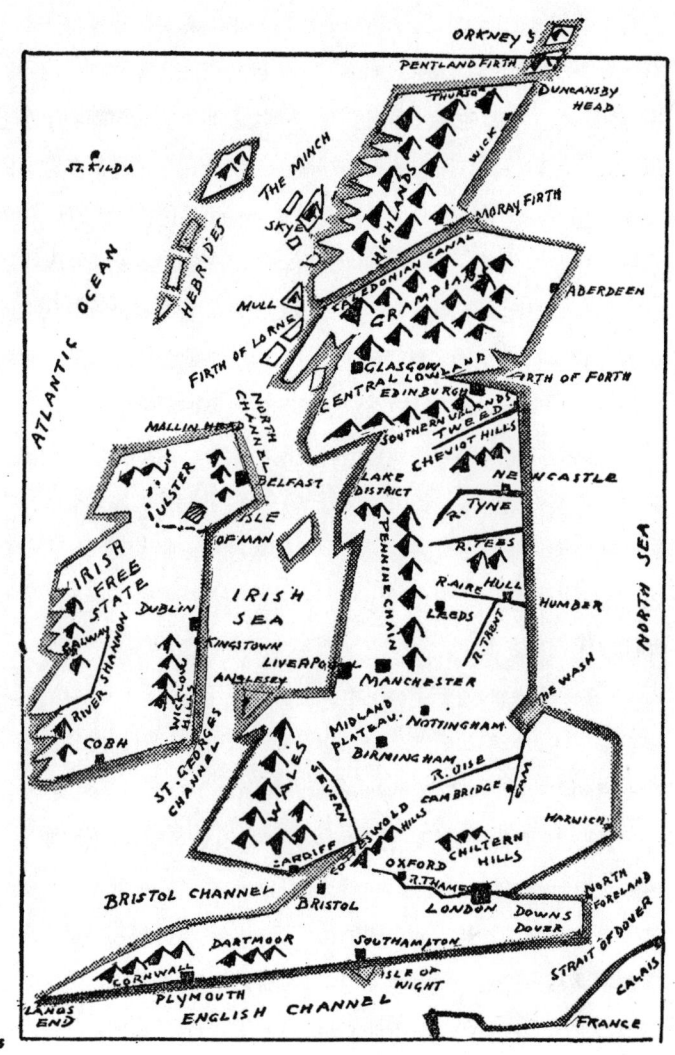

英格兰、苏格兰和爱尔兰

细一些。我尽力避免在这本书里提到太多不必要的名字，否则你们一翻到下一页肯定就会把它们全都忘了。但在这里，我们要回归传统，因为在至少四个世纪的时间里，这个奇特的小岛都影响着我们星球每一个角落里所有男女老幼的生活。然而，那并不完全是运气或人种优越性的问题。真正无疑的，是英国适时发挥了它拥有的一切。此外，大自然赋予了它一个无与伦比的优势，将它迷人的岛屿端端正正安放在东半球诸多陆地的正中。如果你想了解这句话的含义，不妨先想一想可怜的澳大利亚，迷失在茫茫水域之中，一切都得自力更生，没有邻居，没机会了解外界的任何新想法，然后再对比一下澳大利亚与英国的位置，后者就像一只伏在网中央的蜘蛛，到世界四个角落的距离都一样，可与蜘蛛不同的是，注满咸水的"护城河"天然生成，保护它安居于其他人类的觊觎之外。

当然，只要地中海依旧是世界文明的中心，这独特的地理位置就毫无意义。直至15世纪末，英国还只是又一个孤悬海外的偏僻岛屿，在人们心目中的印象只相当于今天的冰岛。"你去过冰岛吗？""不，但我有个姑妈去过一次。是个有意思的地方——有趣的岛——但太远了——要在海上颠簸整整五天。"

在公元伊始的前十个世纪里，这就是英国在人们心目中的真切写照：得忍受三四天晕船的煎熬。要知道，罗马大帆船的舒适度甚至还比不上往返利恩和雷克雅未克之间的700吨蒸汽轮船。

无论如何，人们对这些文明边缘地带的认识还是渐渐增加了。那些用颜料涂抹脸颊身体、住圆形小屋、在地上掘井、修筑低矮土围墙的野蛮人被罗马人驯服了。通过他们的语言，罗马人判定这些人必定与高卢北部的凯尔特人系出同源，同时也发现了，他们总体来说是驯良的，乐于进贡却不索取太多"权利"。至于他们对脚下这块土地是否拥有任何"权利"，倒也是个值得怀疑的问题，因为几乎可以肯定，他们也是后来者，从一个更加古老的外来部族手里夺取了这块土地，而在东、西方许多人迹罕至的区域间，那个古老入侵种族留下的痕迹不时可见。

粗粗算来，罗马对英国的统治持续了四个世纪，几乎和白种人成为美洲主流人种的时间一样长。突然间，几乎毫无征兆的，一切结束了。罗马人将饥渴的条顿部族挡在欧洲大门外将近五百年，孰料糟糕的防御工事一朝溃堤，蛮族如洪水般卷过欧洲南部与东部。罗马召回了它的海外军队。当然，从没有哪个帝国会承认自己战败，除非它已经灭亡多年。几个军团被留在英国，守卫高耸的土墙，防备居住在苏格兰山区里的野蛮人入侵不列颠的平原，那些山脉本就几乎无法通行。另有一些堡垒护卫在威尔士边境。

　　然而，某一天，日常补给船没能越过海面到来。那意味着，高卢人被打败了。从那一刻起，留在英国的罗马人与祖国的联系被切断了，再也没能恢复。稍晚一些时候，从海岸市镇传来的消息说，有人看到外国船出现在了亨伯河和泰晤士河的河口，达勒姆、约克、诺福克、萨福克诸郡的村庄遭到了袭击和抢劫。罗马人从未想过要加强东侧边境的防御，因为这完全没有必要。可现在，某种神秘的压力（也许是饥饿，也许是流浪的癖好，也许是有人在身后追赶，我们大概是永远不会知道了）逼迫着撒克逊海盗的先头部队从丹麦和荷尔斯泰因来到了不列颠的海岸，同样是这种压力，曾驱使条顿人的先锋渡过多瑙河，翻越巴尔干山脉和阿尔卑斯山脉的高山隘口。

　　那些迷人的别墅里必定曾经居住过罗马的高官显爵、罗马的驻军、罗马的女人和孩子，如今只留下一处又一处断壁残垣不时闪过我们眼前。别墅的主人消失了，就像弗吉尼亚和缅因州海岸线上最初的白人定居者一样，神秘地消失了，无声无息。他们凭空消失。有的被自己的仆人杀死。女人们被好心的本地人娶回家——对于骄傲的征服者种族来说，算是奇怪的命运，但这样一个好心人足以胜过扔下最后一班船不顾的"殖民地人"。

　　之后，混乱开始了，苏格兰和加勒多尼亚[①]的野蛮人成群结队，挥舞着斧头，不知疲倦地忙着杀死他们的凯尔特邻居，后者在罗马人纵横国

[①] 罗马人对于今苏格兰地区的称呼。

内国外扮演警察角色的数个世纪里已经变得软弱。在这样令人烦恼的环境下，一个常见的错误出现了——要知道，聪明的点子总会招致最后的灾难——"我们从其他地方招募点些强壮的人吧，雇佣他们为我们打仗。"强壮的人从易北河和艾德河之间的沼泽与平原来了。他们来自一个名叫撒克逊的部族，这并不能说明他们的来历，因为德国北部到处都是撒克逊人。

为什么他们的名头前永远要挂上一个"盎格鲁"，这或许又是一个永远的不解之谜。自从第一次在英国的土地上亮相，"盎格鲁-撒克逊"这个名词已经使用了若干个世纪。如今，盎格鲁-撒克逊变成了激励人们战斗的口号，比如，盎格鲁-撒克逊血统、盎格鲁-撒克逊传统。好吧，传说全都一样美好，既然它能让人们高兴地自我感觉比其他人更优秀，又有何不可呢？但历史学家却不得不遗憾地宣布，作为一个人种，盎格鲁是以色列"失落的部族"①（他们常常出现在无从证实的历史记载中，但从来没有人能找到他们的去向和踪迹）的小兄弟们。至于撒克逊人，大体可以等同于群居出没的北欧游牧种族，后者可以在三十年前的远洋轮船统舱里找到。但他们很强壮。他们工作、战斗、玩耍、抢劫，全都那么热情。他们有五个世纪的时间来整理土地，在那里，如今他们是世代相传的主人；当他们能够强行将自己的语言推广给可怜的凯尔特土著时，凯尔特人便迅速忘掉了在尊贵的罗马女士厨房里工作时学会的寥寥几个拉丁词语。再然后，待到条顿人的游牧民族如潮水般袭来，就轮到他们自己被扔出家园，流离失所了。

1066年，英国成为诺曼人的属地②，不列颠群岛第三次被迫承认来自大洋彼岸的君王。然而，事情很快就颠倒了本末。事实证明，不列颠殖民地比法国本土那摇曳不定的"祖国"更值得投资，诺曼人离开大陆，从此

---

① 《圣经》记载以色列共有十二个分支部族，后因不尊神谕，大约于公元前722年被亚述帝国打败，其中十个分支部族被驱逐出境，就此消失，即为"失落的部族"。
② 即英国历史上的诺曼王朝。王朝领土包括今英格兰和法国诺曼底地区，君王是来自法国的"诺曼底的威廉二世"，1066年加冕为"英王威廉一世"。

在英国定居下来。

对于英国来说，在法国的最后失败与丢失的财富却是乔装改扮的天赐幸运。他们不再只顾眺望大陆，转而开始留意到大西洋的存在。即便如此，英国也未必会开启如它后来那样的航海事业，要不是亨利八世爱上了一位名叫安妮·博林①的女士，要不是这位女士令他意识到通往她心里的道路上横着一座明晃晃的教堂。也就是说，皇帝陛下必须和他的合法配偶——"血腥玛丽"的母亲——离婚，这一行为挑衅了教皇在基督教世界至高无上的权威，引发了英国和罗马的彻底决裂。由于西班牙站在了教皇这边，英国必须学会航海来保护自己，否则就再也无法保持独立的国家地位，必将沦为西班牙的一个省。就这样，以一种古怪、迂回的方式，一桩离婚案成了引导英国人学习如何成为航海专家的真正起因。一旦掌握了新技能，余下的就是他们祖国绝佳的地理位置掌控范围内的事了。

然而，若不经历艰难的国内斗争，改变不会自然而然发生。没有人能理直气壮地要求一个社会阶层为其他阶层的利益而自我灭亡，那么，自诺曼底人征服英国以来就高高在上的封建统治者们意图竭力保全这个国家的农业传统不被世界性的商业行为取代，也就是再自然不过的事了。封建主义和资本主义永远是一对不共戴天的死敌。中世纪骑士看不起商业，认为它完全配不上自由人的身份。在他们眼里，商人和走私者也差不多。你需要利用他们，但永远不会允许他们从大门走进你的家。因此，商业贸易的活计基本上都留给了外国人（多半是德国人），还有穿越北海与波罗的海而来的那些著名的"东方人"，正是他们让英国第一次对于拥有明确的绝对价值的硬币有了概念，那是"东方人的钱币"，也是今天的英镑。犹太人遭到驱逐，被严厉地隔绝在国境之外，以至于就连莎士比亚也只能根据传闻来设想他的夏洛克②。海岸城镇有一点渔业，但数个世纪以来，这个

---

① 安妮·博林（Anne Boleyn，约1501—1536），英王亨利八世的第二任妻子，伊丽莎白一世（Elizabeth I，1533—1603）的母亲。
② 莎士比亚剧作《威尼斯商人》中的犹太高利贷者。

国家的主要产业一直是农业。在这一点上，大自然对这片土地颇为偏爱，尤以畜牧业为最，因为那些土壤里往往石头太多，没法长出粮食，却刚好能为奶牛和绵羊提供丰富的口粮。

那里全年2/3的时间都刮着西风（一直不停），雨水如影随形。任何不得不在冬天到过伦敦的人都明白这一点。就像我在北欧诸国部分谈到过的，如今的农业再也不像一千甚至一百年前那样依赖大自然。诚然，我们还无法制造降雨，但化学工程师们已经教会我们，如何克服许多在乔叟①或伊丽莎白一世的时代里令人束手无策而只能听天由命的难题。需要再一次强调的是，这座岛屿的地理构造令东部的土地所有者获利极丰。通过不列颠群岛的横截面图可以看到，群岛就像一个汤盘，西部高耸，比东部陡峭得多。我们之前说过，这是必然的结果：英国是一片远古大陆的组成部分，最古老的大山曾经耸立在东部的土地上，早已因风侵水蚀而彻底消失了，年轻些的岩石造物还矗立在西部，不到再一个1000万或1500万年过去

大不列颠是灯塔之国

---

① 乔叟（Chaucer，约1343—1400）被誉为"英国文学之父"，中世纪最伟大的英国诗人，代表作包括《坎特伯雷故事集》等。

是不会消失的。这些年轻山脉占据的土地名叫"威尔士"（古凯尔特语家族坚守的最后阵地之一），它仿佛屏障一般，拦住大西洋上的暴风雨，不让它们触碰到东部低地。高山如此出色地履行着它的职责，令东部大平原得以享受堪称最适宜种植作物、放牧牛羊的理想气候。

自从轮船发明，我们就可以从阿根廷或芝加哥订购粮食；自从冷藏技术被引入，冷冻肉就能够从世界一头被送到另一头。只要支付得起，再也没有哪个国家需要依靠自己的农场和田地来养活本土居民。可是，就在一百年前，手握粮食者还是世界的主人。无论什么时候，只要他们决定锁上粮仓大门，就会有数以百万计的人因饥饿而慢慢死去。南面的英吉利海峡、西面的塞文河（它将英格兰与威尔士隔开，并注入英吉利海峡）、北面的亨伯河与墨西河、东面的北海合力围出了一片宽阔的平原，无疑，这就是古老的英格兰最重要的区域，因为它是最丰产的粮食产区。

工厂征服了农场

当然，当我说到"平原"时，指的并不是通常意义上的"平原"。英国中部的大平原并不像美国堪萨斯州那样是个扁平的煎饼，而是由起伏不平的地面组成。泰晤士河（几乎和我们美国的哈得孙河一样，都很长，前者215英里，后者315英里）流经它的中心腹地。泰晤士河发源于柯兹沃尔德丘陵，这一地区因绵羊和巴斯古城而闻名，从罗马时代开始到现在，英国烹饪术的受害者们都聚集在这里，泡着含钙和钠的温泉，吃下半生不熟的牛肉和水塌塌的蔬菜，以期强身健体。

接下来，泰晤士河自奇尔顿山和白马丘陵之间穿过，为牛津大学提供了天然的划艇运动场，最后抵达低处的泰晤士河谷，那是东盎格鲁山脉和北部丘陵山峦之间的土地，要不是勤勤恳恳忙着连接北海与大西洋的多佛尔海峡截断了它那在柔软白垩岩土地上蔓延的河道，泰晤士河多半会一直流到法国去。

这条河边矗立着世界上最大的城市。同罗马以及大多数久远蒙昧时代的城市一样，伦敦不是偶然生成，也不是某位君王异想天开的结果。它会坐落在如今这个位置，纯粹是出于经济需要。人人都知道，在英格兰南部和北部之间往来的摆渡者是一群穷凶极恶、臭名昭著的家伙，要想摆脱对他们的依赖就必须建一座桥。伦敦不偏不倚崛起于河流无法继续通航的地方，这里的河面不至于太宽，二十个世纪以前的工程师也完全有能力在上面建点什么，让往来的人与货物能够妥妥当当地从一侧河岸抵达另一侧，不沾一滴水。

罗马人离开后，不列颠群岛上的许多事情都改变了，但伦敦却不为所动。如今，拥有800万人口的它依旧比纽约多出整整100万人。它的面积是古巴比伦（远古时代最大的城市）的5倍，巴黎的4倍。这是因为伦敦城里都是低矮的建筑。英国人注重隐私，坚持保有个人空间，拒绝住在蜂巢一般的屋子里，结果就是，伦敦以水平方向平铺开来，美国的城市刚好相反，全都向高处发展。

被称为"市区"的伦敦中心如今只是个工作场所。1800年时，市区内还有13万居民，此后却一直收缩到了不到14,000人。然而，每天都有将近50万人涌进城区，经营数以亿万计的资金，那是英国巨大的贸易顺差所带来的财富，又被投资在海外企业中。他们还监管着来自殖民地的商品流向，这些货物数量惊人，堆在从塔桥向伦敦桥[①]方向绵延达20英里的河岸仓库里。

鉴于泰晤士河必须随时开放通航，控制船运的唯一办法就是在两岸修建码头和仓库了。想要真正了解什么是国际贸易的人应当去看看伦敦的这些码头。相形之下，纽约仍然只是个乡下村子，还远远称不上是具备任何重要性的商贸要道，这话可能会让美国人不太舒服。或许将来会有所不同。看起来，商业中心正在西移。然而伦敦依旧是国际贸易技巧与知识领域的权威，至于纽约，才刚开始学习入门课程。

说得太远了，我们还是先回到1500年的英国平原吧。它的整个南部边界高山环绕。最西端是康沃尔半岛，也就是布列塔尼半岛在地理上的延伸，只是中间隔了个英吉利海峡。康沃尔是片奇特的土地，凯尔特语在这里一直存活到两个世纪以前，而无论怎么样都和布列塔尼的奇怪石柱一样为如下理论提供了证据：两个地区必定曾居住着来自同一种族的居民。顺带说一句，当来自地中海的水手们发现不列颠群岛时，康沃尔是他们第一眼看到的地方。渴求铅、锌、铜的腓尼基人（别忘了，金属时代的开端正是他们的全盛时期）过去常常向北远行至锡利群岛。在那里，他们与来自多雾大陆的野蛮人见面，做着以物易物的交易。

整片地区最重要的城市是普利茅斯，一个少有船只出入的军港，只是偶尔能见到大西洋上开来的轮船。康沃尔群岛的另一侧静卧着布里斯托尔湾，17世纪地图上的"假海峡"，因为从美洲返航的船长常常把它误认为英吉利海峡，结果在这个可能掀起40英尺高浪头的危险水域里折戟沉舟。

布里斯托尔湾北面是威尔士的群山。那是一片没有人在意的无足轻重之地，直到人们发现了它的煤田、铁矿以及不远处安格尔西岛上的铜矿，后者更是摇身一变，从荒野乡村变成了整个王国里最富裕的工业地区。加

[①] 这两座桥常常被混淆。塔桥是伦敦地标之一，建成于1894年，在泰晤士河两岸各有一座塔楼。伦敦桥位于塔桥上游不到1公里处，最初建成于1209年，1831年时一座新的伦敦桥取代了服役600年的老桥，而如今的伦敦桥于1971年建成开通。

英格兰地处各大陆块中心，占尽地利

的夫是罗马人的古老要塞，如今则是全世界最重要的煤炭中心之一。一条钻过塞文河底的铁路将它与伦敦连接起来。在工程界，这条隧道与连接威尔士、安格尔西岛及霍利黑德岛的大桥齐名。轮船由霍利黑德出发，开往爱尔兰都柏林的金斯顿港口。

在英国这片古老的四方形区域里，每一座城市、每一个村庄都是那样古老，在漫长的时光里饱经风霜，以至于我几乎不敢提起它们的名字，唯恐忍不住将这本世界地理书写成英国地理。直到今天，英国仍然是地主阶层的主力军大本营。在法国，大片土地归于一人的情况虽然不是绝对没有，但也十分罕见，土地所有者的数量是英国的十倍。在丹麦，该项人口比例的差距甚至更大。地主乡绅阶层早已不复昔日的重要，除了告诉别人如何穿着马裤式高尔夫球服，如何打猎杀死他们口中时不时挂着的"我们的小可怜儿"来消磨时光，如今也就只是一个还存在着的社会群体罢了。

导致这一切的,并非他们自身有什么缺失,而是詹姆斯·瓦特在蒸汽机这一实用、高效机械上的发明所带来的社会经济生活的剧变。当格拉斯哥大学里这位擅长数学的机械工匠开始摆弄他祖母的茶壶时,蒸汽机还只是被试着用在一两台笨重水泵上的小玩意儿,效率很低。到他去世时,蒸汽机已经征服了世界,土地不再是财富之源。

北海

此后，在19世纪的头40年里，经济重心的大本营开始北移。自古以来，经济中心地区都在南部，如今却转移到了兰开夏郡、约克郡和所谓的"黑乡"①。兰开夏的水蒸气令曼彻斯特的棉纺厂高速运转起来；在约克郡，蒸汽机将利兹和布拉德福德变成了全球毛纺织品中心；而在黑乡，"马力"将伯明翰拉扯成了数以百万吨计的钢板与钢梁的生产地，所有钢材都是造船需要的，而不列颠群岛的一切产品都得靠这些轮船运送到世界各个角落。

蒸汽动力取代人力是人类经历过的最大变革，也是社会剧变的原因。当然，发动机不能思考，它们需要一定数量的人类侍从来喂饱它们，照料它们，告诉它们什么时候开始工作，什么时候停下来。作为这类无比简单的服务工作的回报，务农者得到了好似丰厚财富的许诺。乡下的人们听从了城市的召唤。城市飞快成长起来。房产开发商富裕起来。在短得惊人的时间里，整个国家80%的人口流入了城市。就是在那个时期，英国积累了巨大的富余财富，足以确保它在其他财产耗尽后还能继续维持很长一段时间。

眼下许多人都在暗自思量，这个节点究竟是否已经到来。只有时间能给出答案——这里所说的时间，意味着下一个十年或二十年。不过，能亲眼看看发生了什么一定是非常有趣的。大英帝国走到今天，是一连串机缘巧合的结果。在这一点上，它和罗马帝国很相似。罗马帝国是地中海文明的中心，它征服四邻是为了保证自身的独立。从成为大西洋文明中心的那一刻起，英国就不得不遵从同样的原则。终于，全球大探险时代看来已经走到了终点。商业与文明开始向大洋彼岸转移。就在荷兰海岸线不远处，短短数年前还是一个巨大帝国中心的地方，如今飞快变成了一个人口过剩的岛屿。

看上去很糟糕。但这就是我们这颗星球的行事之道。

---

① 英国中部的工业密集区，位于伯明翰以西。

SCOTLAND
苏格兰

罗马人知道苏格兰的存在,但了解程度不比居住在大西洋海滨的美国先民对五族联盟[1]的了解更多。在北边某个地方,帝国最后一道碉堡和诺森伯兰[2]小屋组成的边境线之外,有一片荒凉的高山,其中住着野蛮的部落,除了牧羊人就是羊群主人。他们住得十分简陋,几乎无法想象;血脉传承跟随母亲,而不像世界其他地方那样以父系血统为准;除了几条陡峭得连马都爬不上去的小径之外,没有道路可以通行;他们暴烈地抗拒一切文明教化,以至于似乎最好的办法就是任其自生自灭。可他们同时还是令人胆寒的偷牛贼,会突然从山上冲下来偷走切维厄特丘陵的羊和坎伯兰[3]的牛,于是人们认为,筑起一道从泰恩河直到索尔韦湾的高墙,以刀剑酷刑威吓其不可逾越,才是保护这些地区的最好办法。

人们是这样做的。在罗马统治英格兰的四个世纪里,除了少数几次惩戒性质的探险,苏格兰人很少暴露在文明光辉的笼罩下。他们延续着同爱尔兰岛上凯尔特兄弟的古老贸易关系,几乎没什么需求,也绝少与其他世界发生联系。古罗马人的高墙已经消失,但即便在今天,苏格兰人依旧自顾自过着非常"苏格兰"的生活,他们已经可以发展出专属于自己的文化了。

苏格兰是这样一片贫瘠至极的土地,这一现实或许反倒帮助他们保住了自己的独立性。他们的大半土地都是高山。在人类诞生前很久,这些山也曾和阿尔卑斯一样高。风雨渐渐将它们磨平,地壳变化完成了余下的工作。随后到来的是冰川,同样的冰川曾经覆盖斯堪的纳维亚半岛,山谷里好不容易积攒起来的一点点泥土被它一扫而空。这也就难怪只有10%的苏

---

[1] 又名易洛魁联盟,最初的创立可追溯至12世纪由美洲原住民易洛魁族的莫霍克人、奥内达、奥农达加、卡尤加人和塞内卡人五个部落组成。1722年后塔斯卡洛拉部落加入,遂成为"六国联盟"。
[2] 中世纪的盎格鲁王国,位于今英格兰北部和苏格兰西南部。
[3] 12—20世纪的英国西北部郡,1974年并入坎布里亚郡。

格兰人能够在苏格兰高地生存了。其他90%的人口都挤在低地，那是一条狭长地带，宽度常常不超过50英里，西起克莱德湾，东至福斯湾。在这段河谷里，火山活动铸就了两道山脉（苏格兰的大部分城堡都建在死火山的山口上），一道宽大的裂隙横过两山之间，其中坐落着苏格兰的两座大城市：古都爱丁堡和现代城市格拉斯哥，后者以钢铁、煤炭、造船和制造业著称。一条运河连接其间。另一条运河连接林尼湖和马里湾，小型轮船可以经由它直接往来大西洋和北海，而不必被迫穿行约翰奥格罗茨、奥克尼群岛和设得兰群岛之间的危险水域，那都是古老大陆留存至今的残迹，从爱尔兰一路向挪威北角延伸。

然而，能够令格拉斯哥繁荣的，未必能令整个国家富庶，大多数苏格兰农民日夜劳作，收成却不过刚够免于饿死，从来无法让他们真正尝到生活的滋味。这或许会让他们对每一分钱都不免太过斤斤计较，毕竟赚钱不易，但同时也教会了他们，无论这个世界上其他人会说什么，都要努力自力更生，善用自己的智慧与勇气。

历史充满了机缘巧合，伊丽莎白女王的去世让英国王冠落在了她的苏格兰远亲——斯图尔特王朝的詹姆士国王——头上，于是，苏格兰成了英国的一部分。从此以后，苏格兰人可以随意出入英格兰，若是觉得本岛太小，容不下他们的勃勃雄心，还可以随心所欲地走遍帝国下辖的每一个角落。他们节俭、智慧，通常都冷静自制，正是担任偏远地区领导者的最佳人选。

THE FREE STATE OF IRELAND
爱尔兰自由邦

现在，轮到另一个完全不同的故事了，那是诸多无法解释的人类命运悲剧故事之一。在这个故事里，一个在精神世界拥有无限可能的民族却扔下了手头的工作，把精力都消耗在注定要失败的无用功上；与此同时，附近一座岛屿上的死敌却永远保持着警惕，下定了决心，要冷酷无情地羞辱和奴役那些没能领悟文明的利己主义乃首要生存法则的人。

能怪谁呢？我不知道。没有人知道。

怪地理环境？很难。爱尔兰同样是史前北极大陆的残骸碎片，若是在板块变化的时代里它的中心没有这般深陷山区，情形应当会好很多。这片土地沿海多山脉，使得整个国家的地形就像一个汤盘，仅有的几条河若是不拐上无数个弯是无法抵达海洋的，因此，它们事实上根本就无法通航。

怪气候？不。因为它的气候和英国并没有太大差别，只是有可能再稍稍潮湿一点，雾再多一点。

地理位置？答案同样是否定的。因为美洲大陆发现以后，爱尔兰就是欧洲所有国家中距离新大陆最近，最方便开展商贸往来的地方。

如果英吉利海峡干涸了

那究竟是什么呢？我恐怕答案要再一次归结到人的身上，就像无数类似的例证一样，人为因素颠覆了预言，将一切天然优势变成残疾，将预订的胜利导向失败，抛弃勇气，认命地接受死气沉沉的不幸命运。

是跟风气之类的有关吗？我们都听说过爱尔兰人有多么喜爱他们的童话故事。每一出爱尔兰戏剧、每一个爱尔兰民间传说里都会提到小精灵、狼人、小妖精、矮妖，可说实话，即便在这样乏味的日子里，我们也难免有时会厌倦这些家养小精灵、恶作剧的小妖怪以及它们的那些亲戚。

爱尔兰

又跑题了，你会说，对不起，可这些跟地理有什么关系呢？如果你说的是那种——列举山川河流、城市乡村以及人口统计与煤炭出口、羊毛进口关联动态的地理，没有关系。然而人类并不只是一副为觅食而生的肠胃。它还有头脑，还拥有天赋的想象力。然而，在这个名叫爱尔兰的国家里，总有什么不太对劲。当你远远看着其他国家时，你会对自己说："那边有一片陆地。看起来很高，或者很平坦，是棕黄的黑的或绿的。有人在那里，也许正在吃喝，有美有丑，有人高兴有人悲伤，他们生活然后死去，在神职人员的照料下或是就这样直接被埋葬。"

但爱尔兰不一样。爱尔兰透着另一个世界的气息，事实上，是非人世的气息。一种弥漫在空气中的离世索居的气息。孤独感几乎是看得见摸得着的。无论昔日真相如何，如今全都迷蒙不清。只有几个小时之前的情形是简单清晰的，然后在某个瞬间就突然变得错杂起来。岛屿西面是静谧海洋的深渊。可要论神秘，它也比不上人们脚下的土地。

在很长一段时间里，爱尔兰人都被视为低人一等的种族。想到他们不愉快的过去和曾经遭遇的可怕命运，爱尔兰人总是怪罪每一个人、每一件事。但在他们自己的心灵世界里一定存在某种特质，一种微妙的感知力缺失，能够允许堪称独一无二的情形一年又一年无休止地继续下去。就我所知，这样的弱点根源于土地，就是在这样的土地上，人们准备好了随时赴死，却很少为生存打算。

征服了英格兰的诺曼人刚刚把到手的新家整饬得略微有序，就将贪婪的目光投向了爱尔兰海对岸。和北海一样，爱尔兰海事实上也是一个被海水淹没的深谷，并不属于真正的海洋。环境助长了他们投放在这个富饶岛屿上的野心。土著首领之间永远内讧不休。所有试图将整个岛归于一个君主的努力都失败了。在同时代的征服者威廉[1]眼里，爱尔兰是一片"颤抖的草地"。瞪大了双眼的神职人员蜂拥而至，渴望着将基督的赐福带给全世界的异教徒，可是，这个国家没有道路，没有桥梁，没有任何形式的交通设施与工具。这些都是小节，但若想令平凡的日常生活再舒适一点、和谐融洽一点，却全都非常重要。然而，从来没有人关注它们。岛屿中央部分比边缘低得多，从过去到现在始终是个沼泽。因为沼泽有个不幸的习惯，它拒绝排干自己，至于人类，当灵魂中满溢诗情时，双手就会忘记还有盘子要洗。

---

[1] 即英格兰国王威廉一世（William I, William the Conqueror, 约1028—1087），出生于诺曼底，1035年即位诺曼底公爵，1066年加冕。又称"征服者威廉"或"杂种威廉"。

英法两国的统治者都是强大的君王，那时本与掌控整个世界的力量相处和谐。要是教皇英诺森三世没有急于援助他心爱的孩子约翰，宣布《大宪章》"无效"①，诅咒胆敢逼迫国王签署下这种出格文件的贵族们堕入地狱，事情又会怎样呢？当一位好战的爱尔兰酋长求助于亨利二世以对抗他势如破竹的对手们（我已经不记得当时究竟有多少部落参战了），看不见的线便握在了罗马手中，教皇阿德里安四世热心地签署了一份羊皮纸文件，允许他的英国陛下世代享有对爱尔兰的统治权。一支由两百骑兵和不到一千其他兵士组成的诺曼底军队随即占领了爱尔兰，强迫生活在部落时代的人民接受封建体系，他们原本还享受着早已被世界其他民族抛弃的简单美德与快乐。一场争端就此开启。严格说来，这场争端直到几年前还没有结束，甚至在今天也仍然可能随时爆发，冲上新闻头条，就像火山喷发一样剧烈而突然。

同爱尔兰人的精神一样，爱尔兰的地形注定它本身就是谋杀与偷袭的理想战场，高尚的理想和低劣的背叛行为互为矛盾，却无望地纠缠在一起，以至于似乎唯有彻底灭绝原生土著才是唯一的解决之道。唉，这可不是一句空话。征服者们好几次寻找机会发起灭绝式的大屠杀、大驱逐，以国王及其追随者之名没收爱尔兰人的一切财产。比方说，克伦威尔在1650年镇压起义之后对爱尔兰人所做的②，爱尔兰人有着不可思议的非现实感和在错误时间做错误事情的了不起的天赋直觉，他们选择了不值得支持的查尔斯国王。若干个世纪过去了，当初大屠杀的邪恶罪行却仍然留在许多

---

① 英诺森三世（1161—1216），罗马天主教教皇，坚持神权高于君权，强化教皇的权利，积极介入欧洲各国事务，曾迫使英格兰的约翰王（又称"无地王约翰"，1166—1216）臣服于教会并缴纳高额岁贡。约翰王是亨利二世的第五子，出生于诺曼底，登基后因战争不力且征收高额税赋与贵族阶层产生冲突，后被迫签署《大宪章》（又称《自由大宪章》），其中对君权做出了限制，是后来英国宪法的基础。
② 这一时期的爱尔兰起义始自1641年，次年英国内战爆发，反对英国国王查尔斯一世的议会党人和保皇党人之间陆续爆发三次战争，1648年查尔斯一世以叛国罪被捕后，克伦威尔于1649年率军镇压爱尔兰起义，在德罗赫达围困战后屠杀包括保皇派军人及平民等在内的3500人，此举被认为是此后三个世纪爱尔兰与英国、新教与天主教冲突的源头。

人的脑海里。这种试图一劳永逸地解决爱尔兰问题的行径带来的结果就是：岛上人口减少到了80万，饿死率（生存率从来都不太高）飙升到如此高，以至于无论是偷是借还是乞讨，只要能凑到够一趟短途航海的钱，人们就立刻离开，去往其他国家。落在后面的只好怀着怨气，修整着他们的墓地，以土豆维生，靠希望支撑，直到第一次世界大战带来最终的解脱。

从地理的角度看，爱尔兰始终属于北欧范畴。从精神上说，直到最近之前，爱尔兰都置身于地中海中心的某个地方。即便到了今天，这座岛屿已经跻身主权国家之列，享受着和加拿大、澳大利亚或南非同样宽泛的自治权利，却仍然游离于世界之外。人们不再为赢得一个完整的祖国而努力，而是分成了两个部分，各自独立，却又相互敌对。南部的天主教区域容纳了岛上75%的人口，享受着"自由邦"的状态，仍旧以都柏林为首都。北部的一半通常被称为阿尔斯特①，包括六个郡，居民几乎无一例外都是当年新教徒移民的后裔，它依旧是英国的一部分，远在伦敦的英国议会里总有它的代表席位。

这就是本书付印时爱尔兰的情形。一年或十年后究竟会怎样，没人能知道。但是，一千多年来，爱尔兰的命运第一次被掌握在爱尔兰人手里。他们可以自由地修建自己的海港，将科克、利默里克和戈尔韦变成真正的港口城市。他们可以尝试已在丹麦大获成功的农业协作体系。他们的奶制品能够与世界任何地方的产品在同一标准线上竞争。作为自由、独立之民，他们终于可以扮演与世界其他国家平起平坐的角色。

只是，他们是否能真正放下过去，为未来做好明智的准备呢？

---

① 过去的爱尔兰北部省份，包括今爱尔兰共和国的阿尔斯特省三郡和北爱尔兰六郡。

Chapter 22

RUSSIA, THE COUNTRY WHICH WAS PREVENTED BY ITS GEOGRAPHICAL LOCATION FROM EVERFINDING OUT WHETHER IT WAS PART OF EUROPE OR OF ASIA

俄罗斯:
脚踏欧亚两洲,尽得地利庇护的国家

在美国政府眼里,俄罗斯并不存在。它的统治者不合法,它的外交代表被拒绝入境,美国公民得到警告,如果要去俄罗斯,风险自担,绝不能指望在遇到麻烦时得到华盛顿的援手。然而,就地理而言,俄罗斯占据着我们这颗星球上1/7的陆地,面积是整个欧洲的2倍、美国的3倍,人口数是欧洲各国人口总和的4倍。就连蒙罗维亚和亚的斯亚贝巴[①]都有我们的外交官,可莫斯科却一个也没有。

这一切的背后必有缘由。表面看,那是个政治理由。实质上,源头无疑应归于地理,因为俄罗斯本身就是其自然环境的产物,我想不出有任何一个国家在这一点上比它更典型。它从来没能明确地知道自己是想要成为欧洲的一部分,还是亚洲的一部分。复杂的情感引发文化冲突,文化冲突导致了如今的种种现状。只要一张非常简单的地图,我就能说清楚这一切。

不过,首先让我们回答一个问题:俄罗斯究竟是欧洲国家还是亚洲国

---

① 分别是利比里亚和埃塞俄比亚首都,两者均为非洲国家。

家？为了方便讨论，你可以想象自己是楚克其人①，生活在白令海峡边，并不喜欢正在过的生活（我不会为此责备你，因为要在那个西伯利亚东部的冰封角落里生存实属不易），假设你决定听从霍勒斯·格里利的建议，到西部去②。再假设你不太擅长翻山越岭，决定留在从小生长的平原地区。好了，接下来你可以朝着西面走上两三年，除了不得不游过几条宽阔的河流稍稍惹人心烦之外，不会遇到任何阻碍。当然，到最后你一定会发现，自己迎面遇上了乌拉尔山脉。在所有的地图上，乌拉尔山脉都以亚欧分界线的面貌出现，这些高山其实并没有那么不可逾越，要知道，最初迁徙到西伯利亚的俄罗斯探险者（原本都是逃犯，然而一旦找到了有价值的东西，就立刻升级成体面的"探险家"了）可是扛着他们的船翻越乌拉尔山脉的。你试试扛一艘船去翻越落基山脉或阿尔卑斯山看看！

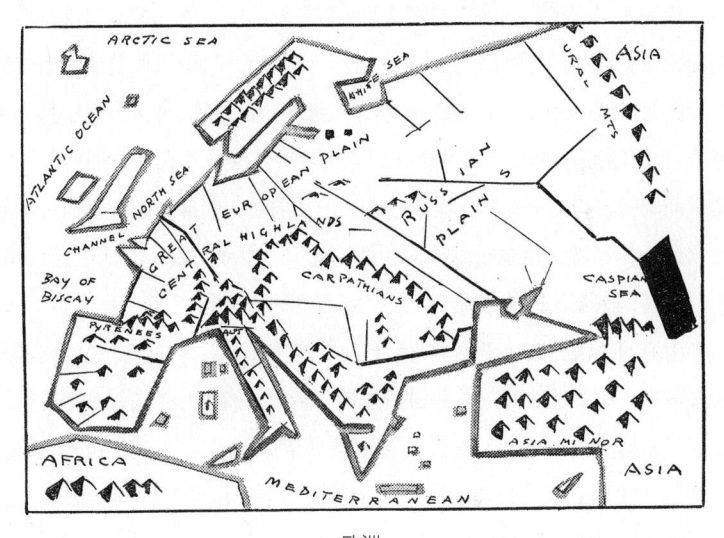

欧洲

---

① 俄罗斯西伯利亚东北部民族。
② 霍勒斯·格里利（Horace Greeley, 1811—1872），《纽约论坛报》创始人、编辑，该报在19世纪50年代曾聘请卡尔·马克思（及恩格斯）为海外通讯员。格里利曾号召年轻人"到西部去。在那里，你的能力必将发光发亮，你的力量与辛劳必将得到回报"。

待到将乌拉尔山脉抛在身后，接下来是又一段为期半年左右的长途跋涉，它会将你带到波罗的海。就这样，你从太平洋徒步走到了大西洋（说到底，波罗的海也只是大西洋的一个分岔），自始至终都没有离开同一个国家。这个极其坦平的国家完全坐落于一个平原上，这个平原覆盖着三分之一的亚洲和一半的欧洲（因为它与德国大平原相连，一直延伸到北海），却为一个巨大的自然劣势所苦：直面北冰洋。

那是古老俄罗斯帝国身负的诅咒，千百年来，俄罗斯为此挥洒了大部分的血汗与财富，付出了昂贵的代价，徒劳地试图抵达"温暖的水域"。这也是苏联面临的最大不利因素，苏维埃社会主义共和国联盟（古老的罗门诺夫王朝灭亡后的政治继承者）就像一栋有800个房间的8层建筑，却只留出两扇小窗通向三楼背后的防火安全梯。

美国人习惯了与法国、英国这样小得有趣的国家做比较，喜欢将自己的国家想象成庞然大物。然而，这个从一端到另一端都飘扬着俄罗斯旗帜的平原是法国的40倍，英国的160倍，欧洲其余部分的3倍，占据了整个星球上1/7的陆地。它的主要河流鄂毕河同亚马孙河一样长。它的第二大河勒拿河同密苏里河一样长。至于它的湖泊和内海，西部的里海相当于苏必利尔湖、休伦湖、密歇根湖和伊利湖的总和；中部的咸海比休伦湖大400平方英里；东部的贝加尔湖则几乎是安大略湖的两倍[①]。

南部的山峦将这块平原与亚洲其他地方隔开，山峰高耸，足以与美洲大陆最高的山峰比个高下，阿拉斯加的麦金利山海拔也不过20,300英尺，而高加索的厄尔布鲁士山就有18,200英尺。地球表面已知最古老的地方就是西伯利亚西北部，只是它位于北极圈内的平原区域就等同于法国、英国、德国和西班牙的总面积。

这个地区千方百计地鼓励走极端。无怪乎这些干草原和冻原的居民会

[①] 苏必利尔湖、休伦湖、密歇根湖、伊利湖和安大略湖为北美五大湖，分布于美、加两国。里海是世界最大咸水湖，贝加尔湖是亚欧大陆最大淡水湖和第一深湖，咸海位于今哈萨克斯坦境内。

表现出如此明显受自然环境影响的性格,会有那样在世界任何其他地方都显得非常古怪的思维方式和行为模式。无怪乎在保持了数个世纪最虔诚的信仰之后,他们可以一夕之间抛弃一切有关天主、上帝的念头,将他与他的名字从教育体系里剔除得一干二净。无怪乎千百年来他们都乐于臣服在一人之下,认为他永远正确,如神一般超凡,直到某天再起而推翻他,随后接受一个以非个人经济理论为基础的暴政——它或许许诺了一个了不起的未来,但当下之冷酷、残暴与专制却是连沙皇未尝敢于付诸实践的。

俄罗斯地貌

很显然,罗马人没听说过俄罗斯。到黑海求取谷穗的希腊人(还记得金羊毛的故事①吗?)——就像今天的美国人正在做的——曾在那里遭遇过野蛮人的部落,他们称之为"挤马奶者",从流传至今的几尊花瓶上的图画看来,他们很可能就是现代哥萨克人的祖先。当俄罗斯人确凿无疑地

---

① 出自希腊神话,讲述伊阿宋在诸多英雄的帮助下,驾驶阿尔戈号大船前往黑海边的科尔喀斯(今格鲁吉亚境内)夺取代表权力与王位的金羊毛的故事。

出现在历史舞台上时,他们生活的地方是一块四方土地,南有喀尔巴阡山与德涅斯特河,西临维斯瓦河,北侧和东侧以普利佩特沼泽和第聂伯河为界。更北面的波罗的海诸平原上住着他们的表亲,立陶宛人、列托人、普鲁士人,最后一个更是将他们的名字冠在了现代德国最强大的一支力量上,所有这些人都出自同一个斯拉夫部族。他们东面住的是芬兰人,如今被圈在了北冰洋、白海和波罗的海围出的土地上。南面是凯尔特人、德国人和两者混居的区域。

稍晚一些,日耳曼部落开始在欧洲中部游荡,他们发现,随时随地侵入北方邻居的营地掳劫奴仆是很方便的事情。这是个温顺的民族,面对命运强加的一切,只会耸耸肩,默默接受,至多叹一句:"唉,这就是生活!"

这些北方邻居为自己起的名字大概在希腊人听来类似"Sclaveni"。人口贩子侵入喀尔巴阡山区囤积他们有生命的"货物",总是说他们抓到了许多"Slavs"(斯拉夫人)或"slaves"(奴隶),久而久之,"slave"就变成了一种商品名,代表所有身为他人合法财产的不幸生命。同样是这些"Slavs"或"slaves",最终却发展成了当今世界最大也最强大的中央集权国家,这真是历史开的最大的玩笑,不幸的是,被嘲笑的是我们。如果我们近代的先祖稍稍多一点远见的话,我们也不会陷入今天这样的窘境。对此,我会尽可能简洁地予以说明。

斯拉夫人原本平静地生活在他们小小的三角地带里,衣食无忧。很快,他们开始需要更多土地。向西去的道路上据守着强大的日耳曼部落。罗马和拜占庭关闭了通往奢华富足的地中海的大门。剩下的只有东面了,于是他们大量涌向东方去寻找更广阔的土地。他们越过德涅斯特河与第聂伯河,不停地向前走,直到伏尔加河,"大河",这是俄罗斯农民对它的称呼,表示"众河的母亲河",因为它无比丰富的鱼类能够养活无数人。

这条伏尔加河是全欧洲最大的河流,自北而来,发源于俄罗斯中部高原的低矮群山之间。那些山岭为修筑要塞提供了绝佳的条件,大部分俄罗斯早期城市正是出现在这一地区。为了汇入海洋,伏尔加河不得不绕过群山，兜上一个大圈向东流去。它如此亦步亦趋地紧贴山脉而行，以至于右岸又高又陡，左岸却低平和缓。这条因循山脉而成的路线很值得思量。从河流源头附近的特维尔到里海，直线距离不过1000英里。可伏尔加河走的这条路却足足有2300英里长。说到水域面积，它更是欧洲河流之最，比美国的密苏里河还要大上差不多40,000平方英里（伏尔加河为563,000平方英里，密苏里为527,000平方英里），所覆盖的区域等同于德国、法国和英国的总和。但身为俄罗斯的一员，这条大河也绝不能例外，必定要干点儿古怪的事。伏尔加完全是一条通航河流（战争前，它的河面上足有40,000条小船往来），但在到达萨拉托夫之后，它便降至与海平面齐平。最后几百英里更是在海平面之下流淌。不过这也没听起来那么不可思议。毕竟它汇入的是里海，这片位于盐漠中央的水域下陷得如此厉害，到今天已经比地中海海平面低了85英尺。再过个一百万年，它就能和死海一较高下了，后者如今保持着低于海平面1290英尺的纪录。

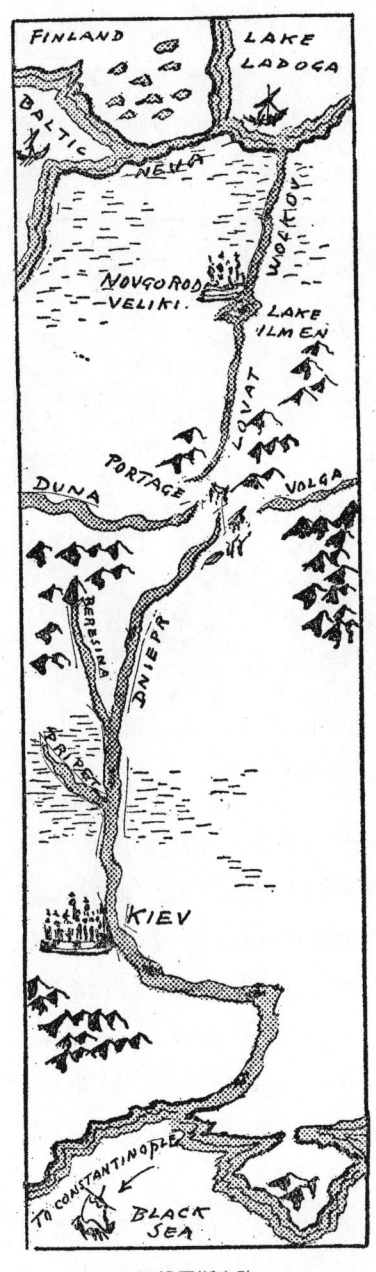

旧俄罗斯商路

顺便说一句，伏尔加河就是那条被认为出产了我们吃到的所有鱼子酱的母亲河。我刻意使用了"被认为"这种说法，是因为，非常多的时候，伏尔加河只能算是鱼子酱的"继母"，为那远近闻名的俄罗斯美味做出贡献的也并非鲟鱼，而是金枪鱼。

欧洲：海岸、岛屿与河流的大陆

在铁路全面兴起以前，河流和海洋就是人们赖以经商或劫掠的天然通道。既然西面的对头条顿人和南面的竞争对手拜占庭人阻断了通往广阔海洋的道路，一旦被迫要获取更多免费土地，俄罗斯人唯一的选择就是依靠他们的河流。从公元600年至今，俄罗斯的历史始终与两条大河紧紧相连。一条是伏尔加河，刚才已经说过了。另一条是第聂伯河。在两者之中，第聂伯河要重要得多，因为它参与构成了连接波罗的海与黑海的主要通道，毋庸置疑，这条通道和穿越德国大平原的马车道一样古老。请看着地图，和我一起走一遭吧。

从北部开始，我们会发现芬兰湾与拉多加湖（大小和美洲的安大略湖差不多）之间有涅瓦河相连，列宁格勒（圣彼得堡）就位于这条河边。随后，从拉多加湖向正南方向延伸出一条河流，名叫沃尔霍夫河，一直流入伊尔门湖。在伊尔门湖南面，我们会找到洛瓦季河。洛瓦季河与第聂伯河相距不远，其间地势也足够平坦，可以容许人们完成陆地运输。一旦克服了这点困难，北方来的旅行者就可以轻松地顺着第聂伯河而下，直抵黑海，入海口就在克里木半岛以西几英里外。

贸易不分国界，商业无视种族。将货物从斯堪的纳维亚人的土地带到拜占庭人的土地上，商人有利可图，这也是他们能够在这些地方稳稳立足的原因。公元后的头五六百年里，这就只是一条商路，纯粹、简单，沿着低洼地延伸，一侧是加利西亚和波多尼亚的丘峦（喀尔巴阡山脉的外围），一侧是俄罗斯中部高原。

可是，当斯拉夫移民渐渐填满这个地区时，情况改变了。那时候，商人变成了政治首领，不再没完没了地四处游走，开始安顿下来，化身为某个王朝的创建者。俄罗斯人虽然拥有很多出色的品质，却从来就不擅长管理。他们比旁边的条顿邻居更加缺乏严密精确的思维。他们的心灵充斥着太多疑虑。他们的心思太容易分散到别的地方。而且他们说得太多也想得太多，没办法玩好需要专注与快速决策的游戏。这样看来，让一群人分散开来，各自充当一小块地方的领主，事情就容易多了。当然，一开始他们的胃口并不大，只是需要一个地方安身。接着，一旦建立了自己的半封建家园，他们就需要更多的空间来安置臣仆随从。大多数俄罗斯古城都是这样形成的。

无论如何，城市总是很容易吸引外界注意，在它们年轻并且充满活力时尤其如此。君士坦丁堡（伊斯坦布尔）的传教士听说了这个拯救灵魂的美妙新机。他们乘船沿第聂伯河北上，就像几个世纪前的斯堪的纳维亚人顺流南下那样。他们与本地统治者结成了联盟。修道院成了王宫的附庸。为罗门诺夫王朝搭建的舞台竣工了。南部的基辅和富庶的商业城市大诺夫哥罗德（和下诺夫哥罗德没有关系，后者位于伏尔加河与奥卡河的交汇处）变得如此繁华，声名远扬，就连西欧都听说了它的存在。

古俄罗斯

与此同时,坚忍的农夫们依旧像过去一万年里那样扩大着他们的数量,当再次发现自己需要更多农场时,他们便挣脱家园的束缚,离开肥沃的乌克兰谷地——那是全欧洲最富庶的粮仓——开始进入俄罗斯中部高原。一旦抵达最高点,他们便沿河向东进发。非常缓慢地(对俄罗斯农夫来说,"时间"算什么!),他们下到奥卡河谷,最终抵达伏尔加河,发现了另一个"新城市",或者说,"诺夫哥罗德",并就此宣布,这些平原将永远属于他们。

然而,所谓"永远"从来不会持续太久,至少在历史方面是这样。13世纪初,一场灭顶之灾骤然降临,截断了他们所有的雄心。数以千万的小个子黄种人穿行在乌拉尔山脉、里海和乌拉尔河岸苦咸荒野之间的宽阔通道上,小跑着奔向西方,到最后,就像是亚洲要将它的全部人口都倾倒进欧洲的心脏地带一般。西面的斯堪的纳维亚-斯拉夫小公国毫无防备,被一一攻占。短短不到三年时间,整个俄罗斯平原、河流、海洋、群山,统统落在了鞑靼人手里,德国、法国和西欧其他部分之所以没有遭遇同样的命运，完全是侥天之幸（因为鞑靼人的马群遭遇了一场瘟疫）。

新马群刚一长成，鞑靼人立刻再一次开始尝试他们的运气。但德国和波希米亚的壁垒牢牢守住了边境，入侵者绕了一个大圈，一路烧杀掳掠，穿过匈牙利，最后停在俄罗斯东部和南部，开始享受胜利果实。在接下来的两个世纪里，只要遇到可怕的成吉思汗的后人，所有信奉基督教的男人、女人和孩子都不得不跪倒在尘埃里，亲吻他们的马镫，否则就会被立刻杀死。

欧洲听说了这些，却并不在意。因为斯拉夫人用希腊人的方式供奉上帝，西欧用罗马人的方式供奉上帝[①]。所以，就让野蛮人猖狂去吧，反正有俄罗斯人去当他们最悲惨而卑微的奴隶，永远在外国人的鞭子下瑟瑟发抖，谁让他们是异教徒呢，本就不配享有更好的命运。最终，这样的冷漠让欧洲付出了极其沉重的代价，因为那些坚忍的俄罗斯人会接受任何"拥有权力的人"加诸他们肩头的负担，在被鞑靼人统治的两个半世纪里，他们更是养成了不假思索就臣服的可怕习惯。

只靠自己，他们永远无法摆脱这可怕的枷锁。小小的莫斯科公国是斯拉夫人在东方的古老前沿岗哨，它的统治者们担负起了解放自己国家的任务。1480年，伊凡三世（俄罗斯历史上的伊凡大帝）拒绝向金帐汗国缴纳岁贡。反抗由此开始。半个世纪后，外来者的时代走到了尽头。然而，鞑靼人虽然消失了，他们的制度却留了下来。

新的统治者对于生活的"现实"天生有着良好的感悟力。大约30年前，君士坦丁堡被土耳其人占领，最后一位东罗马帝国的君主倒在了圣索菲亚大教堂[②]的台阶上。但他留下了一名远房亲戚，一位名叫佐伊·巴列

[①] 即希腊正教（东正教）与罗马天主教的分野，两者均为基督教的分支。国内常以"基督教"指代较晚期出现的新教，事实上前者是总称。
[②] 即伊斯坦布尔的圣索菲亚大教堂。这里的"圣索菲亚"与人名无关，而是源自希腊语"上帝的智慧"，教堂全称含义为"上帝圣智堂"。它最初是东正教教堂，后被改为国家清真寺，现为博物馆。

奥略的女子。她刚巧是一名天主教徒。眼看有机会将希腊教会的迷途羔羊引回自己的羊圈，罗马教皇建议伊凡与佐伊结合。婚礼举行了，佐伊将自己的名字改作了"索菲亚"。但教皇更进一步的计划没能得以实施。相反，伊凡变得比从前更加独立。他意识到这是自己的机会，可以担起从前拜占庭统治者所扮演的角色。他将君士坦丁堡的盾形纹章纳为己有，纹章图样是大名鼎鼎的双头鹰，代表东西两大罗马帝国。他将自己捧上了神坛，将贵族变成了臣仆。他将拜占庭皇庭古老严苛的礼节照搬到了自己在莫斯科的小小朝堂。他摆弄起一个概念：伊凡，是当前世间仅存的唯一"恺撒"。在治下一系列成功的鼓励下，他的孙子[①]最终宣布自己是所征服地区的"全俄罗斯的皇帝"，或沙皇。

1598年，古老的斯堪的纳维亚入侵者的最后一名后裔，留里克家族的

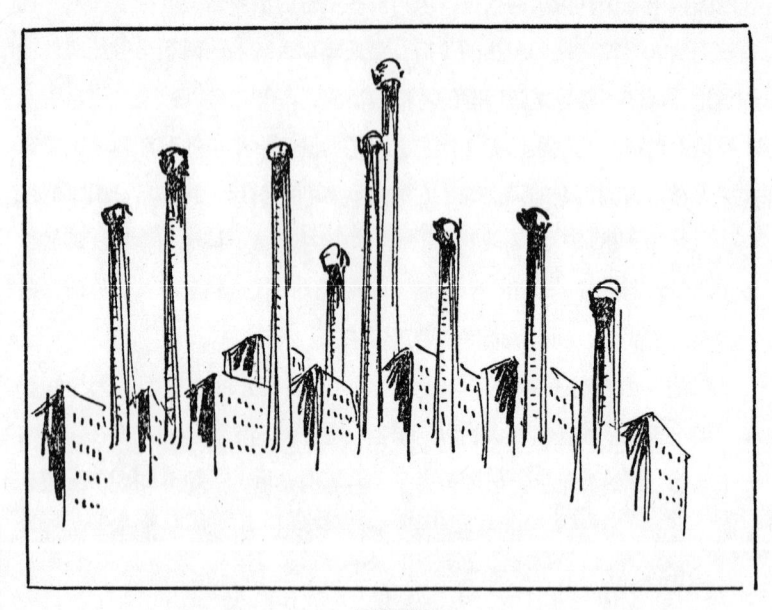

新俄罗斯

[①] 即被称为"伊凡雷帝"的伊凡四世（1530—1584）。

最后一名子孙，死去了。内战打了15年，最后，一位罗门诺夫家族的成员夺得了沙皇头衔。罗门诺夫原本只是个不起眼的莫斯科贵族家族，可从此以后，俄罗斯的地理就彻底变成了一位又一位罗门诺夫政治野心的投射。无疑，他们犯过很多错，但同样确定无疑的诸多优点功绩足以令我们忽略他们的许多过失。

然而，这些罗门诺夫全都固执地认为，只要是为了打通前往"开放水域"的道路，无论多么巨大的牺牲都不为过。他们尝试向南走，开辟道路，一直到了黑海，到了亚速海和塞瓦斯托波尔，到头来却发现土耳其人截断了通往地中海的道路。不过，这些活动确保他们得到了哥萨克十部落的效忠，十个部落的祖先有古老的哥萨克人、强盗、探险者，也有逃亡的农奴，他们在此前的五百年里为了逃离波兰或鞑靼人主子而跑到荒野里生活。他们一直忙着和瑞典人打仗，后者在三十年战争①中收获了成功，又经过半个世纪的征伐，实际控制了整个波罗的海地区。彼得大帝可以命令千千万万臣民迁入涅瓦河边的沼泽地里为他修建新都圣彼得堡。却无奈芬兰湾每年总有四个月冰封水面，"开放水域"依旧那么遥远。他们沿着恰好流经苔原区（北极圈内的长着苔藓的平原）中心的奥涅加河与德维纳河前行，为自己在白海边修建了一座新的城市，用大天使米迦勒的名字来称呼它。可是不适合居住的卡宁半岛离欧洲太远了，和到加拿大冰封的哈得孙湾一样远，至于摩尔曼海岸，所有荷兰和英国的船长都会小心翼翼地避开它。任务看来是不可能完成了。除了向东，再也无路可走了。

公元1581年，一群来自半打欧洲国家的逃奴、投机者、战犯等总共大约1600人穿越了乌拉尔山脉，并且，为了生存而袭击了东进道路上遇到的第一个鞑靼王，一个名叫西比尔或西伯利亚的地方的统治者。他们打败他，瓜分了他的财产。可他们知道，莫斯科的手伸得很长，与其等到有朝

---

① 欧洲历史上重要的大规模战争（1618—1648），由新教与天主教势力之争发展到将欧洲大小势力几乎全部卷入，主战场在德国境内，造成大量伤亡，对后世欧洲格局产生了深远影响，其中包括一些弱小势力的崛起，如荷兰、瑞典等。

一日"小父亲"①的军队闻风而至,把他们当成逃兵和叛徒吊死,倒不如主动将这片土地献给沙皇,就像真正乐于为敬爱的君主增光添彩的爱国者那样,换得奖赏。

这种奇特的殖民方式持续了将近一个半世纪。在这些"坏人"眼前铺展开的平原人烟稀少,却很肥沃。北半部是草原,南半部则树木丛生。很快,他们将鄂毕河抛在了身后。下一条是叶尼塞河。早在1628年,这支惹人憎恶的入侵大军的先头部队就抵达了勒拿河,到了1639年,他们已经站在了鄂霍次克海的岸边。继续往南,1640年刚过,贝加尔湖畔便竖起了他们最早的要塞。他们在1648年探索了阿穆尔河②。同年,一位名叫杰日尼奥夫的哥萨克人③在西伯利亚北部顺科雷马河扬帆而下,沿着北冰洋海岸航行,一直到了分隔亚洲与美洲大陆的海峡,并且成功返航讲述了这段传奇,只是所引起的关注实在太少。80年后,当一位受雇于俄罗斯的丹麦航海家重新发现这些海峡后,才得以用自己的名字为海峡命名,他的名字是维塔斯·白令④。

从1581年到1648年是67年的时间。只要想一想美国人的祖先花了两个世纪才从阿利根尼山脉走到太平洋海岸,就能明显看出,俄罗斯人也并不像我们听说的那样总是慢吞吞的。然而,俄罗斯人并不满足于将整个西伯利亚收入囊中,他们最终穿过了亚洲,踏上美洲大陆,在乔治·华盛顿逝世前的很长一段时间里,如今的锡特卡一带都是热闹的俄罗斯殖民地,当初那里有一座以大天使加百列命名的要塞,直到1867年才随着阿拉斯加的转让从俄罗斯转移到美国手中。

至于东西伯利亚所在意的活力、个人胆魄乃至不顾一切的勇敢,这些

---

① 当时俄国百姓对沙皇的尊称。
② 我国称"黑龙江"。
③ 即谢苗·伊万诺维奇·杰日尼奥夫(Semyon Ivanovich Dezhnev,约1605—1673),俄罗斯探险家,首位穿越白令海峡的欧洲人。
④ 维塔斯·白令(Vitus Jonassen Bering,1681年受洗礼至1741年),丹麦探险家、制图师,后加入俄罗斯海军。

最初的俄罗斯拓荒者比美国人更厉害。只是莫斯科和彼得堡掌权者仍然固守着亚洲式的帝国概念,阻碍了该地区的正常发展,各色财富在那里等待人们发掘,只要知道怎样开发就好。可俄罗斯并没有开发这些草原、森林和矿藏,反倒将西伯利亚变成了一座巨大的监狱。

东西伯利亚

就在叶尔马克①穿越乌拉尔山脉的50年之后,第一批囚犯在17世纪中叶抵达了西伯利亚,那是一群神职人员,因为拒绝执行东正教弥撒礼而被扔到阿穆尔河畔挨饿受冻,直至死亡。从此以后,被放逐到这片茫茫荒野的男人和女人(时常还有孩子)就再也未曾断绝,罪名在于,他们那注重个体的欧洲式观念与驯顺无个性的亚洲式观念发生了冲突,而后者正是旧俄政府形态得以构建的基础。放逐情形在1863年达到顶峰,那是最后一次波兰大起义②之后不久,逾50,000名波兰爱国者从维斯瓦河畔被驱赶到了

---

① 叶尔马克·齐莫菲叶维奇(Yermak Timofeyevich, 1532〈一说1542〉—1584),哥萨克人,俄罗斯民间英雄,1579年接受斯特罗加诺夫家族的召募,率队进军西伯利亚。
② 当时波兰处于沙俄的殖民统治之下,1860年起华沙便陆续开始反抗游行示威活动,至1863年爆发大起义,1864年沙俄颁布敕令,解放波兰王国的农奴。

托木斯克和伊尔库茨克地区。并无精确的统计数据记录这些非自愿的移民究竟共有多少人，但从1800年开始，直到俄国政府在巨大的海外压力下稍稍宽容一点的1900年，其间年平均流放人数大致为20,000人。然而，这还没算上普通罪犯，比如杀人犯和小偷扒手，他们通常不会像犯下思想重罪的男男女女一样被号以重枷，后者唯一的错误就在于对同胞的爱太多，超过了他们应得的。

等到实际服刑期满，幸存者就会得到一小片流亡村庄边的土地，成为自由农民。从纸面上看，这是个让白人入住西伯利亚的绝妙计划，能够让帝国政府向他们的欧洲远亲展示，俄罗斯并不像人们有时候说的那么糟糕：西伯利亚整体的疯狂之中存在着某种秩序，"罪犯"被改造成了有用的、能事生产的社会一员。而事实上，这一计划如此有效，大部分这类所谓"自由移民"都从地球表面消失了，没留下丝毫痕迹。也许是加入了诸多土著部落中的某一个，挥别基督教文明，成为穆罕默德的信徒或蛮夷之民。也许是试图逃脱却落入了狼口。我们无从得知。俄罗斯警察部门的统计记录显示，长期以来，在逃逃犯的数量始终保持在三万至五万之间，他们藏身森林山野，宁可忍受种种艰苦，也不愿待在"小父亲"的深牢大狱里。然而，帝国的旗帜没能继续在西伯利亚的牛栏上方飘扬。现在的旗帜属于苏维埃。新的牌局开始了。但牌还是一样的，同样来自鞑靼人。

以农奴和物物交易为基础的古老农耕体系在俄罗斯走到了尽头，被资本主义和工业制度所取代。其间所发生的一切都源于一个常识问题。在林肯签下解放黑奴文件的几年之前，俄罗斯的农奴就已经获得了自由。考虑到生存问题，他们得到了一点土地，但却远远不够；另一方面，分给农奴的土地又是从大地主手里拿走的。于是，无论地主还是他从前的奴隶都很不满意。而自始至终，外国资本一直在试图染指广袤的俄罗斯大平原地底深埋的矿藏。铁路修起来了，船舶航线规划好了，欧洲工程师们跋山涉水，穿过泥泞的半亚洲式村落，看到不远处与巴黎大歌剧院如出一辙的建筑，暗自疑惑，这一切怎么竟能共存。

俄罗斯王朝的开创者曾是敢于挑战不可能的，可最初赋予他们这种勇气的古老野性力量已经耗尽。如今彼得大帝的王座上坐着一个孱弱的男人，身边围绕着神父和女人。当他将王座抵押给伦敦和巴黎的放债人，接受他们的条款，被迫卷入一场他的大部分臣民都厌恶的战争时，便也签下了自己的死亡令。

一个小个子光头男人，西伯利亚流放大学的毕业生，接手废墟开始了重建工作。他扔掉了旧有的欧洲模式，扔掉了古老的亚洲模式，扔掉了一切老东西。他永远一眼看向未来，一眼守着鞑靼。

未来会怎样，再过一百年我们才会知道。至于眼下，我们若是能大概勾勒出这个现代苏维埃国家的轮廓便已足够了。但只能是非常模糊的轮廓，因为变化是这个政权的常态。布尔什维克主义者正忙着做实验，他们就像突然意识到用错了方程式的化学家，毫不留情地抛弃失败的尝试。更何况，这个政权与近五百年来我们所熟知的任何形态都截然不同，以至于完全不可能用常规的欧美政治术语来加以表述，就像最常见的"代议制政府""民主"或"少数人的神圣权利"之类的。对于在布尔什维克的学校里长大的年轻人来说，这些词语毫无意义。除非是为了举例说明先人愚蠢的错误，否则他绝不会听到它们。

首要的一点在于，布尔什维克的政府概念所依据的原则并非全民所有、全民共治、服务全民——无论我们自己是否真的相信，我们还是教导孩子，这是最值得赞赏的理想政治形态。而布尔什维克只认可一个社会阶层，无产阶级，靠工资生活的人，工人，特别是靠双手劳动的人。

到目前为止，一切还好。剧烈的政权更迭算不上什么新鲜事。早在列宁出生以前，英格兰的查尔斯和法国的路易斯就已经被斩去了头颅。但他们的死亡只是个人生命的终结，无关政体。尼古拉斯二世[①]的死亡却不只

[①] 沙皇俄国的最后一位君主，也是罗门诺夫王朝的末代君王，即前文所说的"孱弱的男人"。

关乎个人,而是这个男人所代表的整个政权的废止,代表它从俄罗斯人的脑海里被强行抹去。一段历史终结,两道红杠划在了这一页的末尾。随后,全新的一页开启,页头上写下了新的名字:"俄国共产党"。

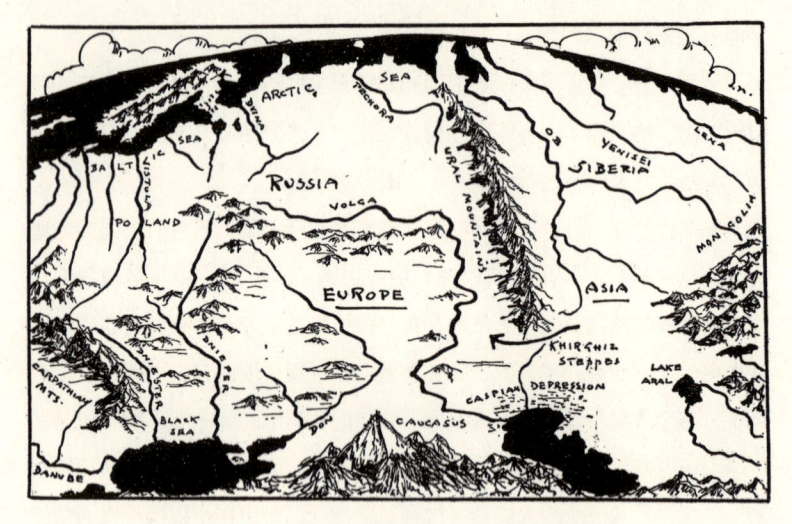

俄罗斯大平原

作为经济理论,共产主义并不新鲜。古老的修道会就是实实在在的共产主义机构,它们后来成了早期基督教会的基础,在早期教会眼里并无贫富之别,也不承认个人财产。清教徒们刚到美洲大陆时也试图建立一种共产主义社区。但为谋求更公平分配社会财富而做出的一切努力都是在相当小的范围内实践的,从来没有大范围触及更多人的生活。这正是布尔什维克实验有别于以往的地方。它将从波罗的海到太平洋的整个俄罗斯平原都变成了一个巨大的政治经济实验室,身在其中的每个人都只为了集体的利益与幸福这一目标而努力,完全无视个人眼前的福祉与快乐。然而,和过去一样,俄罗斯人从来没能真正摆脱他们天性中的双重性,这源自他的祖国所具备的双重属性,半亚洲,半欧洲。新的俄罗斯依旧受困于此,各种热情冲撞,不断阻断他们前进的道路。

全新苏维埃政党的基本架构无疑源自欧洲。将其付诸实践的方式则全然是亚洲的。卡尔·马克思和成吉思汗协力打造太平盛世，这样非常的实验将得出什么结果，我不知道。预言只不过是预言。

但布尔什维克主义已经有了某些成果，在这之后，其他人类将不得不认真对待其自身文明走向崩溃的危险。

过去，俄罗斯政权只为一小群地主及沙皇的支持者谋取福利，鞑靼人统治的时期亦是如此。如今政权依然握在一小群人手里。只是换成了共产党的核心圈子。他们的数量比旧式的贵族还少，对于集权统治却更加矢志不渝。

但是，沙皇的独裁和布尔什维克的专制之间差别非常大。如今统治着俄罗斯的小群体并非为自己谋利。他们的工资低到连美国的水管工或装卸工人都会嗤之以鼻——只要后者还有任何工作可做，有报酬可拿。这些新"暴君"（他们比沙皇时代的高官重臣还要冷酷得多）所爆发出的巨大能量直指一个目标：让世上每个人都工作，确保工人能够凭借劳动换取足够的食物、足够的生活空间，以更聪明的方式享受一切可能的休闲。

以我们西方人的思维看来，所有这些都堪称乱七八糟，简直就像爱因斯坦的四维或五维空间构象。但这颗星球1/7的土地，足有3个美国那样大的国家，如今就生存在这套体系之下，感觉自己就是全世界。向它传道的并非某个像挪威或瑞士这样可怜的小国家，而是地球上最富裕的国家之一，拥有各种各样的财富。恭顺的哀求者和愤怒的社论都难以令它动摇，因为俄罗斯人与外部世界的联系被完全隔断了，他们几乎从不阅读外国书籍，从不看任何未经严苛审查的外国报纸，对邻居的了解还不如火星来客。当然，当权者知道对他们的批评，但他们不在乎。他们太忙了，忙着做别的事——组建他们的白俄罗斯共和国、他们的乌克兰苏维埃共和国、他们的外高加索苏维埃联邦共和国、他们的吉尔吉斯斯坦苏维埃共和国、他们的巴什基尔共和国、他们的鞑靼苏维埃共和国；花费太多时间担忧西方世界的认同与否，尽管他们公然宣称这个世界是"悲哀的历史重演"；

235

同时操心着一个关于反宗教博物馆的不错的展览,博物馆就在从前的沙皇宫殿里,一年前刚刚开放。

时间会告诉我们,这个奇怪的实验,这个亚洲神秘主义与欧洲现实感的结合,有怎样的结果。但俄罗斯大平原正在苏醒,全世界最好都留意看着,要知道,布尔什维克或许只是梦想,俄罗斯却是现实。

Chapter 23

POLAND, THE COUNTRY THAT HAD ALWAYS SUFFERED FROM BEING A CORRIDOR AND THEREFORE NOW HAS A CORRIDOR OF ITS OWN

波兰：
苦为走廊的国家，如今有了自己的走廊

波兰备受两大天然劣势困扰。地理位置是它最大的不幸，距离最近的邻居是它的俄罗斯斯拉夫兄弟。据说真正的兄弟手足之情无比美妙，但两个拥有相似种族人群的国家则不然。

我们不知道波兰人最初来自哪里。和爱尔兰人一样——这两个民族在许多地方都颇为相似——波兰人非常爱国，永远准备着为他们的祖国献出生命，但却很少期望好好活着，为它工作。这个国家最出色的历史学家整理了有关他们祖先英勇事迹的记录，将最初的波兰英雄变成了挪亚方舟上的偷渡者。但当波兰人第一次出现在可靠的历史文书里时，查理曼大帝和他的勇士们已经在墓穴里躺了几乎整整两个世纪了。然而，就在黑斯廷斯战役①之后大约五十年，"波兰"这个字眼开始有了意义，不再仅仅是一个模糊不清的地域名称，指代某个大概位于远东某片荒野的国家。

---

① 1066年爆发于诺曼底公国与英格兰之间的战争，英格兰战败，诺曼底公爵威廉加冕英格兰国王，为威廉一世。

就我们目前所知，波兰人最初生活在多瑙河口附近，却遭到来自东方的袭击，被迫向西迁徙，一直走到了喀尔巴阡山脉。很快，他们被其他强大的斯拉夫部族（俄罗斯）驱赶着穿越这一地区，最终在原始森林和沼泽地之间找到了安全的避难所，那些沼泽正是欧洲大平原的一部分，位于奥得河与维斯瓦河之间。

北极

再没有比这个位置更糟的选择了。就算有人搬把椅子坐在中央车站大门正中央，他所得到的安宁和私密空间也不会比这个国家的任何一名农夫少。这个区域事实上就是欧洲前门口的唯一通道，无论是东方部族想要向西占据北海沿岸欧洲土地，还是西方力量打算向东到俄罗斯劫掠一番，谁都可以任意来去。在这里，永远要做好同时与两侧来敌作战的准备，年深日久，波兰每一个拥有土地的人都变成了训练有素的战士，每一座城堡都成了军事要塞。就这样，战争的压力延及生活的方方面面。商业从来无法在一个以战争为生活常态的国家里占据重要地位。

波兰也有几个城市，无一不在国境中央的维斯瓦河岸边。克拉科夫，位于南部，喀尔巴阡山脉在这里汇入了加利西亚平原。华沙，坐落在波兰平原中部。但泽，靠近河口，商贸经济依赖于海外商人。再往内陆去就几乎没有人烟了，因为除了一条通往第聂伯河及维尔纽斯的河流之外，那里没有任何水路，可第聂伯河在俄罗斯境内，维尔纽斯是立陶宛古老的首都，从来没能超越小小王室住地的身份。

生活必需品的买卖都牢牢掌握在犹太人手中，他们是在十字军热衷于大肆屠戮莱茵河流域若干知名犹太人社区的居民时逃到欧洲边缘的。强悍的斯堪的纳维亚人能够为这个国家带来数不尽的好处，人数不需要太多，就像在俄罗斯境内那样。但他们从没踏足过世界的这个区域。为什么要来呢？这里没有沟通南北或东西的便捷商路，长路另一头没有君士坦丁堡那样的城市来补偿旅途辛劳。

就这样，波兰人落在了德国人、俄罗斯人和土耳其人手里。德国人憎恨他们，因为虽说同样信奉罗马天主教，他们却始终是斯拉夫人；俄罗斯人瞧不起他们，因为尽管同出斯拉夫一源，他们却不是东正教徒；土耳其人厌恶他们，因为他们既是基督徒又是斯拉夫人。

如果兴旺的立陶宛王朝还存在，情形也会比现在好得多，中世纪时它就曾多方照应这个国家。可惜加格罗林王朝在1572年覆灭了。多年的边境战事让这些贵族变得富有，在他们辽阔却与世隔绝的领地里享受着近乎专制的特权，随着最后一位国王死去，贵族们成功将国家变成了选举君主制[①]。那个选举制的君主国从1527年延续到了1791年，早在最终崩溃之前

[①] 一种君主制政体，以选举而非世袭方式产生君主。这里指的是当时的波兰-立陶宛公国，也称波立联盟或最尊贵的波兰共和国。

很久，它就已经成了一个浸透了痛苦的笑话。

因为波兰的王冠成了待价而沽的货品，价高者得，不问其余。法国人、匈牙利人和瑞典人轮番坐庄，尽管除了可能提供一点不义之财和税收之外，这个国家对他们毫无意义。然而这些君主忘了拿出一点截获的战利品分给他的追随者，于是波兰贵族们做了他们的爱尔兰朋友早在一千年前就尝试过的事。他们请求邻居来帮忙"拿回权利"。邻居们兴高采烈地来了，有普鲁士人、俄罗斯人和奥地利人，从此，波兰失去了独立。

此后波兰三度被大规模瓜分，到了1795年的最后一次，俄罗斯得到了180,000平方英里的土地和6,000,000人口，奥地利得到45,000平方英里土地和3,700,000人口，普鲁士分得57,000平方英里和2,500,000人口。直到125年之后，这一致命的错误才得以弥补。之后，出于对俄罗斯的畏惧，协约国走向了另一个极端。他们给予新的波兰共和国远超其应得的土地，更有甚者，为了给波兰一个直接的出海口，他们划定了所谓的"波兰走廊"，那是一道狭长地带，从过去的波兹南省直通波罗的海，将普鲁士切割成了从此再无直接联系的两部分。

对于这条不幸走廊未来的命运，无须太渊博的地理或历史知识就能做出判断。它仍将夹在德国与波兰之间，承载着怨恨与怀疑，直到一方强大到足以摧毁另一方，而在那以后，可怜的波兰将再一次回归它一直以来的角色，成为俄罗斯和欧洲之间的缓冲带。

在最初的胜利辉映之下，这成就看似辉煌。然而，在领土之间修筑不怀好意的樊篱并不会有助于解决我们这个时代的经济和社会问题。

Chapter 24

CZECHOSLOVAKIA,
A PRODUCT OF THE TREATY OF VERSAILLES

捷克斯洛伐克：
《凡尔赛和约》的产物[①]

从经济和大多数城市的文化水准看来，捷克斯洛伐克是目前所有现代斯拉夫国家里最好的。但这是个非自然的国家。它的建立是份奖赏，赞许它在第一次世界大战中脱离了奥匈帝国阵营。尽管这个国家如今拥有三大区域——波希米亚、摩拉维亚和斯洛伐克——却仍旧很难说它能够靠自己生存下去。

首先，这是个纯内陆国家。其次，在这个国家里，信奉天主教的捷克人和信奉新教的斯洛伐克人之间几乎已经毫无感情了。前者曾经是奥地利王国的一部分，通行德语，始终与外部世界保持着直接接触。而后者被他们的匈牙利主子管得乱七八糟，从来没能真正摆脱小农状态。

至于摩拉维亚，它的领域位于波希米亚和斯洛伐克之间，其中有整个捷克斯洛伐克联邦最丰饶的农业区。可它在政治上却几乎毫无分量，也由此得以置身于那些没完没了的争吵与争斗之外，正是因为这些争斗，

[①] 捷克斯洛伐克于1918年建立，至1992年解体为捷克共和国与斯洛伐克共和国。

900万捷克人在对待400万斯洛伐克人时选择了同匈牙利人别无二致的方式——谈论尊重少数民族的权利是非常近期的事情了。

任何想要研究种族问题最糟糕状态的人都会听到有关中欧的委婉描述。实际情形可谓相当无望。捷克斯洛伐克比其他国家稍好一点。但也有三个不同的斯拉夫阵营，它们刚巧还彼此憎恨，再加上300万德国人的存在，问题就更加复杂了。中世纪时，一批条顿人移居波希米亚地区，加入了厄尔士山区和波希米亚森林的矿业发展中。这些德国人正是他们的后裔。

终于，波希米亚在1526年重蹈中欧所有国家的旧路，落入了哈布斯堡王朝的掌控。在接下来的388年里，波希米亚成了奥地利的殖民地。他们的待遇不算糟糕。德国学校、德国大学和彻底德国式的方法，让捷克人成了所有纯斯拉夫种族里唯一懂得如何坚定目标并为之努力工作的人。然而，从没有臣服者会因为受到还不错的待遇并且偶尔收到圣诞礼物就喜欢上它的掌控者。既然复仇似乎是最自然的本能冲动，我们也就不会为捷克后来的举动吃惊了——从获得自由的那一刻起，它就试图压制前统治者留下的一切。捷克语成为官方语言，德语降为勉强可以接受的方言，就像匈牙利语在斯洛伐克一样。新一代的捷克孩子从小到大只能接触到经过严格筛选的捷克本土文学。从爱国的角度说，这无疑是了不起的壮举。可是，从前的波希米亚孩子能凭借在德国学校里学到的知识与至少上亿人对话，如今却发现自己被局限在了懂得捷克语的区区百万人中，哪怕只是把头探出国境线外，他也会迷失，毕竟，谁会费力去学一种既无益经商又没有文学作品传世的语言呢？捷克政府里聚集了一批高于中欧政治家平均水准的官员，他们或许会慢慢推动回归过去的双语体系。但要实现这一目标，官员们还得经历一段艰难的时光，与憎恨全球通行语的语言学教授博弈，后者与憎恶各党派联合的政治演说家别无二致。

波希米亚属于古老的哈布斯堡王朝领地，不但是富饶的农业区之一，也是发达的工业区，拥有煤炭钢铁业和闻名遐迩的高难度玻璃制造艺术。此外，勤劳的捷克农民在家庭手工方面（12小时的耕作之外，总得找点事情来打发空闲时间）也十分心灵手巧，做出的波希米亚纺织品、波希米亚地毯和波希米亚靴子在全世界都非常有名。过去，这些产品能够免税输出到王朝领地各处，总算是哈布斯堡统治下屈指可数的优点之一。如今这片领地分成了半打小公国，每一个都筑起高高的关税壁垒，征收重税，以期打击对手的生意。比如，从前的啤酒车能够直接从比尔森开到阜姆港（里耶卡），一路畅通无阻，完全不必半途停下来接受海关检查，也不需要支付一分钱的税款，现在却不得不在半打边境线前停下来换车，还得付六道关税，等拖上数个星期到达目的地时，啤酒早就酸了！

在理想主义方面看来，小国家自治是最好的事情，可当它与自然地理或经济生活中不容讨价还价的必要条件产生冲突时，似乎就很难运转良好了。而且，只要这些身处1932年的人还怡然自得地用1432年的方式思考，我就不认为我们能对此做任何事。

为便于打算前往捷克斯洛伐克旅行的读者参考，我要补充一些信息：布拉格不再坐落在汇入易北河的"莫尔道"河边，而是在"伏尔塔瓦"河畔；你打算去喝喝啤酒的"皮尔森"，如今是"比尔森"（还是可以喝啤酒）；对于不爱酒却想要饱尝美食的人，能够给予安慰的不再是"卡尔斯巴德"，而是"卡罗维发利"；喜爱"玛利亚温泉市"的人如今该光顾"玛丽安斯基温泉市"了。此外要记住，当你要从"布鲁恩"搭火车到"普雷斯堡"时，一定要买从"布尔诺"到"布拉迪斯拉发"的车票，但如果你面对的是一名匈牙利售票员，他还刚巧来自布达佩斯统治的斯洛伐克时期，他会茫然地望着你，直到你解释说其实就是要去"波若尼"。综合看来，它们的殖民地史比这个半球上荷兰、瑞典或法国的殖民地都长，这或许也不算坏事。

Chapter 25

YUGOSLAVIA,
ANOTHER PRODUCT OF THE TREATY OF VERSAILLES

南斯拉夫：
又一个《凡尔赛和约》的产物①

这个国家的官方全名叫塞尔维亚、克罗地亚和斯洛文尼亚王国。在三个种族（说"部落"听起来太像非洲土著了，可能冒犯他们）中，塞尔维亚人分量最重，他们住在萨瓦河东岸，靠近多瑙河交汇口处，首都贝尔格莱德就建在那里。克罗地亚人占据了从多瑙河的另一条支流德劳河到亚得里亚海之间的中心地区。斯洛文尼亚人则安居于德劳河、伊斯特拉半岛和克罗地亚围出的小三角地带里。然而，现代塞尔维亚还包括好几个其他种族。比如黑山，一个风景如画的山地国家，以抗衡土耳其人足足四百年而闻名，自从随着《风流寡妇》②的华尔兹翩然起舞的那一刻起，这个名字

---

① 南斯拉夫已于1992年解体，经过一系列演变后分为塞尔维亚、克罗地亚、波斯尼亚和黑塞哥维那、斯洛文尼亚、黑山、马其顿共和国以及科索沃等数个国家和地区。1918年南斯拉夫建立，前11年里称"塞尔维亚、克罗地亚和斯洛文尼亚王国"，1929年改为南斯拉夫王国；1945年成立南斯拉夫社会主义联邦共和国。1992年解体后，黑山和塞尔维亚组成南斯拉夫联盟共和国，2003年改塞尔维亚和黑山，2006年黑山独立。
② 轻歌剧，奥匈帝国作曲家弗朗兹·莱哈尔（Franz Lehár, 1870—1948）的代表作，自1905年在维也纳首演后便立刻风靡全球。

便在我们的记忆中留下了色彩。此外还有个大名鼎鼎的古老奥地利帝国的遗属，波斯尼亚和黑塞哥维那，最初是塞尔维亚的领地，后来被奥地利人从土耳其手中夺了过去，塞尔维亚和奥地利之间从此就有了嫌隙。宿怨最终完结于1914年的萨拉热窝刺杀，这一事件正是导致世界大战爆发的直接原因（但绝非真正的原因）。

塞尔维亚（老习惯根深蒂固，下文写到塞尔维亚时，我指的就是塞尔维亚、克罗地亚和斯洛文尼亚王国）本质上是个巴尔干国家，它的历史其实就是一个承受五百年穆斯林奴役的故事。战后，它拥有了一个亚得里亚海岸的滨海地区，只是与本土之间仍然隔着迪纳拉山脉。就算它可以修一条穿过迪纳拉山脉的铁路（然而耗资巨大），也还是没有便捷的港口——或许拉古萨（现在叫杜布罗夫尼克了）算是个例外，那曾是中世纪最大的殖民地商品集散地之一。在直通美洲和印度的航线发现以后，它是地中海唯一不肯接受失败的城市，仍坚持将它远近闻名的"阿尔哥西"（即"来自拉古萨的船队"）送往印度的卡利卡特和古巴，直到愚蠢地参与了无敌舰队倒霉的探险，将它最后的船只也折损殆尽。

不幸的是，杜布罗夫尼克没有适用于现代船舶的设施。阜姆（里耶卡）和的里雅斯特本该是塞尔维亚的天然港口，只是老凡尔赛人将一个送给了意大利，另一个留给了自己，尽管它其实并不需要这些港口，因为它们的竞争对手只不过是威尼斯，后者一直渴望夺回自己作为亚得里亚海女主人的古老荣耀地位。结果，如今的里雅斯特和阜姆的船坞里长满了草，而塞尔维亚依旧和从前一样，只能在以下三条路线中选择一条来输出它的农产品。其一，它可以顺多瑙河而下将货物送到黑海，其可行性就好比纽约想要通过伊利湖和圣劳伦斯河将商品送往伦敦。其二，逆多瑙河而上至奥地利维也纳，从那里选择一条山道前往德国的不来梅、汉堡或荷兰的鹿特丹，这条路同样花费高昂。第三条，通过铁路将货物运到阜姆，当然，意大利人一定会守在那里准备尽全力摧毁他们的斯拉夫竞争者。

因此，就这一点看来，战前战后并没有什么不同，尽管从前的塞尔维亚在奥地利帝国的唆使下始终保持着纯内陆国家的状态。想到那场可怕灾难的主要源头竟然是猪，这多少有点悲哀。塞尔维亚唯一可供大规模出口的商品就是猪，那么，只要针对猪征收其难以承受的高额关税，奥匈帝国就能彻底摧毁塞尔维亚赖以获利的唯一贸易。死去的奥地利大公只是煽动欧洲所有武装力量的借口。事实上，巴尔干半岛这个东北角落的所有敌意都源自猪的关税。

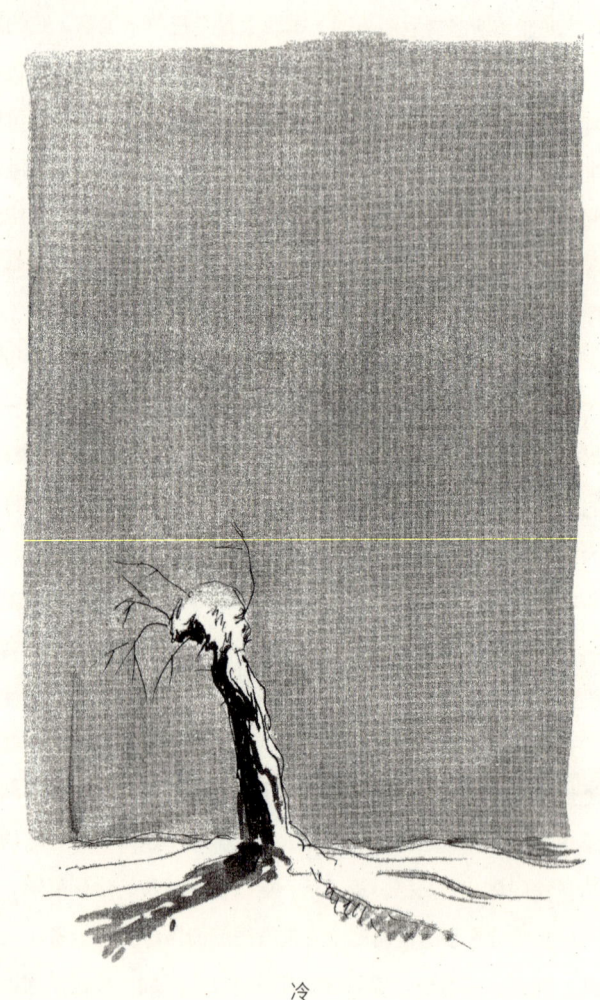

冷

说到猪，它们靠吃橡子长得膘肥体壮。这就是亚得里亚海、多瑙河和马其顿群山之间的三角地带如此盛产猪肉的原因，因为那里生长着密密的橡树林。要不是罗马人和威尼斯人毫不负责地一窝蜂砍光山上的树木来造船的话，现在本该有更多森林。

除了猪，这个国家还有什么资源可以用来供给它的1200万居民吃穿呢？它有些煤炭铁矿，可看起来这个世界上的煤炭和铁矿已经太多了，何况全程靠铁路运往德国某个港口的费用也太高了，就像我之前提到过的，塞尔维亚并没有属于自己的合适港口。

战争结束后，塞尔维亚得到了匈牙利大草原的一块土地，也就是所谓的"伏伊伏丁那"，那是一片上好的农田。德劳河谷和萨韦河谷会培育出足够本国需要的谷物和玉米，以此证明自己的价值。摩拉瓦山谷与瓦尔达尔河相连，正是连接北欧与爱琴海塞萨洛尼基的不错的商路。事实上，它是一条支路，主干线连接尼什（君士坦丁大帝的出生地，腓特烈一世在征伐圣地途中得到著名的塞尔维亚王子斯蒂芬短暂接待之处）、君士坦丁堡和小亚细亚。

但总体说来，塞尔维亚作为工业国家的前景并不美妙。就像保加利亚，必定始终都是个斯拉夫农民群体相当兴旺的国家。若是将斯科普里和米特罗维察那些身高六英尺的农民与来自曼彻斯特或设菲尔德的伦敦腔工人稍加对比，任何人都会疑心，命运是否真的如此不公。贝尔格莱德可以永远都是一个友善亲切的乡间城镇，就像奥斯陆和伯尔尼，它是否真的希望在规模上同伯明翰或芝加哥一较高下呢？也许是真的。现代精神是个奇怪的东西，塞尔维亚农民古老正派的价值观因好莱坞先知们虚设的文化理想而产生了动摇，可他们绝不是第一个如此的人。

Chapter 26

BULGARIA, THE SOUNDEST OF ALL BALKAN COUNTRIES, WHOSE BUTTERFLY-COLLECTING KING BET ON THEWRONG HORSE DURING THE GREAT WAR AND SUFFERED THE CONSEQUENCES

保加利亚：
巴尔干半岛最健全的国家，喜爱蝴蝶标本的国王[①]
在世界大战中站错队而吞下苦果

在大约两千年前的那场斯拉夫人大入侵中诞生了诸多小公国，而这是最后的存在了。若是没有在世界大战中选择了错误的一方，它的规模和人口都会更有分量。然而，即便管理最有序的国家也难免发生这样的事。希望下一次运气好一些吧。在巴尔干半岛说"下一次"战争，那也就是短则五六年、长则十来年的事情而已。谈论起这些永远征战不休的民族，我们总习惯带点儿轻蔑地称之为"这些半开化的巴尔干人"。但我们是否真正认识到过，普通的塞尔维亚和保加利亚男孩在刚刚开启他们终生事业之时，得到的究竟是怎样一种传承，争斗吵闹、暴行杀戮、抢劫强奸、奴役纵火？

对于保加利亚最初的居民我们一无所知。我们找到了他们的骨骸，但骷髅们没有提供任何信息。他们是否和神秘的阿尔巴尼亚人有关联，是否

[①] 即斐迪南一世（Ferdinand I, 1861—1948），他同时还是一位作家、植物学家、昆虫学家和集邮爱好者。

是希腊历史上的伊利里亚人，历尽苦难的奥德修斯的同胞，属于那个操着与地球上任何其他种族完全不同语言的神秘人种，从有史之初就居住在亚得里亚海岸的迪纳拉山脉，到今天更建立起了一个独立的国家，98%的人口都是文盲，由一名迫不及待穿上维也纳裁缝做的漂亮新制服就在首都地拉那开朝听政的土著首领合法统治的国家？又或许，这里就是罗姆人的故乡？那些也被称为瓦拉几人①的群体，他们必定已遍及整个欧洲，还把自己的名字安在了威尔士、威尔士人和比利时的瓦隆人头上。我们还是把这个疑惑留给语言学家，承认自己不知道答案的好。

然而，自从书面编年史出现以来，我们看到的都是怎样没完没了的侵略、战争和灾难。正如我说过的，从乌拉尔山脉和里海之间的夹缝前往欧洲有两条主要通道。一条沿喀尔巴阡山脉向北，直到欧洲平原北部无法通行的森林。另一条跟随多瑙河，借道布伦纳山口将饥饿的奴隶送往意大利的心脏。罗马人明白这一点，因此他们利用巴尔干半岛作为第一道屏障，防御"外国渣滓"——他们喜欢这样称呼自己瞧不起的蛮夷，只是最终击败他们的也是这些人。可兵力不足让罗马人只得渐渐退回自己的半岛，留下巴尔干人自生自灭。待到大迁徙结束，最初的保加利亚人早已踪迹全无。斯拉夫人将他们消化得如此干净，以至于在今天所谓保加利亚人所说的斯拉夫语中，连一个古保加利亚语的字眼都找不到。

尽管如此，新征服者的地位仍然岌岌可危。在南面，他们要应付拜占庭人，那是罗马帝国留在东方的力量，虽说顶着罗马之名，却以希腊的方式行希腊之事。在北面和西面，来自匈牙利人和阿尔巴尼亚人的袭击是永远的威胁。此外，十字军也要借道这片领土，那是一支神圣者组成的邪恶

---

① 罗姆人即吉卜赛人，较早的语言学和近期的基因研究都证明它起源自印度北部，12世纪即抵达巴尔干半岛，罗姆语中多有与梵文相关的痕迹。欧洲习惯将罗姆人视为来自罗马尼亚和保加利亚的流浪者。而瓦拉几人是生活在罗马尼亚等欧洲东部和东南部的民族，讲拉丁语系中的东罗曼斯语，其拼写Wlachs（Vlachs）与威尔士（Welsh）、瓦隆（Walloons）同出一源。

军队，不属于任何国家，准备着要以同等的残暴洗劫土耳其人或斯拉夫人。最后，是土耳其入侵的威胁，那将是一场彻底压倒性的对抗。这些都在向欧洲发出最后的绝望呼唤，呼唤它前来保卫基督国度共同的土壤免遭异教徒践踏。当自博斯普鲁斯海峡而来的逃亡者说起穆斯林的苏丹如何纵马踏上圣索菲亚教堂的台阶，亵渎所有希腊教堂圣殿里最神圣的所在时，整片土地都突然安静了。继而村庄被焚，熊熊大火映红天际，昭示着土耳其人的铁骑正在逼近，他们列队西进，踏过马里查河谷鲜血浸染的土地，恐慌随之蔓延。从此以后，便是整整四个世纪的土耳其暴政。直到最近一个世纪开启，微弱的希望之光出现了。一位塞尔维亚的养猪人[①]掀起了反抗，并因此成为国王。随后，希腊和奥斯曼帝国之间可怕的灭绝之战因一位英国诗人[②]成了欧洲最重要的事件，诗人却蹒跚着，在疫病横行的迈索隆吉翁村迎来了死亡的解脱。此后，轰轰烈烈的独立战争开启，持续了又一个百年。让我们在评判巴尔干朋友时宽容一点吧，他们曾是人类苦难悲剧中的主角。

在现代巴尔干诸国中，保加利亚占据了最重要的席位之一。它由两块非常肥沃的区域组成，两者都完美符合一切农业发展的需要：北部是位于巴尔干山脉高耸的山岭与多瑙河之间的平原，南部是巴尔干山脉和罗多彼山脉之间的菲利波波利[③]平原。这片谷地身处两侧高山的护卫之下，享受着温润的地中海气候，经布尔加斯港送出它的物产——就像北部平原经瓦尔纳送出它的收获——谷物、玉米，全都来之不易。

若非如此，这里大概就找不到城镇了，因为保加利亚人骨子里还是农

[①] 即卡拉乔尔杰·彼得罗维奇（Karađorđe Petrović，1768—1817），人称黑乔治，塞尔维亚民族独立运动领袖，年少家贫，曾放猪牧羊为生。
[②] 即拜伦（George Gordon Byron，1788—1824），代表作为《唐璜》，他曾在希土战争中资助希腊军队，并亲自参与作战对抗土耳其（奥斯曼帝国）。
[③] 今普罗夫迪夫。

民。索非亚是保加利亚如今的首都，位于南北与东西商路的交汇处。毕竟，在差不多四百年的时光里，斯特鲁马河边高墙深宫内的土耳其统治者们就是在这里统治着除波斯尼亚和希腊之外的整个巴尔干半岛。

欧洲终于开始认识到它的基督教伙伴的困境，准备着手对付穆斯林入侵者的"仁慈"，格莱斯顿先生的支持者喋喋不休地谈论保加利亚发生的暴行；然而，俄罗斯先行动了[1]。它的军队两次翻越巴尔干山脉。抢占希普卡山口和征服普列文要塞的战斗会一直被人们铭记——只要人们明白，若是这个世界还走在从奴役到相对自由的道路上，有一些战争就是无可避免的。

1877至1878年声势浩大的俄土冲突是一场斯拉夫人的解救征程，结果，保加利亚成为独立公国，由一名德国血统的君主统治。这意味着，坚忍聪明的保加利亚农民接受了拥有条顿式条理思维者的训练。这或许能解释如下事实：在当今所有形态各异的巴尔干国家中，唯独保加利亚有最出色的学校。大地主彻底消失。农民拥有自己的土地，就像丹麦和法国那样。文盲率急速降低，人人都有工作。它是农民与伐木工人组成的简单国家，有着真正用之不尽的体力与精力。和塞尔维亚一样，它或许永远无法与西欧的工业国家相抗衡。但当其他国家烟消云散时，它可能依旧存在。

---

[1] 威廉·爱德华·格莱斯顿（William Ewart Gladstone，1809—1898）在19世纪下半叶曾四度出任英国首相。1876年保加利亚爆发四月起义，很快，奥斯曼土耳其予以镇压并开始血腥屠杀，格莱斯顿以在野身份公开谴责时任首相的迪斯雷利及政府对此的冷漠态度。俄罗斯则以"为斯拉夫兄弟复仇"之名直接出兵保加利亚征讨土耳其。

Chapter 27

ROUMANIA, A COUNTRY WHICH HAS OIL AND A ROYAL FAMILY

罗马尼亚：拥有石油和王室的国家

巴尔干半岛的斯拉夫国家名单就要完结了。但还有一个巴尔干国家是我们无论如何都不会忘记的，因为它总习惯于时不时冲上我们的新闻头条，频繁得偶尔让人心烦。这并不是罗马尼亚农民的错。他们在那片土地上出生、耕耘、死亡，和全世界农民没什么不同。问题出在英-德统治时期不可救药的粗俗与难以言说的低级趣味上，这一时期始自三十年前，从那时起，它就接替霍亨佐伦家族备受尊重的查尔斯王子[①]坐上了王座。可以说，这个国家是依靠上帝、俾斯麦王子和某位本杰明·迪斯雷利[②]的慈悲才得以建立的。

[①] 查尔斯王子即卡罗尔一世，全名卡尔·埃特尔·弗里德里希·泽菲林努斯·路德维希（Karl Eitel Friedrich Zephyrinus Ludwig, 1839—1914），霍亨索伦—西格马林根家族成员，1866年开始执政，直至过世，其间率罗马尼亚赢得独立，摆脱奥斯曼帝国的从属国身份。
[②] 俾斯麦（Prince of Bismarck, 1815—1898）为德国政治家、著名军事将领，曾出任德国首相，有"铁血首相"之称。迪斯雷利（Benjamin Disraeli, 1804—1881）为英国政治家，曾两次出任英国首相。两人都曾出席1878年的柏林会议，正是这次会议承认了罗马尼亚的独立。

1878年，后两位绅士相聚柏林，自命代天行事，决定把瓦拉几亚（瓦拉几人的土地）提升为独立公国。如果那时候当政的家族被说服搬到巴黎去——那儿的人才不在乎有多少脏衣服要洗，只要用的是法国肥皂就好——罗马尼亚的情况或许会更好一些。大自然格外厚爱这片介于喀尔巴阡山脉、特兰西瓦尼亚阿尔卑斯山脉和黑海之间的平原。它不但有可能成为像同一平原上的邻居乌克兰那样富饶的谷粮仓，还拥有欧洲最丰富的石油储藏。人们在普洛耶什蒂城的附近发现了石油，那是特兰西瓦尼亚山脉渐渐没入瓦拉几亚的地方。

不幸的是，无论是地处多瑙河和普鲁特间的比萨拉比亚[①]还是瓦拉几亚，农场都掌握在大地主手里，其中大部分是缺席的房东，他们不是把每年的收入花在首都布加勒斯特，就是挥霍在巴黎，却从未出现在辛苦工作为他们赚钱的人们面前。

至于石油，投资资本通常来自海外，特兰西瓦尼亚的铁矿资源也是一样。特兰西瓦尼亚是一片广阔的山区，原本属于匈牙利，后来因为罗马尼亚在世界大战中为协约国做出的贡献而作为报答交付后者，虽说这份贡献十分值得怀疑[②]。不过，由于特兰西瓦尼亚最早是古罗马的达契亚省，直到12世纪才成为匈牙利的一部分，何况匈牙利人对罗马尼亚人就像过去罗马尼亚人对待特兰西瓦尼亚的匈牙利少数民族一样，我们最好还是略过这一段吧。这些错综复杂到极点的国家难题永远没办法解决，除非地球上再也不存在任何民族主义的概念。起码在这本书付印时，还看不到任何奇迹发生的苗头。

从能找到的最新数据看来，从前的罗马尼亚王国有5,500,000罗马尼亚

[①] 前苏联地名，现分属摩尔多瓦共和国和乌克兰共和国。
[②] 罗马尼亚在一战初期加入了协约国阵营，后被迫转投同盟国，战争尾声时及时回归协约国，从而得以跻身战胜国之列。

人口和总计500,000吉卜赛人、犹太人、保加利亚人、匈牙利人、亚美尼亚人和希腊人。新的罗马尼亚，也就是所谓大罗马尼亚，共有17,000,000名居民，其中73%是罗马尼亚人，11%匈牙利人，4.8%乌克兰人，4.3%德国人和3.3%俄罗斯人，后者生活在多瑙河三角洲南侧的比萨拉比亚和多布罗加地区。所有种族都打心底里相互讨厌，怎么看都不可能归入同一个民族，孰料却因为一场和平会议被捏在了一起，这简直就是随时准备爆发内战的最佳配置，除非外国投资者为了挽救他们的投资而出手干涉。

俾斯麦曾说过，整个巴尔干半岛也当不起一名波美拉尼亚投弹兵的专心一掷。看来，在这件事（以及其他许多事情）上，最后的德意志帝国的这位坏脾气奠基者大概是对的。

Chapter 28

HUNGARY,
OR WHAT REMAINS OF IT

匈牙利：或曰，残存的王国

　　匈牙利人——或者用他们自己更喜欢的名字"马扎尔人"——对于以下事实始终非常自傲：他们是唯一能在欧洲土壤里扎下根来，并且拥有自己独立君主的蒙古人后裔，至于他们的远房表亲芬兰人，直到最近之前都不过是其他帝国或王国的附庸罢了。现在的匈牙利人境遇不佳，严格说来，他们可能稍稍夸大了自己的英勇品质。但没有人能否认，作为抵御土耳其人的坚实壁垒，他们的确为欧洲其他国家做出了极其重要的贡献。罗马教皇认识到了这个缓冲国的价值，于是为马扎尔首领斯蒂芬[①]加冕，提拔他当上了匈牙利国王。

　　要知道，当土耳其人席卷东欧时，正是匈牙利遏制了他们的步伐，这是第一道防线。当匈牙利终于抵挡不住时，事实证明，波兰就是第二道

[①] 即匈牙利首位国王史蒂芬一世，也称圣史蒂芬国王（Stephen I, 约975—1038），于公元1000或1001年加冕登基。

防线。在独一无二的雅诺什·匈雅提[1]这位来自瓦拉几亚的低级贵族率领下,匈牙利成了真正的信仰捍卫者,这样名副其实的捍卫者本就寥寥无几。但蒂萨河与多瑙河两岸的平原同样宽广,对鞑靼骑兵有着巨大的吸引力,他们决定就此定居下来,平原变成了许多罪恶的渊薮。

天高地阔,少数力量强大者得以相对轻松地统御他们的邻居。毕竟,既没有海洋也没有山川,可怜的农民又能往哪里走呢?于是,匈牙利成了大土地所有者的国家。远离中央政权的地主对待他们的农民如此残暴,以至于后者压根儿不在乎地主究竟是马尔扎人还是土耳其人。

当苏莱曼大帝在1526年挥师西进时,最后一名匈牙利国王甚至无法召集到比25,000人更多的队伍来阻挡穆罕默德的信徒。这支队伍在莫哈次的平原上遭遇了灭顶之灾,25,000人的队伍损失了24,000多人。国王自己与所有顾问都被杀死,超过10万人被带回君士坦丁堡卖给了小亚细亚的奴隶贩子。匈牙利大部分土地被土耳其吞并。其余部分落到了奥地利的哈布斯堡家族手中,就此开启了与穆罕默德信徒在这块不幸土地上的拉锯战,直到18世纪初,整个匈牙利都被纳入哈布斯堡家族的疆域。

然而,一场新的独立斗争随即展开,这是一场对抗德国主人的战争,持续了整整两个世纪。匈牙利人不顾一切地奋勇作战,最终,他们赢得了表面的独立,代价是接受奥地利皇帝为匈牙利国王,授予其统治地位。

可一旦得偿所愿,匈牙利人便只顾自己的利益,开始执行一项迫害所有非马扎尔血统者的政策。这项政策如此短视,如此缺乏常识,很快,他们在全世界都再也找不到朋友了。直到凡尔赛会议,他们才意识到这一点,然而,古老的神授王国居民已从2100万减少到800万,他们3/4的国土都被分给了等待奖励的众邻。

余下的这个匈牙利只是它旧日荣光的一抹残影,一个与奥地利截然不

---

[1] 雅诺什·匈雅提(John Hunyadi,约1406—1456),反奥斯曼土耳其战争时期的匈牙利国家英雄,曾任特兰西瓦尼亚总督、匈牙利王国大将军和摄政。

同的国家，一个没有内陆腹地的巨大城市。匈牙利从来就不是工业强国。笨拙的大烟囱是规划有序的工厂不可或缺的部分，可大地主对它们总是心存偏见，至于烟的味道，倒是不太在乎。因此，匈牙利平原仍然是农业的王国，今日的匈牙利拥有全世界最高的农业土地占有率。既然大部分土地都持续得到耕作，按理说人们应当比较容易获得富足的生活，然而事实却是，大众普遍如此贫困，以至于从1896年到1910年，仅移民就让这个国家失去了约百万人口。

至于旧王国里的其他种族，占据人口少数的马扎尔人太清楚如何让它的臣服者不舒服了，于是其他种族也坐上轮船或搭上火车离开，宁愿来为美国的发展出一份力。我们最好拿出几个数字来，因为匈牙利并非孤例，只要是拥有土地的少数世袭阶层掌握着国家的最高权力，同样的情形就在上演，只是程度不同罢了。

就在16世纪土耳其战争开始以前，匈牙利的平原还称得上人口稠密，居民数逾500万。土耳其统治期间，不到两个世纪的时间里人口就减少到了300万。待到奥地利人终于把土耳其人赶出匈牙利平原之后，匈牙利的人口已经如此稀少，以至于整个中欧的移民都急急忙忙赶来瓜分荒芜的农场。只是马扎尔贵族自诩统治阶层，是天赋英才的战斗种族，不愿将享有的任何权利分享给新来者。因此，占据国家半数人口的弱势种族从来没能对他们的新"祖国"产生分毫感情。

既然如此，缺乏内部凝聚力的奥匈帝国在世界大战中像遭遇地震的老房子一样土崩瓦解，又有什么可奇怪的呢？

Chapter 29

FINLAND, ANOTHER EXAMPLE OF WHAT HARD WORK AND INTELLIGENCE CAN ACHIEVE AMID HOSTILE NATURAL SURROUNDINGS

芬兰：以勤劳智慧战胜恶劣环境的又一范例

说完这个国家，我们就要离开欧洲了。今天的土耳其没能留下多少它曾经的欧洲领土，除了君士坦丁堡和色雷斯平原的窄窄一溜，所以我们最好把它留到后面再说吧。但芬兰是欧洲国家，这是毫无疑问的。

芬兰人曾住在俄罗斯各地，却被人数更多的斯拉夫人驱赶着一路向北，直至最后抵达这块连接俄罗斯与斯堪的纳维亚半岛的狭长陆地。他们在那儿住下来，一直到现在。之前居住在森林里的少数拉普人没有给他们制造麻烦，而是搬到了斯堪的纳维亚半岛的拉普兰，很满意能够远离欧洲文明。

说到芬兰，它和任何其他欧洲国家都不一样。千万年来，这个地区一直冰川覆盖。它们将最初的土壤搜刮得干干净净，以至于到今天也只有10%的土地能够用于耕种。冰碛石、岩石与泥土被这些缓缓移动的冰河带往低处，堵住了无数山谷的出口。当大消融时代到来，这些山谷里很快积满了水，芬兰境内星罗棋布的无数高山湖泊便由此而来。不过，提到"高山湖泊"这个词，你可别将它想象成又一个瑞士，芬兰是个低地国家,绝少有地方的海拔能超过500英尺。这些湖泊的总数在40,000左右。加上纵横其间的湿地,一共占据了国土面积的30%。它们周围全是珍贵的森林,覆盖着全国62%或者说2/3的疆域,供给着全球书报杂志的大半纸浆需求。部分木材就地制成纸。芬兰没有煤,却有足够多的河流,而且流速很快,足以发展水利能源。气候倒是与瑞典没什么不同,每年有5个月的时间河流会封冻,自然,电站也就无法工作了。因此,木材只能依靠船运输出。赫尔辛基(在最近这场战争之前还叫赫尔辛弗斯)不只是政治意义上的首都,也是芬兰木材的主要输出港。

在结束这一章之前,请允许我将你的注意力引到一个有趣的实证上,看看教育究竟能对一个民族产生怎样的影响。连接斯堪的纳维亚和俄罗斯的花岗岩桥梁上住满了蒙古人后裔。但西侧的一半,也就是所谓芬兰部分,曾被瑞典人征服,与此同时,住着卡累利阿人[①]的东半部成了俄罗斯的领土。经过瑞典长达五个世纪的影响与统治,芬兰成了一个文明的欧洲国家,在许多方面甚至更胜过好几个地理条件优越得多的国家。而卡累利阿人,在经历了同样长时间的俄罗斯——他们早晚会想起来要开发科拉半岛和摩尔曼斯克海岸的财富——的统治后,依然困守在最初被俄国沙皇征服的地方停滞不前。此外,芬兰本土的文盲率是1%,卡累利阿是97%,前者在1809年被瑞典割让给俄罗斯以前从未接触过斯拉夫文化,后者一直处于俄国影响之下。然而,两者的人民原本是一样的,在学习拼写"c-a-t"(猫)或"t-a-i-l"(尾巴)这样的事情上拥有同样的天赋。

[①] 主要分布在俄罗斯和芬兰的地中海芬兰语系民族,曾聚居于北欧的同名历史地区,该地区现分属以上两国。

Chapter 30

THE DISCOVERY
OF ASIA

发现亚洲

两千年前的希腊地理学家就在为"亚洲"（Asia）一词最初的含义争论不休了。所以想要在今天来解决这个问题也是无益的。有人认为"Ereb"（黑暗）是来自小亚细亚的船员给西方土地起的名字，而"Agu"（辉煌）则是太阳升起的东方土地之名，这个理论和其他的也并没有高下之别。

接下来，我们要讨论另一个问题，这个问题更加重要。欧洲人是在什么时候、怎样开始怀疑自己并非世界中心，开始怀疑自己的家园只是广袤无垠的大片土地上的小小半岛，在更大的土地上居住着更多的人，这些人中有许多享有更高的文明，当特洛伊的英雄们还在用古老原始的武器相互砍杀时，聪明的中国人早就把这些东西当作古董放进了博物馆？

马可·波罗通常被视为第一个造访亚洲的欧洲人，但在他之前还有人去过，尽管我们几乎不知道具体都是谁。正如在地理学领域内常常出现的情况，通常是战争而非和平拓展着我们对亚洲地图的认识。希腊人因为有机会与大海对面的人做生意而熟悉了小亚细亚。特洛伊战争也不无其教育意义。波斯向西方的三次大规模远征也有帮助。我很怀疑波斯人是否知道他们究竟在往哪儿走。希腊人之于他们的意义，是否同布雷多克将军袭击杜根堡突进荒野时①西部印第安人之于英国人的意义一样？我很怀疑。两个世纪后，亚历山大大帝的"回访"已经不只是军事行动了，欧洲第一次对地中海和印度洋之间的那片地域有了系统概念。

亚细亚大平原

---

① 即法国-印第安人战争（1754—1763），这是英国与法国争夺北美殖民地的战争，同时向西驱逐印第安原住民。杜根堡位于今美国匹兹堡，战争初期的英国指挥官爱德华·布雷多克（Edward Braddock, 1695—1755）曾发起战斗试图夺取法国手中的杜根堡以获得俄亥俄河谷控制权，但以失败告终，此即"布雷多克战役"。1758年英国再次发起"杜根堡战役"并获胜。

罗马人实在是太自得了，完全没办法真正提起对于"外国"土地的兴趣。所有的"外国"都只是供给他们这个大磨坊的小麦，是收入来源之一，让他们能够待在家里过上更奢华的生活。至于被统治的外国人，对他们来说毫无意义。只要还能纳税，还能为他们奔忙劳作，外国人就可以自生自灭，任意自相争执不休。罗马人甚至从没想过要了解身边发生的一切。如果陷入危机，他们就招来卫队，大肆杀戮以重建秩序，事毕再洗净双手。

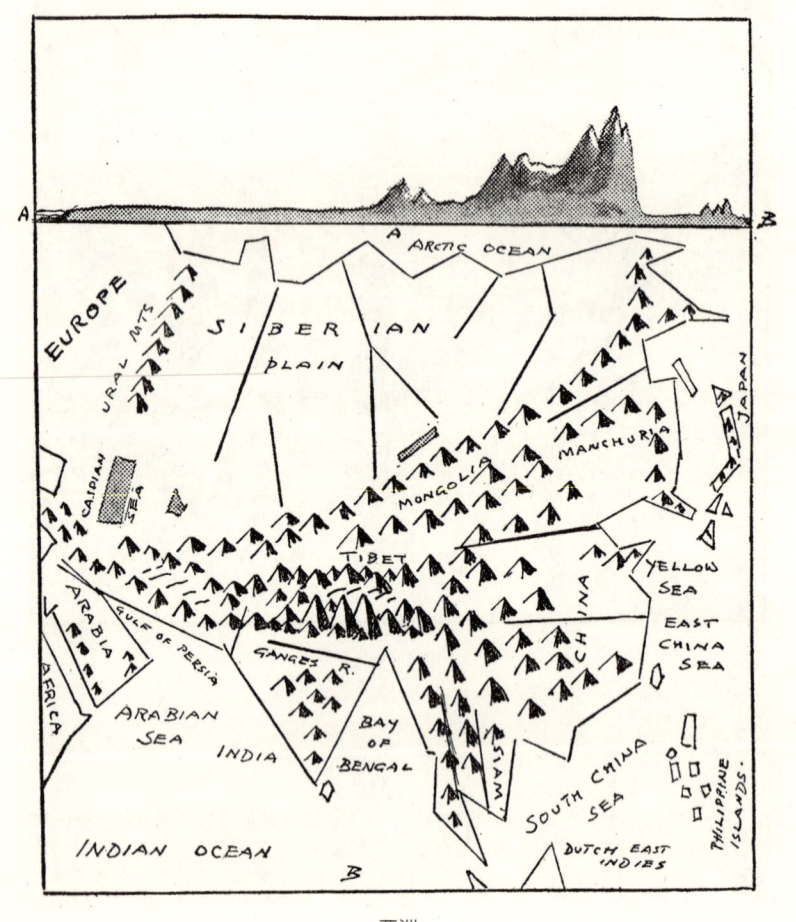

亚洲

本丢·彼多拉①既不是懦夫也不是恶棍。他只是一个典型的罗马殖民地管理者，拥有"治理有方"的良好记录，在本国备受赞誉。这个国家完美地无视了扔给它照料的各地居民。偶尔，某个怪人也会登上王座并从中得到真正的喜悦，比如马可·奥勒留，他曾派遣外交使臣去往神秘的远东，那里的人眼角斜飞入鬓②。使臣回国后谈起一路所见的奇闻逸事，将它们描述成堪比上帝创世的奇迹。罗马人很快便厌倦了这些故事，又回到他们的斗兽场里继续那让人热血偾张的日常表演。

十字军让欧洲懂得了一点关于小亚细亚的事，比如巴勒斯坦和埃及，但世界依旧止于死海东岸。

最终为欧洲建立起"亚洲概念"的并非一系列"系统化"远征的结果，而是一位雇佣文人的作品，他从未看到过自己笔下的那些国家，只是在穷困潦倒中试图找到一个畅销的主题，他成功了。

马可·波罗的父亲和叔父都是威尼斯的商人，他们曾为了做生意与成吉思汗的孙子忽必烈打过交道。忽必烈刚巧是个雄才大略的人，认为引进一些西方文明能令他的人民受益。他听说这两个威尼斯商人偶尔会到布哈拉，那是突厥斯坦③的一个国家，位于阿姆河与锡尔河之间的阿尔泰山脚下。他邀请他们前往北京。他们去了，得到了极大的礼遇。若干年后，他们记挂着需要他们的家人。大汗下令，允许他们回家一阵子，之后再回来，带上他们年轻聪明的儿子/侄子马可——关于他，人们已经谈论得够多了。

1275年，经过为期三年半的长途跋涉后，波罗一家回到了北京。年轻的马可·波罗和描述的一模一样。他成了北京朝堂上的宠儿，当上了某个

---

① 本丢·彼多拉（Pontius Pilate，公元前？—约公元36），古罗马帝国提比略时代的朱迪亚省（今以色列、苏丹和巴勒斯坦部分地区）总督，传说正是他迫于各方压力而不得不做出判决，将耶稣钉死在十字架上。
② 马可·奥勒留曾于公元166年派遣使臣出使汉朝，与中国建立直接联系。
③ 历史地域名，字面意思是"突厥人居住的地方"，包括今哈萨克斯坦、乌兹别克斯坦、吉尔吉斯斯坦等中亚多个国家和地区。

省的官员①，赢得了荣誉和头衔。二十多年后，他想家了，于是取道印度（这一段是走水路）、波斯和叙利亚回到了威尼斯。

他的邻居对天方夜谭般的故事完全不感兴趣，给他起了个外号叫"百万马可"，因为他总是不停告诉他们，中国皇帝是多么富有，中国的寺庙里有多少尊金佛，或者这个那个大臣高官的妻妾们拥有多少绫罗绸缎。在人人都知道就连君士坦丁堡皇帝的妻子也只有一双丝袜的时代里，人们凭什么要相信这样的故事？

要不是那会儿威尼斯和热那亚正忙于一些小小的摩擦，要不是马可·波罗刚巧作为船长被胜利的热那亚人俘获成了阶下囚，百万马可或许就得带着他的故事进坟墓了。他被关押了一年，和一个来自比萨的平民共居一间囚室，后者名叫鲁思蒂谦诺。这个鲁思蒂谦诺有一些写作经验，写过不少亚瑟王的传奇故事和廉价的法国小说，类似中世纪的尼克·卡特②之类的。他很快意识到波罗这些了不起的故事所具备的流行价值，在这一年里，他掏空了马可·波罗脑子里的一切细枝末节。利用马可·波罗讲述的故事，他为世界带来了一本长盛不衰的《马可·波罗游记》，今天阅读它的人和14世纪首次出版时的一样多。

这本书之所以能够大获成功，也可能是因为它不断提到黄金和各种各样的财富。罗马人和希腊人隐约听说过东方君主的富庶，然而马可·波罗亲身到了现场，亲眼看到了一切。人们开始尝试寻找前往印度的捷径。但这并不容易。

最终，葡萄牙人在1498年抵达了好望角。十年后，他们来到了印度。四十年后，他们看到了日本。与此同时，麦哲伦自东而来，踏上了菲律宾的土地，这时候，对于南亚的探索已经轰轰烈烈地展开了。

概述就到此为止了。关于西伯利亚的发现过程，我已经谈过。至于第一个进入其他国家的人，我们会在涉及时特别提一下。

---

① 元朝时北京称"大都"，关于马可·波罗是否曾在元朝任职一事学界有争议。
② 19世纪末20世纪初风靡美国的通俗小说人物。

Chapter 31

WHAT ASIA HAS MEANT
TO THE REST OF THE WORLD

亚洲对世界意味着什么

欧洲给予我们文明，亚洲赋予我们信仰。还有什么能比这更有意思呢：亚洲为世界提供了如今占据人类社会主流的三大一神论宗教。犹太教、基督教和伊斯兰教全都起源于亚洲。想想看吧，当宗教裁判所焚烧犹太教徒时，刽子手和受害者都在向来自亚洲的神明祈祷；当十字军和伊斯兰教徒相互杀戮时，其实是一场两种亚洲教义的冲突，它们分别下达了杀死对方的命令；无论什么时候，当基督教传教士与孔夫子的信徒争辩，两人只是在交换地地道道的亚洲观点。这一切有多古怪。

而亚洲给予我们的还并不只是宗教信仰。它为我们提供了构建整个文明大厦的根基。我们自傲于近来的科技发明，说不定会高声夸耀"我们伟大西方的发展进步"（有时的确会这样），但这些夸大其词的"西方的发展进步"也只不过延续了始于东方的成长。若是没有学到那些在东方学校里人人皆知的入门知识，西方是否还有可能做成任何一点事情，这十分值得怀疑。

希腊人的学识并不是凭空从脑海里冒出来的。数学、天文学、建筑、医药也并不是像帕拉斯·雅典娜那样，从宙斯的头上跳出来，直接全副武装，只待投入荣耀的战斗以对付人类的愚蠢。它们都是经过漫长、痛苦、小心翼翼的培育才结出的果实，真正的开创性工作已经在幼发拉底与底格里斯河畔完成了。

艺术与科学从古巴比伦传到非洲。在那里，黑皮肤的埃及人将它们攥在了掌心里，直到希腊人终于到达足够高的文明程度，并且懂得欣赏几何问题之美与完美方程式的魅力。从那一刻开始，我们才谈得上有了真正"欧洲的"科学。但这个真正"欧洲的"科学还有个亚洲老祖宗，生活在两千多年前的亚洲，强壮健旺。

亚洲赐予我们的祝福还不止于此。家养动物如猫与狗，有用的四足动物如温顺的奶牛与忠诚的马，外加猪、羊等等，全都来自亚洲。只要想一想在蒸汽机发明之前的时代里它们所扮演的角色，我们就会意识到自己欠了亚洲多少债。这还不包括账单明细上的主力军：我们几乎所有的水果和蔬菜，绝大部分的鲜花，几乎所有的家禽，也都是起源于亚洲，然后在某个时候被希腊人、罗马人和十字军带到了欧洲。

然而，亚洲并不总是来自东方的慷慨女施主，将恒河与黄河河畔的丰厚祝福送给西方贫苦的野蛮人。亚洲也可能是可怕的监工。匈奴人曾在15世纪肆虐中欧，他们来自亚洲。鞑靼人追随前人脚步，在七个世纪后将俄罗斯变成了亚洲的附庸，不断威胁着所有欧洲国家，他们来自中亚的荒漠。土耳其人一手开启了长达五个世纪的流血与痛苦，将东欧变成今天的模样，他们是亚洲部族。也许，下一个一百年后，我们会再次看到一个因仇恨而团结起来的亚洲，满怀渴望，要将自贝特霍尔德·施瓦茨①发明火药后我们对它的孩子所做的一切还给我们。

---

① 贝特霍尔德·施瓦茨（Berthold Schwartz），14世纪末期的德国修道士、炼金术士，15至19世纪的欧洲文学作品中都将其描述为火药的发明者。

Chapter 32

THE CENTRAL ASIATIC HIGHLANDS

中亚高地

亚洲的1700万平方英里土地被分成了五等分。

首先，是最靠近北极圈的大平原，我们在讨论俄罗斯的时候已经提到过。然后是中亚高地。接着是西南部的高原。下一个是南部诸半岛，最后是东部诸半岛。既然我已经描述过北极圈大平原，那么就可以直接进入第二个部分了。

居中的亚洲高地边缘地势相当和缓，起自一系列低矮的山脉，它们多少可以被看作一系列平行线，永远呈东西或东南-西北走向，绝无南北走向。然而，许多地方的地壳表面因剧烈的火山运动而被狠狠撕裂、扭曲、折叠、破坏。如此我们便有了那些不规则的地貌，比如贝加尔湖东岸的雅布洛诺夫山脉，贝加尔湖西岸的杭爱山和阿尔泰山脉，紧邻巴尔喀什湖的天山山脉。这些山脉以西是平原。以东是蒙古高原，成吉思汗先祖的家园戈壁滩就在那里。

戈壁滩以西是海拔稍低的帕米尔高原。帕米尔河穿过这个谷地，漫无目的地任由自己消失在附近的罗布泊，后者因瑞典探险家斯文·赫定①的发现而出名。帕米尔河在地图上看来就是一条小小的沙漠河流。尽管它的长度足有莱茵河的1.5倍。别忘了,亚洲是巨人国。

就在突厥斯坦的北面,一道间隙夹在阿尔泰山脉与天山山脉之间。在我们的地图册上,它被标记为准噶尔盆地,直接通向吉尔吉斯斯坦的草原。其中包含一个巨大的山谷,匈奴人、鞑靼人、突厥人,所有沙漠民族都是经由这道关隘开启他们的欧洲抢劫之旅的。

塔里木盆地以南,更准确地说,是正西南方向,地形变得极其复杂。有世界屋脊之称的帕米尔高原将塔里木盆地从奥克苏斯河(或者叫阿姆河,最终汇入咸海)谷地切割出来。希腊人对帕米尔群山已经有所了解,那是直接经小亚细亚和美索不达米亚平原前往中国的必经之路。它们组成了无数天然屏障,同时也有无数山口可供通行。这些山口的海拔通常在15,000至16,000英尺之间。想想看吧,瑞尼尔山只是刚刚超过14,000英

青藏高原

---

① 斯文·赫定(Sven Hedin,1865—1952),瑞典地理学家、探险家,曾四次探访亚洲,包括帕米尔高原、伊朗、蒙古、中国新疆等地,并在1899年至1902年的第二次探险中发现了罗布泊和附近的楼兰古城。

尺，勃朗峰也才15,000英尺出头①。现在，你应该能对这片山区有个大致概念了：在那里，就连山口都比美国和欧洲最高的山峰还高；在那里，高山本身就能让一切令我们仰望的地表褶皱相形见绌。

然而，帕米尔高原只是开始。它就像某种终点站，巨大的山脉从这里向四面八方辐射开去。天山山脉，向北延伸，这一点之前已经提到过了。昆仑山脉，将青藏高原与塔里木盆地分隔开来。喀喇昆仑山脉，并不长，但非常非常险峻。最后是我们的喜马拉雅山脉，它位于西藏以南，隔开了印度，打破了一切有关"海拔最高"的纪录，拥有两座超过29,000英尺（或者说5.5英里）的山峰——珠穆朗玛峰和干城章嘉峰②。

至于青藏高原，平均海拔超过15,000英尺，是名副其实的世界最高地区。南美洲的玻利维亚高原海拔介于11,000到13,000英尺之间，已经极端不适宜人类居住了，而相当于俄罗斯高原总面积2/5的青藏高原却拥有约200万常住居民。

这意味着，在如此极限的气压条件下，人体依旧能够适应并生存。越过格兰德河③的美国人如果获许在迷人的墨西哥首都待上几天，他们就会知道那有多难受，而当地海拔不过区区7400英尺。他们会事先得到警告：不要像在家乡那样奔跑或快走，每行走半个小时就要停下来休息一会儿，让擂鼓一样的心跳舒缓下来。西藏人每天行走的路程不超过一百个街区，但一切生活所需的用品都得靠他们翻越山口背回家，那些山口往往太险峻，就连骡马也无法行走，却是他们与外部世界联系的唯一通道。

---

① 瑞尼尔山是美国华盛顿州的最高峰，也是喀斯喀特山脉的最高峰，海拔4392米（14,411英尺）。勃朗峰位于法国和意大利交界处，靠近瑞士，是阿尔卑斯山脉的最高峰，海拔4808米（15,774英尺）。
② 珠穆朗玛峰是世界最高峰，海拔约8844米。干城章嘉峰位于尼泊尔和印度交界处，是世界第三高峰，海拔约8586米。第二高峰是喀喇昆仑山脉的乔戈里峰，海拔约8611米。文中的29,000英尺约合8839米，受时代所限，作者在文中提到的海拔等地理数据常常与今天所知的有些出入。
③ 可以视为美国和墨西哥之间的界河，发源自美国科罗拉多州中南部，最终注入墨西哥湾，全长3051公里。

尽管西藏比半热带岛屿西西里岛还要靠南6英里，但每年积雪覆盖地面的时间总不会少于6个月，气温更是常常跌到-30℃。风暴还常常肆虐这片高原，怒号着刮过南部光秃秃的盐沼。尽管如此，它却在尘土、风雪和各种生存的不适之间成为宗教中心，这是一场让人无比好奇的宗教尝试。

7世纪的西藏还只是一个小国，和许多亚洲国家一样，由居住在拉萨（字面意为"佛之土地"）的国王统治。其中一位国王迎娶了中国妻子，于是转而信奉佛教①。从那一天起，佛教便在西藏落地生根并蓬勃发展起来，态势汹汹，整个亚洲都无可与之比拟者。拉萨之于佛教徒的意义，就相当于罗马之于天主教徒、麦加之于伊斯兰教徒，都是最高的圣地。

藏传佛教并非完全沿袭公元前6世纪那位温和的印度王子②定下的教义。但在伊斯兰教和印度南部其他非正统宗教的攻势下，中国西藏却成了佛教得以留存的堡垒，居功至伟。它的成功延续或许在一定程度上要归功于一种极不寻常的机制，它几乎可以自动完成宗教首领的交接。

佛教徒都相信轮回。也就是说，乔达摩本人的灵魂一定也还在这个世界的某个地方。那么，就必须找到他，让他继续引领所有信徒。这时候最好回头想一想基督教，这个比佛教年轻得多的宗教有许多观念、体系都和它的老邻居兼竞争对手一模一样。早在施洗者约翰隐居荒野之前很久，虔诚的佛教徒就习惯了远离恶魔与肉欲。早在圣西蒙登上尼罗河谷里他的宝座之前数代，佛教僧侣就践行着独身、苦修和禁欲的生活。他们还拥有很高的政治地位。成吉思汗的孙子忽必烈是个虔诚的佛教徒，他在位期间，西藏一座大寺庙里的活佛同时也是整个西藏的统治者。投桃报李，新的达赖喇嘛作为整个佛教世界里最尊贵的精神领袖，会为蒙古帝国的鞑靼汗王行正式的加冕礼，就像教皇利奥三世为查理曼大帝加冕一样。为使喇嘛的尊严能够在家族内世代流传，早期的喇嘛打破了独身戒律，在生下一个可

---

① 即唐代文成公主和亲吐蕃王松赞干布。文成公主带去了释迦牟尼佛像和信仰，但下文对于拉萨宗教地位的描述，确切来说应当限定为藏传佛教。
② 即释迦牟尼，他的俗家身份是印度王子乔达摩·悉达多。

以作为继承人的儿子前,始终处于婚姻关系内。但14世纪时,西藏僧人中出现了一位伟大的改革家①,堪称佛教领域的马丁·路德·金。到他死去时,古老的戒律已经回归,恢复了从前的严格,而他们的首领达赖喇嘛(意思是"渊博有如大海的喇嘛")再一次成了地球1/4人口的精神领袖。班禅喇嘛(意思是"大学者")协助他工作,相当于某种副教皇。传承继位的方式始终不变,接下来我们就会介绍到。

当活佛逝世,寺庙便出面搜集一份其后不久出生的西藏男婴名单,因为死者的灵魂必定在其中一位婴儿身体里。漫长的祷告会给出指引,选出三个名字,写在纸片上,投入一个黄金盒子里,盒子是几百年前一位中国皇帝专为这个场合准备的。随后,全西藏所有重要寺庙的住持聚集在活佛巨大的宫殿里。整个地区有3000座佛寺,但有资格参加甄选活佛仪式的却不过寥寥几个。再经过一个星期的斋戒和祈祷后,他们会从金盒子里取出一个名字。拥有这个名字的男孩便被认定为转世的活佛,被接入寺庙与僧侣一同生活,为将来承担起他的职责做准备。

说到守护西藏的山脉,它们挡住了来自南面邻居的进攻,守卫得如此严密,以至于几年前才刚刚有外国人得以窥见那片土地。而在那之前的700年里,活佛居住的圣地从无外人踏足。如今这些山脉被印在出版物上,随处可见,名气比美国本土的佛蒙特山脉还大。我们这个时代热爱创造纪录,于是将羡慕的目光投向了还不曾有人登上的高山之巅。珠穆朗玛峰也叫埃佛勒斯峰,后者以一位威尔士测绘工程师乔治·埃佛勒斯上校的名字命名,是他将喜马拉雅山的这一段填进了英国的地质测绘地图中,那大概是在19世纪中期的某个时候。这座山峰海拔29,000英尺,足有瑞尼尔山的两倍高。它傲视所有尝试登上它顶峰的人。最近的一次珠峰大探险是在1924年,登山队抵达了距离顶峰仅几百码的地方。有两名队员自告奋勇尝试冲顶。他们带好了供氧装备,与其他队员告别。人们最后一次看到他们是

---

① 即藏传佛教黄教(格鲁派)的创始人宗喀巴(1357—1419)。

271

在距离峰顶600英尺处。在那之后,他们就消失了。珠峰仍然没有被征服。

山隘

  然而,对于野心勃勃的登山家来说,这是个理想的地区。它居于亚洲中心,正是庞然大物的家园,和这些高山一比,瑞士阿尔卑斯山群峰立刻变成了男孩女孩们在海岸边堆出的小沙堆。首先,这些终年积雪的高山几乎比阿尔卑斯山要宽上一倍,占地面积多13倍。在这里,有的冰川足足是瑞士最大冰川的4倍长。海拔高于22,000英尺的山峰多达四十座,各自独立,就连好几处山口的海拔都是阿尔卑斯山的两倍。

  在由西班牙一路奔向新西兰的巨大地球皱褶上,喜马拉雅和别的部分一样,都比较年轻(甚至比阿尔卑斯山脉还年轻),计算它们的年龄只需要用到百万年为单位,而不是数十亿年。要将它们夷为平地,还需要无数的阳光和雨水,不过大自然的力量讨厌岩石构造,一直为之忙碌着。喜马拉雅被深谷切割成了不规则的碎片,那是几乎半百之数的河川溪流的成果。印度河、恒河、布拉马普特拉河[①]作为印度最重要的三条河流,也都在瓦解大业中高高兴兴地出了点儿力。

[①] 在中国的上游称雅鲁藏布江。

从政治层面说，喜马拉雅以其绵延1500英里的惊人长度提供了比其他山区更丰富的景观。同阿尔卑斯或比利牛斯山脉一样，它不只是两个相邻国度之间的屏障。它们碰巧都那么宽，很多独立的小国家都藏在深山里。其中某些始终保持着一定程度的独立，比如尼泊尔，著名的廓尔喀人的家乡，足有瑞士的4倍大，养活着差不多600万人口。另一些则不然，比如克什米尔（美国奶奶们从这里买披肩，英国人在这里为锡克兵团征兵），如今是英国的一部分，拥有大约85,000平方英里的面积和300多万人口。

最后，再看一眼地图，你会发现有一件怪事同印度河及布拉马普特拉河都有关。这两条大河发源自喜马拉雅山脉，但跟莱茵河自阿尔卑斯山发源或密苏里河自落基山脉发源的情形不同。它们出现在喜马拉雅主山脉的背后。印度河的源头藏在喜马拉雅和喀喇昆仑山脉之间。布拉马普特拉河一开始自西向东穿越青藏高原，接着突然一个急转弯，开始了一段由东向西的短短旅程，穿过喜马拉雅山脉和印度半岛中部德干高原之间的宽阔谷地中心，汇入恒河。

诚然，流水拥有可怕的侵蚀力，但看起来，它们实在不像是在高山形成后才出现并靠着自己的力量挖出穿越喜马拉雅的河道的。因此，我们只能得出一个结论：这些河流必定比高山出现得更早。在有了印度河与布拉马普特拉河之后的某个时期，地壳开始隆起，嘎吱作响，慢慢塑造出巨大的山脉，后来，它们变成了当今世界最高的山脉。但它们的成长是如此缓慢（时间毕竟只是人类发明的概念，永恒之中无时间），可以说，这些河流正是因此才得以发挥它们的侵蚀能力，留在地平面上。

有地理学家宣称，今天的喜马拉雅甚至仍在继续长高。鉴于我们赖以立足的薄薄地壳能够像人体皮肤一样伸缩，这些地理学家或许是对的。瑞士阿尔卑斯山就是个活生生的例子，它一直在缓缓地自东向西移动。喜马拉雅就像是南美洲的安第斯山脉，或许真的一直在"长高"。大自然的实验室里只有一条规则，适用于一切生物：变化是永恒的，死亡是对无法顺应变化者的惩罚。

Chapter 33
THE GREAT WESTERN PLATEAU OF ASIA

西亚大高原

从中部的帕米尔高原开始,一道宽阔的山脉径直向西绵延,最终停在黑海和爱琴海的水滨,沿途除了一系列高原,什么也没有。

这些高原都有相似的名字,因为它们在人类发展史上扮演着一个非常重要的角色。我可能得稍微多说几句,谈谈最重要的那个角色。因为,除非我们如今的人类学理论完全错了,否则这些介于印度和地中海东岸的高地与山谷就必定身兼双职,它们不但是孕育了人类种族一大分支——美国人自己刚好就属于这个分支——的摇篮,更是某种初级学校,我们在其中学习入门的科学知识和最根本的道德准则,正是这些知识与准则最终将人类与余下的动物世界区分开来。

依照顺序,第一处高地是伊朗高原。它是一片位于3000英尺海拔上的广袤盐漠,四面环绕着高大的山脉。即便北有里海和图兰荒漠,南临波斯湾和阿拉伯海,依然没有足够的降水能为这个地区带来一条值得留名的河流。俾路支[①]

[①] 西南亚的一片地区,多荒漠、山地,覆盖巴基斯坦大部和阿富汗、伊朗部分地区。

正好被高耸的吉尔特尔岭与印度隔开，自1887年以来就成为英国下辖的一部分，这里有几条不起眼的溪流，最终统统汇入了印度河，即便如此，自从亚历山大的军队在由印度返程途中大半饥渴而亡后，它的荒漠便成了令人胆寒的地方。

阿富汗在前几年很是大大曝光了一次，因为它换了一位统治者，新国王试图通过一场周游欧洲的盛大出访将自己和他的国家公之于众[①]。这个国家有一条赫尔曼德河。河流起源于帕米尔高原向南辐射出的一条高大山脉，兴都库什山脉，并最终流入波斯与阿富汗交界处的赫尔曼德盐湖。不管怎么说，阿富汗的气候比俾路支好得多，在许多方面也重要得多。最早连通印度、亚洲北部和欧洲的商路穿过了这个国家的中心，从巴基斯坦西北部边境省份的首府白沙瓦通往阿富汗的首都喀布尔，途中翻越著名的开伯尔山口，横穿阿富汗高原，直抵西部的赫拉特。

大约五十年前，俄罗斯和英国开始争夺这一中间国的最终控制权。偏巧阿富汗是个善战的民族，来自南北两侧的和平渗透只得比平常更加小心。第一次阿富汗战争的灾难永远不会被抹去，1838年至1842年间，只有一小部分英国人能够回到家乡，告诉大家，在尝试逼迫不情愿的阿富汗人接受一个不受欢迎的国王时，他们的同伴是如何尽遭屠戮的。从那以后，英国翻越开伯尔山口时总是分外小心。然而，俄罗斯在1873年占领了乌兹别克斯坦的希瓦，开始向着塔什干和撒马尔罕进军，消息传来，另一侧的英国人被迫转移了阵地，以免在某天清晨一觉醒来时听见沙皇的军队正在苏莱曼山脉的那头进行射击训练。就这样，身在伦敦的沙皇使臣和身在圣彼得堡的女王使臣代表各自的帝国和王国政府发表声明，宣称他们向阿富汗的进军完全是慷慨无私的，是最可敬、最值得赞叹的。与此同时，两国的设计师们正忙着制定规划，要将铁路系统赐予可怜的阿富汗，这个"被

[①] 阿富汗王国（1926—1973）的第一位国王阿马努拉（Amanullah Khan, 1892—1960，在位1926—1929）夫妇曾在1927年出访欧洲各国。

严酷自然切断了通往海洋的道路"的国家,从此,铁路将让愚昧的阿富汗人分享到来自西方文明的第一手祝福。

很不幸,世界大战打乱了一切计划。俄罗斯人最远走到了赫拉特。如今,你可以从那里搭乘火车经土库曼苏维埃社会主义共和国的梅尔夫前往里海边的克拉斯诺夫斯克,随后坐船前往巴库和西欧。另一条铁路线是从梅尔夫经布哈拉到乌兹别克共和国的浩罕。从浩罕可以继续前往巴尔赫①。巴尔赫位于三千年前古大夏国广阔的废墟中央,虽说如今只是个三流的小村庄,过去也曾如今天的巴黎一样重要。在琐罗亚斯德②掀起的那场高道德标准的宗教运动中,它是最初的中心。这场运动不但席卷波斯,影响远至地中海地区,更是改头换面风行罗马,以至于在很长一段时间里都是基督教最强大的竞争对手之一。

与此同时,英国人已经将他们的铁路从海德拉巴铺到了俾路支的奎达,又从奎达延伸到坎大哈。1880年,英国人在坎大哈为自己报了第一次阿富汗战争中的战败之仇。

伊朗高原上还有一个部分值得关注。今天的它只余留昔日辉煌下的些许威名,然而,在以"波斯"之名傲视诸国时,它必定是一片非凡的奇妙之境,绘画、文学无不出类拔萃,更不必说困境中衍生出的生活艺术。第一次辉煌始于公元前6世纪,波斯位于当时的帝国中心,国境从马其顿一直延伸到印度。亚历山大大帝摧毁了它。然而,500年后,在萨珊王朝的

---

① 梅尔夫,过去古丝绸之路上的中亚绿洲城市,位于今土库曼斯坦的马雷附近。克拉斯诺夫斯克,今土库曼巴希,土库曼斯坦西部港口城市。巴库,阿塞拜疆首都。巴尔赫,阿富汗北部城市。文中的土库曼苏维埃社会主义共和国和乌兹别克共和国均为苏联时期名称,即土库曼斯坦和乌兹别克斯坦。
② 琐罗亚斯德(Zoroaster或Zarathushtra),被认为是琐罗亚斯德教的创始人。琐罗亚斯德教又称拜火教、祆教,古波斯萨珊王朝将其奉为国教。其宗教典籍为《阿维斯陀》,又称《波斯古经》《亚吠陀》等。

统治下，波斯人赢回了薛西斯和冈比西斯①曾经统治过的土地。他们令琐罗亚斯德教恢复了往日的纯净，将所有神圣的篇章集结成一卷著名的《阿维斯陀》，让沙漠里开出伊斯法罕的玫瑰。

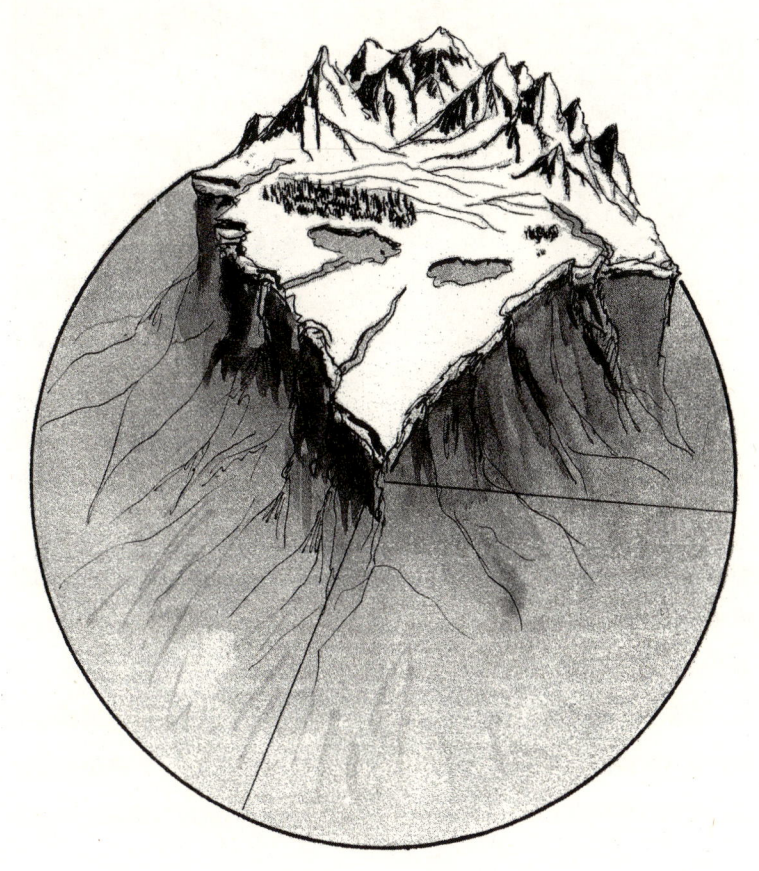

地球上土地和水的总量

---

① 冈比西斯二世（Cambyses II，？—公元前522年），公元前530年至前522年任波斯国王，公元前525年至前522年任埃及法老。薛西斯一世（Xerxes I，公元前518年—前465年，公元前486年至前465年在位）称薛西斯大帝。两者均是公元前6世纪波斯阿契美尼达王朝的统治者。亚历山大大帝曾焚毁其首都波斯波利斯。伊斯法罕为伊朗中部城市，享有"世界之半"的赞誉，意谓在这里能看尽半个世界的文明。

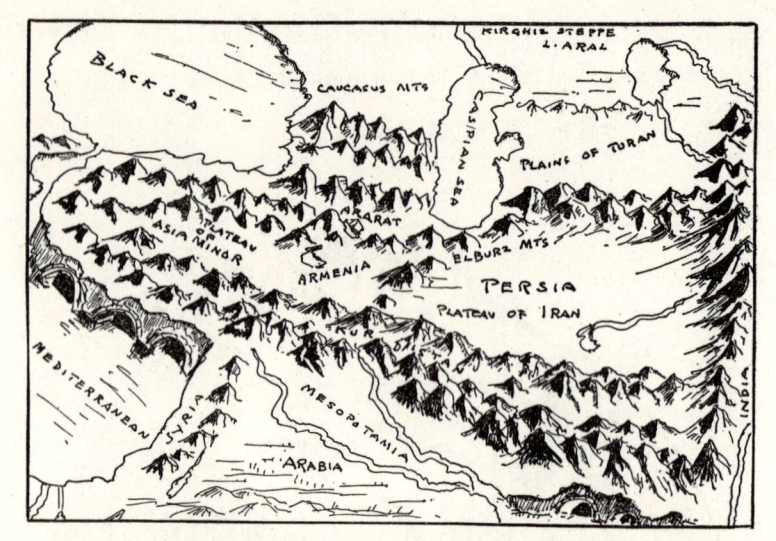

亚欧大陆桥

7世纪初,阿拉伯人占领了波斯,伊斯兰教打败了琐罗亚斯德教。然而,如果真的能够从文学作品中了解一个国家,那么,对于这片介于库尔德斯坦和呼罗珊[1]之间的沙漠之国来说,能够见证它往昔辉煌的,便是来自内沙布尔的帐篷匠人之子欧玛尔[2]的作品了。一位数学家,能将他的时间平分给代数和歌咏美酒爱情的四行诗,这类事情很难见到,唯有兼具智慧与成熟的文明才能够允许他存在于教育的神圣殿堂之内。

波斯如今的财富就乏味多了。这个国家有石油。对于一个孱弱到无法保护自身权益的国家来说,简直无法想象比这更糟糕的事了。理论上说,在谁家世代相传的土地下发现了财富,最大的受益者就应当是谁。可现实

---

[1] 库尔德斯坦是个文化地理概念,主要居住人口为库尔德人,是库尔德文化和语言的大本营,大致为伊朗、伊拉克、叙利亚和土耳其四国交界处的区域。
呼罗珊原为古地名,包括今阿富汗北及西北部、伊朗东北部、土库曼斯坦南部以及乌兹别克斯坦等,今伊朗东北部仍有呼罗珊省。
[2] 即欧玛尔·哈亚姆(Omar Khayyam,1048—1131),有数学家诗人之称,同时也是一位天文学家。著有四行诗集《鲁拜集》和数学专著《代数学》。并制作了一份历法,比5个世纪后罗马教皇格列高利十三世颁布的格列高利历法更加准确。

往往大相径庭。几个苏丹的亲密友人远远待在德黑兰①签了几个字，就变得富裕起来，数千名住在油井周遭的男男女女偶尔才能得到一份报酬极其微薄的工作。剩下的利润，全归了只知道波斯地毯的外国投资者。

不幸的是，波斯似乎正是那种永远贫穷混乱的国家。它的地理位置不算什么福地，反倒堪称诅咒缠身。这是一片沙漠，但当一片沙漠坐落在主干道旁，这条主干道又变成了连接世界两大最重要区块的陆地桥梁，接下来，沙漠就必定沦为永久的战场和利益冲突的源头。以上关于波斯的说法同样适用于整个西亚地区。

在从帕米尔高原绵延至地中海的高原链条中，最后的高地是亚美尼亚和小亚细亚。作为伊朗大平原向西的延续，亚美尼亚是一片非常古老的土地，这里的火山灰土壤花了多少时间成形，它的人民就经受过多久的苦难。这是又一片桥梁之地。任何人，想要从欧洲前往印度就必须穿过库尔德高大群山间的山谷，任何时候，行者中都不乏恶名昭著的杀人凶手。其历史可以一直回溯到大洪水时期。这片土地居于亚拉腊山之巅，那是整个区域最高的山峰，海拔17,000英尺，比平地上的埃里温高出约10,000英尺，当大洪水开始消退时，挪亚方舟就泊在那里。我们能确定这一点，是因为比利时医生约翰·曼德维尔阁下在14世纪初到访过这些地区，并在山顶周边发现了散落的古老船舱②。亚美尼亚人属于地中海人种，跟欧美人的血缘关系非常近，但我们始终不太清楚，他们究竟是什么时候移居到这些山里的。不过，依照近年来的人口死亡速度，这个世界上很快就不会再有亚美尼亚人了。仅仅在1895年至1896年的一年时间里，已经掌控了亚美

---

① 德黑兰是伊朗首都，位于北部，油田则在国境南端的波斯湾。
② 约翰·曼德维尔被认为是《曼德维尔游记》的作者，已知这部游记最初开始流传是在14世纪中期，现存最早版本是法文版，作者在文中自述是英国人，于14世纪初曾游历亚美尼亚地区，并声称见到了"仍旧停泊在亚拉腊山的诺亚方舟"。在此之前，亚拉腊山是方舟停泊处的说法已在基督教世界中流传，此后被广泛接受，因此亚拉腊山也被认为是圣山。

尼亚高原的土耳其人就杀死了数十万亚美尼亚人。即便如此，土耳其人依然绝非他们最凶残的敌人，其残暴程度尚不及库尔德人的一半。

亚美尼亚人从来就是非常虔诚的基督徒。虽然信奉基督教的历史比罗马还长，可他们的教堂里总是糅合了不同的体系，比如神职世袭，结果，他们就成了所有西方"好的"基督徒最深恶痛绝的群体。于是，当穆罕默德的库尔德信徒大肆屠杀亚美尼亚人，抢夺亚美尼亚的领土时，欧洲一言不发，袖手旁观。

随后，世界大战爆发了，协约国试图抄尾路进入土耳其，解救困在美索不达米亚的英国人，于是踏遍了这个国家的土地。像凡湖、乌鲁米耶湖这样外界从未听闻过的名字（尽管它们都在世界最大高山湖泊之列）突然出现在每日新闻里；还有埃尔祖鲁姆，原本是古拜占庭帝国的亚洲边境城市，此时却吸引了自十字军东征以来最多的目光。

因此，战后幸存下来的亚美尼亚人会选择加入苏联，一心期盼上天降灾祸于曾带给他们痛苦的人，也就毫不奇怪了。他们得到允许，在里海与黑海之间的高加索山脚建立起阿塞拜疆和亚美尼亚两个共和国——这些土地早在19世纪上半叶就被俄罗斯人收入了囊中。

接下来，我们要把目光从土耳其人一直以来的受害者转到土耳其本身了，我们要再往西走得远一点，进入小亚细亚。

小亚细亚曾经只是古老苏丹王国的一个省份，如今却是土耳其统治世界之梦仅存的一切。它北临黑海；西至马尔马拉海、博斯普鲁斯海峡和达达尼尔海峡，三者合力，将它与欧洲大陆分割开来；南面直抵地中海，在这里，托罗斯山脉横亘于海洋与内陆之间。这片地区比伊朗、古波斯或亚美尼亚低得多，其间横贯着一条著名的铁路，也就是所谓的巴格达铁路。它在过去三十年的历史中占据了相当重要的位置。铁路将君士坦丁堡与底格里斯河边的巴格达、亚洲大陆西海岸最重要的港口士麦那（今伊兹密尔），以及叙利亚的大马士革、阿拉伯圣城麦地那统统串联起来，因此，英国和德国都想得到它的特许权。

这两个国家刚达成妥协，法国就跳出来要求在未来的收益中分一杯羹。于是，法国得到了小亚细亚北方地区，在那里，亚美尼亚和波斯的出口港特拉布宗还在等待着与西方正常往来。很快，外国工程师们开始为贯穿这些古老土地的道路进行勘探。正是在这里，雅典殖民地的希腊哲学家们第一次领悟到了人与宇宙的本质；正是在这里，尊贵的教会向世界提供了欧洲人赖以生存逾千年的坚实信仰；正是在这里，圣保罗出生、布道，土耳其人和基督徒争夺地中海世界的霸权；也正是在这里，一位阿拉伯赶驼人[①]在某个荒废的沙漠小村子里第一次梦到自己是阿拉授命的唯一先知。

依照计划，这条铁路会主要贯通山区，避开海岸沿线，绕过那些堪称神话般的中世纪和史前海港：阿达纳、亚历山大勒塔、安提俄克[②]、的黎波里、贝鲁特、提尔、西顿、雅法，最后一个是遍地山岩之国巴勒斯坦唯一的港口。

当战争爆发，这条铁路果然如德国所望，扮演了重要的角色。以精良德国装备修建的铁路与已经泊在君士坦丁堡的两艘德国大战船并列成为促使土耳其加入同盟国而非协约国阵营的两大"必须考虑"的现实因素。以战略角度而言，这条铁路规划得究竟有多成功，在接下来的4年里得到了证明。战争的胜负最终在海面和西方决出。而在西线崩溃之后，东线还坚持了很长一段时间。世界惊讶地发现，1918年的土耳其士兵和1288年塞尔柱土耳其的士兵[③]一样好。那时候，塞尔柱士兵征服了整个亚洲，第一次将远大目光投向博斯普鲁斯海峡对岸的铁壁铜墙，那里是至高无上的君士坦丁堡。

---

① 即伊斯兰教的创始者穆罕默德。
② 亚历山大勒塔即今伊斯肯德伦。安提俄克为古希腊-罗马时期城市，遗址位于今土耳其南部城市哈塔伊（安塔基亚）附近。
③ 塞尔柱人为西突厥乌古斯人的分支，于10世纪在中、西亚地区建立塞尔柱王朝：大塞尔柱帝国（定都大马士革，至12世纪末）和鲁姆苏丹国（定都鲁姆，至14世纪初），第一次十字军东征最初的目标即是对抗塞尔柱人向拜占庭帝国（中心城市为君士坦丁堡）的进攻。

战争前的整片山地高原都颇为富庶。原因在于，小亚细亚虽然也是亚欧间桥梁之地的一部分，却从未承受过像亚美尼亚和伊朗波斯高原那样苦痛的命运。一切都基于一个事实，小亚细亚并非商贸通道上普普通通的一站，而是从印度、中国前往希腊与罗马的商路终点站。事实上，当整个世界还很年轻时，地中海最活跃的文化和商业中心并不在希腊本土，而是在西亚诸城，那些大陆上的希腊古城后来变成了希腊的殖民地。在那里，亚洲的古老血脉与西方的新兴人种交融，孕育出极端智慧、极端敏锐的融合体，罕有人可与之匹敌。甚至是在今天那些毫无商业道德与诚实品质的黎凡特人中，我们还能分辨出500年前能够以一己之力对抗诸多敌手的古老种族的痕迹。

塞尔柱王朝的统治最终会瓦解是必然的。身为一股衰败的力量，土耳其人的对手从来不止一个。如今，这个小小的半岛就是古老奥斯曼帝国辉煌的所有留存。苏丹已然逝去。在阿德里安堡①——除君士坦丁堡之外土耳其唯一的欧洲城市——居住了将近一个世纪以后，他们的祖先在1453年搬到了后一个城市，在那里统治着包括整个巴尔干半岛、整个匈牙利和俄罗斯南部大部分地区在内的广大疆域。

四个世纪无以言表的混乱管理足以毁了这个帝国，于是它变成了今天的模样。作为商业垄断者最古老、最重要的范例，君士坦丁堡上千年来一直掌控着俄罗斯南部的粮食贸易。同样还是这个君士坦丁堡，如此得自然厚爱，以至于它的港口赢得了"金角湾""丰饶之角"的称号，海湾里挤满了鱼儿，从没有人需要忍饥挨饿……可它如今却沦为了一个三流的地区性城市。新土耳其的主人们在和平降临后尽力抢救出了幸存的一切，随后得出明智的结论：就复兴土耳其并带领它的人民走进现代化国家这一几乎不可能完成之任务而言，这个衰败的君士坦丁堡，这个希腊人、亚美尼亚人、黎凡特人、斯拉夫人和数次十字军留下的乌合之众的大杂烩之都，并

---

① 即今土耳其西端城市埃迪尔内。

非合适的地方。于是，他们为自己选择了一个新首都：位于安纳托利亚山区中心的安卡拉，比君士坦丁堡还要向东200英里。

安卡拉是个古老的城市，非常古老。早在公元前400年，一支高卢部落就已定居这里，同一系的高卢人后来占据了法国的平原。这条商贸主干道旁所有城市遭遇过的起伏兴衰它都曾一一经历。十字军占领过这座城市。鞑靼人也做过同样的事。就连最近的1832年，还有一支埃及军队曾将它整个摧毁。然而，凯末尔帕夏①也是在这里建起了它的新祖国的首都。他清除了这个城市里一切无法得到吸收融合的元素。用境内的希腊人和亚美尼亚人换回了生活在那些国家的土耳其人。他建立起自己的军队，为自己赢得声誉，两者同样成就斐然。他将新土耳其变成了一个欣欣向荣的实体，虽说，只有上帝知道，安纳托利亚的群山在承受过十五个世纪的战火和漠视后，还留得下多少能让华尔街稍稍注目的价值，要知道，那些银行家永远都在证券市场里寻觅潜在的利益。

尽管如此，人们依然普遍认为小亚细亚在未来的亚欧贸易中将占据最为重要的地位。士麦那重新得回了史前亚马孙女战士们②时期的地位，当年，她们统治着亚洲的这个地区，建立起她们奇特的城邦，在这个城邦里，所有男婴都会被处死，除了一年一度进来执行繁衍子嗣任务的时候，任何男性都不许踏入领地一步。

以弗所已经从地球上消失。曾经，圣保罗在这里看到过人们供奉处女神狄安娜，顺便说一下，她还真是最适合亚马孙部落的女神。可它的周边一带或许已成了世间最有利可图的无花果园。

---

① 穆斯塔法·凯末尔（Mustafa Kemal Atatürk，1881—1938），土耳其共和国的创建者，曾出任其首任总统（1923—1938）。帕夏（Pasha）为旧时奥斯曼帝国对文武高官的尊称，放在名字后面使用。
② 亚马孙女战士最初是希腊神话中一个完全由女武士组成的部落，《阿尔戈英雄记》中曾提到，她们是战神阿瑞斯和一位森林女神的后裔。下文提到的狄安娜则是罗马神话中的狩猎女神、林地与贞操的守护者，她憎恶婚姻，得到了父亲主神朱庇特的许可，可以永远独身生活，并且负责掌管女性分娩的痛苦。她曾将无意间闯入她私人林地的猎手亚克托安变作牡鹿，使其最后被自己的猎狗撕成碎片。

再往北,铁路经过珀加蒙(古代世界伟大的文学中心,为我们留下了羊皮纸文稿)遗址,绕过特洛伊平原,通往马尔马拉海边的班德尔马。班德尔马距离斯库塔①不过一日船程,后者是著名的东方快车(伦敦—加来—巴黎—维也纳—贝尔格莱德—索非亚—君士坦丁堡)与开往安卡拉和麦地那的列车交会之处,这些列车行经阿勒颇—大马士革—拿撒勒—卢德(可换乘汽车前往耶路撒冷和雅法)—加扎—伊斯梅利亚—坎塔拉后抵达苏伊士,再从那里逆尼罗河而上,延伸至苏丹。

若不是世界大战,这条路原本应该通过客运和货运赚取利润,用铁路将来自西欧的乘客和货物送到苏伊士,然后依靠轮船走完到印度、中国和日本的路程。可惜等到四年战争的破坏被修复时,飞机大概已经在客运领域得到广泛应用了吧。

小亚细亚东部居住着库尔德人,他们自古以来就是亚美尼亚人的敌人。同苏格兰人和大部分山地民族一样,库尔德人聚族而居,太过自大,以至于无论对商业文明还是工业文明统统不屑一顾。他们是极其古老的种族,在巴比伦的楔形文字碑和色诺芬的《万人军团大撤退》(这本书真是太闷了!)②里就已有记述。他们和欧美人同出一源,只是后来变成了穆罕默德的信徒。因此,他们从不信任他们的基督徒邻居,却也同样不信任所有因世界大战建立的伊斯兰国家,这一切并非无缘无故,就像所有亲身经历过那段时日的人一样,当"官方误导"成为国家战略的一部分,后果刻骨铭心。

当和平最终到来,却没有人感到满意,旧患不曾消弭,新的争端又已兴起。更有甚者,几股欧洲势力自命"受托管理者",接手了古老的土耳

---

① 今伊斯坦布尔的行政区于斯屈达尔。
② 色诺芬(Xenophon,约公元前430年—前354年),古希腊哲学家、历史学家、雇佣军,苏格拉底的学生。这里指的是色诺芬的军事著作《远征记》(Anabasis),该书详细记述了希腊雇佣兵团万人军团(Ten Thousand)远赴波斯帝国参与其内战的经历。色诺芬本人是万人军团的首领之一。

其帝国，结果却证明，在对待土著人群的残暴程度上，他们并不比土耳其人好多少。

法国人此前在叙利亚投资了一大笔钱，于是接管了叙利亚，一个法国特派使团手握充足的资金和军队，负责统治幸存的300万叙利亚人，后者大都从未要求过欧洲人的"托管"——意思就是殖民，只不过这个说法略微婉转一些。很快，过去叙利亚人内部的种种分歧被忘掉了，人们忘记了相互之间的仇怨，一致将憎恶的目光转向了法国人。库尔德人与黎巴嫩（腓尼基人的发源地）的马龙派天主教徒握手言和，那本是他们世世代代的仇敌；基督徒不再针对犹太教徒；犹太教徒不再鄙视基督徒和穆斯林。法国人不得不竖起无数绞刑架来分派给他们。只是，显然秩序已经重建，叙利亚飞快变成了另一个阿尔及利亚。这并不是说人民喜欢上了他们的"托管统治者"或是社会情形有改善，只是领头人都被绞死了，剩下的人没有勇气继续抗争下去。

与此同时，底格里斯河与幼发拉底河的河谷则成长为一个君主国，巴比伦和尼尼微的遗址如今变成了伊拉克王国的一部分。只是新的统治者很难享有汉谟拉比或亚述巴尼拔①那样的自由，因为他们不得不承认英国的宗主权。但凡比重新疏通几条古巴比伦运河稍稍重要的事，费萨尔国王②都不能自行决断，必须等待伦敦的意见。

巴勒斯坦（腓力斯人的土地）也属于这片地区，这个国家实在太奇特，我不得不快快把它一带而过，免得这本书余下的篇幅都花在描述一个不比石勒苏益格-荷尔斯泰因更大的国家上，欧洲九成的公国都是这般大小。可不知怎么地，这个国家在人类历史上却扮演起了比许多一流帝国更加重要的角色。

---

① 汉谟拉比（Hammurabi，约公元前1810年—约前1750年）是公元前18世纪的巴比伦王朝的第六代国王，他所制定的《汉谟拉比法典》是公认最早的系统法律。亚述巴尼拔（Ashurbanipal，？—约前627年）是古亚述帝国的最后一位帝王，尼尼微是亚述首都。
② 费萨尔一世（Faisal I bin Hussein bin Ali al-Hashemi，1885—1933）。

最高的山峰与最深的洋底落差11.5英里，或者说，地球直径的1/700

当初，犹太人的先祖离开他们位于美索不达米亚东部的不幸村庄，游荡过阿拉伯沙漠的北部，穿过西奈山与地中海之间的平原，在埃及度过了几个世纪，最后原路返回。来到朱迪亚的山岭与地中海之间狭长的肥沃地带时，他们停了下来，开始忙着和原住民苦战，终于，在夺得了足够的村庄和城市后，建起了一个属于他们自己的、独立的犹太国家。

他们的生活不会太舒适。西面，腓力斯人，那些来自希腊克里特岛的非闪米特居民统治着整个沿海地区，完全切断了犹太人与海洋的联系。东面，一种最奇怪的自然现象将他们的国家与亚洲大陆分隔两侧，一条巨大的岩石裂隙由北至南笔直贯穿，深及海平面以下1300英尺，这是有据可查的。从施洗者约翰选择它作为定居地直到今天，这条大裂谷本身并没有变化，它起自北部的黎巴嫩与外黎巴嫩山之间，沿着约旦河谷、提比里亚湖（或者叫加利利海，湖底位于海平面以下526英尺）、死海（海平面以下1292英尺；加利福尼亚的死亡

286

谷不过276英尺，就已经是美洲大陆的最低点了）延伸，从死海开始（约旦河"死"在了死海，由于持续蒸发水分，后者盐度高达25%），穿过摩押人曾居住的古老的以东之地[①]，到达亚喀巴湾，那是红海的支流。

裂谷以南是全世界最热、最荒凉的地区，满是沥青、硫黄、磷酸盐和其他可怕的材料。这些东西让现代化工业赚取了高额利润（就在大战之前，德国人建立了一个可怕的"死海沥青公司"），却也必定曾让许久以前的人类惊骇恐惧，进而让人类得出结论：索多玛城和蛾摩拉城之所以同时毁于一场寻常的地震，是源于神的复仇[②]。

朱迪亚山的废墟一路与大裂谷并行，就在这些最早的东方入侵者翻越山脉以后，气候与景色的骤然变化必定给他们留下了无比深刻的印象，或许还激发起一阵赞叹"流淌着牛奶与蜂蜜"之地的欢呼。如今造访巴勒斯坦的人很难找到牛奶，至于蜜蜂，显然因为没有足够的花朵而绝迹已久。不管怎么说，这都不能归罪于气候变化，虽然人们常常听到这样的解释，可看上去，今天的气候与耶稣门徒们四处行走而不必担心面包黄油问题的日子并没有太大差别，那时候，枣椰子和本地美酒便足以满足旅人简单的需求。应当替代气候为之负责的，是土耳其人和十字军。一开始是十字军大肆捣毁映入眼帘的一切古老建筑，它们都是在这片土地还独立或是接受罗马统治时修建的。接着，照例是土耳其人完成扫尾。原本只需要清水灌溉便能结出累累硕果的土地被刻意荒弃，直到农家十室九空，要么死去，要么搬走。耶路撒冷变得好似贝都因人的村庄，在那里，十几个基督教派和他们的伊斯兰邻居永远在忙着躲避有益的争论。因为，对于伊斯兰信徒来说，耶路撒冷还恰好是他们的圣城。阿拉伯人认为自己是以实玛利的直

[①] 摩押人是中东一个古老民族，《圣经》记载其为先知亚伯拉罕的后裔，亚伯拉罕被认为是希伯来人与阿拉伯人共同的祖先。有观点认为，以东就是《圣经》中的以扫。在希伯来语中，"以东"表示"红色"，传说以扫生而全身发红，又传说他为一碗红豆汤而将长子继承权让给了弟弟雅各，遂得名。其后裔被称为以东人，居住在死海以南地区，今分属以色列和约旦。
[②] 据《圣经》记载，索多玛和蛾摩拉同在摩押平原五城之列，都是罪恶之城，因此遭耶和华遣使毁灭。

系后裔,这位不幸的人与他的母亲夏甲一起被亚伯拉罕逐入了荒漠,因为后者的正妻"可怕的撒拉"要求他这样做。

不过撒拉的小小计划没有奏效,以实玛利和夏甲并没有饥渴而死。相反,以实玛利娶了一位埃及姑娘,化身为整个阿拉伯国度的创建者。因此,他和他的母亲今天就安葬在天房外,天房就在麦加的中心,是所有受礼拜之处中最神圣的地方,而麦加,是所有伊斯兰信徒一生至少要朝圣一次的地方,无论到那个神圣之地的旅程有多艰险,路途有多遥远。

依照惯例,阿拉伯人一占领耶路撒冷,就在所罗门修建他著名神庙[①]的岩石上建起了一座清真寺,事实上,所罗门算是他们的远亲,是亚伯拉罕的另一系子孙。只有上帝知道,这是多少个世纪以前的事情。争夺那块岩石及周边高墙——其中一段就是犹太人传统的"哭墙"——所有权的战争,无疑是如今巴勒斯坦境内两大种族间纠纷不断的原因。

人们能够期待怎样的未来呢?当英国人占领耶路撒冷,他们发现,这里的人口八成是穆斯林(叙利亚人和阿拉伯人),两成是犹太人和非犹太的基督徒。作为现代世界里最大的伊斯兰帝国的统治者,英国人承担不起伤害这么多忠诚臣民感情的后果,也不敢将50万巴勒斯坦穆斯林托付给不到10万犹太人的仁慈,后者有太多太充足的理由另做打算了。

最终只有一个后凡尔赛协议式的折中方案,谁都不满意。如今的巴勒斯坦由英国人托管,英国军队负责维持不同民族间的秩序。著名的英国犹太人选出了管理者,可这个国家依旧只是个殖民地,并不能享有完全的政治独立,那是在巴勒斯坦运动开始之初贝尔福先生[②]如此恳切却又如此含

[①] 据《希伯来圣经》记载,公元前10世纪,以色列和犹大王国的第三位国王所罗门在锡安山上修建了犹太教的第一座圣殿所罗门圣殿,又称"第一圣殿",后被巴比伦人摧毁。约在公元前6世纪,犹太人重建圣殿,称"第二圣殿",至公元70年被罗马军团摧毁,仅余被称为"哭墙"的一段西墙。
[②] 即曾出任英国首相(1902—1905)的亚瑟·詹姆士·贝尔福(Arthur James Balfour, 1848—1930),于1917年发布《贝尔福宣言》,声称支持在巴勒斯坦建立"犹太人的民族之家"。

糊地提到过的,要让这些地区成为犹太人未来的家园。

如果犹太人知道自己在古老的祖国土地上想要的是什么,事情会简单得多。东欧的正统犹太人,特别是俄罗斯的那些,希望一切维持原样,就让巴勒斯坦成为一个巨大的神学院,再建一个小小的希伯来历史博物馆就好。年轻些的一代却记着穆罕默德的智慧教诲,"让亡者埋葬亡者",认为过去人们已经为逝去的欢乐与辉煌流过了太多眼泪,倒不如认真着手为明日的荣耀与欢愉努力,因此希望巴勒斯坦变成一个正常的现代国家,就像瑞士或丹麦,能够为那些摆脱了犹太区阴影的男人和女人谋福利,他们更感兴趣的是好的道路、好的灌溉渠,而非为了几块古老的石头与他们的阿拉伯邻居们争执不休,不管那些石头是不是来自利百加①曾经汲水的井台,如今它只是发展的障碍。

巴勒斯坦几乎是一整片自东向西的坡地,起伏延绵。有鉴于此,它的确很有可能重新将荒废、耗竭的土地开发为农业用地。每日里大多数时候都刮个不停的海风将浓重的水汽送到整片土地,让它们变得非常适宜种植橄榄树。自建成以来,耶利哥就是可怕的死海地区唯一具备重要性的城市,它也许有望在不远的未来再一次成为贸易中心。

既然巴勒斯坦的土地上既无煤炭也无石油,它就能避开外国投资者的视线,得到自行解决问题的空间——只要耶和华与占人口多数的穆罕默德信徒同意的话。

---

① 《希伯来圣经》中希伯来族长以撒的妻子,雅各和以扫的母亲。

Chapter 34

ARABIA—OR WHEN IS A PART OF
ASIA NOT A PART OF ASIA?

阿拉伯半岛:
何时属于亚洲,何时不属于

  从我们常规的地图和地理学手册看,阿拉伯是亚洲的一部分。若是有个火星来客,压根不知道我们星球的历史,或许会得出完全不同的结论,认为内志①这片著名的阿拉伯沙漠根本就是撒哈拉沙漠的延伸,只是被印度洋上一道非常狭窄而且无关紧要的海湾隔开了,这道海湾名叫红海。

  红海的长度足足是宽度的6倍,遍布礁石。平均深度约为300英寻,但在它与亚丁湾(那才真正是印度洋的一部分)连接的地方,水深仅2至16英寻不等。很有可能,在波斯诸峡形成以前,这个布满火山小岛的红海最初只是个内陆湖,并不到海洋的等级,就像在英吉利海峡形成之前北海也不算海一样。

  至于阿拉伯人自己,看上去他们既不想当非洲人,也不想当亚洲人,因为他们称自己的国家为"阿拉伯人之岛",就区区一片6个德国大小的

---

① 今沙特阿拉伯中心地区,这里指代沙特阿拉伯本身。历史上,自1824年内志酋长国建立,到1932年沙特阿拉伯建立,其间各政权均以"内志"为国名。

疆域来说，口气不可谓不大。这个国家的居民人口不会比伦敦大区更多，与国土面积完全不成正比。但这700万现代阿拉伯人最初的祖先必定拥有非凡的体魄与智慧，才能不依靠哪怕一丝一毫大自然的帮助，以一种极不寻常的方式令全世界记住他们。

首先，他们居住在一个气候完全不适合人类生存的国家。这片撒哈拉沙漠的延伸地上不但连一条河都没有，还是地球上最炎热的地方之一，只有最南端和最东侧不同，可那里的海岸却又实在太潮湿，事实上也不适合欧洲人居住。而在半岛中央和西南部拔起至6000英尺海拔的山区，急剧的气温变化也让无论人类还是野兽都无法忍受，只要天一黑，温度计上的数字就会在不到半小时内从27度直坠到-7度[1]。

要不是还有地下水，内陆地区根本无法生存。至于海岸地带，除了紧邻英殖民地亚丁北端的部分，其他地方也好不到哪里去。

从商业角度说，整个神佑半岛还比不上曼哈顿岛的中南部。但曼哈顿岛如果有心要在对世界文化发展进程的综合影响上争取与之相提并论，还有很长的路要走。

说来也怪，阿拉伯半岛从来没能成为一个像法国或瑞典那样的国家。世界大战中协约国急需外援，于是不分青红皂白许下了一堆不负责任的诺言，结果就是，13个所谓的独立国家挤在波斯湾到亚喀巴湾之间，甚至远到外约旦，后者位于巴勒斯坦和叙利亚沙漠之间，由一位受命于耶路撒冷的埃米尔[2]统治。但这些国家大多数徒有其名，诸如波斯湾沿岸的阿尔阿萨、阿曼，南部的哈得拉姆特，红海海岸的也门、阿西尔，只有南面的汉志大概算是有些分量的。因为汉志不但有自己的铁路（巴格达铁路的最后一段现在已经通到了麦地那，最终会连接麦加），而且还拥有穆斯林世界的两大圣城：麦加，穆罕默德出生的地方，穆斯林世界的伯利恒；麦地

---

[1] 原文为华氏度，折算为摄氏度取约数。下文同。
[2] 通常指酋长或统治者，现代相当于"王子"，广泛使用于阿拉伯国家。

那，他长眠的地方。

这两个绿洲城市在早期都不起眼，直到公元7世纪时成为这些重大事件的发生地。穆罕默德成就了它们的声望。在父亲过世7个月以后，穆罕默德于公元567年或569年来到人世。不久后，母亲也去世了，他被交给贫穷的祖父抚养。早早成了一名赶驼人，跟着雇用他的驼队走遍了阿拉伯半岛，甚至可能穿越过红海，还有可能到过阿比西尼亚①，后者后来试图将阿拉伯半岛变成非洲的殖民地（曾经有过不错的机会，因为沙漠部族间的仇怨太深，很难拧成一股绳共同御敌）。

不确定具体是多少岁的时候，他迎娶了一名寡妇。她的财产让他告别四处游荡的生活，开了一家自己的小店，经营粮食和骆驼饲料。和许多遭受癫痫阵发折磨的人一样，半昏迷时他也会有奇怪的幻觉。同样，和其他许多备受这恼人小病困扰的人一样，他告诉邻居，自己进入恍惚的状态是为了取得与神的联系，以此自我安慰。在成为伟大思想的开创者之前，他并没有发现，建立一种属于自己的、明确的全新宗教体系并不难。他只是含含糊糊地谈论着重建亚伯拉罕和以实玛利的古老信仰。有一个时期里，他看起来甚至打算将基督教信仰改造一番，以满足他的野蛮邻居们的需要，这些人从来不接受任何劝导他们要温和，要在挨打后将另一边脸转向敌人之类的话。最后，他的麦加邻居们对于一个蔬菜贩子想要变身先知的事大肆嘲笑，甚至在他认真起来后直接威胁他的生活，迫于压力，他移居麦地那，在那里郑重开始了传道者的事业。

有关他的教义我无法一一详述。如果有兴趣，你可以买本《可兰经》试着读一读，虽说你多半会感到有些吃力。现在，我们只要说说下面这一点就足够了：在穆罕默德的努力下，阿拉伯大沙漠里的各个闪米特部落突然间有了共同的目标。不到一个世纪，他们就占领了整个小亚细亚以及叙利亚和巴勒斯坦，外加整个非洲北海岸与西班牙。直至18世纪末，他们始

---

① 埃塞俄比亚的旧称。

终是欧洲安全的心腹大患。

没错,一个能够在短短数年间做到这一切的人必定拥有超凡的头脑与体魄。依照所有曾与他们打过交道的人(包括拿破仑,他不懂女人,却能一眼看出士兵的好坏)的说法,阿拉伯人都是了不起的战士;而诸多历史悠久的大学正是其智力天分和科学兴趣的确凿证据。为什么到头来他们曾得到的声望会折损这么多?我不知道。沉溺于一些类似地理环境影响人类性格的高谈阔论,进而得出结论说沙漠部族全都是伟大的世界征服者,这很容易。可还有同样多的沙漠居民一事无成。也还有同样多的山地民族做出了各种各样了不起的事。再回过头来说,也有山地人始终都是醉醺醺、粗枝大叶的懒汉,从来没有长进。不,很抱歉,可我从来无法仅凭任何一个国家的成功与否就得出某条简单且可放诸四海的道德经验。

只是,事情总难免一再重演。18世纪中期的改良运动清除了伊斯兰教中所有形式的盲目崇拜,类似清教的瓦哈比教派得以崛起,他们崇尚节俭、简单的生活方式,这可能导致阿拉伯人再次走向战争。如果欧洲继续将精力浪费在内战上,很可能再次陷入十二个世纪以前的危险之中。这个半岛是巨大的人才储备库,从不缺强悍坚毅的人,他们很少微笑,很少玩耍,总是保持庄重严肃,永远不会被物质财富的美好景象侵蚀,因为他们的需求如此简单,从来不觉得缺乏了什么。

这样的国家永远都是动荡之源。特别是当他们有了一个正当理由认为自己受到了伤害时。在关乎阿拉伯的事情上,白人的良知并不像我们可能期望的那样干净,一如他们对待亚洲、非洲、美洲和澳大利亚时的模样。

Chapter 35

INDIA, WHERE NATURE AND MAN ARE ENGAGED IN MASS-PRODUCTION

印度①:
人与自然都丰产的地方

亚历山大大帝发现了印度。那是耶稣诞生之前三百年的事情。但亚历山大并没有越过印度河走出多远,尽管他横穿了锡克人的家乡旁遮普地区②,却从未深入这个国家的心脏地带,那才是真正的印度人居住的地方,从那时候到今天,他们都生活在广阔的恒河流域,北有喜马拉雅,南是德干高原。当欧洲人从马可·波罗那里得到有关这片奇妙土地的第一手可靠信息时,时间已经过去了十八个世纪。葡萄牙人达·迦马恰好也在这一时期抵达了马拉巴尔海岸的果阿。

从欧洲到这片香料、大象和金色庙宇之地的海路刚刚建立,信息便如潮水般涌向地理学者,以至于阿姆斯特丹的地图绘制师们不得不一直加班加点。从此以后,这个丰饶半岛的每一个角角落落都被勘察了个彻底。本章将尽可能简练地描述这片土地。

---

① 本书写作时仍为英属印度,包括今印度和巴基斯坦,两国于1947年各自独立。
② 这里指的是印度次大陆的地理文化区域,覆盖巴基斯坦东部和印度北部部分地区,不限于今天印度的旁遮普邦。

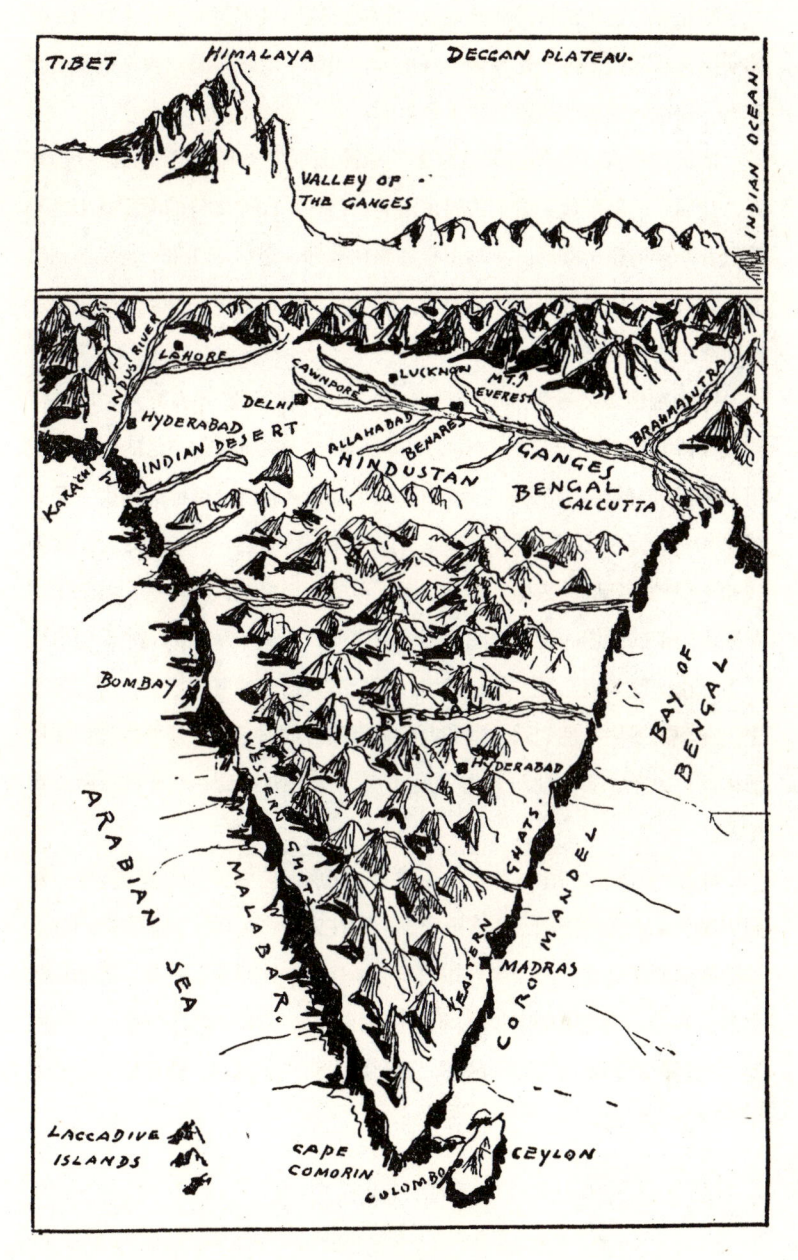

印度

西北部，吉尔吉特岭与苏莱曼山脉将印度与其他世界隔开，其中，苏莱曼山脉从阿拉伯海一直延伸到兴都库什山脉。北部屏障由喜马拉雅山脉充当，它从兴都库什开始，绕了个半圆，奔向孟加拉湾。

请记住一点，任何与印度有关的东西在规模上都能把欧洲比成小矮人，让后者的地理数字看上去简直可笑。首先，印度本身的面积就相当于除俄罗斯外的整个欧洲。喜马拉雅如果在欧洲，足够从加来一直延伸到黑海。它有40座山峰的海拔比欧洲最高峰更高。它们的冰川平均长度是阿尔卑斯冰川的4倍。

印度是地球上最炎热的国家之一，与此同时，它还有好几个区域保持着年降雨量的世界纪录（年均1270厘米）。它拥有逾3.5亿的人口，使用150种不同的语言和方言。90%的人口仍旧依靠自己种植的粮食生活，若是哪一年降水不足，因饥荒而亡的人数就可以达到一年200万（所取为1890年至1900年间的数据）。而现在，英国人已经消灭了鼠疫，终结了这个国家内部的种族冲突，修建起高大的房屋，引进了基本的卫生保健体系（当然由印度人自己买单），结果，他们的人口开始飞快增长，照这样下去，要不了多久，他们就会回到瘟疫饥饿横行的日子了，婴儿的死亡率是那样高，以至于贝拿勒斯[①]的河岸石阶上一直忙忙碌碌，二十四小时没有停歇。

印度的大河都与山脉并行。在西面，印度河首先穿过旁遮普地区，然后突破北部山脉的围困，为亚洲北部的潜在入侵者提供了一条直达印度中心地带的便捷通道。而印度人的圣河恒河几乎一路向东。在抵达孟加拉湾之前，布拉马普特拉河汇入恒河，这也是一条发源自喜马拉雅山脉的河流，也是一路朝着正东方向前进，直到被卡西丘陵逼迫，转而掉头向西，不久便汇入恒河。

---

① 今印度瓦拉纳西，印度教圣地，位于恒河中游河曲左岸，沿岸皆台阶和高台，河岸高台上有露天火葬场，传统上，印度教徒死亡并火葬后，要将骨灰撒入恒河。

恒河和布拉马普特拉河流域是印度人口最稠密的地区。只有在中国还能找出几个地方可与之匹敌。成百万人挤在一起，必定会因为最基本的生存需求发生冲突。两大河流形成的三角洲西岸潮湿、多沼泽，印度首要的制造业中心加尔各答便坐落在这里。

说到物产，恒河流域更常见的名称是"印度斯坦"，或者说，真正的印度教之地，其中物产相当丰富，若是没有如此无望地受到长期人口过剩的困扰，仅此一地便足以供应这一地区所有的需求尚有富余。排在首位的是稻米。印度、日本和爪哇人以稻米为食，并不是因为他们就只喜欢它，而是因为稻米的单位产量比已知的任何一种作物都要高。

种植水稻是件麻烦又困难的事。这不是个讨人喜欢的说法，却偏偏最能充分表达这一过程，成百上千万的男男女女被迫花费大半生的时间，蹚在稀泥里，浇水施肥。因为水稻原本就是生长在稀泥里的。当这些小小植物长到大约9英寸高时，还得靠人工把它们一一挖出来，移栽到水田里，田里必须一直有水盖住泥土，直到收割时节才能经由一套复杂的水渠系统将那恶心的泥浆排进恒河。说到这里，恒河还同时要供聚集到贝拿勒斯——很可能是世界上最古老的城市，相当于印度教系统中的罗马——的虔诚信徒沐浴及饮用。直到今天，这浑浊的水还代表着无与伦比的神圣，能够洗净任何其他方式都无法涤清的罪恶。

恒河流域的另一样物产是黄麻，一种植物纤维，早在一个半世纪以前就作为棉和亚麻的替代品被带到了欧洲。这种树皮首先要在水中浸泡数个星期，之后纤维才能够被分离出来，送到加尔各答的工厂里加工成绳子、麻袋以及一种本地人穿着的粗糙服装。

然后，还有靛蓝的植物，从前我们的蓝色染料就是从中提取出来的，直到最近发现了经济得多的方法：从煤焦油中提取。

最后，还有鸦片。人们原本是为了缓解风湿病痛而种植它。当一个国家的大部分人口的大部分时间都要泡在及膝深的泥汤里种植他们赖以糊口的口粮，这是不可避免的。

平原以外的丘陵坡地上，茶树替代了古老的森林。这些灌木长出的小小叶片很值钱，而它们的生长需要炎热潮湿的气候，因此山坡是最好的选择，在那里，没有水会伤到它们柔嫩的根。

恒河流域以南是三角形的德干高原。高原覆盖着三种不同的植被。北部山地和西部高原是柚木产业的中心，这是一种非常结实的木料，轻易不会收缩变形，也不会腐蚀铁。在蒸汽轮船出现之前，它是非常紧俏的造船物资，即便到了今天也有着广泛的应用。德干高原的腹地少有降水，是又一个极度干旱的地区，生长着棉花和数量极其有限的小麦。

至于沿海地带，西有马拉巴尔，东有科罗曼德尔海岸，它们降雨充足，能够为大量人口提供足够的稻米和小米，后者我们进口来喂鸡，但在印度本地，那就是人们的主食，印度人不吃面包。

德干高原是印度唯一发现了煤炭、铁矿和黄金矿藏的地方，但它们从未得到认真开发，因为高原上的河流到处都是湍流，完全派不上用场，而在这样一个本国人完全没有财产也从来不会走出自己村庄的地方，很难有资金能够用来修铁路。

科摩林角以东的锡兰岛①事实上也是印度半岛的一部分。横在它与德干高原之间的保克海峡里遍布暗礁，必须时时疏浚才能保证可通航。在锡兰和印度大陆之间，礁石与沙岸组成了一座天生桥，名叫"亚当桥"，传说亚当和夏娃在违背神意而招致上帝震怒之后，就是循着这条路逃离天堂的。根据本地人的说法，锡兰就是最初的天堂。和印度比起来，如今它依然是天堂。之所以这么说，不但是因为它的气候、肥沃的土地、丰沛（但不过度）的雨水以及温和的气温，还因为它逃离了印度诸多罪恶中最可怕的一种。它依然信奉佛教——这种宗教的精神境界太崇高，以至于普通的印度民众完全领会不了，因而遭到了印度的背弃——从而避开了残酷的种姓制度，直到最近，这种制度还是印度教中不可分割的部分。

---

① 即斯里兰卡。

地理和宗教信仰之间的关系往往比我们想象的更加紧密。在印度这个任何东西都是超规模的地方，宗教信仰千百年来一直主宰着人类的思想，如此彻底，如此绝对，以至于无论印度人说什么、想什么、做什么、吃什么、喝什么，或是小心翼翼地避免去说什么、想什么、做什么、吃什么、喝什么，它都深深掺杂其间，不可分离。

在其他国家，宗教信仰也常常会影响到普通人的日常生活。中国人崇敬他们过世的祖先，会将祖父母葬在南坡。于是，留给他们耕种日常主食的就只有寒冷多风的北坡了。这种对过世亲人的感情原本值得大加赞赏，可结果却是让他们的孩子忍饥挨饿，不是死去就是被卖作奴隶。的确，由于奇怪的禁忌和玄妙的神圣祖宗成法，几乎任何种族（包括我们自己）都有缺陷，后者更是常常阻碍整个国家的发展。

要理解宗教信仰究竟是如何影响印度教国家的，我们必须向前回溯，直至接近史前时代，那比希腊人初次抵达爱琴海岸还要早上至少三十个世纪。

印度挤满了印度人

那时候，居住在印度半岛的是黑皮肤的达罗毗荼人，他们很可能是德干高原最早的居民。雅利安人（我们美国人自己也是其中一个分支）本身分裂成两支后，离开中亚的故园，寻找更宜人的地方。其中一支向西移动，在欧洲定居下来，之后又横渡大洋，占领了北美。另一支向南，艰难穿越兴都库什和喜马拉雅之间的山口，占据了印度河、恒河与布拉马普特拉河流域，进而深入德干高原，随后沿着介于西高止山脉和阿拉伯海之间的海岸地带行进，最终抵达了印度南部和锡兰。

新来者拥有原住民无法比拟的精良武器，像大部分强大种族对待弱小种族那样对待后者，嘲弄地称后者为"黑人"，夺走他们的农田，每当不足时就偷走他们的女人（翻越开伯尔山口的路途太艰难，不允许他们从中亚带来多少女人），只要看到一点反抗的苗头就杀死他们，强迫幸存者退居到半岛上最荒芜的地方，任由他们自生自灭——要是饿死了倒更合心意。但到目前为止，达罗毗荼人依旧远比雅利安人多，结果就是，低水平文明始终威胁着较高水平的文明，随时可能对其产生影响。唯一的预防之道就是将"黑人"牢牢禁锢在他们的地盘上。

如今的雅利安人同我们种族的所有人一样，总是倾向于将社会划分成许多严格区分的社会阶层，或者说等级。"等级"观念遍及全球，即便是处于今天这个开明年代的美国也不例外。它无处不在，从我们基于不成文的社会偏见而对犹太人的歧视，到南部某些州强迫黑人在搭乘公共汽车时只能进入"吉姆·克劳车厢"的成文法律[1]都是如此。纽约是个兼容并包的城市，这是世界公认的，然而，我可能这辈子都无法知道，有哪里可以容我与一位深色皮肤的朋友共进晚餐；我们的火车也以为白人提供铂尔曼

---

[1] 即《吉姆·克劳法》，该法令行于1876年至1965年之间，旨在对美国南部及边境各州针对有色人种实施种族隔离，"吉姆·克劳车厢"即黑人专用车厢。直至非裔美国人民权运动（1954—1968）展开，美国最终于1968年颁布《民权法案》，才废止种族歧视，将"因种族、肤色、宗教或宗祖国籍……用暴力或物理、伤害、恐吓、干预他人"的行为列为犯罪。

卧铺车厢和座席车厢的方式向我们的等级致敬。我不太了解哈莱姆区①的黑人等级系统，却看到过太多德裔犹太家庭在将女儿下嫁给波兰裔犹太人时所表现出来的屈辱。由此可以推知，"我们和普通人类是不同的"这类想法实在非常普遍。

然而，在我们这里，等级体系从来没能发展成社会和经济行为的严格法则。从一个等级通往另一个等级的大门看起来是严守紧闭的，可人人都知道，只要推门的力气够大，或是手握一把小小的金钥匙，或是在门外敲打窗户制造出足够大的响动，这扇门迟早是走得进去的。可在另一头的印度，胜利者雅利安人却用砖石将各阶层之间的大门砌死了，一旦所有社会群体都被锁进各自的小小隔间，便被迫从此禁足其中。

这样一套系统的出现绝非偶然。人们不会眨眨眼就将它发明出来，却只是为了让自己开心或让邻居难受。在印度，这是恐惧造成的。神职人员、武士、农民和散工是雅利安征服者原本的社会阶层，当然，在人数上他们完全无望与刚占下的这个国家里的达罗毗荼人相抗衡。自然，他们要找出某种方法来让黑皮肤的人待在"合适的位置"上。只是在完成这一目标的过程中，他们多走了一步，这是其他任何种族都不敢迈出的一步。他们为自己编造出的"种姓"制度赋予了宗教性，宣布婆罗门教只包括三大高阶种姓，扔下他们身份较低的同胞自动隔绝在精神领域之外。随后，为了确保自己不受出身"卑贱"者的玷污，每个种姓都有一套复杂的礼仪仪式和神圣习俗作为屏障，到最后，除了本阶层成员，没人能在那毫无意义的"禁忌"迷宫里找到方向。

如果你想知道这样一套体系是如何落实到日常生活中的，不妨设想一下，如果三千年来没有人被允许超越他父亲、祖父、曾祖父的生活状态，将会是怎样的景象？个体的主动创新又能从何而来？

各种迹象都表明，印度正处在开创伟大时代和心灵苏醒的前夜，但直

---

① 纽约的黑人聚居区。

到最近，这样的转变还被刻意压制着，出手的是统御印度所有阶层的掌权者婆罗门，也是最高种姓的世袭传承者，祭司的唯一候选人。他们天生高人一等，这一信念随着面目相当含糊的婆罗门教深入人心。这门宗教围绕梵天建立，这位神可以被视为印度的奥林匹斯山上的宙斯或朱庇特[①]，是度化众生的神圣本体，一切的开端与终结。然而梵天只是一个具象化了的概念，对普通人来说实在太模糊，太虚无。因此，他通常被当成一个在创造世界后便已完成使命的可敬长者继续受到供奉，至于我们这个星球上一切具体事物的管理，就交由梵天的助手来执行，于是有了漫天神魔，虽然不及梵天本身地位崇高，但作为宇宙至高者的亲属，它们也应得到最郑重的对待。

于是，中门洞开，迎来了千奇百怪的超自然生物，像是湿婆、毗湿奴和一整支军队的神鬼妖怪。它们将恐惧带进了婆罗门教。从此，做个好人不再是因为这原本就蕴含着人类应当努力追求的某种东西，而是因为这是有望逃脱邪恶妖魔捕食的唯一路途。

佛陀是个了不起的改革者，比耶稣还早6个世纪出生，他很清楚净化后的婆罗门教会是多么高贵，于是尝试再次为已然广为传播的教义赋予它曾经的精神力量。可惜，尽管他赢得了开局，最终事实却证明，对于他的大部分同胞来说，他的思想太不切实际，太宏大，也太高尚。当最初的热情退去，婆罗门教便再次掌控了全局。直到最近五十年，印度的领导者才开始意识到，如果一种宗教几乎完全基于（就大街上的普通民众而言）宗教仪式和空洞的献祭典礼，最终必将走向死亡，就像空心的大树，一旦无法再从现实世界汲取养分就必然死去。如今的印度教也不复几代人之前那样僵化、可怕。古老寺庙的门窗已经敞开。年轻的印度男人和女人已经意识到危机的到来，如果内部继续分立对抗，他们就无力一致对外抗击外国"主子"，随之而来的，将是灭顶之灾。恒河两岸新事连连发生。当350,000,000人都有新事发生时，世界历史的新篇章自将就此写下。

[①] 宙斯和朱庇特分别是希腊神话和罗马神话中的主神，奥林匹斯山为众神居所。

印度虽然也有几个大城市，但本质上来说依然是个乡村国家，因为71%的人口仍然居住在乡村。其他人分散在各个城市，你至少应该听到过它们的名字。比如加尔各答，位于恒河与布拉马普特拉河入海口。它最初只是个名不见经传的小渔村，但在18世纪时却成了克莱夫[①]对抗法国的中心，渐渐发展成全印度顶尖的海港。随着苏伊士运河通航，它在很大程度上丧失了从前的重要性，因为人们发现，如果刚巧有一船货要送到印度河流域或旁遮普地区，直接从孟买到卡拉奇比到加尔各答更方便。自成一岛的孟买也是东印度公司的产物，后者本打算用它作为海军基地和德干高原棉花的出口贸易港。它实在是太适合后一项用途了，以至于吸引了来自整个亚洲的定居者，后来又变成了波斯先知最后一群追随者——琐罗亚斯德教徒——的家园。这些祆教徒是印度最富有也最智慧的人。他们对火的崇拜不容任何玷污，因此，对他们来说，逝者绝不可入土安葬。结果，孟买在外界眼里便可悲地成了这样一个城市：在那里，祆教徒的尸首要留给秃鹰，这种彻底消失的方式迅速到让人几乎要觉得，或许还是照常让蛆虫慢慢啃咬来得更好一点。

德干高原东海岸还有一座城市名叫马德拉斯[②]，是科罗曼德尔海岸的主要港口。本地治里，这座往南一点的法国城市是过往时光的留存，那时候法国正是英国最主要的竞争对手，迪普莱与克莱夫为了独占印度而争斗不休，那场战争后来孕育出了可怕的加尔各答黑洞事件[③]。

自然，绝大多数重要城市都位于恒河流域。西部的第一座城市是德里，莫卧儿王朝的皇帝们曾居住在那里，之所以被选中，是因为它牢牢扼守着从中亚进入恒河流域的大门，可以说，掌握住德里就掌握了整个印

[①] 罗伯特·克莱夫（Robert Clive，1725—1774），曾任英属印度总督，建立了东印度公司在孟加拉地区的军事和政治霸主地位。
[②] 今钦奈，印度南部经济、文化、教育中心之一。
[③] 约瑟夫·迪普莱（Joseph François Dupleix，1697—1763）时任法属印度总督，是克莱夫的主要竞争对手。加尔各答黑洞是当地一座土牢，1756年一批英国战俘被投入其中，由于太过拥挤，导致上百人因缺氧和高温中暑而亡。

度。顺流而下，接下来是阿格拉，莫卧儿四朝君王安居于此，其中一个修建了泰姬陵来纪念他深爱的女人。继续往南是安拉哈巴德，正如其名，这是个伊斯兰教圣城。同一区域还有勒克瑙和坎普尔，两者均因1857年的大规模兵变①而为人所知。

继续向下游前进，我们来到了贝拿勒斯，这是所有虔诚印度教徒心目中的罗马与麦加，他们来到这里，不但是为了在恒河圣洁的水中沐浴，也为了能够死在这里，并如愿在河岸某个高台上被火化，骨灰撒入河中。

但我最好还是就此打住。无论你是历史学者、化学家、地理学者、工程师还是单纯的旅行者，只要涉及有关印度的话题，就会发现自己陷入了道德与精神问题的浩渺大洋中心。西方人在进入这座迷宫时应格外小心，因为在这里，我们不但是门外汉，更是新手。

神圣高贵的人们聚集在尼西亚和君士坦丁堡开会，试图制定出后来征服了西方世界的宗教教义②。而此前两千年，我刚才以如此熟稔口吻写到的这些人的祖先便已约略定下了他们宗教与信仰的核心要义，就在今天，这种宗教信仰正令我们的邻居大为头疼，甚而可能还将继续困扰他们十几个世纪。谴责我们不熟悉的东西很容易，太容易了。我所了解到的印度对我来说大都是陌生的，让我感觉不舒服，那是因为不安烦躁而带来的困惑感。

但接着我便想起来，我的祖父祖母曾经给我带来过同样的感受。

到现在，我终于开始认识到他们是对的。或者说，即便他们不总是对的，至少也不像我曾经认为的那样总是完全错的。这是艰难的一课。它想要教会我一点关于谦逊的事。上帝知道，我真的需要它！

---

① 即1857—1858年爆发的印度起义，也称第一次印度独立战争，起义由受雇于英国东印度公司的印度士兵发起，对抗其在印度的统治，最终失败。
② 即数次尼西亚公会议和君士坦丁堡公会议，也就是基督教大公会议，两者的第一次会议都是在公元4世纪召开，第一次尼西亚公会议同时也是基督教历史上的首次世界性主教大会。

Chapter 36

BURMA, SIAM, ANAM AND MALACCA,
WHICH OCCUPY THE OTHER
GREAT SOUTHERN PENINSULA OF ASIA

缅甸、暹罗、安南和马六甲①：
共处又一个南亚大半岛

  这四个或独立，或半独立，或臣属于他国的古老王国所在的半岛足有巴尔干半岛的四倍大。从西侧开始，第一个王国是缅甸，它在1885年之前都享有完全的独立，直到英国人在缅甸本国和国际社会大多数人的赞同下放逐了最后一批本地统治者，将这个国家纳入英帝国版图，变成了它的附属国。没有人认真反对这项变动，唯一的例外是国王本人，可惜他所代表的正是再无理由存在的一类人群，除了在电影里，那些广为人知的"东方君主"通常都是些还没被发现的疯子。更不必说他原本就不是本地出品，而是来自北方。整个半岛都饱受众多此类"上等人"所困。对此，本地山脉要负上主要责任。印度那由东至西绵延的高大山脉将它与北方隔绝，形成了它的天然屏障。与之相反，这个不幸的半岛被五道各自独立的南北向山脉占据，无异于提供了便捷的通道，可以从中亚杂草丛生的严酷

---

① 暹罗为今泰国，安南为今越南东部地区。

地带直通肥沃的孟加拉湾、暹罗湾①和南中国海。更何况，凡是这些中亚土地养育的人出现之处，必定散落着许多毁灭的城市和洗劫后的田园。

为免你为这最后一位独立的缅甸君主流下无谓的泪水，你得知道，为了庆祝自己登基，他重启了古老的亚洲"优良"风俗：杀死所有亲属。土耳其苏丹常常这样做，但只是以防万一，就像你若是当选了某个南美洲共和国的总统，就一定要做好防范意外的准备一样。但在19世纪80年代里竟还会发生冷血屠杀上百名兄弟、表亲、子侄这样的事，就无法做同等解读了，于是，一位英国统治者取代了从前的君王。从此以后，这个人口始终只及印度3%却九成都是佛教徒的国家迎来了极大的繁盛，仰光到曼德勒之间的伊洛瓦底江终年可以通航，前所未有地成了贸易大动脉。出现在江面上的运粮船、油船和各种各样的船比此前漫长历史中的总和都多。

说到暹罗，这个国家就在缅甸以东，中间隔着道纳山和他念他翁山脉。它能够长久保持独立，应当归功于多重因素的共同作用，其中，英法两国各踞东西，相互猜忌，一定不会是最微不足道的理由。此外，暹罗在君主问题上更是格外好运。老朱拉隆功国王在位逾40年，他是一位中国人的后裔，后者在18世纪下半叶将暹罗从缅甸手中解放了出来②。这位开明的暹罗人机智地周旋于东西强邻之间，偶尔做出些无足轻重的让步，最重要的，他没让身边围满英国人和法国人，而是从危险性小得多的国家选择智囊参谋。凭借以上种种措施，他将本国的文盲率从90%降到20%，创办了一所大学，修建了铁路，疏浚了超过400英里的湄南河河道以供通航，建立了非常出色的邮政与电信系统，同时建军强兵、砥砺兵马，让自己不仅仅是一个好伙伴，也是暗藏锋锐的危险敌人。

---

① 今泰国湾。
② 朱拉隆功（Chulalongkorn，1853—1910），即拉玛五世，暹罗曼谷王朝的第五位皇帝。这里说的"中国人"应为吞武里王朝的华裔国王达信（中文名郑信、郑昭），他在位期间曾击败缅甸统一全国，后因宫廷政变遭废黜，手下大将昭披耶却克里从柬埔寨战事前线返回，自立为王，建立却克里王朝，是为拉玛一世。拉玛一世也是对缅战争中的大将，传说他曾伪称自己是达信之子。

湄南河三角洲上，曼谷日益发展，最终有了将近百万人口，其中大部分仍然居住在河上的船屋中，这为曼谷带来了几许东方威尼斯的韵味。这个国家没有向外国移民紧闭大门，恰好相反，它大方鼓励勤勉的中国人在首都定居下来，如今华裔占据了总人口的1/9，在暹罗发展为最重要粮食出口国之一的过程中功不可没。其内陆腹地依然密林覆盖，价值不可轻忽，而柚木正是一大重要出口物资。也不知是运气好还是眼光好，暹罗的统治者们始终保有至少一部分马来半岛的土地，而后者刚好拥有全球储量最大的锡矿。

不过，暹罗政府原则上还是反对国家工业化的。对于所有热带地区的居民来说，想生存，就必须把主要精力放在农业上，除此之外才能有一点其他的简单追求。很少有亚洲国家能理解这一政策的可取之处，暹罗正是其中之一。就让欧洲人守着他们的工厂和贫民区吧，只要亚洲能保有自己的村庄和田园。它们或许并非西方喜爱的那种村庄，却很符合东方气质。工厂却不然。

此外，暹罗的农业财富与大多数其他国家多少有些不同。除了中国人饲养的上百万头猪之外，这个国家还可以骄傲地说，自己拥有不下600万头温驯的水牛和6822头大象，全都可以充当起重机和卡车，帮助本地人劳作或供外租。

法属印度支那，这个名称通常会赋予法国在这个半岛上占有的一切地区，共包括五个部分。从南往北数，首先是柬埔寨，它占据了三角洲最远端的大湄公河流域，出产棉花和胡椒。名义上，它还是个王国，只是处于法国的监管之下。在它的内陆腹地，一座被称为洞里萨的大湖北面，茂密的丛林里藏着一些最有趣的遗迹，多少年来从未被人发现。它们由神秘的高棉人建造，我们对这个种族几乎一无所知。公元9世纪期间，这些高棉人在柬埔寨北部为自己修建了一座王城，名叫吴哥。这可不是小工程，因为四方王城的每一面城墙都至少有2英里长，30英尺高。首先，在印度教的影响下，高棉人都是婆罗门教徒，却又在10世纪接受了佛教作为这个国家的国教。从婆罗门教到佛教的转变引发了精神领域的大爆发,进而通过无数寺庙、宫殿的建造表达出来。这些建筑全都建于12至15世纪之间,王城吴哥在15世纪被毁,只留下无与伦比的惊人建筑学遗迹,相比之下,美洲的玛雅人虽然名气大得多,可就作品而言,不过是群头脑简单的初学者。

有一种理论认为,吴哥最初就在海边,比湄公河三角洲的形成早很多。可如果真是这样,海岸线就后退了何止300英里。那必定是一个纪录。因为在历史上,海洋后撤的最高纪录从未超过拉文那一带的5英里和比萨的7英里。吴哥究竟从何而来,为何而建,如何修建,这些或许永远是无解的谜。但这里的确曾矗立着一座城,在当时,这座城市的重要性不亚于今日的纽约。它消逝了,变成了明信片上的画面,以一个硬币一枚的价格卖给巴黎殖民展的参观者。然而,在过去某个时候,巴黎还只是一堆恶臭的泥巴小屋的时候,它曾是一个文明的中心。这一切真是太奇妙了!

至于湄公河三角洲,如今属于法国殖民地交趾支那[①],1867年被法国占领,当时,那个帝国刚刚经历了墨西哥远征的惨败,急需重振声威。交趾支那有一个绝佳的港口,西贡。就是在那里,上千名法国军官曾焦急地期盼着有一天能回到家乡,安享宁静与荣耀,摆脱管理400万交趾支那人的繁重工作。

安南位于交趾支那以东,尽管自从1886年开始便"享受着"法国的"保护",但至今仍是一个王国。其内陆出产木材,只是由于整个国家多山,没有道路通行,因此几乎还保持着完全未开发的状态。

北部的东京[②]更加重要,因为它不但有一条非常好的红河,还出产煤炭和水泥。事实上,它应当算是中国的一部分,同样种植并出口棉花、丝绸和糖。它的首府河内自1902年起便是法属印度支那政府首选地。除了以

[①] 交趾支那是法殖民时期名称,大体为越南南部地区,属于法属印度支那的一部分。法属印度支那还包括今柬埔寨、老挝等。1945年胡志明在河内发表《独立宣言》,后历经法越战争、南北越对峙和越南战争,于1975年实现越南统一。
[②] 越南北部地区旧称。

亚洲山口

上四个国家,法属印度支那还包括一条狭长的内陆地带,名叫"老挝",于1893年归附法国,在这里提到它纯粹是为了便于统计人口变化。整个大半岛的南部被分成了两个部分。所谓的"马来联邦"包括四个托庇于英国的半独立小公国;此外便是英国直辖的殖民地,称"英属海峡殖民地"。掌握马来半岛对于英国人来说非常重要,因为这些有时能高及8000英尺的群山里蕴含着非常丰富的锡矿,气候也适宜许多热带作物生长,几乎不需要投入成本。橡胶、咖啡、胡椒、木薯和黑儿茶(这是染色行业的必需品)经槟城和新加坡大量出口,前者位于马六甲海峡,后者所在的小岛控制着所有南北及东西向的重要海上航线。

有"狮城"之称的新加坡几乎和芝加哥一样古老,它的建造者是那位大名鼎鼎的史丹福·莱佛士爵士,那时候荷兰还是拿破仑帝国的一部分,管理荷兰殖民地时他就预见到了这一地点的战略重要性。1819年的新加坡还是一片蛮荒丛林。如今居民数已超过50万,几乎是整个东方语言和种族最丰富、最五花八门的地方。它的防御不亚于直布罗陀海峡,同时也是一条铁路的终点,这条铁路连接到曼谷,但至今仍未通到仰光。有朝一日,当东方与西方不可避免的冲突终于爆发时,它将在其中扮演重要的角色。预见到这一点的新加坡建起了一系列会所酒吧,灯红酒绿之名响彻东方,每年花在各种赛马会上的钱几乎和都柏林一样多。

Chapter 37

THE REPUBLIC OF CHINA, THE GREAT PENINSULA OF EASTERN ASIA

中国：东亚的伟大半岛

中国是个幅员辽阔的国家。它的边境线全长8000英里，几乎相当于地球的直径，比整个欧洲大陆都大。

中国人占据了我们星球上总人口的1/5，当我们的祖先还在把脸涂抹成蓝色，用石斧打野猪时，他们就已经懂得如何使用火药，如何书写。想要在寥寥几张纸的篇幅里将这样一个国家描述清楚是不可能的。我所能做的，只是给你一个速写，勾勒一个轮廓。至于更多细节（如果感兴趣的话），你可以在之后自己慢慢补足，因为单单有关中国的书籍就足以填满两三个图书馆。

和印度一样，中国也是半岛，只是并非三角形，而是一个半圆形的半岛。除此之外，它与印度还有一个非常重要的不同之处：这里没有热心的高山将它与世界分开。恰恰相反，中国的山脉就像一只手的五指，向着西方张开。就这样，黄海岸边肥沃的中华平原随时向强悍的中亚来客敞开着大门。

为了解决这一不利条件，公元前3世纪（那会儿罗马和迦太基正在争夺地中海的控制权），中国皇帝修建了一道巨大的城墙，绵延1500英里，宽20英尺，高30多英尺，从辽东湾一直延伸到嘉峪关，就在戈壁沙漠边缘的肃州①以西。

这道石头屏障出色地完成了它的使命，令人肃然起敬。直到17世纪，它才倒在满族人猛烈的进攻之下。尽管如此，一项军事工程能够矗立将近二十个世纪，这本身就不是一件简单的事。我们如今修建的工事顶多十年就没用了，只好花大价钱不断维修翻新。

至于中国本身，如果不看蒙古、满洲里（本章写作时它似乎很快就要落到日本人手里了）、西藏和新疆，剩下的部分就是一个巨大的圆，被南方的长江和北方的黄河分成了几乎相等的三个部分。北部是北京的所在地，冬天很冷，夏天不算太热，因此，人们以小米而非大米为主食。中部，有秦岭山脉为它挡住南下的北风，气候要温暖得多，人口也稠密得多，人们吃大米，不知道小麦长什么模样，是什么味道。第三部分就是中国南部了，那里有温暖的冬天和非常炎热潮湿的夏季，一切热带作物都能生长。

中国北部又可以被分为两个部分：西部山区和东部平原。西部山区是著名的黄土高原。黄土是一种非常好的土壤，呈发黄的灰色，渗透性非常好，以至于从天而降的雨水几乎一落到地面就消失了，与此同时，河流和小溪在黄土地上刻出深深的沟壑，让这个地区的旅行不比在西班牙更轻松。

东部平原濒临直隶湾②，黄河带来的泥沙正在如此迅速地将它填满，因此，整个海湾不但无法通航，也没有好的港口。再往北一点有另一条河，比黄河小得多，但就行船而言一样毫无用处。那是白河③，就像北京的芝加哥河，是一条巨大的排水渠，负责中国首都的污水排放。有鉴于中国眼下形势的瞬息万变，我只能说，北京作为天朝上国的首都已经九个世

---

① 今酒泉。
② 今渤海湾。下午提到的"直隶"即今河北省。
③ 今海河，依照这里的描述，主要应当是海河的支流坝河。

中国的大河

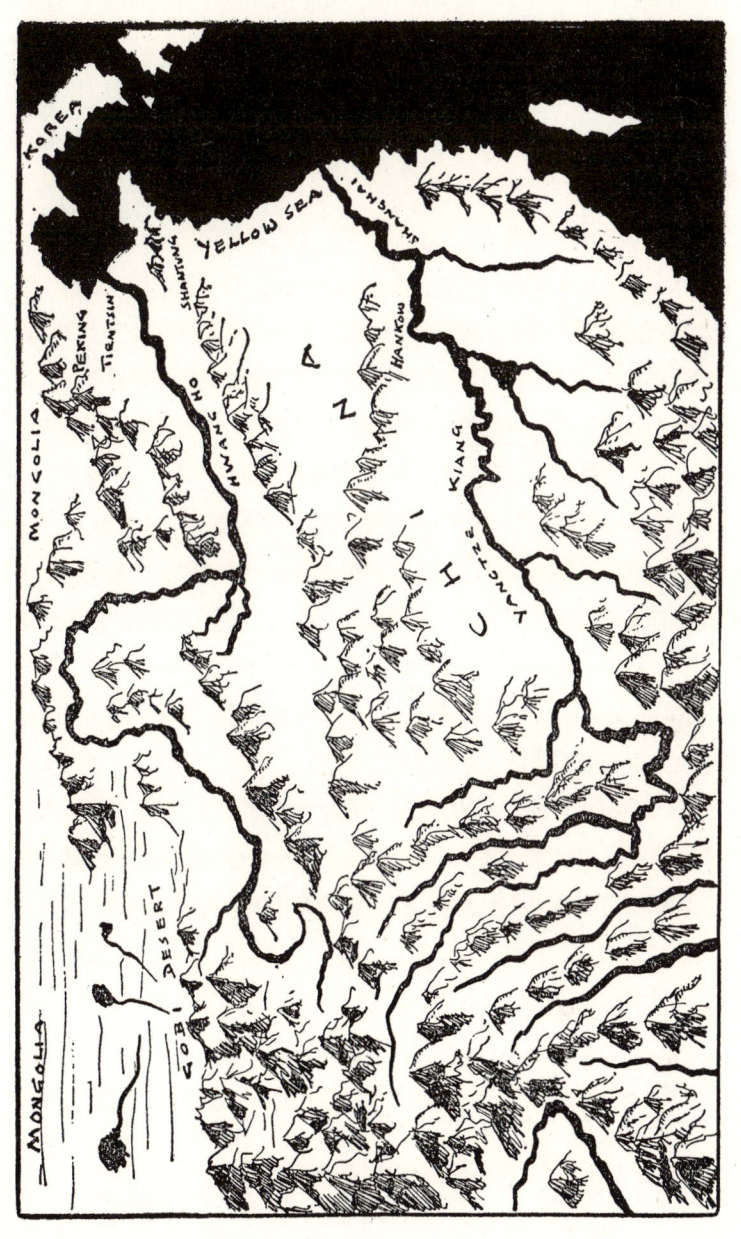

纪了，或者说，从威廉一世征服英格兰以来，北京就一直是首都。但我不确定，到这本书印刷出版时，它是否依然是中国的首都，又或者，只是一个普通的中国城市，甚至沦为某个日本将军临时或永久的驻地。

不管怎么说，它都是一个历史非常悠久的城市，经历过无数起起伏伏。公元986年，它曾被鞑靼人占领，改名南京，意思是"南方的都城"。12世纪，中国人重新夺回了它，但并不打算重新启用它作为都城，而是将它变成了一个二等的省级中心，称燕山府。半个世纪后，它再次被另一支鞑靼人占领，这次的名字是中都，"中心之都"。又一个世纪过后，成吉思汗占领了北京，不过他拒绝为贪图安逸迁到这里居住，仍然一心要住在他那蒙古荒原腹地的帐篷里。他的继承者，大名鼎鼎的忽必烈，却不这么想。后者重建了荒废的北京城，将其改名燕京，或者说"伟大的皇城"，尽管那时候更为人所知的是它的蒙古名字汗八里，"大汗之城"[1]。

最终，这些鞑靼人也被赶跑了，一位中国血统的皇帝登上了王座，那便是举世闻名的明朝开国皇帝。燕京从此变成了北京，也就是"北方的皇城"。自此，北京一直就是中国的政治中心，同时它也远离了外部世界，直到1860年一位欧洲使臣获准以官方身份进入北京，这位使臣的父亲曾经将额尔金大理石雕捐赠给大英博物馆[2]。

这座城市在全盛时期必定曾无比强大。它的城墙足有60英尺厚，近50英尺高，其本身自带的要塞——方塔和城门——就是坚实的防卫。城墙之内，这座城市就像中国的九连环一样，容纳着许多小城：一个套在城中的

---

[1] 后晋高祖石敬瑭于公元938年将燕云十六州割让给辽，辽太宗定幽州（今北京西南）为"南京幽都府"，为辽陪都，1012年改称"南京析津府"。1122年，北宋夺回北京，设"燕山府"。1153年，金建都北京，称"中都"。1215年，成吉思汗攻下北京，设"燕京路大兴府"，后由忽必烈改名"大都"。1368年，朱元璋建立明朝，遣大军将元朝皇帝逐出大都，改"北平府"。1403年，明成祖朱棣改北平府为"北京顺天府"，1421年迁都北京。原文时间细节略有出入。

[2] 额尔金（或译埃尔金）本为苏格兰贵族称号，持有者为布鲁斯家族。第八任额尔金伯爵詹姆斯·布鲁斯为英法联军进攻清朝的英国全权代表，曾下令焚毁圆明园。其父第七任额尔金伯爵托马斯·布鲁斯曾劫掠希腊帕特农神庙。

皇城，一个满族人居住的城区，一个汉族人居住的城区，以及一个19世纪后出现的外国人城区①。

在1900年义和团运动爆发以前，所有外国使臣都集中居住在满汉城区之间的一个小方块区域里。围攻事件之后，各国派出军队，重兵防守使馆区。自然，北京还有许多宫殿和寺庙。但我更想谈的是中国人与印度人的不同，这能够在一定程度上解释，为什么这两个国家除了人口一样多到无可救药之外，几乎没有任何共同之处。

印度人总是非常看重他们的神明，修建寺庙的时候，一定要尽这些日日汗流浃背的贫苦农民所能，花最多的钱，修到最大、最奢华、最金碧辉

长城是月球上唯一能看到的人类手工搭建的建筑

---

① 清朝北京城布局大体为，八旗居内城，汉人居外城，后另辟东交民巷为使馆区。义和团1899年在冀鲁起事，1900年围攻东交民巷。下文相关时间及细节多有出入。

煌。"公共设施不费一文,侍奉神明何吝百万"是婆罗门的宣言。而中国人顶着佛教徒的名头,却从街头的贩夫走卒到最有权势的高官贵戚,无不受到一位务实英明的古老智者的影响,那就是孔夫子,他在公元6世纪下半叶①就已经将自己的信条灌输给了大众:关注日常生活,不要浪费时间空谈来世。中国统治者的行事也完全符合孔夫子"要做有意义的实事"的观点,他们会将大部分税收用在改善公共设施、开凿运河与灌溉水渠、修建长城、治理河道上,至于寺庙,只要确保不让神明感觉被怠慢就好。

此外,由于古代中国人都具备惊人的艺术天赋,他们能以比恒河流域居民小得多的花费得到令人满意得多的成果。旅行者在中国任何地方都找不到规模可与印度相媲美的建筑,这是事实。几尊守卫明代皇陵——就在北京以北约60英里处——的巨大动物石像,这里那里偶尔一尊巨佛,这就是全部了。其他的全都规模适中,然而也全都拥有完美的比例。说来也奇怪,中国的艺术对西方人的吸引力比印度艺术大得多。中国的画、雕塑、瓷器和漆器都更适合欧洲人或美国人的家庭,相反,印度的同类物品就总是不太和谐,哪怕是在博物馆里看到也总有点让人心神不宁。

中国在现代商业社会里也很重要,这是因为它有着非常大的煤炭储量和全球第二大的铁矿储量。若是有一天英国、德国和美国的矿全都耗尽了,我们还能依靠山西省取暖。

直隶的东南面是山东省,与它同名的半岛将直隶湾和黄海隔了开来。中国这一带地势多山,唯一的例外是黄河河谷。这条河一路向南,最终注入黄海。然而,在1852年时,它却突然改道②,这在我们看来是一桩小事,可在中国就是真正的大洪水。要为黄河的这种行为寻找一个参照物的话,我们只能想象,如果莱茵河突然想到波罗的海看看,或是塞纳河决定

---

① 这里或有误,孔子生卒年为公元前551年至前479年。下面提到的生死观出自《论语·先进篇》:"季路问事鬼神。子曰:未能事人,焉能事鬼?曰:敢问死。曰:未知生,焉知死?"
② 此次黄河改道发生在1855年,夺北方河道注入渤海湾。

不去比斯开湾而转向北海，会是怎样的景象。考虑到黄河从17世纪末到现在已经十次改变入海口，我们完全无法确定它如今的河道是否会永远不变。坝堤之类的设施在世界其他地方可以有效确保河流循规蹈矩，可是对于像黄河、长江这样的大河却毫无用处，1852年黄河冲破的河堤足有50英尺高，却像纸一般轻易就被撕开了。

然而，让这些河流如此麻烦的还有其他因素。你一定听说过中国人被称为黄种人，也看到过报纸上谈起黄祸，诸如此类。通常，我们将黄色和中国人联系起来是因为他们面孔的肤色。但当中国的帝王们自称"皇帝"[1]时，他们取的是"黄土之帝"的意思，考虑的不是他们的国民，而是这些国民居住的土地。黄河卷着黄土滚滚而下，将中国北方的一切都涂抹成了黄色——河水、海水、道路、房屋、田地，还有男人女人们身上的衣服。正是黄土带来了黄种人之名，事实上，他们的皮肤并不真的比大多数西方人更黄。

13世纪，一位中国皇帝下令开凿一条贯通黄河与长江的大运河[2]，好让他的臣民在从中国北方前往中部或南部时不必再冒长途航海之险。运河全长超过1000英里，始终恪尽职守，直到1852年黄河从黄海改道直隶湾，将运河与老河床一并冲毁。但这条全世界最长的大运河足以证明，这片土地的古老统治者们都是有远见卓识的人。

不过，我们还是回到山东半岛吧。它坚实的花岗岩海岸造就了好几处非常重要的港口。其中之一的威海卫就在芝罘湾以东，一直被英国人掌控[3]。当时，俄国人占领了直隶湾另一侧的旅顺港，计划用作其海军基地和西伯利亚大铁路的一站，于是英国人便向中国"租借"了威海卫。"租借协议"规定，只要俄国人离开辽东半岛，英国人就必须立刻撤出。但当

---

[1] 疑为作者混淆了"皇帝"和"黄帝"。
[2] 应为京杭大运河，从北京到杭州，全长1794公里。其基础是自隋代就开凿的隋唐大运河（南北大运河），此后历朝历代多有改建扩展，并非自明朝开始开凿。
[3] 威海卫即今威海，1898年被英国强行租占，1931年收回。

日本人于1905年占领旅顺港时，英国人并没有离开。德国人也好不了多少，他们旋即占领了胶州湾，并进一步向南占领了青岛市，两者同样都属于山东半岛。由此可以看出，世界大战的余波甚至影响到了远东地区。德国和英国争夺着某些并不属于它们任何一方的东西，正如这种情况下常常发生的，第三方（日本）出手，拿走了赃物。

中国的大运河

为了赢回一点中国人的好感，威海卫和胶州湾随后都被还给了中国，但日本依然占据着满洲里，老一套游戏很可能又要从头来过。

中国中东部拥有广阔而膏腴的平原，事实上，那是华北平原的延伸。中部则是山区。长江穿行于群山之间，蜿蜒曲折，直至最终抵达东海。它发源于四川省①，这个地区同法国一样大，但得益于极其肥沃的红土地，

---

① 通常认为长江发源于青藏高原的唐古拉山脉，位于青海省境内。

养育了多得多的人口。几道纵贯南北的山脉几乎令它彻底与世隔绝。因此，它所经受的种种绝少来自白种人，明显比中国其他地方更中国。

长江继续着它奔向大海的脚步，接下来穿过的是湖北省，大名鼎鼎的汉口市就坐落在那里。那是1911年革命的重地，那场革命将满族王朝的末代皇帝拉下马，全世界最古老的君主国变成了共和国。吨位1000以下的远洋轮可以沿着长江一直开到汉口。从汉口到上海的河段是中国中部的主要商业动脉，上海则是中国对外贸易的中心，也是首先开放对外贸易的中国港口之一，那是1840年至1842年中英之间爆发的所谓"鸦片战争"的后果。

杭州坐落在长江三角洲的南部，马可·波罗称之为"Kinsai"（行在①），而在东面的苏州，这个名字就意味着"茶"。这是对的。长江流域的下游土地非常肥沃，正因为如此，南京在很长一段时间里不但是中国中部最重要的城市，更是王都所在，也是长江三角洲的开端。

半是由于它的历史，半是由于战略位置（广州到北京的中间），外加考虑到它不会直面外国军舰的炮口，南京城被选为中国"合法政府"的政治中心，至少在我写下这句话的时候（1932年1月2日00点07分）还是这样。

至于中国南方，那是一片山区，虽然也出产茶叶、丝绸和棉花，但始终是相对贫穷的地区。那里曾经丛林密布，但森林早已遭到砍伐，泥土被雨水冲走，只留下光秃秃的岩石。因此，大量人口流向了世界各个尚未出台法律限制中国人入境的地方。

中国南方最重要的城市是广州，它是中国最重要的进口港，地位与上海相当，后者是中国最重要的欧洲出口港。珠江入海口（广州城本身还在内陆方向几英里外）边有两个外国租借地。右岸的澳门是葡萄牙在中国仅有的占地，如今仿佛只是某个东方的蒙特卡罗。香港则自从鸦片战争以来就被英国人占据。

---

① 北宋灭亡后，康王赵构南逃，建南宋，为宋高宗，后迁都临安府（杭州），称行在。行在，本意为天子巡行驻跸所停留的地方。

中国南部近岸处的两座岛屿中，海南岛仍然属于中国，而曾经的荷兰殖民地台湾则在1894年至1895年的中日战争中落到了日本人手里。

90%的中国人是且很可能永远都是农民，靠自己种植的粮食生存，如果遇上坏年景，就得忍饥挨饿。但48个港口已经对外开放，主要向海外输出丝绸、茶叶和棉花，奇怪的是，并没有鸦片出口。中国皇帝一直在努力保护他们的国民对抗这种不祥的成瘾性毒品，于是过去的罂粟田渐渐都变成了棉花地。

说到铁路，中国人比任何其他民族都更加抗拒，出于对父母和祖先的敬意，他们害怕这沿着钢铁道路呼啸而来的机器会打扰逝者安眠。1875年，上海到它的港口吴淞口之间曾修建了几英里铁路，结果却引来巨大的抗议声浪，以至于工程不得不立刻停止。即便到了今天，中国的铁路都不得不绕上一个又一个大圈来避开坟地。尽管如此，如今中国还是有超过10,000英里的铁路在运行，济南附近跨越黄河的铁路桥更是全球最大的铁路桥。

中国大约60%的外贸交易依然掌握在英国和它的殖民地手中，这或许能够解释，为什么英国会被迫改变它对待这个天朝上国人民的旧有残酷政策。勤劳的中国人若是联合起来抵制英国商品，就意味着每天上百万美元的损失。如果一个客户刚巧代表着全人类1/5人口的利益，那么，与它保持友好关系才是明智之举。

中国人的先祖刚出现在蒙昧历史中时，就已经生活在黄河两岸的黄土地上了，那是如今中国内陆腹地的西北部。肥沃的黄土地在从事农业的人眼中必定是十分令人满意的。更有甚者，它还解决了住房问题，因为它可以允许人们就近寻找一个山坡，为自己挖一个舒适的小家，而不必为漏风的墙或漏雨的屋顶烦心。

据一些熟悉那个地区的旅行者所言，那里颇有些人口稠密的地方，但在第一缕阳光宣告白天到来之前，你甚至看不到一丝人烟。日出之后，无数的男人、女人和孩子就像钻出洞穴享受阳光的兔子，开始了他们无休止的寻找食物的工作，直到日暮，再次消失在地面之下。

征服群山后，中国人开始向东迁移。奔腾喧嚣的黄河携带着数以百万吨计的高山土壤，堆积出平原，滋养它们，直至这些土地能够再额外供养数百万的人类。河流唤醒了中国文明的启蒙，早在我们进入公元纪年的两千年之前（罗马建立前1500年），中国人的足迹便已出现在了长江边，他们帝国的中心也从黄河流域转移到了中部大平原。

公元前5世纪至前4世纪之间，中国出现了三位圣人，孔子、孟子和老子，他们的名字并没有被拉丁化。若非这三位圣人在那个时候出现，中国人的宗教观会是怎样，我们无从知晓。唯一显而易见的是，自然将会被顶礼膜拜，毕竟，依赖自然力量为生的人总会崇拜自然的力量。若是以基督教、佛教或伊斯兰教来定义"宗教"这个词，无论孔子、孟子还是老子，都不是宗教创始人。

他们只是教导一种道德准则，其核心根基在于，判断人之高下不在于他是否天资出众，哪怕最平凡的人，只要笃行正道，愿意聆听长者和更优秀者的教诲，进而能够努力上进，就值得赞赏。用我们基督教的观点来评判的话，这三位当然足以被判定为宣扬一种俗世化的、确定无疑的唯物主义观点。他们三位都很少谈及谦逊、逆来顺受，也不宣扬以德报怨。他们知道，普通人并没有能力做到这样崇高伟大的事，甚至他们多半还会怀疑，这样一种行为准则最终是否真的能对整个群体有益。因此，他们只给出了如下的建议：应以正义回报邪恶，为人行事要负责，要守信，要记住值得敬重的祖先并尊重他们。

这三位中国哲学家都只用简要的语言阐述他们的道德观，但每个中国人都至少学到了一部分。我无意将这套体系与我们自己的比较高下，但它至少是一套不乏若干明确优点的体系。它让整整一个民族里使用数十种不同方言（来自中国北方的人会发现很难听懂他的南方同胞在说什么，就像瑞士人试图和法国人沟通时一样）、生存在迥异环境下的四亿个体至少拥有一个共同点：一种面对人生高低沉浮时的典型的中国式态度，一种实用的生存哲学，它们能帮助最悲惨的苦力撑过困境，若是欧洲人或美国人落到同样的境地，必定不是被折磨致死就是因无法忍受而自杀。

而且他们的理念都相当简单，几乎人人都能明白。这么说并非无的放矢，不妨看看中国人在他们的4000年历史里完成的一次又一次同化奇迹吧。它们完全不合常理，奇妙得令人难以置信。公元10世纪，蒙古人建立了世界上有史以来最伟大的帝国，疆域从波罗的海铺展到太平洋。但所有这些蒙古统治者都和忽必烈一样，到头来变成了中国人。蒙古人之后是明朝（1364—1644），那是完全由中国人统治这个国家的最后一个朝代。再之后，接掌中国的是一位来自满洲里的鞑靼王子，他建立了满族人的王朝。尽管作为投降满族主人的标志，中国人被迫留长头发，编起细长的"猪尾巴"辫子，再剃掉其余的头发[①]，可满族人很快就变得比中国人自己还要中国了。

在满族的最后一次入侵后，中国人封锁了港口，关闭了国门，将一切来自西方的外国到访者拒之门外，中华文明看起来有机会稍稍停步喘息一下了。然而，从这一刻起，它便陷入了如此彻底的僵化，更甚于我们听说过的任何一个国家。它的政治体系变得比革命前的旧俄罗斯还要刻板。文学之泉封冻了，就连他们无与伦比的艺术也变得像过去君士坦丁堡的拜占庭马赛克工艺一样一成不变。科学不再有任何发展。如果机缘巧合，有人凑巧发明了什么新东西，它立刻会被当成邪恶愚蠢的东西而遭到摒弃，就像我们军队的医疗部门试图阻止氯仿的使用一样，理由就是，这是新的东西，必定是愚蠢的。由于完全隔绝了与外部世界的联系，中国从来没有机会了解到其他国家是怎样的情形，因此，中国人很容易说服自己，他们自己的各种方式都是最好的，他们自己的军队是无敌的，他们自己的艺术是人类造物中最卓越的，而他们自己的风俗习惯比所有其他国家都优越，甚至于将两者相提并论本身就是荒唐可笑的。也有许多国家都曾试图以温和

[①] 留长发的习俗中国古已有之，清朝的改变主要在于要求男子剃掉前半的头发并将后半长发编成长辫。

的方式执行这样一种排外政策,但无一例外,统统遭遇了惨败。

自16世纪上半叶开始,中国人打开了他们在太平洋的两三个港口,允许少数自葡萄牙、英国和荷兰远渡重洋而来的"洋鬼子"进入,以换取欧洲贸易的收益。但这些不走运的外国人社会地位极不令人满意。他们的境遇几乎堪比某位值得尊重却时运不济的黑人医生,他被迫接受弗吉尼亚第一批定居者的后代指派,与他们登上了同一艘船。

当英国在1816年派遣阿姆赫斯特阁下①(杰弗里的侄子。次年,杰弗里在圣赫勒拿岛见到了拿破仑)向中国天子请求改善英国商人在广州的境遇时,他被告知,面见天朝皇帝必须在皇帝座前叩头下拜。所谓"叩头",就是字面的意思,"在神圣的皇座前以额头触碰地面三次"。对于荷兰船长来说,这是可以接受的,因为他知道,只要在接见大厅里叩一次头,他就能满载茶叶或调料回国,换取余生富足的生活。但作为英皇陛下的代表就不同了。阿姆赫斯特阁下断然拒绝了这一要求,结果连北京的城门都没能进得去。

有了詹姆斯·瓦特及其为了开发我们这颗小小星球所发明的蒸汽机,此时的欧洲渐渐富裕起来,正叫嚣着要发掘新世界加以征服。自然,中国首当其冲。就白种人的尊严来说,战争爆发的直接理由并不那么体面,尤其是在1807年以来的这段时间里就更不光彩。当时莫里斯已经抵达广州,作为第一位来此的欧洲传教士,他向中国人宣扬,基督教其实是多么好的一样东西,为什么他们应当尝试一下。即使那些迂腐狭隘的满大人们(只是对中国官员的一种称谓,当时是他们执掌中国)仍然一心想要依靠孔子之道来帮助他们的人民抵御滚滚而来的鸦片诱惑,英国东印度公司却将数百万磅的罂粟籽卖给了长江和黄河流域的人们。东印度公司坚持要将鸦片

---

① 即威廉·阿姆赫斯特(William Pitt Amherst,1773—1857),第一任阿姆赫斯特伯爵,英国外交官、殖民地官员,曾出任印度总督。其叔父杰弗里·阿姆赫斯特(Jeffery Amherst,1717—1797),首任阿姆赫斯特男爵,因在英法战争中功勋卓著而闻名。圣赫勒拿岛为拿破仑·波拿巴战败后被流放的岛屿。

输送到中国，而中国的统治者则拒绝让这些货物登陆。于是，鸦片和恼羞成怒的感觉共同导致了1840年的战争。在这场战争中，中国人惊慌地发现，他们根本无法抵挡向来轻视的外国人，经过若干个世纪的自我隔离以后，他们已经被远远抛在别人身后，也不知是否有追得上的一天。

这样的担忧很有可能成真。自从鸦片战争的灾难以来，中国便完全沦为了被西方支配的对象。中国人习惯了春种秋收，两耳不闻窗外事，如今倒也不时有迹象表明，他们已经开始认识到他们的国家有些地方出问题了。不满情绪的第一次爆发是在80年前。当时，中国人将这个国家遭受的不幸归罪于"外来"的满清王朝，愤而起义解放了自己。

当满族人为与英国和法国交战而焦头烂额时，中国南方掀起了一场名叫太平天国的起义。他们不再剃头，剪断了"猪尾巴"，但皇帝的军队比这些被误导的革命者强大太多了，前者先是由一个名叫华尔的美国人率领，后来换了那位英国人查理·乔治·戈登指挥，戈登是一名虔诚的基督徒，也是彻底的神秘主义者[①]。他们选出来取代满族人的"皇帝"最终在南京城的住所里与所有妻妾一起自焚身亡[②]。成千上万人被处死，戈登却回到英国，在行旅生涯的间隙里投身慈善和宗教事务，准备迎接他悲剧性的结局，关于这一点，我们会在非洲章节里谈到。

随后，时间到了1875年，满族人和德国人之间出现了分歧，于是德国人派出一支中队，声称要肃清中国海岸的海盗。1884年至1885年间，与法国的战事让中国失去了它的安南和东京[③]；1894年，中日交战，此时的日

[①] 1859年，为阻止太平天国运动发展，英法联军与清廷联合，委派美国水手华尔（Frederick Townsend Ward, 1831—1862）组建"洋枪队"予以镇压。华尔身亡后，英国人查理·乔治·戈登（Charles George Gordon, 1833—1885）接任，最终与清廷合力剿灭了太平天国。据传戈登自认为具备影响异族人的神秘力量，在殖民时代十分活跃，离开中国后又到非洲出任总督，最终死在任上。
[②] 指太平天国首领洪秀全。但洪秀全的死因在史学界公认是病逝，在他逝世一个半月后，天京（即南京）城破，传闻其护卫女兵数千人一同自焚而亡。
[③] 安南与东京为越南地名。确切地说，越南不属于中国，但曾受清嘉庆帝册封定国名为"越南"，因此可视为清朝的藩属国。

324

本已经完全欧化，中国失去了台湾岛。

此后，欧洲人开始大肆争夺中国的军事战略要地。俄国人占了旅顺港，英国人夺了威海卫，德国人取了胶州湾，法国人得了湄公河左岸的金兰湾。美国人的外交政策总是那么复杂（而且，唉，常常感情用事），只含含糊糊地谈到要"保持门户开放"。于是，只要大洋对面的汤姆大叔一个眼错不见，欧洲国家便在他们抢来的土地上竖起坚壁高墙，关上了大门。

中国人尽管天性吃苦耐劳，却也已经开始发现，他们被各方欺骗了。再一次，他们把遭受的屈辱和痛苦都归罪到了外族的清朝朝廷，开启了1901年那场最终以失败告终的义和团运动。首先，他们谋划了一起刺杀德国公使的行动（理由看似很令人信服，说是他先袭击了一名中国人），随后围攻了北京的外国使馆区。结果，一支由俄国人、日本人、英国人、奥地利人、德国人、意大利人、法国人和美国人组成的军队进驻北京，保护惶惶不可终日的外国人区，避免各位公使和他们的家人遭遇意外的结局，随后，作为报复，更令北京这座富庶的城市经受了前所未有的洗劫。就连城中心皇帝居住的紫禁城也被攻破了。一切都没能幸免，无论那些东西对于中国人来说有多么神圣。德国指挥官带着另外两万人和他的帝国元首"像匈奴人那样做"的指示而来（当时战斗已经结束，但抢劫正如火如荼）——这是老威廉二世发出的最糟糕的回旋镖，在十几年后便让他自食恶果，得到了报应，如今只能独个儿伐木度日。

随着欧洲邻居们越发得寸进尺地尽其所能施加种种羞辱，要求巨额赔偿，中国人再一次奋起抗争了，那是在1911年，这一次，他们成功了，满清王朝覆灭，中国变成了一个共和政体的国家。

无论如何，这一次中国人已经吸取了教训，西方国家对孔夫子的典籍并没有那么感兴趣，相反，他们更关心煤矿特许权、铁矿特许权或是石油特许权，因此，如果要确保安全，拥有这些贵重原料的人要么得知道如何保卫自己的财产，要么干脆将它们统统沉到海底。简单地说，中国人开始认识到，有必要仿效日本，赶快补上"西方化"的课程。外国老师从世界各地被请来,但主要还是来自日本,毕竟它近在咫尺,最方便。

就在这一时期,俄国展开了它野心勃勃的计划,要让占据世界1/6土地的国家变成一个工业大国,实践"圣马克思"的福音①。同时,俄国还是中国的近邻,完全可以将一些新鲜的词语悄悄传到饱经痛苦的穷苦人耳中——过去他们生来便注定要当牛做马,无论是谁在统治他们,无论是否有英国人或法国人或日本人在压迫他们,全都一样。

所有这些相互冲突的观念、规划和情感带来的结果便是,一场大混乱在世界大战结束后降临到了中国。战争期间,中国在纷乱争执中被迫加入协约国一方,依照惯例,最后不但一无所获,反而损失惨重。

我不是预言家。我也不知道在未来的十年或十五年里会发生什么。情况也许不会有多大改变,因为可怜的中国奋起直追的脚步迈开得太晚了。只是,但愿仁慈的主能够一如既往地怜悯我们吧,因为,哦,我们欠下的是怎样一笔巨债啊!那是怎样的一笔巨债!

---

① 即卡尔·马克思和马克思主义。

Chapter 38

KOREA, MONGOLIA AND MANCHURIA, IF THE LATTER STILL EXISTS WHEN THIS BOOK IS PUBLISHED

朝鲜与蒙古

让我们先来简单学一点基本的实用经济学。

日本人被困在他们小小的岛上，却像意大利那样人丁兴旺，他们需要更多土地。集合全世界所有漂亮的言语，所有的协议约定，所有好心肠的老女士老先生们出于善意的演说，都不能改变这一事实。因为它的的确确就是自然法则。这么说吧，如果我是个强壮的人，发现自己身处茫茫大海中的一个小筏子上，饥肠辘辘，身边只有一个孱弱却拥有满满一口袋火腿三明治的人，最终结果就是，我要么从那些火腿三明治中分得一份，要么死在争夺过程中。作为一个有教养的人，由一对敬畏上帝的父母精心抚养长大，我或许能在一天、两天甚至三天里抵挡住诱惑。但终究有一刻，我会开口说："给我一些三明治，否则我就把你扔到海里去——快！"

早年的教养也许会发挥作用，让我在对待三明治的主人时多少慷慨一点，允许他保留部分食物，但如果我不得不杀了他来安抚我饥饿难耐的肠胃，我也会做的。将这个人和这个筏子放大百万倍乃至千万倍，你就会开始明白日本人面对的问题。

327

他们住在一个还不及加利福尼亚大的国家里（加利福尼亚方圆155,652平方英里，日本只有148,756平方英里），其中只有1600万英亩可用于耕作，还不到美国可耕种土地的2%。如果要找一个比较接近的参照物，它比纽约州已开发的农田还少一点。就算能把全世界最好的农业科学家都找来帮忙，我们还是能看出，这些可怜岛民面对的是怎样的难题。他们住得离海这么近，当然可以捕鱼为生。但即便他们现在已经发展到可以在稻田的泥水里养好些种类的鱼，问题依然没有解决，而且看起来也无法解决，毕竟，他们的人口数量还在以每年65万的速度增长。

因此，日本会想要寻求更多土地是必然的。自然，他们首先考虑的就是中国，海对面那片管理不善而且不幸遭到忽视的土地。美国大概更适合它，但太远了，而且也太强了些。澳大利亚也太远，况且九成的陆地都是荒原，谁拿着都没用。但满洲里就不同了，它触手可及，中间有朝鲜半岛充当陆地桥梁，从日本本岛到朝鲜半岛也只隔着窄窄的朝鲜海峡。这道海峡不过区区102英里宽，还有对马岛居中作为便捷的中继点——就在这些岛屿附近，日本海军在1905年摧毁俄国舰队，一举扼杀了俄国成为东亚争夺者的潜在可能性。

说到朝鲜半岛，它与意大利南部和西西里岛处在同一纬度，只是冷得多，所在位置没有任何防卫。"朝鲜"的意思是"如清晨般静谧的鲜有之地"，朝鲜人是中国移民的后裔，他们在公元前12世纪占据了这片土地。外来者轻松战胜了原住民，后者是一个非常原始的民族，还住在内陆山区的山洞和地下洞穴里。这些从西面来的移民随后建立起一个自己的王国，然而这个国家却从来没能真正脱离它的母国（中国）而独立，也从来没能摆脱日本海盗的骚扰。

1592年，日本发起了占领朝鲜的第一次尝试。若非做好了万全的准备，日本绝不敢开启这样的行动。准备物资里包括好几百把从葡萄牙人手里买来的火铳。出于对自身武力的自信，日本向朝鲜海峡派出了30万人，一仗打了5年，最终还是失败了，原因只是中国派来帮助朝鲜的援军声势更大。

然而，就是在这次侵略中，朝鲜首都平壤被毁，其间发生了种种可怕的暴行，直接导致朝鲜世代民众对日本的一切都心怀敌意。可如果是你又能怎样呢？朝鲜人弱小，日本人强大，在19世纪最后1/4的时间里，朝鲜人面对俄国人也不得不在政治经济各领域步步退让，于是日本人有了发动新战争的完美借口。

导致战争爆发的直接原因往往没什么意思。深藏在表面下的真实动机才值得探讨。同1592年的远征一样，这一次的动机也一目了然，就是日本政府要找到足够的食物来养活它迅速增长的人口。

一旦日本打败俄国，将莫斯科派出的军队赶回鸭绿江另一侧——这条江位于朝鲜和中国东北之间——朝鲜就成了日本旗下的保护国。1910年，它被彻底纳入日本帝国，同样遭遇的还有台湾岛和库页岛南半岛，前者那是日本在1895年从中国抢来的，后者是1905年以战争补偿的名义从俄罗斯人手里夺来的。如今，已有50万日本人汇入了2000万朝鲜人中。接下来的也只是时间问题。

中国东北陷落以后，紧跟着便轮到蒙古了。蒙古是个非常大的国家，总面积将近140万平方英里，换句话说，有11个不列颠半岛那么大，人口却不到200万。其南部完全无法居住，属于戈壁滩，但其他地方全是大草原，非常适合放牧牛羊。再说了，蒙古人是靠骑兵克敌制胜的，总不可能养出结实到能驮着他们从太平洋一路耀武扬威到大西洋的马。

许多人会义愤填膺地用"日本人的野心"这一盖棺论定的表述来加以指控。我更愿意称之为"日本人的需求"。在国际事务中，适度健康的利己主义是必要的。日本不得不为了国内过多的人口而向外寻求出路。它在北亚找到了这样一个出口，那里人烟稀少，居民已经习惯了各种粗暴的统治，无论什么情形，总不会比从前更糟糕了。

如果失去了北亚这个安全阀，菲律宾、荷兰的东印度群岛、澳大利亚、新西兰和美国西海岸就会永远暴露在日本人的威胁之下，美国也将不得不为波利尼西亚的每一座岛屿都配备一艘战舰,免得一觉醒来就被日本舰队抢去了哪一座。

总而言之,如今的情形看起来倒是现实得多。至于那些为这番冷酷自私言论而落泪的人,还是请你们先趴在我们的印第安人肩头哭泣吧。

如果大西洋干涸了

Chapter 39

THE JAPANESE EMPIRE

日本帝国

日本，在以向邻国扩张开启它征服世界的"大业"之前，是一个由500多个小岛组成的国家，这些岛屿呈半环形分布于北面的堪察加半岛和南面的中国广东省之间，两者距离相当于从欧洲北角到非洲撒哈拉沙漠的中心。

各岛大小不一，介于英格兰、苏格兰的总和与曼哈顿岛[①]之间。518个岛屿上生活着约6000万人。最近的数据显示，日本总人口已经超过了9000万，但其中包括2000万朝鲜人和好几个世界大战后才刚刚并入日本领土的波利尼西亚岛屿。

无论如何，从实用角度出发，记住以下几个地名就足够了：本州岛，中心主岛；北海道，位于北部的日本第二大岛；四国和九州岛，紧邻本州岛南侧的两大岛屿。首都东京位于本州岛中部肥沃的平原地带，有200万

[①] 曼哈顿为纽约市中心岛屿，也是纽约最小的一个区，陆地面积仅59.1平方公里。日本的岛屿总数确切说来约6800有余，其中有的只是小岛礁，面积比曼哈顿岛更小。此外，2017年的统计数据显示日本人口为126,672,000。

居民。横滨则是东京的港口。

另一个更大的城市是大阪,位于同一个岛的南部,是日本重要的纺织业中心。大阪以北坐落着京都(东京Tokyo就是京都Kyoto掉了个个儿),那是帝国的古都。你偶尔可能从报纸上看到的城市还有神户和长崎,前者是大阪的港口,后者位于九州岛南部,是所有欧洲来船最方便到达的港口。

至于"江户"这个名字,你常常会在历史书里看到,它就是东京在幕府时代的名字。1866年,幕府将军失势,日本天皇从京都移居江户,并将它改名为东京,自此,它开始飞快地发展,直至成为当今世界最大的城市之一。

然而,以上所有城市都处于随时可能毁于一旦的威胁之下。日本的岛屿都只是亚洲大山脉突出的外延(日本海、较浅的黄海和中国东海的成形都非常晚,就像将英国变成岛屿的北海一样),属于绵延库页岛至荷属东印度群岛中爪哇岛一线的火山山脉。更有甚者,这些火山都处于持续活动的状态。地震观测数据显示,仅1885年至1903年间,日本就发生过27,485次地震。也就是每年1447次,每天4次。当然,其中绝大部分都无关紧要。最多不过茶杯里荡起一圈水纹,靠墙的椅子咔嗒一响。然而,如果你知道古都京都在建成以来的十个世纪里曾1318次因地震而摇晃,就能大概明白这个岛国面对的是什么了。在那1318次地震中,194次被归类为"强烈地震",34次确定属于"毁灭性地震"。1923年9月的那场地震几乎将京都夷为平地,逾15万人丧命,某些小岛被抬高了两三英尺,而另一些则沉入水下。这次地震距我们如此近,所有人都还记忆犹新。

人们常常将地震与火山活动联系在一起。的确,有的地震无疑是火山喷发所致。但大部分地震的原因都是表层土壤下岩石层的突然滑动。如果移动距离不出两三英寸,可能只会引发小小的动荡,倒几棵树、几丛灌木,可如果它们刚巧移到了对的位置(说是"错误的位置"似乎更恰当),就可能带来像1755年里斯本地震或1920年中国广州大地震[①]一样的

[①] 或为宁夏海原地震。1920年12月,宁夏海原发生8.5级强震,造成逾24万人死亡。

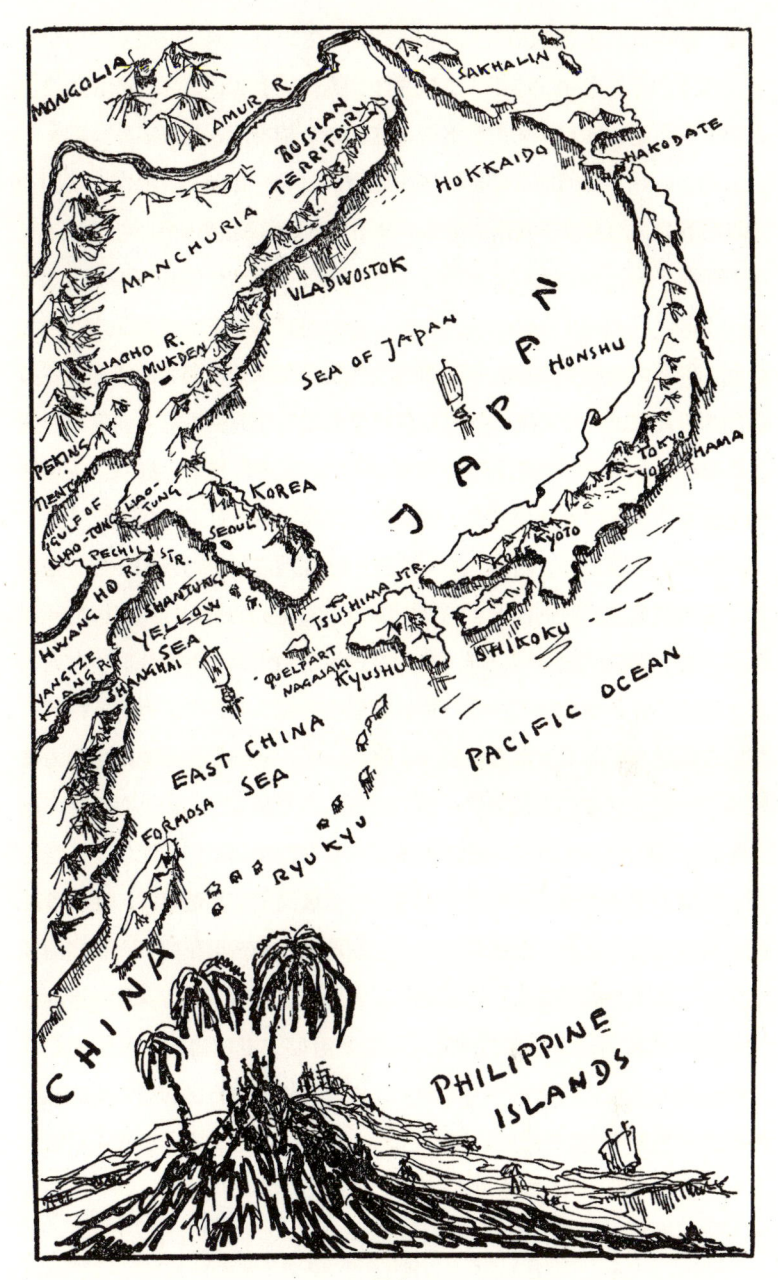

日本

灾难，前者死亡人数为6万，后者则可能高达20万。据一位权威地震学专家的保守估计，近4000年来，也就是所谓人类"有史以来"，死于地震的人口数字可达1300万，无论怎么说，这都是个相当惊人的数字。

当然，几乎任何地方都可能发生地震。就在一年前，北海海底还因为一场地震发生过剧烈的震荡，就连斯海尔德河和莱茵河入海口处的滩涂也跟着颤抖，颇让挖蛤人心惊胆战了一下。可海面上依然波澜不惊。日本诸岛则不同，它们位于高高的山脊之巅，东侧是直落而下的海底深穴，那也是我们的科学家们到目前为止能够触及的地表最深处。著名的塔斯卡罗拉海渊深度超过28,000英尺，仅比菲律宾群岛和马里亚纳群岛（或者叫"强盗群岛"）间最深海沟的记录少6000英尺①。无疑，日本半数以上灾难性的地震发生在东海岸并非巧合，在那里，海岸陡然下沉了约6英里。

然而，不管怎样，日本人同大部分生活在地震带上的人们一样，很少为了这时时刻刻威胁他们安全的情况而睡不着觉。他们照样耕田种地，陪孩子玩耍，照样吃饭，被查理·卓别林逗得哈哈大笑，就像我们所有人一样。过往的经验教会他们修建一种纸板似的房屋，或许冬天有些不挡风，却能在震动来临时最大限度地减少伤害。当然，如果他们想要模仿西方修建高楼大厦，就像在东京那样，那么危害也会无限放大。在克服这种不可避免的地理障碍方面，日本总体上做得比其他国家都要好。比如，泛泛说来，他们似乎成功做到了让生活比西方大多数国家都和谐得多，在冒险开拓方面也更讨人喜欢。我所说的并不是画着艺伎坐在樱花树下喝茶的漂亮明信片，也不是蝴蝶夫人的玩偶剧场。只是在复述所有旅行者曾经告诉我们的那个从前的日本，那时候它还没有放弃它古老的传统、习俗和礼仪（特别是礼仪，它们似乎相当优雅），也没有试图将自己的岛屿变成芝加哥或威尔克斯-巴里的郊区。这不可思议的改变将过去的日本变成了如今

---

① 塔斯卡罗拉海渊位于日本海沟北部。世界最深海沟即马里亚纳海沟，深度为10,994（±40）米。马里亚纳群岛直至20世纪初还被称为莱德隆群岛（Ladrones），这是西班牙语，字面意思即强盗群岛，据传为麦哲伦所命名。

的模样，无疑也影响到了美国人自己的安全与幸福，并必将以日益增长的态势继续影响下去。关于这些人，我们至少应当明白一点，无论我们喜欢与否，只要太平洋不干涸，他们就始终都会是我们的邻人。

日本的历史比中国短很多。中国的纪年可以追溯到公元前2637年（大约是胡夫开始修建他的小金字塔时），而日本最早的记录只见于公元400年。那个时候，现在所谓的"日本民族"已经存在了。不过，严格说来并没有什么"日本民族"，同英国人一样，日本人也是混合的产物。最初的居民是虾夷人，入侵潮连续三次发生，一步步将他们赶到了更北端的岛屿，一次来自中国南方和马来半岛，一次来自中国中部，一次来自中国东北和朝鲜。结果就是，日本的文明之初事实上就是中华文明的延伸，日本人懂得的一切都是从中国学来的。

自从效仿中国人，允许自己转奉佛教以来，它与中国的关系就越发亲密。然而，当新的教义取代了旧的，新教义不可避免会在一定程度上受到旧教义的影响。这是所有传道者都不得不学习的课程，无论他们是传播基督教、伊斯兰教还是佛教。第一位佛教的传播者在公元6世纪抵达日本，他发现，日本人已经发展出了一套植根于本土的自有宗教系统，可以说，这套系统非常符合他们自己的需求，那就是神道教。其名称出自"神道"一词，字面意相当于"神圣之途"。和亚洲其他地方普遍存在的拜鬼信仰比起来，这要高级得多。它将世界看作一个整体，代表着无所不能的力量，教导人们，无论以何种方式使用这种力量，都得对其负责，因为哪怕最微不足道的后果都是不可逆转的。日本目前的官方宗教即是佛教与神道教的混合体。它格外强调个人对于社会整体负有的责任。日本人本质上与英国人别无二致，都是岛民（未必是与世隔绝的人），有一种非常诚挚而根深蒂固的观念，认为自己对国家负有某些确定无疑的责任。同样，神道教也很强调对祖先的尊崇。但它倒不至于将这种崇敬发展到中国那样荒唐的地步，后者将那么多土地用作了墓地，令死者主宰生者，令坟墓占据了原本应当用来种粮食的空间。

中国与日本文明的大分裂直到非常近期才发生，那已经是16世纪下半叶的事了。日本经过了漫长的混乱时期，一个个独立的小领主相互间征战不休，对天皇的关注还不及神圣罗马帝国的骑士对他们皇帝的关注，终于，一位铁腕强权者接掌了政府。

800年前，在遥远的欧洲，"大管家"们将古老法兰西王国的国王推进了修道院，自己接掌了国家。由于他们比被取代者更适合这个位子，并没有人站出来反对。在忍受了将近四个世纪的内战后，日本人也不在乎究竟是谁在统治着他们，只要能带来安宁就好。因此，当朝廷的最高官员，威名赫赫、富甲天下的德川家族的领头人独揽国家大权时，日本人并不反对，也没有急忙冲出来维护他们世代相传的统治者。这位日本的"大管家"将天皇变成了某种人间的神、所有日本人的精神之父，但是，正是出于高远的完美神性，他必须隐身于大多数民众的视野之外。

这样的政治架构持续了几乎整整两个世纪。幕府将军们在东京运筹帷幄，天皇们在京都寂静的宫殿里奢华的屏风背后虚度时光。正是在幕府时代，日本接受了严苛的封建体系，从而对其国民性格产生了极其深远的影响，并一直延续至今，甚至在实现工业化已近80年的今天，日本人骨子里依旧还是封建主义者，对于生命的思考方式与他们的欧洲和美国竞争者完全不同。完善这套架构的细节花费了一些时间，但在1600年之后，日本社会便分成了界限分明的三个不同团体。最高一级是大名，封建贵族成员，大领主。第二等级是武士，世袭的战士，等同于中世纪欧洲的骑士。其他所有人都属于第三等级，庶民，或者说，平民。

这套系统并不完美，但历史早已用无数事实告诉我们，广大民众从来不会对任何政治管理理论有太大兴趣。所有普通公民会问的只是："它有用吗？能确保我生活太平，担保我的劳动所得、我的血汗钱确实能归我所有，不会被人随随便便拿走吗？"

在两个多世纪的时间里，这套体系是有效的。幕府将军是公认的国家政治领袖。日本天皇作为国民精神领袖而受到顶礼膜拜。大名和武士必须遵循严格的武士道精神,要么一言一行都遵命而行,要么就以最庄严的切腹自尽仪式剖开自己的肚子。平民则在各行各业里劳作。

日本是怎么形成的

即便在那个时候，这个国家的人口也已经有些过剩了。人们常常只能勉强糊口。好在他们的作风总是非常克制、简朴，从不要求太多。大自然就像一个忠诚的朋友。黑潮（意思是深蓝色的盐潮，算是墨西哥湾流的远方亲戚）为这个国家带来了相对温和的气候，它起自荷属东印度群岛以北的热带地区，随后流经菲律宾群岛，穿越太平洋，赐福予美国西海岸。一条狭窄的冷水带紧贴日本东海岸，阻止这个国家享有如同加利福尼亚一样的温暖，但比起大陆上的中国来还是好多了。

由此看来，一切都在推动这些得天独厚的岛屿正常有序地发展，直到一位迷失了方向的葡萄牙航海家曼德斯·平托[1]出现在这里，彻底扰乱了日本历史的发展步调。要知道，葡萄牙人不但会远涉重洋与外国发展贸易，还会带去他们自己宗教信仰的文明之光。

首先，除非所有的历史记录都在同一点上撒了谎，否则事实就是：一批基督教传教士从他们位于印度果阿和中国澳门的总部来到日本，受到了非常殷勤的接待，得到了一切可能得到的机会去向人们解释，他们的宗教信仰为什么比长期在日本占据至高无上地位的信仰更加优越。他们传播福音，也赢得了一些信徒。接着，另一个教团的传教士也到了，他们来自相距不远的菲律宾群岛，那里属于西班牙。他们也受到了欢迎。但幕府将军开始对他们的存在感到不安了，因为他发现（得是怎样的本地统治者才可能一直发现不了啊！），伴随这些神圣的人一同到来的总有些不那么神圣的人，他们身穿铁铠甲，手拿奇怪的铁棍，铁棍里会射出沉重的铅弹，一次就能射穿三个普通日本士兵的身体。

直到最近五十年，我们才开始理解日本人在随后一系列不幸事件发生时的想法。这些事件为日本人扣上了冷血、残酷的名声，却与我们从其他渠道得来的信息完全不符。幕府将军决定关上日本的大门，拒绝基督教传

---

[1] 曼德斯·平托（Fernão Mendes Pinto，约1509—1583），葡萄牙探险家、作家，著有自传体回忆录《Pilgrimage》（朝圣之路），曾三次远航亚洲，两次到达印度，第三次游历了马六甲、中国、日本等多国。

教士接下来的一切活动。这并非因为他突然间不喜欢西方人出现在自己的土地上了。这是恐惧的结果，恐惧整个国家会被宗教纷争撕扯得支离破碎，担心这些载着和平与祝愿使者来到日本海岸的商船会掉头夺走它的财宝，不支付货款，也不送回约定好的货物。

旧日本

耶稣会在九州岛最具影响力，那也是最靠近葡萄牙人的中国据点的地方。一开始，神父们只是谦恭地谈起耶稣。一旦占据优势，他们便开始推倒日本寺庙，捣毁日本神像，以枪口逼迫成千上万农民与贵族接受十字架。

当时的日本统治者丰臣秀吉看到了这一切，并且意识到了不可避免的结局。"这些教士，"于是，他宣布，"来到这里宣扬美德，但他们的美德只是掩盖他们对我们国家险恶企图的手段。"

1587年7月25日，所有基督教教士都被驱逐出了日本领土。此时距离第一位日本大使谒见罗马教皇以及西班牙、葡萄牙国王的时间刚刚5年。商人们仍旧可以进入日本，但需要在政府的监管之下。葡萄牙人的耶稣会离开了。空出的位置立刻被西班牙的圣方济各会和道明会占据，它们来自不远处的菲律宾。

他们伪装成特使前去拜见丰臣秀吉。但把戏被识破了。尽管如此，他们还是得到了礼貌的接待，只是被告知不能传道，但他们违背了这项命令，在江户建起一座教堂，开始为整个地区的人施洗。接下来，大阪也竖起了一座教堂。再接下来，他们将长崎一座原本属于耶稣会的教堂据为己有。然后，他们公开抨击他们的对手耶稣会，指责他们在将上帝福音传播给日本人的时候太懦弱。总而言之，一切曾出现在记载里的宗教狂热者犯过的错，他们都犯了，无论是关于判断力的还是关于鉴赏力的。一年年的警告却始终不见成效，到现在为止，日本人对这些不受欢迎的西班牙修道士还表现着最大的耐心和宽容，于是，他们终于得出结论，除了最激烈的措施，再没有什么能救自己了。

在此前的400年里，日本人已经见识了内战为他们的国家带来过怎样的灾难，与其重蹈覆辙，他们宁愿关上国门以杜绝一切可能发生的外来侵略；至于违背法令的基督教传道士，则被处以死刑。

新日本

在将近一个半世纪的时间里，日本始终处于自我隔绝的状态。几乎隔绝，但并不彻底。有一扇小窗始终是打开的，通过它，日本的黄金源源不断流向西方，同样通过它，西方科学的零星消息也渗进了这个国家。在对日贸易中，荷兰东印度公司成了葡萄牙人的对手。不过荷兰人都是商人，纯粹、简单，对于其他民族的灵魂毫无兴趣。英国人也一样。很长一段时间以来，两个国家中谁占上风全凭运气。但这一次，英国人经营不善，败下阵来。

葡萄牙人将一系列外交使团派往日本，当其中最后一个也被杀死后——那是一场无可辩驳的官方谋杀——荷兰人同样失去了许多从前拥有的特权。但考虑到在日本的冒险能够带来每年近八成的收益，他们决定坚持下去。他们被迫居住在一个名叫"出岛"的小岛上，那就是个长方形的石头场，长300码，宽80码，位于长崎的海港中，几乎都无法好好遛遛他们带来做伴儿的狗。他们不被允许带妻子来，也永远无法踏足日本本土。

仅此一次，荷兰人一定是拿出了天使般的耐心（这并非他们的国民特质之一），因为日本统治者为他们定下了数百条规矩，任何一点小小的违犯就会招来报复。有一次，东印度公司决定新建一座仓库。依照当时的惯例，标在正墙上的日期前加了"A.D."的前缀，表示"耶稣纪元后"。这是直接与上帝有关的提示，而日本人对基督教徒的态度与我们自己对刚刚走出莫斯科的布尔什维克主义者别无二致，因此，幕府将军下达命令，不只要抹去这些冒犯的字迹，更要拆除整个建筑，将其夷为平地。除此之外，还提醒荷兰人，要记住驱逐葡萄牙人的可怕诏书，那封诏书的结尾是这样的："只要太阳还在给予地球温暖，就决不允许基督徒大胆踏上日本的国土，要令人人皆知，哪怕是菲利普国王本人甚至那位基督教徒的上帝违反了这条命令，也要用他们的头颅来抵偿。"

荷兰东印度公司的官员们看来是牢牢记住了这个教训，因为出岛在荷兰人的手里又留了217年。在这217年里，日本的黄金白银不断流出，因为荷兰人都是现金商人，无论日本人从海外订购了什么，都必须货到付款。

就这样，欧洲也不时得到一些关于这些太平洋上的隐士的消息。所有故事都传达出一个信息：这个帝国的情况远远不令人满意。日本很快变成了一个反面教材，证明没有哪个国家能够永远自给自足。到后来，就连日本的年轻人也开始越来越不安于现状了。他们模模糊糊听说了些关于西欧那些奇妙科学的故事。他们通过出岛接触到了科学和医学的著作。他们学会了拼读奇怪的荷兰字，知道了当日本裹足不前时，整个世界正在飞快地大踏步前进。

1847年，荷兰国王将一整车科学书籍作为礼物送到江户，同时送上的还有一张世界地图，提醒日本人不能再与世隔绝下去了。同一时期，中国同欧洲和美国之间的贸易往来一直在迅速增长。从旧金山开往广州的船有时候会在日本近海遭遇海难，水手们失去了领事或外交大臣的保护，境况十分糟糕。1849年，一艘美国军舰的船长威胁炮轰长崎，除非日本人立刻将18名美国水手送还给他。再一次，荷兰国王警告他的日本伙伴，不可继续坚持这样一个必定招致灾难的政策了。这些信从海牙发出，讲的不过是全世界都早就知道的事。或迟或早，日本将不得不向西方贸易打开大门，如果它拒绝采纳这和和气气的建议，最终也必定迫于强力而不得不这么做。

俄罗斯正在缓慢布局，沿着阿拉斯加海岸线步步推进，加强它对西太平洋的掌控。美国是唯一能够采取行动而不被怀疑有领土野心的国家。1853年，佩里海军准将率领4艘军舰和560人进入浦贺水道。这次造访在日本引发了前所未有的恐慌。天皇举行仪式祈求上天援手。佩里刚刚离开（他总共就停留了10天，只为将一封美国总统的信函交给日本天皇），荷兰人就接到了一艘战船的订单。日本要塞进驻了士兵，老式的葡萄牙火枪擦油上膛，万事俱备，只为了防备那些蒸汽机驱动的怪物再次自东而来。

全国民众分成了两派。大多数支持不惜一切代价继续闭关锁国，而其他人则赞成开放。幕府将军属于后者，因而势力大减，被指控为"外国人的帮凶"。最终，因佩里船长留名后世的到访而获益最多的却是天皇。

作为彻头彻尾的封建制政府里无可争议的首脑，幕府将军一职在很早以前曾经发挥过重要的作用，大名和武士也是如此，他们坚持身佩刀剑，仿佛生活在1653年而不是1853年似的，依旧忙于遏制内乱这一光荣的职责。是时候开启全面变革了。

纯属好运，当时的天皇，国家名义上的领袖，刚巧是个雄才大略的年轻人。他说服幕府将军退位，重新将政权握在自己手中。他说服自己，继续与世隔绝无异于自杀，于是打开大门欢迎所有外国人的到来，当初的日本有多抗拒，今日就有多热情。明治天皇和他所开启的维新时代将日本从一个16世纪的封建国家变成了现代工业国家。

至于这样极大范围、极彻底的情感逆转是否算得上人人期盼的好事，这个问题并没有意义。工厂、大规模的陆军、大规模的海军、煤矿、炼钢厂，都可能带来幸福，也可能不会。我不知道。总有人说是，总有人说否。这往往在很大程度上取决于身处其中的个人。十年前的俄罗斯人还在小心照看他们的灵魂，热爱着他们的圣徒。今天却将圣徒扔进厨房炉膛，将灵魂安放在引擎排气管里，心满意足。

个人看来，我相信这样的发展绝对是不可避免的。变化本身无所谓绝对的好与坏，因为它们是必要的，是发展的一部分，通过发展，我们才有希望从对饥饿的担忧和经济上朝不保夕的恐惧中解脱出来。机械是这种发展的原动力，可同时也毁掉了许多美好、美丽的东西，没有人能够否认这一点。毫无疑问，对于旅行者来说，葛饰北斋和喜多川歌麿[1]的日本比日本标准石油和东京煤气厂有意思得多。然而北斋和歌麿都早已远逝，东京的家庭主妇更喜欢用煤气而不是慢腾腾的炭火做饭。这就是答案。

庄严的白首火山富士山自1707年以来就不曾发过一言，如今也只低垂眼帘，看着香烟广告占据了从前小孩子向路边神社敬献鲜花的地方。寺庙园林里的神鹿也被粗心大意的野餐者扔下的马口铁罐子割伤了脚。

可是，富士山知道，总有一天，这些也将消逝。

---

[1] 两者都是江户时代日本著名的浮世绘画家。葛饰北斋（1760—1849）的代表作包括一系列海洋主题的画作，喜多川歌麿（约1753—1806）则多以人物为主题。

Chapter 40

THE PHILIPPINES,
AN OLD ADMINISTRATIVE PART OF MEXICO

菲律宾：很久之前的墨西哥辖区

菲律宾群岛也在堪察加到爪哇的半环内。这些星星点点的陆地是古老大陆外缘留存至今的遗迹。当太平洋淹没山谷低洼，形成如今的日本海、中国东海和中国南海时，它们因为足够高而留在了海面上。

菲律宾群岛由7000多个岛屿组成，但只有462个的面积超过了1平方英里。其他的都只是些大的峭崖和小的沼地，实在是太过无关紧要，以至于有名字的甚至只占1/4。所有岛屿的面积总和相当于英格兰加上苏格兰，居民总数1100万，其中包括大量的中国人和日本人，外加大约10万白种人。这片区域必定在某个时期曾火山频发，尽管如今我们只找到了25座真正的火山。然而，除了两三座之外，就连这些火山也大都沉寂了。

对此我们应当心怀感激，因为从地理角度说，菲律宾所在的位置实在是很危险。我们已知的海底最深处就在菲律宾群岛东侧。就像我此前说到过的，这个海沟太深，如果我们用它来安置这颗星球上最高的山峰，喜马拉雅山脉的珠穆朗玛峰，那么海面将还高悬在山峰之上的5000英尺处。如果真的有什么要滑进这个小小的世界一隅，自然是留不下多少痕迹来向后人讲述它的故事的。

菲律宾群岛中最重要的是吕宋岛。它形似蝌蚪,中心隆起至7000英尺高。岛上最重要的城市名叫马尼拉,位于吕宋岛东岸,也是整个群岛的首都。1571年,西班牙人在伊斯兰教徒定居点的废墟间发现了这座城市,它的名字来自一种本地随处可见的蓬勃野草"尼拉草"。1590年,它有了如今的城墙,事实证明,这些城墙比修筑城墙者的统治更长久。

不过,就算身处西班牙人糟糕的管理之下,马尼拉还是迅速发展成了整个远东地区最重要的商贸中心。它的港口里停满了来自中国、日本、印度甚至遥远的阿拉伯的船只。它们来到这里,用自己的货物交换西班牙人辗转运来的欧洲货。欧洲货经西班牙位于中美洲的墨西哥殖民地而来。至于返程,与其冒险穿越印度洋,取道好望角,暴露在英国人和荷兰人的袭击之下,西班牙人倒宁愿直接把船从马尼拉开到特万特佩克湾,将货物装车运过美洲的地峡①,到另一侧再重新装船后经古巴和波多黎各回国。

吕宋岛的南面坐落着十几个还算大的岛屿,萨马岛、班乃岛(著名的菲律宾第二大城市怡朗就在这里)、内格罗斯岛和宿务岛是其中最知名的。它们的南面就是棉兰老岛,只比吕宋岛小一点,以本地原住民大本营的身份而闻名,岛上信仰伊斯兰教的摩洛人为了维护自身独立,曾奋力抗击西班牙人和美国人。棉兰老岛最大的城市是三宝颜,它面对着苏禄海,总的说来,整个菲律宾群岛基本上都是背朝太平洋的。他们的兴趣事实上都集中在西侧,与西方来客做生意,从西方得到他们的信仰和最初的文明启蒙。至于最终竟是东方来客发现了他们的存在,那纯属意外。

麦哲伦于1521年登陆此地,他选择这条非常规航线的本意只是为了寻找一个定位点,好解决他的雇主西班牙国王和罗马教皇之间相关法令的难题。一直以来,伊比利亚岛上纷争不断,为了阻止他心爱的孩子们再起争

---

① 即特万特佩克地峡,它是美洲太平洋到墨西哥湾之间最狭窄的陆地,在巴拿马运河之前被认为是最便捷的商业通道,称"特万特佩克路线"。

端，教皇于1494年出面调停，紧贴着亚速尔群岛和佛得角群岛西侧划下一条线（大体与我们格林尼治以西50度的经线一致），将整个世界分成了两半。他将这条线以西的一切都判给了西班牙，东面的给了葡萄牙。这就是著名的《托尔德西里亚斯条约》。凭借这个条约，西班牙人确立了他们处死一切胆敢"越线"者的权利，因此，最早一批踏上美洲大陆的英国和荷兰探险队所冒的风险才会那样大，要知道，任何"越界"者只要被抓到，就会被当作普通海盗一样立刻绞死。

不管怎么说，让麦哲伦这场冒险进入实用地理领域的教皇本身就是西班牙人，那位声名狼藉的亚历山大六世，恺撒和鲁克蕾齐亚·波吉亚的父亲①。葡萄牙人因此指责这份条约不够公平。从此，关于谁该拥有什么的吵闹与争斗持续了一个世纪。就是在这样的情况下，麦哲伦这个葡萄牙人却受西班牙国王委托，走东线深入印度洋，以期厘清，依照教皇的指示，富庶的香料岛马鲁古群岛究竟应该属于葡萄牙那一半还是西班牙这一边。事实证明，葡萄牙人对了。他们得到了马鲁古群岛，虽说这份成果很快就被荷兰人夺去。而西班牙人却在这段意外的路途中邂逅了菲律宾群岛，并通过墨西哥加以统治，同样保住了自己的利益。这意味着一大批修士将离开新卡斯蒂利亚前往一个许给了他们更多收益的地方——比人口锐减的中美洲能够给予的更多。

必须承认，这些修道士在菲律宾人中的工作完成得非常彻底。真的，如果他们稍稍不那么成功一点，美国人在菲律宾的工作就会容易很多。因为，当我们美国人在1898年接受这些前西班牙管辖地时，头一次不得不在

---

① 亚历山大六世（Pope Alexander VI, 1431—1503），1492年就任罗马教皇直至逝世，作为历史上争议最大的教皇之一，批判方诟病的主要是他有多个私生子女并利用职权为之谋利，赞美方则称其为自圣彼得后最出色的教皇。他出身波吉亚家族，恺撒·波吉亚（Cesare Borgia, 1475—1507）和鲁克蕾齐亚·波吉亚（Lucrezia Borgia, 1480—1519）兄妹均为他的私生子，前者曾任教职，后转为教会军队将领，后者以美貌、政治联姻及对文艺复兴运动的支持而著称。波吉亚家族在文艺复兴运动中举足轻重，但声名不佳，围绕这个家族有许多关于阴谋诡计的传闻。

政治生活中面对一个几乎百分之百是天主教徒的民族。

从严格意义上来说，美国或许算不上是一个新教国家，但美国人的生活逻辑毫无疑问是新教式而绝非天主教式的。我们或许会因为自己对菲律宾人的一片好意而欢欣鼓舞，不断为他们送去优质公路、成千上万所学校、三所大学、医院、医生、护士、育婴箱、肉类和鱼类的卫生监管、卫生保健学以及一千零一种进步带来的好处，那是西班牙人甚至从未听说过的。只是，所有这些慷慨善意的表达对于那里的人民来说都不算重要，他们从婴儿时期就被教导，这类世俗化的舒适和优势是某种很好、很让人愉快的东西，但与在另一个世界里获得救赎的机会比起来，就完全不值一提，在那个世界里，卫生保健也好，医院、道路和学校也好，对任何人来说都不再有意义。

Chapter 41

THE DUTCH EAST INDIES,
THE TAIL THAT WAGS THE DOG

荷属东印度群岛^①：卷动飓风的蝴蝶

　　我们已经谈过日本、台湾岛和菲律宾群岛如何自古老亚洲大陆边缘的高山地带演变而来，在千百万年的演进过程中，太平洋的海水将它们从大陆上切割了出来。

　　马来群岛（马来西亚、印度群岛、荷属东印度，它们有多少名字啊）^②则不同，它不只是古老亚洲边缘的一部分，而是一个面积堪比中国的巨大半岛的遗存，从缅甸、暹罗（泰国）和交趾支那（越南南部）一直向东延伸到澳大利亚。在我们地质史最初的年代里，它们很可能直接连接亚洲大陆（那时候的亚洲大陆比现在大得多），后来，经过一段略微留下了些蛛丝马迹的时期后，它同澳大利亚分开了，中间只隔着一道狭窄的水道，水面不比如今昆士兰和新几内亚之间的托雷斯海峡宽多少。

---

① 主要为今印度尼西亚，18世纪末被荷兰东印度公司掌控，1800年成为荷兰殖民地，1945年发布印度尼西亚独立宣言，1949年荷兰公开承认其独立。
② 马来群岛位于亚洲大陆和澳大利亚之间，包括今印度尼西亚、马来西亚、新加坡、巴布亚新几内亚、东帝汶、文莱等国。

348

如此巨大的一整块土地如何变成了一群奇形怪状的岛屿，大到足有整个斯堪的纳维亚半岛大小的婆罗洲[①]，小到成千上万个随意散布以至极不利于航船的小岩礁，个中缘由并不难找到。这一地区正处在地球最活跃的火山带上。即便到了今天，爪哇仍然保有火山活动的桂冠。不过，近三个世纪以来，爪哇岛上的120个火山都很安分，和西面苏门答腊岛上的那些一样。

　　当古老的印度婆罗门教还被爪哇人广泛接受时，祭司们习惯不时以活人生祭来安抚生活在地底的神灵，他们将人投入火山口那沸腾的"大汽锅"里——看起来还挺奏效，因为尽管这些火山没完没了地喷烟、咆哮，偶尔还发发脾气，却好几个世纪都没有发生过一次大灾难。

　　然而，喀拉喀托岛遗址的存在就是一个可怕的警告，警告有什么事随时可能再次发生。巽他海峡边的喀拉喀托岛位于苏门答腊和爪哇岛之间，史前的一次喀拉喀托火山大喷发曾铲去山头，将整座岛炸成了好几块，之后便平静下来，直到1883年8月26日清晨。原本一切都和平常一样，可两天后，整个北半部岛屿消失了。曾矗立着1500英尺高山的地方变成了深坑，深及印度洋海面以下千余英尺。爆炸声在3000英里外都能听到。烟尘被喷上17英里的高空。火山灰飘到了非洲、欧洲、亚洲和美洲，甚至远至北角。接下来的六个星期里，天空始终呈现出一种奇怪的颜色，就像是旁边某处正燃起森林大火一般。

　　事实上，海上的动荡远比陆地上更致命，毕竟喀拉喀托岛没有人烟。然而，一场海啸卷起50英尺高的浪扫过爪哇海岸，夺去了36,000人的性命。它荡平了海港和村庄，撕毁大船，将它们变成了劈碎的柴火。锡兰（斯里兰卡）和毛里求斯也受到影响。这些动静在合恩角附近也能看得清清楚楚，那是近8000英里之外；甚至英吉利海峡也能隐约察觉，那里距离巽他海峡足有11,000英里之遥。

[①] 今加里曼丹岛。

一年前，喀拉喀托残存的火山再一次露出要开始活动的迹象。没人能够预测，地底的闪电会在什么时候、什么地方再次发起攻击。至于当地居民，就像其他居住在类似环境下的人一样，对此的关注，还比不上在意大利街区最繁忙街道上玩棒球的美国小男孩对过往卡车的小心。

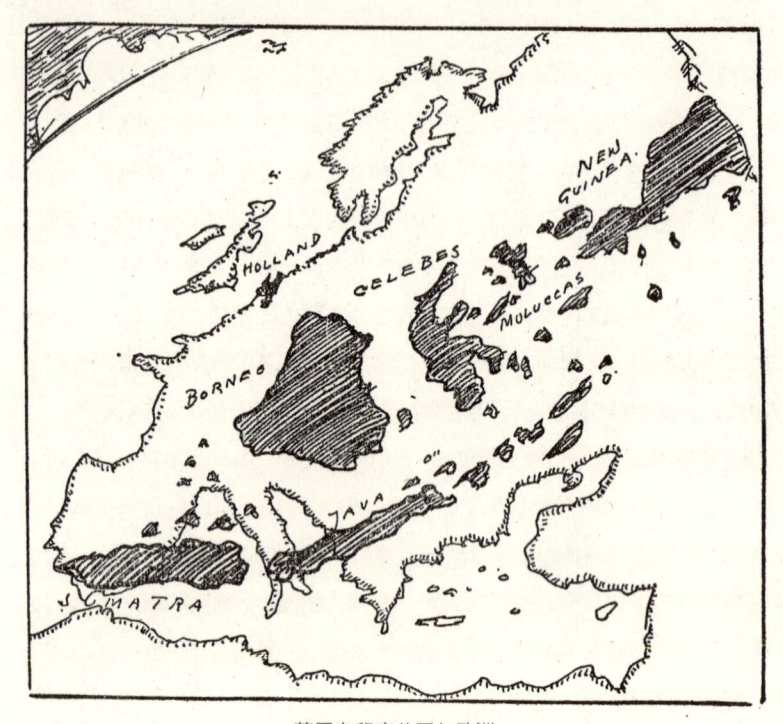

荷属东印度公司与欧洲

这种宿命的态度或许来源于伊斯兰信仰。也可能只是出于对生活心满意足的平凡心态，或许他们确信，火山喷发和外国人的统治、洪水或火灾一样，统统都是人生中无足轻重也无须在意的小事，他们只管耕种自己的土地，他们的祖先从世界之初就耕种同样的土地，他们的孩子也会耕种这些土地，没有人想放弃这种丰衣足食的生活。

听起来我正在努力把爪哇岛描绘成某种人间天堂。它并不是天堂，却的确是个备受大自然青睐的地方，值得为它专门写一篇。

那里28%的土壤来自火山。在这样的土地上,只要精心照料,每12个月都能迎来3次丰收。

那里的天气足够热,热到允许我们已知的一切热带植物生长;却又不至于酷热,山区的夏天甚至比纽约或华盛顿还要清爽宜人。原因在于,爪哇和印度群岛的其他岛屿虽然就在赤道左右,白天黑夜都几乎一样长,却也置身于海洋的环抱之中。因此空气足够湿润,气温从来不会高于36度,也不会低于19度,年平均温度则保持在26度。季节更替非常规律。雨季随西南季风(在这一地区季节性规律出现的风)而来,从11月一直延续到来年3月。其间每天都会有大约一小时的降雨。这个季节之后便是所谓"旱季",到时就一滴雨也没有了。两者之间的短暂过渡期被称为"凉季"。

得益于种种优越的气候条件,爪哇这个仅622英里长、121英里宽的岛屿(就像某种长方形的防波堤,保护着群岛内部诸岛不受南印度洋的侵袭)能够养活足足4200万人,苏门答腊和婆罗洲虽大得多,人口却只有它的1/10。同样由于无比的丰饶,这座岛屿从一开始就引起了白种人的注意。

葡萄牙人是最早到的。接着,英国人和荷兰人也来了。但英国人渐渐专注于对英属印度的开发,将爪哇岛和马来群岛的其他岛屿留给了荷兰人。最初的三个世纪里,荷兰人在与本地土著打交道的过程中犯过了一切可能犯下的错误,最后,似乎终于学会了一些殖民管理的要义。他们渐渐将注意力转向本土的管理,尽可能避免与当地民众直接接触,心知肚明,终有一天,无论为了什么,这些人会坚持要求获得自由独立。如果当地居民下定决心要赶外国人走,仅凭一支30,000人的军队——其中还只有1/15是白人——没有人能够统御这样一片足有本土疆域15倍大的土地。于是,"强制劳动"和"政府种植园"的旧时代彻底远去了。学校、铁路和医院取代了曾经惩罚性的开荒。如果最终不得不放弃在这些地区至高无上的君王之位,那么至少还可以期望成为它的经济体系里不可或缺的部分。坚信"安分守己便一切平安"的守旧者渐渐让位给了年轻一代,后者懂得一些比口号更有利的事实,也明白,永恒的变化才是我们这个世界得以存在的根本原则。

荷兰辖下的其他岛屿都不及爪哇岛的文明程度高。形状古怪有如蜘蛛一般的西里伯斯岛就在马鲁古群岛以西，如今正渐渐被荷兰打造成第二个爪哇岛。至于马鲁古群岛，正是最初的香料群岛，整个17世纪里，英国人、葡萄牙人、西班牙人和荷兰人都为它打得不可开交。从维多利亚时代开始，望加锡①出产的油就被我们的祖父用来润滑锁扣，同时促使我们的祖母没完没了地织她们"防望加锡油"的桌布和椅罩，那里如今是爪哇海域最重要的城市之一，与爪哇岛北岸的主要港口泗水和三宝垄有稳定的商贸往来，同时与丹戎不碌也保持定期交流，后者是首都巴达维亚②的港口，就像维特瑞登是住宅区，茂物是政府机构所在地一样。

马鲁古群岛已不复往日富庶，但岛上居民安汶人依旧以其航海的本事而声名远扬。回到四百年前，同样是这些安汶人，却还被视为太平洋上的食人族而令所有人深深畏惧。如今他们是地道的基督徒，只是说来也有趣，荷属东印度最出色的兵团也是由他们组成的。

爪哇

---

① 望加锡为今乌戎潘当，西里伯斯（今苏拉威西岛）南端商港。
② 今雅加达。

婆罗洲是沉入水下的古老亚洲半岛遗留下的最大岛屿,却备受人口稀少之苦,只因为这里还保留着"猎头"以敬神的奇特土著信仰。荷兰人曾试图终止这种普遍的消遣,采取了各种最为严厉的惩罚手段。但哪怕到了今天,在本地群体中,一位年轻人如果想要通过成年礼,迎娶他的新娘,就至少得猎取一个人头。这种自相残杀的仪式由来已久(婆罗洲人会骄傲而冷漠地展示他们可怕的战利品,就像高尔夫球手展示他的奖杯),直接导致本地居民数始终徘徊在标准线以下。不过,如今河流总算得到了开发,石油、煤炭和钻石公司纷纷筑路,蛮荒之民也渐渐接受劝导,转而从事更加平和的农业。假以时日,这座岛屿或许无须更多改变就能够养活如今二十倍的人口。

婆罗洲的北部属于英国。西北角是个独立国家,名叫沙捞越①,统治者是一名英国人的后裔,大名鼎鼎的拉贾布鲁克斯②。他刚来的时候还叫詹姆斯·布鲁克斯爵士,在一次成功镇压本地起义后留了下来,当上了这里的独立君主。

另一个非常重要的岛屿是东面的苏门答腊岛,几乎与马来半岛平行。它的土壤里火山灰成分很高,几乎种什么长什么。然而,不幸的是,一道高耸的山脉将它劈成了泾渭分明的两半,在铁路引进以前,这曾大大阻碍它的发展。要进一步开发这一地区,打通它与欧洲的商贸往来,汽车和飞机会比任何其他机械工具更有用。

邦加岛和勿里洞岛横在苏门答腊和婆罗洲之间,作为马来半岛的延伸,同样拥有非常丰富的锡矿资源。爪哇岛以东是著名的巴厘岛,古老的原住民生活方式在那里被原汁原味地保留了下来。再往下是弗洛勒斯岛和

---

① 加里曼丹岛(婆罗洲)北部狭长地带属于马来西亚,沙捞越即为其在岛上的两个州之一,另一个为沙巴州。
② 原名詹姆斯·布鲁克斯(James Brooks, 1803—1868),在印度出生长大,父亲是一名英国法官,母亲出身苏格兰贵族家庭。他在1842年登基,开创了沙捞越的布鲁克王朝,也称"白色拉贾朝"。拉贾表示王侯、首领。

帝汶岛，就在澳大利亚北侧。最后是新几内亚，事实上，它是澳大利亚大陆的一部分，荷兰人只得到了它的西半部。这个岛屿足以覆盖从巴黎到敖德萨的大半个欧洲中部，却摆出拒人于千里之外的姿态。岛上没有连通腹地的河流，人烟极为稀少，究其缘由，一部分是由于食人习俗，一部分是由于原住民的落后，疾病和"猎"人令人口持续迅速减少。岛中心地区不时能看到俾格米部落[①]的遗迹，显示出这座岛屿必定在很久以前就有人类居住了。

不过，话说回来，这一地区的确非常古老，有理论认为，人类最初就是在这里告别了自己的类人猿表亲。人们在这里发现了最早的类人生物颅骨化石，著名的爪哇直立猿人，出土于爪哇岛。婆罗洲和苏门答腊岛上至今还生活着那些大个子的类人猿，红毛猩猩。

这真是个奇妙的世界，这是我们的世界。同一家族的成员里，一支不断发展，到最后能够兴致勃勃地建起动物园；另一支却还被关在动物园中。

[①] 多分布于非洲中部的原始部落，个头矮小是其最明显的特征。

Chapter 42

AUSTRALIA,
THE STEP-CHILD OF NATURE

澳大利亚：大自然的继子

谈到大自然的挥霍和造物时缺乏明确目的的情形，据说著名的德国科学家、生理光学专家赫尔曼·路德维希·冯·赫尔姆霍兹[①]曾说，如果有某位仪器制造者竟敢只为自娱自乐而造出如同人眼一样笨拙的古怪装置，他一定会大骂这家伙是个完全不懂行的无能笨蛋。

真高兴赫尔姆霍兹没有将他的调查延伸到生理学和电学领域之外，因为我可不希望就神明在我们星球上的地理安排重复他的评论。

比如说格陵兰岛这样的地方吧。它的土地几乎完全掩埋在数千英尺的冰雪世界之下。如果把那827,000平方英里挪到海洋正中，它们必定能养活数以百万计的人口。如今却人迹罕至，只有几千头北极熊和少量吃不饱饭的因纽特人。但如果需要举一个糟糕安排的顶级例证，我会选择澳大利亚。因为，尽管澳大利亚已经正式得到了"大陆"之名，它的一切却偏偏

[①] 赫尔曼·路德维希·冯·赫尔姆霍兹（Hermann Ludwig von Helmholtz, 1821—1894），德国医生、物理学家，在多个领域卓有建树，包括视觉理论、空间的视觉感知、色视觉、听觉研究等。

都是不应出现在井然有序的大陆上的。

首先,它的选址是那么糟糕,以至于尽管葡萄牙人、西班牙人、荷兰人统统猜测有这样一个地方存在,并且尽了他们最大的努力去寻找,但一百多年过去了,这片总计近300万平方英里(和美国一样大)的巨大土地却始终游离在白种人的视野之外,直到1642年,亚伯·塔斯曼[①]环行岛屿,以尼德兰联邦之名占领它,令荷兰东印度公司的旗帜在它的上空飘扬。

但从实用角度看来,这次官方造访堪称毫无意义。荷兰对这样一片荒野并没有兴趣,任由主权旁落。1769年(此时距塔斯曼的航行已经125年),詹姆斯·库克受命航行太平洋观测金星的运行轨迹时,阿姆斯特丹和伦敦的地图绘制者还不能确定,在以"太平洋"之名流淌的茫茫水域中,应当将这片不知名的南方土地放在哪里。

澳大利亚不但饱受地理位置之苦,气候也相当不利。东海岸一带及阿德莱德、墨尔本、悉尼、布里斯班四个大城市所在的南部海岸东半段的气候非常好。可北部海岸过分潮湿,西海岸又太干,也就是说,最宜居的部分最远离连接非洲、欧洲与亚洲的主要商路。

第三,整个内陆地区都是沙漠,没有降水,地下水分布也非常糟糕,以至于想搭建系统性的灌溉体系困难重重。

第四,它最高的部分都在大陆边缘。于是内陆就像一个空碗,既然水不可能往山上流,自然也没有什么值得一提的河流。达令河是澳大利亚最大的河流(长1160英里),发源自昆士兰的山区,距珊瑚海仅数英里之遥,后者是太平洋的一部分。但它没有向东流进太平洋,而是向西汇进了恩康特湾,在一年的大部分时间里(别忘了,北半球的夏天正是南半球的冬天,反之亦然),它几乎只是一连串的池塘,对任何人来说都派

[①] 亚伯·塔斯曼(Abel Tasman, 1603—1659),荷兰航海家,在1642年和1644年两度为荷兰东印度公司探索新大陆,是已知最早发现塔斯马尼亚、新西兰和斐济群岛的欧洲人。下文提到的尼德兰联邦即荷兰。

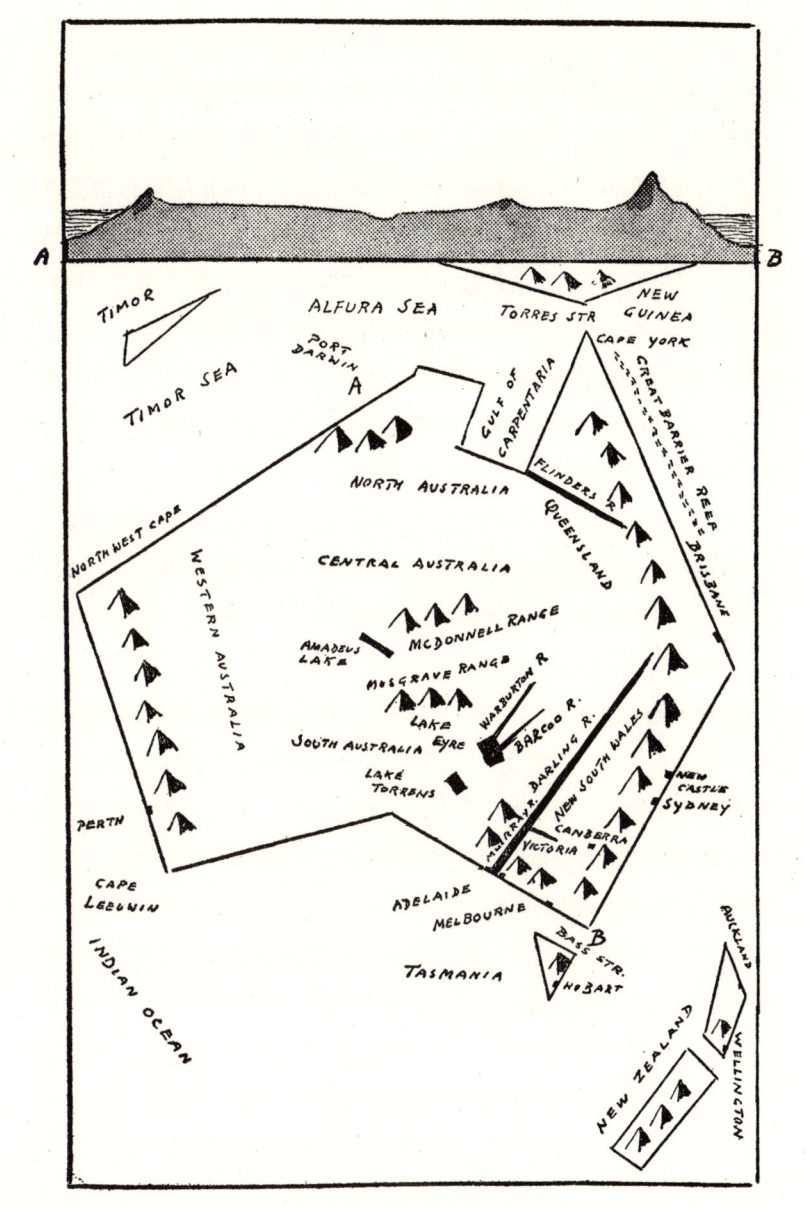

澳大利亚

不上用场。

第五，这里的土著无法被训练成白人的杂役。那些不幸的澳大利亚人就像生活在另一个星球上，因为他们与地球上的其他人类似乎都没什么关系，事实上，我们至今仍然完全不清楚他们的起源。他们能依靠的只有自己的装备，文明水平从来没能比我们的某些原始物种更加高明。举例来说，他们从来没能学会如何造房子、如何耕田种地，也不会使用矛、箭或斧子。他们懂得使用回旋镖，就像大多数其他人类或早或晚在某个时期里会的那样。只是其他人类都早已放弃了这种极其粗糙的武器，发明了刀剑、长矛和弓箭，澳大利亚人却止步于很久以前，那时，他们的祖先刚在不久前学会了仅用两条后腿直立而不依赖双手帮忙。如果要为他们划分阶段，最宽容的说法是，他们类似于新石器时代初期的"狩猎类型"。同时，我们也不得不说，典型的石器时代人类通常也比澳大利亚土著更高明。

最后，这个可怜的大陆看起来似乎很早就与世隔绝了，早在其他土地上长出对人类的舒适与幸福大有裨益的植被之前。它形成了一种独有的干旱植物群落，这无疑会让专业的植物学家们大感兴趣，然而，对于一心要在上面种植某种能赚钱的经济作物（只要抵得上他的付出就行）的白人定居者来说，前景却十分渺茫。袋鼠草和生长在盐碱地上的灌木或许是山羊的美食，但遍地多刺的三齿稃就算是对于有着坚硬下颌的骆驼来说也太难入口。没有人能靠种植桉树发大财，尽管它们可以长到400英尺高，在这一点上，只有美国加州的红杉可与之媲美。

1868年，这片新的应许之地刚刚拿掉了流放地头衔，农夫匆匆赶来，却发现自己面对着一大群活化石，它们绝不接受驯养。再一次，澳大利亚与世隔绝的地理位置发挥了作用，它允许这些史前生物继续生存，在世界其他地方，这些生物的同伴全都灭绝已久。亚洲、非洲和欧洲的土地上生活着体型更大、更聪明的哺乳动物，它们的集体缺席使得澳大利亚的四足动物们不必面对"要么进化，要么灭绝"的生死局面。在这里，它们没有天敌，因此可以始终保持最初诞生时的模样。

大西洋

太平洋

有一种奇怪的动物人人都很熟悉，就是袋鼠。袋鼠属于有袋类。有袋类的动物都长着一个口袋，用来安放它们的幼崽，这些幼崽出生时还没发育完全，要在那个口袋里完成接下来的发育。第三纪①时，整个地球上遍布有袋类动物。如今只在美洲还有一个幸存者，负鼠。可澳大利亚却拥有大量有袋类动物。

另一种史前幸存者是所谓的单孔目动物，哺乳类里最低等级的一种子类，这些动物有且只有一个口作为身体的排泄器官。其中最著名的是模样古怪的鸭嘴兽，一种褐色生物，体长约20英寸，短毛、鸭嘴（幼年时期甚

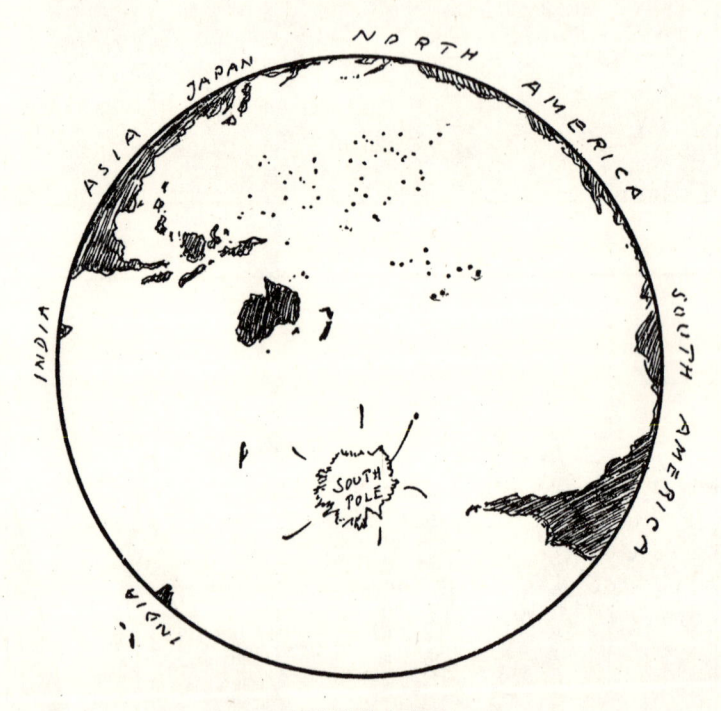

孤独的澳大利亚

---

① 第三纪是过去的地质年代名称，时间跨度约为公元前6500万年至公元前258万年期间，现已细分为古近纪和新近纪，时间段也有所调整。

至还有牙齿），长爪带蹼，雄性的踵处还生着有毒的角状刺——活脱脱一个行走的博物馆，汇集了大自然在成百上千万年进进退退的演化过程中创造或丢弃的一切。

说到其他动物，澳大利亚简直就是一个最厉害的动物奇珍博物馆：羽毛像头发一样的鸟；只会走不会飞的鸟；笑声像豺狼的鸟；模样像雉鸡的杜鹃和小鸡一般大的鸽子；长着足蹼的鼠和能靠尾巴上树的鼠；能用两条腿走路的蜥蜴；既有鳃又有肺的鱼，渊源可追溯到鱼龙时代，而后者实际上是鱼和两栖动物的混合体；看上去像狼又像豺狼的野狗，也许是跟随亚洲大陆最初的移民而来的流浪狗；还有一大堆其他怪物。

但这还不是全部。澳大利亚还有独属于自己的各种昆虫，它们甚至比老虎和蛇更加可怕。那里有会跳的蚂蚁，因为澳大利亚就是跳跃者的埃尔多拉多[①]。无论哺乳动物、鸟类还是昆虫，对它们来说，跳跃永远比飞翔或奔跑更重要。那里有住在自己建造的摩天大厦里的蚂蚁。有能够啃掉一切障碍物的蚂蚁，除了铸铁大门，就连锡罐和铅盒都不管用，因为它们会分泌一种特别的酸液，让这些金属氧化生锈，从而允许它们掏出一条通道来进入内部，随心所欲地大肆破坏。

那里有会将卵下在牛羊皮肤里孵化的苍蝇，有将澳大利亚南部沼泽地区变得完全不适合人类居住的蚊子，有能够在短短数分钟内让整年辛劳毁于一旦的蝗虫，有寄居在兽群里吸血为生的扁虱。还有小鹦鹉，看起来那么漂亮、那么无害，但只要群集起来，就能变成可怕的灾害，正如它们在澳大利亚常常做的那样。

但在所有本地"瘟疫"之中，最糟糕的一种却不是澳大利亚土生土长的，而是来自欧洲。我指的是兔子兄弟，一种在它们常规的栖居地里完全无害的生物，到了这样一片可以容许生物任意生长的多沙荒野里却摇身一

[①] 在西班牙传说中，埃尔多拉多原本是哥伦比亚一个神秘部落的首领，坐拥无尽财富，他的领地被认为是黄金之国。后用以指代乐土、福地。

变,成了最可怕的麻烦。第一批兔子是在1862年从英国带来的,目的只是为了一点消遣。殖民生活很无聊。要在一成不变的生活里找些开心事消磨时光,打兔子是个不错的选择。几只兔子跑掉了,在著名的"兔子潮"中开始安家落户。天文学家们惯于处理大数字,如今却在努力计算此刻澳大利亚的野外生活着多少兔子。他们得出了结论,必定在40亿只上下。鉴于每40只兔子的食量就相当于一头山羊,也就是说,这个数字可以折算成1亿头山羊。想想看吧。整片大陆都遭到了这些啮齿类动物的破坏。澳大利亚西部被这些饥饿的兔子啃食得太厉害,以至于人们开始尝试拉起巨大的铁丝网,试图阻止更进一步的破坏,那堪称某种兔子长城,铁丝网高3英尺,地面以下还埋了3英尺,以防这些破坏者从地下打洞翻墙。然而,在求食本能的驱使下,它们很快就学会了爬网,"瘟疫"势头不减,仍在继续。人们也试过毒药,同样没用。在世界其他地方有野生动物能够制约兔子数量的增长,但澳大利亚没有,就算引进了,它们也没法适应这片陌生的土地,几乎是一上岸就死了。尽管白人想尽了一切办法,兔子仍然在继续繁殖,如同麻雀(那是另一种欧洲舶来品,如今成了所有欧洲园艺爱好者的噩梦)般兴高采烈,如同在澳大利亚干旱土地上如鱼得水的仙人掌般飞快生长。

然而,尽管有这么多可怕的不利因素,移民者还是成功将澳大利亚变成了全球最重要的羊毛生产基地。今天的澳大利亚拥有8000万头山羊,供应着全球1/4羊毛衣物的原材料,羊毛出口数占据这个国家出口总量的足足2/5。

澳大利亚大陆比欧洲大陆古老得多,因此拥有非常丰富的矿藏。50年代初的淘金潮将人们的目光引向了澳大利亚的金矿。自那以后,铅矿、铜矿、锡矿、铁矿和煤矿相继被勘探出来,但石油一直没能找到。有钻石,但很稀少。倒是蛋白石、蓝宝石之类的半宝石储量颇丰。资金缺乏和糟糕的运输条件阻碍了这些宝藏的充分开采,但只要澳大利亚终于醒来,补上多年来缺失的金融管理,这一天就会立刻到来,它也会再一次成为具有经济偿还能力的国家。

发现澳大利亚

此外，澳大利亚还享有最难勘探大陆的名号，困难程度仅次于非洲。直到19世纪初，它的三大区域才算是被弄明白了。西面是高原，平均海拔2000英尺，不过也有几处攀上了3000英尺。这片高原也是黄金之地，但没有海港，称得上有些分量的城市也只有一座，名叫珀斯。然后是东部高地，那是非常古老的山脉，经年累月的风雨侵蚀将它的最高峰科修斯科峰削到了仅7000英尺海拔的高度。这里汇聚着澳大利亚大陆的良港，因此吸引了最初的殖民者。

两片高耸的原野之间是一道宽阔的平原地带，海拔从不会超过600英尺，其中的艾尔湖区甚至低于海平面。这片平原被两道山岭切成了两半，弗林德斯岭在西，格雷岭在东，后者北端与昆士兰的群山相连。

采珠

这个国家的政治发展一向风平浪静,却相当成功。它的第一批移民是所谓"罪犯",依照18世纪后半叶的英国法律遭到流放,但他们的罪过通常至多不过是迫于饥饿贫困而犯下的小小过错,比如偷了一块面包或几个苹果。最初的罪犯流放地在植物湾,库克船长发现了它,当时正是野花盛放,因此有了这样一个名字。殖民地本身被称为新南威尔士,首府是悉尼。1803年,当时属于新南威尔士的塔斯马尼亚岛被用作关押地,囚犯集中在如今霍巴特市所在的区域。1825年,昆士兰州的首府布里斯班建立。30年代,一个名叫菲利普的港湾上建起了居住点,以墨尔本爵士[①]之名命名,成为维多利亚州的首府。南澳大利亚州的首府阿德莱德直到50年代初的淘金热之前都只是个寂寂无闻的小村庄。北部地区则处于英联邦的直接管辖之下,就像美国领土曾经全部由华盛顿直接管辖一样。它的面积虽有

[①] 即威廉·兰柏(William Lamb, 1779—1848),第二任墨尔本子爵,曾在19世纪30年代先后出任英国内务大臣和首相。

50万平方英里，但居民人数不过区区5000，其中近2000人居住在帝汶海附近的达尔文港，这是全球最好的天然港口之一，却完全没有贸易的痕迹。

1901年，这六个州组成了澳大利亚联邦，人口600万，3/4居住在东部。7年后，他们决定另立新都堪培拉，位于悉尼西南150英里处，距澳大利亚最高峰科修斯科不远。

1927年，自治领[①]全权掌控了它的新指挥部。但在将国家拖出当前困境之前，新联邦的议会必须深思熟虑。首先，自从世界大战以来就掌权的工人联合政府白白浪费了太多资金，以至于这个国家在欧洲借贷方中再无信誉可言。接任工党的新政府能否在不做出过分让步的前提下摆脱金融困境，还是未知之数。第二，澳大利亚人口严重不足。塔斯马尼亚和新南威尔士两州的人口密度仅为每平方英里8人。维多利亚州20人。昆士兰和南澳大利亚州更是仅1人，西澳大利亚州仅1.5人。即便是最沉醉于工人联盟传说的人也热衷娱乐与赛马，毕竟他们在全世界的工人中也算得上是最不能胜任联盟职责也最不关心政治的，绝不能忍受没有大量公共假期的生活。

那么，谁来完成必要的工作以维持国家生存呢？

意大利人不行，虽说他们会非常乐意接手。只是在英联邦的政治生活中挑大梁的英国中产阶级早早发明了一个说法，"澳大利亚人的澳大利亚"，意味着排除一切不是纯种白人和英国中产阶级出身的东西。勤劳的意大利人两者皆非，因此被劝阻在托雷斯海峡之外。日本人和中国人都是黄种人，不在考虑范围之内。波利尼西亚人、马来人和爪哇人都带巧克力色，绝对不可以。我必须再重复一次那个问题：谁来工作？并且补充一句：我不知道答案。然而，300万平方英里的土地无人居住，世界其他地区却面对人口过剩问题束手无策。这或许能导向一个顺理成章的解决方案。

[①] 即英联邦自治领，英国殖民时期的特殊体制，多为殖民地转向独立国家的过渡阶段。

Chapter 43

NEW ZEALAND

新西兰

新西兰，连同它在萨摩亚群岛新得到的领土，大约等于1又1/4个英格兰与苏格兰的总和。人口150万，其中14.3万居住在北岛上的首都惠灵顿。

亚伯·塔斯曼在1642年首先发现了它，并用自己家乡的南部岛屿省份名字为其命名①，这是这片土地首次见于书面记载。此前300年左右，划着独木舟的波利尼西亚人就发现了这里，这些人是太平洋上不可思议的水手，凭着他们模样古怪却异常可靠的稻草地图，能离家远行至数千英里之外，而且永远找得到回家的路。

这些波利尼西亚征服者成了毛利人的祖先，这个好战又英俊的种族1906年时只剩下50,000人，但似乎在那之后又开始恢复增长。很明显，毛利人是少数几个能够在白种人面前保全自我的土著民族之一，他们懂得自我调整，吸取西方文明的优点，同时不被后者吞噬。他们放弃了好些本民

---

① 即荷兰西南部岛屿泽兰（Zeeland）。需要留意的是，虽然新西兰（New Zealand）与丹麦的西兰岛（Zealand，丹麦语Sjælland）英文拼写相同，但两者并无关联。

族的古老传统和风俗，比如吃掉敌人和文面，还派出代表加入新西兰议会，修建起与白人统治者那不起眼的小礼拜堂一般无二的教堂，就种族问题而言，这些举动颇富远见卓识。

在19世纪的前1/4时间里，法国人和英国人都派出了传教士，试图赢得这些岛屿的所有权。1833年，毛利人将自己置于英国人的保护之下；1839年，英国正式得到了新西兰全境。

如果法国舰队早三天抵达，如今新西兰就是法国的殖民地了，如同新喀里多尼亚、马克萨斯群岛和太平洋上的许多其他岛屿一样。1840年，这片岛屿成了新南威尔士下辖的澳大利亚殖民地。1847年转为英国直辖殖民地。1901年，新西兰曾经有机会加入澳大利亚联邦，但出于从未沦为刑囚地的骄傲，它拒绝了这份荣幸。1907年后，它成为独立的自治领，有一名挂名的英国总督，但代议政府①完全是自己的。

至于这两大岛屿的地理情况，多半从来就和澳大利亚大陆没有关系，因为分隔两者的塔斯曼海宽1200英里，深度超过了15,000英尺。相反，它们倒有可能出自一处高大山脉，这道山脉曾经充当了太平洋的西海岸。但沧海桑田之下，如今这些岛屿的来龙去脉很难再说得清楚了。雪上加霜的是，它们之间几乎没有多少共同点。北岛是个非常典型的火山地区（俨然太平洋上的黄石公园），南岛就活脱脱一个翻版瑞士再缀上几个挪威式的峡湾，可两者间只不过隔着一道区区90英里宽的库克海峡。

无论怎么看，新西兰都与热带无关。它远离赤道，同意大利一样远，气候也属于同一类型。也就是说，它似乎比澳大利亚更有可能成为欧洲人的永久定居地。桃子、杏、苹果、葡萄、橙子，一切欧洲水果都可以在它的山谷中生长，山坡则是放牧牛群的完美牧场。亚麻在这里长得和在老泽兰岛的湿润气候里一样好，北岛上生长缓慢的树木堪称一流的好木料，大多通过奥克兰出口到了海外。

---

① 由公民选举代表，组成代议机关行使国家权力的一种间接民主形式。

1901年，新西兰的疆域里增加了一连串太平洋岛屿。其中包括库克群岛和拉罗汤加岛。毛利人相信，新西兰的第一批波利尼西亚定居者就来自后一个岛屿。库克群岛同样是火山岛，但接下来，我们就要离开火山带，进入珊瑚岛范畴了。

珊瑚岛的形成有赖于小小的海洋生物珊瑚虫，或者叫"会开花的动物"。散落在太平洋这一区域的成千上万礁石和小岛都是由这种小虫的尸骸堆积起来的。珊瑚虫是挑剔的家伙。它们只能在一定温度范围内的新鲜盐水里生存。一场寒潮就能杀死它们。它们无法生活在水下120英尺范围以下的水域。如果我们在更深处发现了珊瑚礁，就能知道，这个地方的海底下沉过了。不过珊瑚虫修建它们小岛的工程已经持续上百万年了，得到的作品比最出色的大厦还要经久耐用。由于它们得依赖流水带来食物，住在中间的珊瑚虫总是最先死去。周围的继续生长，最终，它们造出了所谓环礁，那是一种有着一圈坚硬、狭窄外环的小岛，中心是一个圆形环礁湖。这种环礁湖通常只有一个出入口，开在背离盛行风的一侧，因为风吹浪起，会为迎风侧的珊瑚虫送来更多食物，让它们生长得更快。

许多出产椰子和干椰肉的这类环礁如今都并入了新西兰。作为答谢新西兰在世界大战中卓越贡献的报酬，德国在萨摩亚群岛占有的那一份也被分给了它。这些岛屿将来会怎么样，我不知道。

Chapter 44

THE ISLANDS OF THE PACIFIC WHERE PEOPLE NEITHER TOILED NOR SPUN BUT LIVED JUST THE SAME

太平洋诸岛:不耕不织,生活一样好

大西洋上几乎没有岛。可太平洋上的岛屿就太多了。加罗林群岛、马绍尔群岛和夏威夷群岛位于赤道以北。其他岛屿统统在赤道以南。它们通常成群出现。复活节岛是个例外,就是我们发现那些神秘巨石像的地方。它孤零零地待着,只是离南美洲比离澳大利亚近得多。

太平洋诸岛可以分为三个明确的阵营。其一,无疑是史前地质时代广袤澳大利亚大陆遗留至今的岛屿。法国流放地新喀里多尼亚是这类型岛屿的代表。除此之外,像斐济群岛、萨摩亚群岛、夏威夷群岛(或者说三明治群岛)和马克萨斯群岛,明显是火山岩堆积而成的。最后一个阵营是像新赫布里底群岛那样的珊瑚岛。

在这数以千计的岛屿中(许多珊瑚岛只不过探出水面几英尺而已),最重要的是夏威夷群岛,1779年库克船长返程回国时就是在这座岛上被土著杀害的。1810年,它们成为南海王国①的中心,直到1893年,这个王国

---

① 即夏威夷王国(1795—1893),此后建立夏威夷共和国并附属于美国,1898年转为美国合并建制领土,1959年正式建夏威夷州,成为美国第50个州。

成了美国的附属领地。除了丰饶多产之外，它们还因身为美亚两洲间的中继站而极具分量。

但这个群岛算不上太可靠。基拉韦厄这座4400英尺高的罕见火山始终处于活动状态。毛伊岛上的火山保持着全球最大火山口的纪录，它同样是夏威夷群岛的成员。然而，不可思议的好天气很容易抵消偶尔的担忧，尽管你还是会不时向这些冒烟的老朋友——可惜没有一个值得放心信赖——投去担忧的一瞥。欧胡岛上的火奴鲁鲁是群岛首府。

斐济群岛上最重要的城市是苏瓦，所有从美洲驶往澳大利亚和新西兰的轮船都会在它的港口停靠。

萨摩亚群岛的首府是阿皮亚。

另一个你可能听说过的岛屿是马里亚纳群岛的关岛，位于日本和新几内亚之间，是美国重要的电缆枢纽站。

接下来是塔希提，社会群岛内的一个法属岛屿，南海流派①的电影故事往往理所当然地发生在那里。

最后，还有许多许多岛屿，分属于三大群岛：美拉尼西亚、密克罗尼西亚和波利尼西亚。它们看上去就像是三道整齐的壁垒，平行排列着，从西北到东南贯穿太平洋，为太平洋上的航行设下重重障碍，相比之下，从

珊瑚岛

---

① 文学、电影及娱乐流派，特点是地理背景都设置在大洋洲。

爱尔兰到美洲海岸之间的大西洋上就只有罗卡尔小岛算得上是唯一有些危险性的地点。

  据说这些小岛都是安逸的世外桃源,最适合这样一些人,他们或是觉得我们的现代机械文明太复杂,不符合他们的质朴品味,或是更喜欢平和、宁静、亲切的陪伴,而非嘈杂、匆忙和竞争对手妒忌的怒目。我猜想这些小岛的确——这么说吧,比百老汇和第四十二大街的街角宁静,但它们也太远了啊,再说,岛上真的能长出忘忧草,让平凡人逃离自我吗?

Chapter 45

AFRICA, THE CONTINENT OF CONTRADICTIONS AND CONTRASTS

非洲：矛盾与反差的大陆

  和澳大利亚类似，非洲也是一片大陆的遗存，只是古老得多，它的大部分陆地早在许多许多百万年前就消失在了海浪之下。就在不算太久远之前，它与欧洲大陆还是相连的。阿拉伯半岛在地理上应当属于撒哈拉沙漠的延伸，马达加斯加汇集了非洲、亚洲和澳大利亚的动植物种类，由此看来，至少在我们这颗星球上开始出现生命时，三片大陆间应当还是有陆地连通的。

  这个问题太复杂，在开口说"事情就是这样这样，不是那样"之前，我们还必须找到更多资料。在此期间，先聊聊这些理论倒也不是个坏主意。它们能告诉我们，这颗星球的地表处在不断变化中——今天没有什么会和昨天一模一样，一百万年后，我们的后人会面对我们如今的地图（如果他们还对我们有趣的小小星球感兴趣的话，那时候他们应该已经早就学会了怎样飞向更大的星球）露出无法掩饰的惊诧，如果有一张第三纪或志留纪的地图，我们也会是一样的反应，忍不住自言自语："从前竟然是这样的？"

整片古老土地最终留存下来的，也是从所谓"有史以来"便不曾改变的，只有两个部分：赤道以北的一大片方形土地，赤道以南略小些的三角形土地。但无论方形土地还是三角形土地，都有个同样的地理缺陷。它们的外缘都比内陆高，以至于看起来就像个巨大的茶碟。正如我们讨论澳大利亚时已经看到的，这样的情形对于一个国家来说是再糟糕不过的了。"茶碟"高耸的边缘挡住了吹向内陆的海风，于是内陆往往容易变成沙漠，更有甚者，它们还令内陆地区失去了连接海洋的天然通道。因此，非洲的河流不得不在整片土地上兜兜转转，不断转向、改道，穿过一连串山岭，才能最终抵达海洋。这意味着，最不需要水源的地方反倒饱受瀑布和洪水之苦。也就是说，必须等待人造港口完工，等到铁路绕过瀑布修通，贸易才有可能开展。一言以蔽之，这样的地形意味着与世隔绝。

对大多数人来说，非洲只是"黑大陆"，我们总是将它同热带丛林和黑人联系起来。事实上，在这片总面积达1130万平方英里的土地（是欧洲的3倍）上，1/3是沙漠，毫无价值可言。1.4亿人口分为三个群体，一个是尼格罗人，也就是黑人，另两个是含米特人和闪米特人[1]，肤色深浅不一，介于巧克力色和象牙白之间。

不管怎么说，黑人比他们略浅肤色的邻居更引人注目，这是自然的。不仅是因为我们会在第一眼看到他们时就产生古怪难忘的感觉，还因为我们祖先在错误的经济观念之下将他们当成一种廉价、温驯的劳动力拉到了全世界，想起这可耻的观念错误总让人不那么舒服。黑奴成了最不幸的代名词，令两个种族都不堪重负，黑人白人全都一样。稍后我们会回到这个问题，但首先，我们要谈的是黑奴被"发明"以前的非洲。希腊人熟悉埃及和居住在尼罗河流域的含米特人。含米特人很早就占据了北非，将最初

---

[1] 根据《圣经·创世记》，传说含米特人的祖先是诺亚的次子含，闪米特人的祖先是诺亚第三子闪。通常认为两者均为高加索人种。其中，含米特人又分东、西两个支系，西系包括柏柏尔人、摩尔人等，东系包括古埃及人、古埃塞俄比亚人、努比亚人等。

的深色皮肤居民向南驱赶,大致去往苏丹方向,同时独占地中海北岸为己所用。"含米特"是个相当含糊的概念。并不存在典型的含米特人,就像典型的瑞典人或中国人那样。含米特人是雅利安人和闪米特人的混合体,此外还加入了几分黑人和若干古老种族的血统,后者早在东方入侵者第一次到来前就生活在这片土地上了。

含米特人抵达非洲时,很可能还处于正在发展中的游牧阶段,因此才会最终散布在整个尼罗河流域,并向南深入阿比西尼亚(埃塞俄比亚),向东行至大西洋海岸。居住在阿特拉斯山脉的柏柏尔人是纯粹的含米特人——或者说,含米特人能有多纯粹,他们就有多纯粹——在撒哈拉沙漠里流动的几个部落也出自含米特。另一边,阿比西尼亚人如今已完全和闪米特人融合,失去了大多数含米特人的特征。此外,尼罗河流域的小个子农夫法拉人也有含米特血统,只是经过上千年来与其他种族的通婚,同样已面目全非。

通常说来,语言文字是区分不同种族的最有力依据。但在北非,语言几乎帮不上忙。那里有只会说含米特语的闪米特部落,有只说阿拉伯语的含米特部落,而古老的埃及基督教徒科普特人是唯一还保留着相关古含米特语知识的人群。在这方面,希腊人和罗马人似乎跟我们一样茫然。他们的解决方法是,将所有出自那一地区的人称为"埃塞俄比亚人"或"黑面孔"。他们面对金字塔和斯芬克斯那黑人般的嘴唇(或者,是含米特式的嘴唇?问问专家吧!)惊讶不已,赞叹这些坚忍的乡下人的耐心,钦佩他们数学家的智慧和内科医生的传说,却从来不曾费心问一问,这些人从何而来。谈起这些人时,他们只说,"埃塞俄比亚人"。

特别提醒!如果你有机会去到北非,要小心,别只是看到他们皮肤黝黑就管当地人叫"黑鬼"(Nigger)。他们应该很憎恨这个名字,更别说其中有一些还是世界上最出色的战士。他们继承了埃及战士的血脉,后者当年曾征服整个西亚。他们甚至可能是那些属于闪米特种族的迦太基人后裔,这些人差一点就把罗马人赶出了地中海。他们也可能是那些不算太久

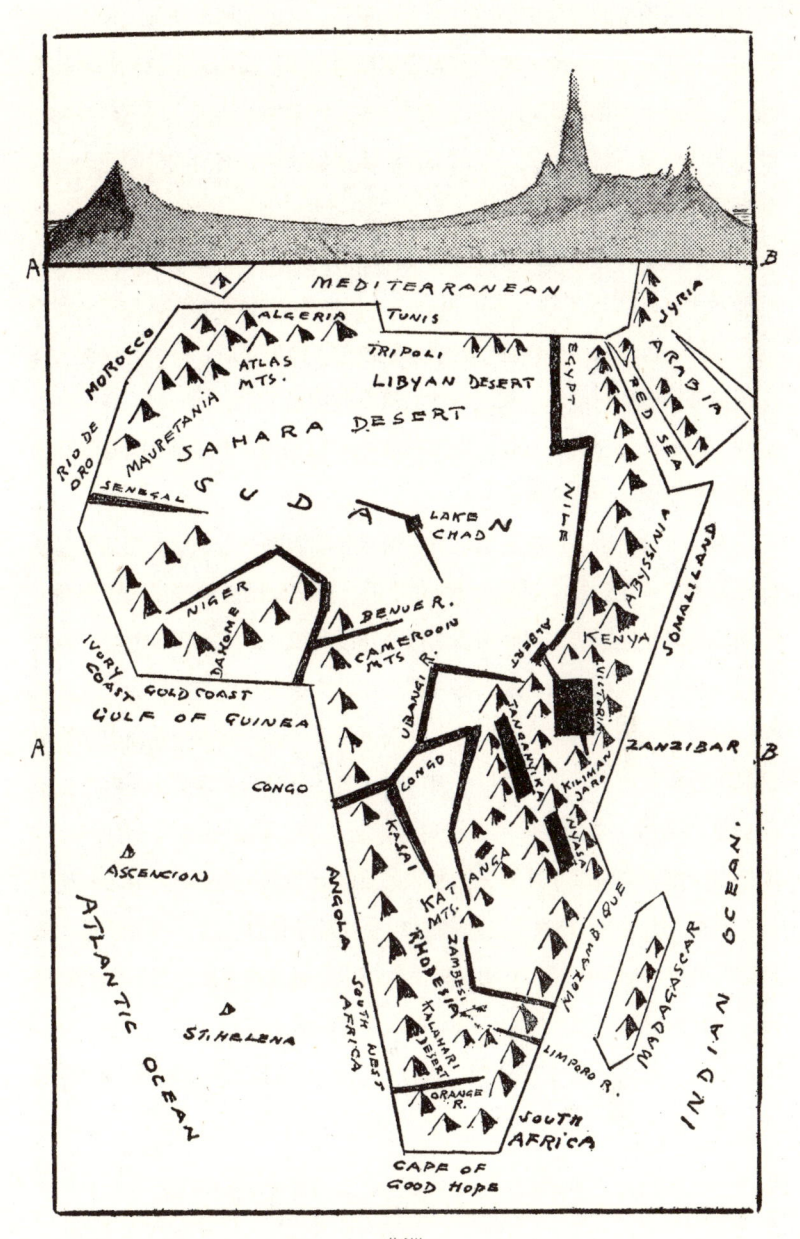

非洲

前才席卷过整个欧洲南部的阿拉伯人的曾孙。或者那些当法国人试图征服阿尔及利亚,当意大利人试图踏足突尼斯时奋勇抗击的阿尔及利亚酋长的孩子。甚至,如果他们的头发再打点儿卷,你就要小心了,要记住1896年致命的那一天,就在那天,卷曲头发的埃塞俄比亚人将白皮肤的意大利人赶进了红海①。

关于含米特人就说到这里了,他们是欧洲人扬帆穿越地中海后首先见到的人群。对于闪米特人则毋庸赘述,与他们的接触是欧洲人的一大伤痛,曾经,汉尼拔将他训练有素的大象带进了波河平原。只是,自迦太基王国被摧毁的那一刻起,通往非洲的道路就打通了。奇怪的是,竟然绝少欧洲人愿意抓住机会去探查,在那被罗马人起名为努米底亚②的漫漫黄沙下埋藏着怎样珍贵的宝藏。

在众多君王中,尼禄是真正有心探索非洲的第一人。他的探险队显然已经走到了法绍达村③,就在大约30年前,英法两国还险些在那里爆发一场战争。只是尼禄的尼罗河探险队似乎并没有抵达白人在多年前就已经触及的最南方。现在看来,迦太基人倒是在好几个世纪以前就已经穿越撒哈拉,造访了几内亚湾。然而,迦太基王国毁灭了,所有关于非洲中部的记录显然也都丢失了。撒哈拉是一道屏障,能够令哪怕最强大的探险者也望而却步。当然,他们也可能是沿着海岸过去的。但沿途完全没有港口可以停泊,淡水补给成了几乎无法克服的难题。非洲的海岸线仅16,000英里长,欧洲不过它的1/3大小,却拥有20,000英里的海岸线。结果就是,任何想要登陆的航海者都不得不在离岸数英里外就抛锚停船,然后换小艇登岸,这样太麻烦,也太危险,很少有人愿意尝试。

所以,我们不得不等到19世纪才能获得一点有关非洲地理的确切信

---

① 即1896年埃塞俄比亚抗意战争,意大利大败,无条件承认前者独立。
② 北非古国,今大部分位于阿尔及利亚境内,少部分位于突尼斯和利比亚。
③ 今科多克,位于南苏丹共和国北部。1898年英法两国在东非地区发生殖民地领土争端,称法绍达事件或法绍达冲突。

息。即便在那个时候，这些信息的得来也纯属偶然。葡萄牙人是最早抵达非洲西海岸的探险者，当时他们只是打算前往印度地区，对那些赤身露体的黑人所生活的土地压根没什么兴趣。可若是不绕过南方的大障碍就没法到达印度和中国，因此他们沿着非洲海岸小心翼翼地航行，就像试图摸出黑屋子的盲人一样。并未刻意寻找，他们偶然发现了好几处岛屿，包括亚速尔群岛、加那利群岛和佛得角群岛。终于，他们在1471年到达了赤道。随后，巴塞洛缪·迪亚斯①在1488年发现了风暴角，也就是如今的好望角，或者直接简称海角。1498年，瓦斯科·达·迦马绕过好望角，确定了从欧洲到印度群岛的最短航线。

当这一切完成后，非洲再一次被抛到一边。它只是航海半途的一个障碍。那里太热太干，要不就太热太潮湿。那里的人都是奴隶。16至17世纪的船长们只在不同的岛屿稍事停留便继续前往东方，亚速岛、阿森松岛、圣赫勒拿岛，船员中高发的坏血病和高死亡率迫使他们停下来购买一些新鲜蔬菜。对他们而言，非洲不是好地方。离它远点儿。要不是头一个受命前往新世界②的传教士的一片好心，那片广阔土地上的可怜异教徒或许至今还平静地生活着。

巴托洛梅·德·拉斯卡萨斯③是哥伦布首次美洲航行时一名同伴的儿子。他受命出任墨西哥恰帕斯州的主教，作为提供服务的报酬，他得到了一块土地，附带土地上的印第安人。换句话说，他成了一个普普通通的奴隶主。那时候，每个生活在新世界的西班牙人都拥有一些为他们工作的印第安人。这是个糟糕的体系，然而就像许多坏的体系一样，它被接受了，因为事关每个人，就与每个人都无关了。纯属碰巧，才会刚好是拉斯卡萨

---

① 巴塞洛缪·迪亚斯（Bartolomeu Dias，约1450—1500），葡萄牙探险家，出身贵族家庭，是第一个发现好望角的欧洲人。
② 即美洲大陆。
③ 巴托洛梅·德·拉斯卡萨斯（Bartolomé de las Casas，1474或1484—1566），西班牙历史学家、社会改革者和道明会修士，恰帕斯州第一任常驻主教。著有《西印度毁灭述略》。下文提到拉斯卡萨斯死于1556年，应为笔误。

斯在某一天突然清醒地意识到这套系统有多糟糕，对这片土地原本的主人有多不公平。这些人现在被迫在矿场劳作，承担一切粗重工作，那是他们在享有自由时从未接触过的。

去海岸的奴隶

他起程前往西班牙，希望对此做些事情。伊萨贝拉女王的告解神父、全能的西蒙尼斯红衣主教①认为他是对的，于是任命他为"印第安人的保护者"，并派他回到美洲去完成一份报告。拉斯卡萨斯回到墨西哥，却发现他的顶头上司对这件事毫无兴趣。印第安人被标上价格卖给基督徒，仿佛他们是地上的动物、空中的鸟和海里的鱼一样（见《圣经·创世记》1:28②）。为什么要自找麻烦，去打乱整个新世界的经济结构，甚至严重损害现有利益呢？

拉斯卡萨斯对待他的神授之职很认真，他想出了一个好主意。印第安人宁死也不愿被囚禁，这一点是已经被证实了的——不到15年的时间里，海地的原住民已经从100万跌落到60万。但非洲的黑人似乎并不介意当奴

---

① 即西蒙尼斯·西斯内斯尼主教（Francisco Jiménez de Cisneros, 1436—1517），西班牙红衣主教、政治家、今马德里康普顿斯大学创始人。
② 此处《圣经》原文为：神就赐福给他们，又对他们说，要生养众多，遍满地面，治理这地。也要管理海里的鱼，空中的鸟，和地上各样行动的活物。

隶。1516年（那是新世界史上的悲剧日），拉斯卡萨斯发布了他著名的人道主义方案细节，旨在彻底解放印第安人。每个生活在新西班牙[①]的西班牙人都能带来12个非洲黑人，印第安人则可以返回他们自己曾经的家园，但仅限于移民者将好地方挑走之后剩下的部分。

可怜的拉斯卡萨斯活得够长，长到足以看清楚自己究竟做了什么。他羞愧难当（因为他是个诚实的人），隐居在海地的一所修道院里。不过后来又重出江湖，再次为不幸的异教徒而战。但已经没有人肯听他说话，就在1556年他过世时，新的计划已经展开，只为将印第安人更紧地捆绑在土地上，与此同时，非洲奴隶贸易也正蓬勃高涨。

持续300年的奴隶贸易对非洲意味着什么，我们只能透过流传下来的极少数可信数据加以推测。实际动手抓捕奴隶的不是白人。阿拉伯人独揽了这份勾当，当时非洲北部已经一点点被伊斯兰教纳入麾下，他们可以随意出入整个地区。自1434年以来，他们就开始时不时地卖一船黑人给葡萄牙人，但直到1517年之前，事情还远远没有发展到后来的规模。这生意能赚大钱。查理五世（出自著名的哈布斯堡家族）[②]将特权授予他的一位佛兰德斯朋友，允许他每年运送4000名非洲奴隶到海地、古巴和波多黎各。这位佛兰德斯人立刻以25,000达克特[③]的价格将他的皇家特许权卖给了一位热那亚投机商。热那亚人转手将它卖给了一群葡萄牙人，这些葡萄牙人到了非洲，联系上阿拉伯贩子，接着，阿拉伯贩子袭击了若干苏丹村庄，直到抓到大约10,000名奴隶才停手（他们得考虑运输途中的高损耗），这些奴隶被塞进散发着恶臭的大型帆船里，打包漂洋过海。

有关这个致富新捷径的消息远远传开了。由于教皇诏令已经将世界分成了两半，一半归西班牙，一半归葡萄牙，西班牙人便不可能亲自前往

[①] 新西班牙为西班牙王国在美洲大陆的殖民地，1521年征服阿兹特克王国后建立，1535年设总督，位于巴拿马地峡以北，包括今天的墨西哥、中美洲、美国西南部和中部地区。
[②] 查理五世（Charles V, 1500—1558），神圣罗马帝国皇帝、西班牙国王。
[③] 中世纪后期至20世纪欧洲通行的贸易货币，为金币或银币。

"奴隶海岸"。因此，真正操持买卖，运输这种黑色"商品"的，是葡萄牙人。一旦葡萄牙人的势力被英国人和荷兰人打败，奴隶贸易就被这两个基督教国家接手并垄断了。他们继续向全世界提供他们的"黑色象牙"

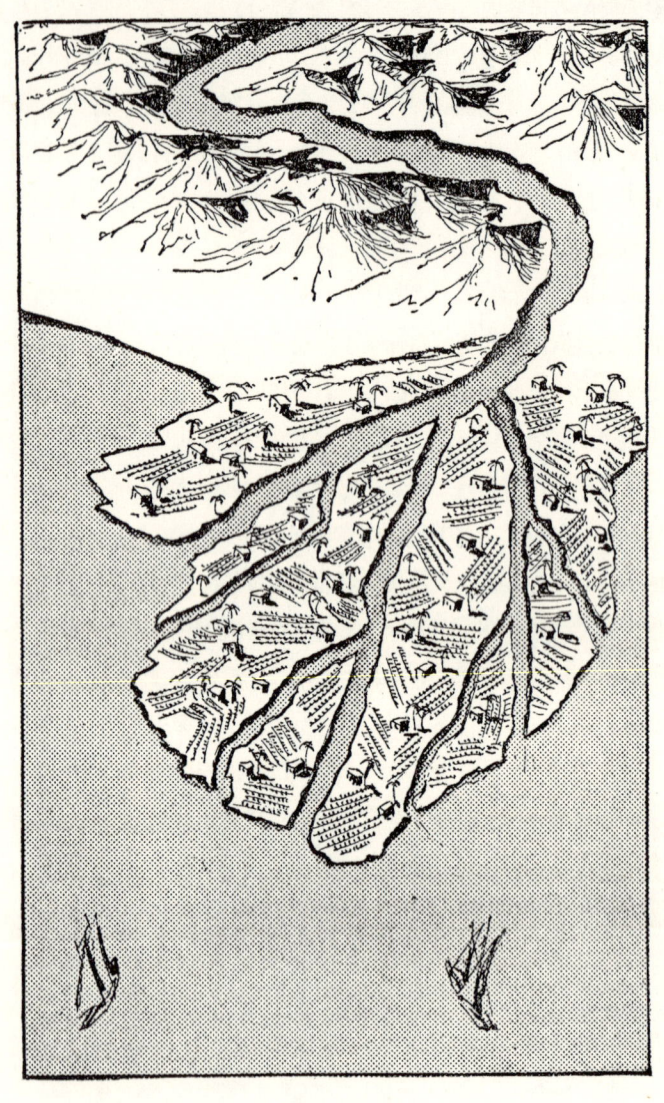

尼罗河三角洲

（布里斯托尔和伦敦商人这般戏称），直至1811年，议会最终通过一项法案，对参与奴隶贸易者处以罚款和流放的严厉惩罚。然而，从1517年到1811年已经是很长的一段时间了，更别说走私犯子还绕开英国战船，将奴隶贸易的时间又拖长了整整30年。事实上，直到19世纪60年代初，所有欧洲和美洲国家明确废除奴隶制以后，这项贸易才彻底终止（阿根廷于1813年废除奴隶制，墨西哥于1829年废除，美国1863年，巴西1888年）。

这项贸易在欧洲统治者和政治家眼中究竟有多重要，只要看看他们为垄断奴隶交易、独揽收益而如何不遗余力就知道了。只因为西班牙拒绝续签一份奴隶协议，而长期以来奴隶交易都掌控在几个英国商人手里，便引发了一场英国和西班牙之间的战争。著名的《乌特勒支和平条约》里有条款将西印度的奴隶专卖权从荷兰人手里转给了英国人。早在1620年就将第一批非洲奴隶带到弗吉尼亚的荷兰人不甘示弱，抓紧时间赶在威廉和玛丽的任期内通过了一项法律，将殖民地的奴隶贸易向全球各国开放。事实上，在因为丢脸的漠视而失去了新阿姆斯特丹之后，荷兰西印度公司全靠奴隶贸易的暴利才免于破产。[①]

关于这个课题，我们几乎没有确切数据，因为通常来说，奴隶并不是那种会让人有兴趣加以系统研究的人。但只是现有的数字已经足以令人震惊了。法国红衣主教拉维热里耶是迦太基的大主教，也是著名的白衣传教会（这些传教士在北非行了许多善事）的创始人，因此他完全了解有关非洲的事，据他估算，由于奴隶贸易，非洲每年至少损失200万人口，包括因恶劣的航海条件而死在半途的被掳者，因为太小没价值而被留给野兽之"仁慈"的小孩，以及最终抵达异国海岸的奴隶。

[①] 16世纪下半叶西班牙与英国在奴隶交易、殖民地贸易及王室宗教信仰等方面多有冲突，1585年英西战争爆发，至1604年，双方未正式宣战，却断续发生了一系列冲突。《乌特勒支和平条约》由一系列独立条约组成，于1713年在荷兰的乌特勒支由西班牙王位继承战争（1701—1714）的交战双方签署。威廉和玛丽即英格兰、苏格兰和爱尔兰国王威廉三世（William III, 1650—1702）及与其联合执政的皇后玛丽二世（Mary II, 1662—1694）。新阿姆斯特丹为从前荷兰在巴西的殖民地。

利文斯通医生是另一位有发言权的裁判者，他给出了具体的数字：每年被带离家园的奴隶（还不算留下来却因为失去依靠而死亡的人）约为35万人，其中只有7万人能够踏上大洋彼岸的土地。

在1700年至1786年间，活着被带到牙买加的奴隶不少于60万人，同样的时间内，两家规模较小的英国奴隶公司就将超过200万名奴隶从非洲送到了西印度。到18世纪末，利物浦、伦敦和布里斯托尔一共拥有200艘奴隶船，可装载47,000名奴隶，这些船定期往返于新几内亚湾和新世界之间。1791年，当贵格会和反奴隶制阵营开始全面掀起反对这种暴行的行动时，一项对贝宁湾奴隶站的调查显示，该地区共有14个英国站点、15个荷兰站点、4个葡萄牙站点、4个丹麦站点和3个法国站点。英国装备最好，掌控了一半的贸易，余下部分由其他四个国家瓜分。

沙漠水源

对于发生在那片大陆上的可怕的事，我们所知极少。直到很晚期，英国人为了彻底将这种贸易斩草除根而上岸搜捕更多违法者，人们才发现，当地的土著酋长已经成了违法主力，他们毫不在意地出售自己的族人，就像18世纪的德国统治者将他们的新兵团卖给英国人去镇压弗吉尼亚和马萨诸塞的小叛乱一样。但主要的贸易体系始终都掌握在阿拉伯人手里。这真是咄咄怪事。《可兰经》极力反对这样的事情，伊斯兰教律对待奴隶通常比基督教法令宽容得多。根据白人的法律，女奴与主人生下的孩子依旧是奴隶，而依据《可兰经》，孩子的身份必须跟从父亲，因此同样情形下的孩子会被认为是自由人。

邪恶透顶的比利时国王利奥波德[①]打开了刚果大门，廉价劳动力的需求促使国王陛下发出特许令，于是，在安哥拉的葡萄牙殖民地和刚果盆地中部之间，奴隶贸易短暂复苏了。幸运的是，这个卑鄙的老家伙（坐在现代民主国家王座上，骨子里却是个中世纪恶棍）死时，刚果自由邦已经被比利时政府接管，通过买卖人类谋利的最后一次尝试就此被扑灭。

白人与黑人的关系以不可能更糟的方式开启。可接下来的发展也同样糟糕。在这里，我必须尽可能简单地提一提导致这种不幸状态的原因。

在亚洲，白人面对的是同等文明甚至文明程度更高的种族。也就是说，对方有能力反击，白人必须谨慎从事，否则就要自食其果。

19世纪50年代的印度佣兵大起义，再往前20年几乎将荷兰人赶出爪哇的第博尼哥罗[②]大暴动，日本对所有外国人的驱逐，仅仅数年前中国的义和团运动，眼下印度的动荡和日本在中国东北问题上对欧洲和美国态度的公然漠视，都是不容白人忽视的教训。

[①] 即利奥波德二世（Leopold II of Belgium，1835—1909），比利时第二任国王，1865年登基，在位44年，以建立"刚果自由邦"（1885—1908）并私下通过非政府机构谋利而闻名。
[②] 第博尼哥罗（Dipo Negoro，1785—1855），印尼民族英雄，时为爪哇日惹亲王，领导了1825年至1830年抗击荷兰的爪哇战争。

在澳大利亚，白人遇到的是还活在石器时代早期的野蛮人，身无长物，可以随心所欲地杀人而几乎不知良心的折磨为何物，就像杀死吃掉他的山羊的澳大利亚野狗一样。

当白人到达美洲时，大部分地方其实并没有人居住。中美洲生机勃勃的高原和安第斯山脉的西北部（墨西哥和秘鲁）的确人烟繁盛，但其他地方差不多是空的。寥寥无几的游牧部族很容易就被赶开，接下来自有疾病和自然衰亡完成余下的事。

可非洲的情形完全不同。不管是奴隶制、疾病、劣质的烈酒，还是糟糕的医疗水平，都无法灭绝非洲人种。无论白人摧毁了什么，一夜过去就能恢复。于是白人不断夺走黑人的财产。结果堪比世间罕见的血腥大屠杀，而且至今还没有落幕。这是一场竞争，由白人的枪炮对垒黑人的热带繁育力。

还是打开地图，让我们勾勒一下这片土地上此刻的大致情形吧。

大略说来，非洲可以分为七个部分，接下来我将一一介绍。我们先从地图左上角开始，西北部是臭名昭著的巴巴里海岸，每当有船需要从北欧开往意大利和黎凡特地区①，我们的祖先会吓得浑身发抖。因为这是可怕的巴巴里海盗的地盘，要是被他们抓住，就得当上若干年的奴隶，直到家人凑够换取自由的赎金。

这整个地区都是高山，非常高的山。为什么这个国家会走这样一种发展道路，又是为什么它至今还没有真正被白种人征服，这些高山便是答案。山区危机四伏，处处可以设伏，遍地都是深涧，抢劫团伙随时可能出手，并在有人反应过来之前就消失得无影无踪。

飞机和长枪大炮在这里发挥不了作用。就在几年前，西班牙人还在里

---

① 巴巴里海岸是北非海岸中部至西部，泛指伊斯兰教诸国海岸，包括今摩洛哥、阿尔及利亚、突尼斯和利比亚等国。黎凡特地区是历史上一个宽泛的地理名词，广义上包括地中海东部及诸岛，狭义指古叙利亚地区。

夫人①手里吃了好几场大败仗。我们的祖先明白这一点,因此他们宁愿每年向掌管欧洲海岸这一地区的苏丹送礼进贡,也不想拿自己的船队和名誉冒险,闯进从来没有白人能够进入的海港探险。他们在阿尔及尔和突尼斯留有特派执行官员,处理被俘者的赎金交授事宜,还资助了几个宗教组织,不图别的,只需要他们为不幸落入摩尔人手中的水手祈祷。

从政治层面说,非洲大陆这个东北角如今被分成了四个部分,全都听命于巴黎。逐步渗透和占领的进程从1830年就开始了,引发战争的直接原因不过是一个普普通通的苍蝇拍,但真正的理由是地中海西北部长久以来人尽皆知的恶行,海盗。

维也纳会议②上,欧洲势力决定,"必须采取行动"打击地中海海盗。不过,各方势力当然无法达成统一,决定由谁来执行这项任务,因为这位英雄将有权获得海盗的部分领地,这样对其他势力不公平——这也算是所有外交会议的保留剧目了。

就在此时,两位阿尔及利亚犹太人(数世纪以来,北非所有事务都掌握在犹太人手里)向法国政府提出要求,索取法国政府在拿破仑当政前欠下的一笔粮食款——新世界和旧世界的大臣案头永远不乏此类索偿要求,近两个世纪以来,它们常常是许多误会的源头,而这只是其中之一。如果国家能像个人那样好好支付账单,我们所有人都一定会快乐得多,当然也安全得多。

在协商这笔小小粮食款的过程中,阿尔及尔总督有一天发脾气用他的苍蝇拍打了法国领事。随之而来的就是,城市被封锁,枪炮开了火(可能是个意外,当战舰环伺时,这样的意外总难免发生),一支远征队横渡地中海,1830年7月,法国人攻入阿尔及尔,总督被捕并遭流放,战争全

---

① 里夫为摩洛哥北部山区,里夫人为当地土著部落。
② 1814年11月—1815年6月在维也纳召开的欧洲诸国大使会议,由奥地利召集并主持,旨在解决法国独立战争和拿破仑战争以来出现的问题,通过划分势力范围形成制约,谋求欧洲的和平。

面爆发。

山地人民推选出一位领袖，某位阿卜杜·卡德尔，一位虔诚的伊斯兰教徒，一个大智大勇的人，他率部抗击入侵者长达15年，直到1847年才投降。此前他得到承诺，可以留在自己的国家。然而承诺被打破，他被押到了法国。不过拿破仑三世还是释放了他，条件是他永远不得扰乱他祖国的平静。阿卜杜·卡德尔回到大马士革隐居，余生专注于冥想修行，直至1883年在当地逝世。

早在他去世之前很久，阿尔及利亚最后的反抗也被扑灭了。如今，它只是法国的又一个省①。它的人民有权推选自己的代表，在巴黎的法国国会里捍卫自身利益。它的年轻人有资格加入法国军队服役，不过那不完全是自愿选择的问题。就经济而言，法国已经做了许多非常出色的工作来改善它的新臣民的生活条件。

阿特拉斯山脉和海洋之间的平原名叫泰勒，是粮食产区。谢特高原的名字来源于许多小盐湖，这里是牧区，越来越多的山坡种上了葡萄，大型灌溉工程正在修建，准备帮助人们种出热带水果来卖给欧洲市场。铁矿和铜矿都出现了，铁路将它们与阿尔及尔（首府）、奥兰和比塞大连接起来，这是地中海的三个重要港口。

突尼斯紧贴阿尔及尔地区的东侧，名义上依然是个独立国家，有自己的国王。但事实上，从1881年开始，它就置身于法国的保护之下了。但法国没有那么多富余人口，结果，移民者反倒大多是意大利人。移民者经历了一段艰难时光，不得不跟数个世纪之前就已经来到这片土地的犹太人竞争。当时这里还是土耳其人的领地，对于犹太人来说，在这里生活比在基督教掌权的地方更好。

紧邻首都突尼斯城的斯法克斯是最重要的城市。两千年前，突尼斯这片土地比今天更加重要，因为它是"新城"——也就是罗马人所说的"迦

---

① 后于1962年独立，建立阿尔及利亚人民民主共和国。

尼罗河

太基"①——的一部分。如今依然可以看到它那拥有220艘船舶容量的港口。除此之外就少有古迹存世了，因为罗马人真正想做什么的时候总是做得很彻底，他们憎恨迦太基（很显然是出于恐惧和嫉妒），因此，当终于在公元前146年夺下这座城市时，他们没有留下哪怕一间还能够立在地面上的房屋。这座城市被烧成了一片白地。曾拥有近百万居民的城市只剩下焦黑的断壁残垣，如今深埋在地面以下16英尺处。

非洲西北角如今的正式身份是独立的苏丹王国摩洛哥。它依然拥有一位苏丹国王，只是从1912年起就沦为了法国的傀儡。这并不是说他之前就有多么重要。居住在小阿特拉斯山区的卡比尔人太忙于自保，无暇关心那位遥远的陛下，而后者为了安全，不断在他的两个首都之间搬来搬去，一个是南面的摩洛哥城②，一个是北面的圣城非斯。这些近在咫尺的高山如此虎视眈眈，以至于谷地居民从来无法安心耕种他们的田地。反正不管怎样，收成总是会被抢走。

人们可以就非洲这些地区对抗法国统治的话题高谈阔论，但一涉及公共道路的安全便只能瞠目结舌。他们将中央政府搬到了拉巴特，那是大西洋海岸边的一座城市，只为必要时法国海军可以伸出援手。拉巴特位于阿加迪尔以北好几百英里外，后者是大西洋海岸的另一座港口城市，在世界大战爆发的四年前意外成为世界注目的焦点，当时德国人派出一艘炮艇，专程前去提醒法国人，摩洛哥绝不可以变成下一个阿尔及尔，这一事件在很大程度上导致了1914年那场灾难性冲突的最终爆发。

摩洛哥境内正对直布罗陀海峡的一个小角落是西班牙殖民地。它是法国在占领摩洛哥后作为和平礼物送给西班牙的。休达和梅利利亚两座城市近期出现在报纸上的频率最高，故事背景常常是不甘不愿的西班牙军队败给了当地土著，也就是所谓的里夫--卡比尔人。

---

① 新城（Kart-hadshat）与迦太基（Carthage）发音近似。
② 即马拉喀什。马拉喀什（Marrakech）与摩洛哥（Morocco）在波斯语、乌尔都语等多种语言中相同，20世纪早期，外国旅行者习惯于直接以"摩洛哥城"指代马拉喀什。

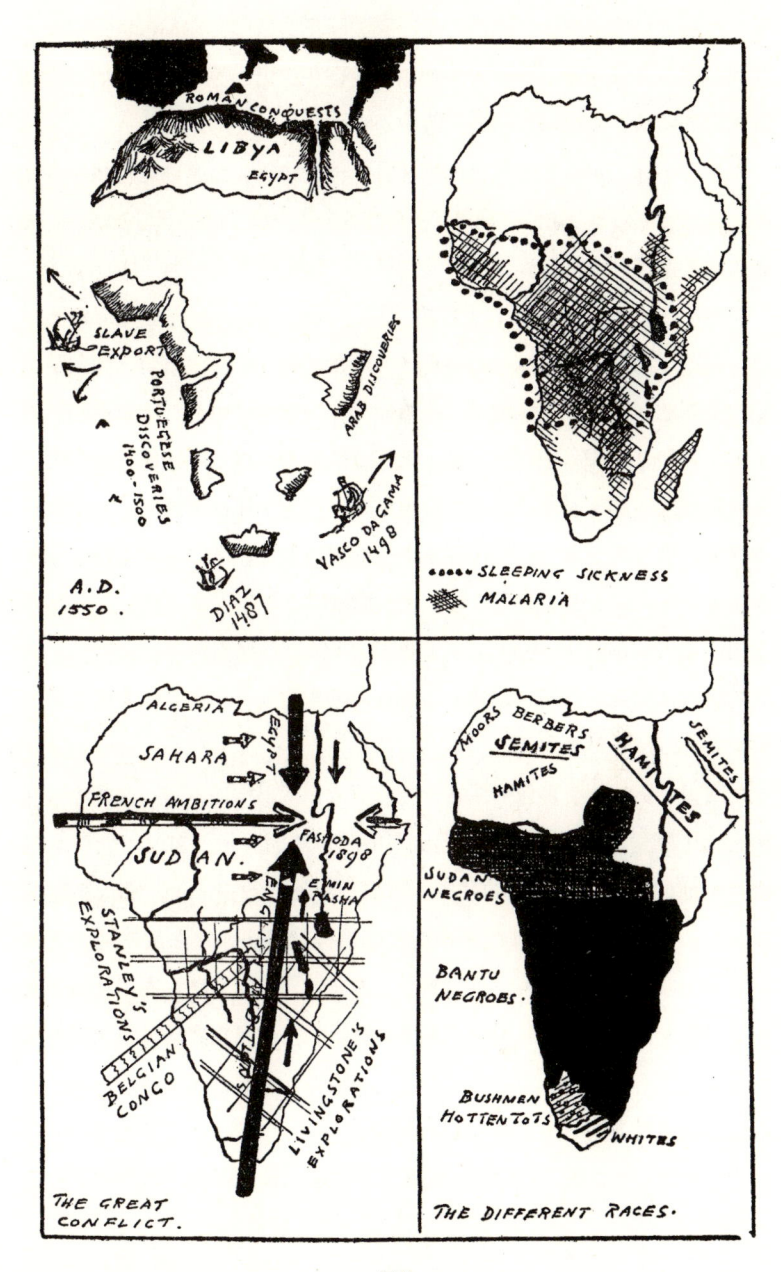

非洲

丹吉尔位于里夫山区以西，是一座国际化的城市，18、19世纪期间，欧洲各国派来谒见摩洛哥苏丹的使臣大多住在这里。苏丹不希望他们太靠近自己的朝廷，于是丹吉尔得以选中。

这个山区三角带的未来已无须怀疑。再过50年，整个地区都将是法国的，我们接下来要讨论的非洲第二个自然地带也一样，那是烈日暴晒、广袤无边的沙漠，阿拉伯人称之为"大沙漠"，现代地图上标为"撒哈拉"。

撒哈拉大沙漠几乎和整个欧洲大陆一样大，从大西洋一直绵延至红海，跨过红海后，还以阿拉伯半岛之名继续延伸。除开摩洛哥、阿尔及尔和突尼斯的阿特拉斯三角地带，撒哈拉的北面就是地中海，南侧毗邻苏丹王国。它是个高原，但并不太高，大部分地方的海拔不过区区1200英尺。古老山脊的残骸不时在这里那里冒出来，早已历尽风沙侵蚀。沙漠中有不少绿洲，靠着地下水，能够供养不太多的阿拉伯人欣欣向荣地生存。每平方英里0.04人的人口密度意味着，撒哈拉事实上等于没有人烟。在行踪不定的诸多沙漠部落中，最有名的是图阿雷格人①，他们是一流的战士。其他的撒哈拉居民还包括闪米特人（或者说阿拉伯人）、含米特人（或者说埃及人）以及苏丹黑人。

法国外籍兵团负责保护往来行者的安全，做得相当不错。这些法国外籍士兵（顺便说一句，他们永远都不能踏足法国本土）有时可能有些粗暴，但他们承担的是艰难的任务。要靠一小群人维护一个欧洲大小地区的安宁，不是圣人能完成的工作。因此也极少有圣人热血激昂地入伍参军——如果众所周知的传言可信的话。古老的马车道渐渐失去了它们的重要性。带轮子的牵引车头取代了臭烘烘的骆驼。在长距离运输中，前者省钱得多，也可靠得多。不再有成千上万头骆驼云集通布图为撒哈拉西部的人们运盐，过去的日子已经一去不复返了。

直到1911年之前，撒哈拉沙漠毗邻地中海的部分都在一位帕夏的独立

---

① 属于柏柏尔人。

统治之下，他奉土耳其苏丹为君主。就在这一年，意大利人得知法国人打算尽可能迅速地拿下摩洛哥，不愿挑起与德国的战争，于是突然想起，利比亚（的黎波里的拉丁名①）一度是个非常繁荣的罗马殖民地。他们横渡地中海，占据了40万平方英里的非洲土地，在上面升起意大利的旗帜，随后彬彬有礼地询问全世界，对这片土地有什么打算。没人对的黎波里特别感兴趣（遍地黄沙，没有铁矿也没有石油），因此恺撒的子孙便安心保住了他们的新殖民地，如今他们正忙着修路，并尝试在这里种些棉花，好送到伦巴第的纺织工厂。

在东面，意大利人这一与众不同的殖民艺术到埃及边境就截止了。这个国家的繁荣得益于它堪比岛屿的地势——西临利比亚沙漠，南有努比亚沙漠的保护，红海和地中海守护着它的北线与东线边境。埃及是漫漫历史中的埃及，古老的法老之地，古文明世界的艺术、学识与科技知识的博大仓库，然而现实中却只是一片沿河的狭长地带，这条河与密西西比河差不多长。不算沙漠的话，埃及其实比荷兰王国还要小一点。荷兰有700万人口，然而尼罗河流域是那样肥沃，足够养活两倍的人口。等到大型灌溉工程——最初是英国人开始建造的——完成时，将会更有余力。但法拉人（耕种土地的农人，几乎无一例外都是伊斯兰教徒）也将被牢牢拴在他们的农场里，毕竟，对于一个既没有煤矿又缺乏水力资源的国家来说，发展工业化并不容易。

自从18世纪伊斯兰教大获全胜以来，埃及就归了土耳其所有，由一名埃及总督——或者说是它自己的国王——出面管理。1882年，英国出兵占领埃及，理由是它的财政状况太糟糕，无法抵御强大的欧洲势力。但世界大战后，令埃及归于埃及人的呼声日益高涨，英国人不得不放弃他们的索求，埃及再次被认可为独立王国，除商贸协定需首先呈交英国外，有权自行决定与外国势力的其他一切协约。英国军队将全面撤出埃及各城市，只

---

① 这里指代的黎波里，与今天的利比亚国不同。

非洲

留下塞得港驻军。随着位于尼罗河三角洲的达米埃塔和拉希德渐渐衰落,亚历山大港已经成为地中海海岸最重要的商业港口,英国最终必定能在这里保住一个海军基地。

这是个宽厚而且非常安全的协议,因为此时英国已经占据了东苏丹地区,尼罗河恰好流经那里。英国人坚信,只要握住1200万埃及人赖以生存的水源,遥远的开罗多多少少会顾及他们的意愿。

任何了解近东政治局势的人都很难责怪英国试图强力控制这一地区的企图。苏伊士运河是连接印度的捷径,贯穿埃及全境,如果任由别人掌控这条海水灌注的商业动脉,对英国来说无异于自杀。

当然,运河并不是英国建造的。事实上,从一开始英国政府就曾千方百计阻止德·雷塞布①开挖运河。英国反对修造这条运河有两大理由。首先,尽管拿破仑三世反复重申,这条法国出资法国修建的运河纯属商业投资,但英国完全不信。维多利亚女王或许很爱杜伊勒里宫②里她那位亲爱的兄弟,毕竟在女王心爱的臣民为了面包几乎发动暴乱时,他曾担任过伦敦的特别治安官,但普通英国人对他没什么感觉,这个名字能唤起的记忆并不比一个50年前的午夜噩梦更多。其次,英国人担心这样一条直通印度、中国和日本的捷径会严重影响好望角的繁荣,而后者刚好是他们自己的地盘。

然而,运河还是建成了,威尔第为庆祝这一盛事创作了宏大的歌剧《阿依达》,埃及国王自掏腰包为所有外国访客提供免费食宿和《阿依达》的门票,从塞得港出发前往苏伊士野餐的观光客至少塞满了69艘船,那里正是运河抵达红海的终点站。

随后,英国人改变了策略。当时的英国首相本杰明·迪斯雷利出生于

---

① 斐迪南·德·雷塞布(Ferdinand de Lesseps, 1805—1894),法国外交官,苏伊士运河工程的主持者。
② 亨利四世至拿破仑三世期间均为法国王宫,位于巴黎塞纳河右岸,1871年遭焚毁。原址现为公园。

一个从来不乏商业才干的家族,他设法从埃及国王手里拿到了运河的大部分股权。接下来,拿破仑失势,运河证明了自己是亚欧商贸的天赐之福,能够带来每年4000万美元的收入(1930年运河货运量为2800万吨,几乎相当于我们的苏圣玛丽运河[①]1/3的载运量),英国政府也就不再抱怨了。

顺便提一句,大名鼎鼎的埃及遗迹遍布整片国土。你会发现,金字塔就在开罗附近,那里曾是孟菲斯城的所在地。埃及的古都底比斯反倒位于河流上游的数百英里外。可惜阿斯旺地区规模庞大的灌溉工程将菲莱岛的神庙切成了许多小岛,浑浊的尼罗河水彻底包围了它,看来早晚要将它冲毁。图坦卡蒙王死于公元前14世纪,他的墓也在埃及的这一地区被找到了,和许多国王一样,他们曾经拥有的珍宝财富和他们的木乃伊都汇聚到了开罗博物馆,这座博物馆正飞快地变成墓地,堪称世界上最有趣的古董收藏之一。

非洲的第三部分是苏丹,从地理角度说,它与其他几个部分都不一样。苏丹几乎和撒哈拉沙漠并行,却没有向东走出那么远,因为兀然耸起的阿比西尼亚(埃塞俄比亚)高原截断了它的去路,将它与红海隔开。

现在,一场国际桥牌大赛开始了,冠军奖励是非洲,当一个国家叫"三张黑桃"时,其他国家就会立刻回以"四张方块"。19世纪初,英国从荷兰手里拿到了好望角。然而,作为最初的移民者,荷兰人不会轻易屈服,他们收拾好行李,装上篷车,套上公牛,开始向北跋涉(这些说法如今已经是非常漂亮的英文字眼了。自最近一次布尔战争之后,你可以在任何一本可靠的字典里找到它们)。英国人现在玩的把戏与俄罗斯人在16世纪征服西伯利亚时玩的如出一辙。你应该还记得那是怎么回事。每当有足够多的俄罗斯流放者在西伯利亚某片新区域定居下来,沙皇的军队就尾随而至,通知他们:既然他们本就是俄罗斯的臣民,那么这些刚刚占有的土

[①] 加拿大运河,1987年以前一直是大西洋到苏必利尔湖航路的组成部分,现为加拿大国家历史遗址。

地自然也就是俄罗斯的财产,莫斯科会告诉他们什么时候开始征税。

英国人一直尾随布尔人向北,试图扩展疆域。却遭遇了好几场严重不利的冲突,因为布尔农夫不肯束手就缚,他们大半辈子都在野外,论起开枪放炮来比伦敦军队更厉害。1881年马尤巴山战役之后(格莱斯顿在这一事件上表现得格外诚实,彼时彼刻,他展现了所有政治家都应当效仿的自制典范:"没理由只因为我们昨夜吃了败仗,我们的骄傲受到了伤害,就一意孤行要流更多血!")[1],布尔人得到喘息之机,赢得了独立。

然而,对于这场英帝国与一小群农夫之间的争斗,全世界都知道结局会是怎样。英国的地产公司从本地酋长手中得到了大片的土地,一点点向北推进。与此同时,英国军队为了在埃及全境建立秩序,正沿着尼罗河两岸缓慢地稳步南下。一位著名英国传教士[2]正在探索非洲中部地区,成绩斐然。很显然,英国人正在为自己打造一条贯通黑大陆腹地的通道。他们在开罗和好望角同时运作(这是修建隧道的常见方式)。两头的工程迟早会在大湖地区会合,那是尼罗河和刚果河的发源地。届时,英国就能让它的火车从亚历山大港一直开到桌湾(这个名字来源于桌山,一座形状古怪的台地,是开普敦的天然背景),中途完全不必换车。

英国在南北纵贯线上的野心一目了然,如今法国也打算在东西线上做同样的事,连通大西洋和红海,或者,不如说连通塞内加尔的达喀尔与法属索马里兰的吉布提[3],后者也是整个阿比西尼亚的进口港,甚至有铁路

---

[1] 1881年2月的马尤巴山战役是第一次布尔战争中最后一次决定性的战役,以布尔人大胜英国人而告终。格莱斯顿(William Ewart Gladstone, 1809—1898)为当时的英国首相。"布尔"出自荷兰语,意思是"农夫",18世纪时特指居南非好望角东部海岸、使用荷兰语的定居者及其后裔。
[2] 英国著名传教士、医生戴维·利文斯通(David Livingstone, 1813—1873)曾多次至非洲南部及中部探险并传教,后因病死于赞比亚。利文斯通曾一度与外界失联长达6年,《纽约先驱报》遂于1869年派记者亨利·莫顿·斯坦利前往寻找,1871年,两人在坦噶尼喀湖畔相遇,斯坦利的招呼"利文斯通医生,我猜?"由此广为流传。斯坦利曾绘制出详细的中非河流、湖泊地图,并考察了刚果河。
[3] 吉布提于1977年独立为吉布提共和国,首都同名。法属索马里兰(1883—1967)为法国在非洲之角的领地,1946年前为殖民地,之后为海外领地。

苏伊士运河

直通它的首都亚的斯亚贝巴。

　　这样浩大的工程需要时间，但并不像我们想象的那样长。尽管我们看地图时更愿意相信它必定耗时漫长、困难重重，愿意设想它得攻克多少难题才可能抵达那样遥不可及的地方，比如乍得湖，就在尼日利亚北面——事实上，从那里开始才是最困难的部分，因为东苏丹（现在的英埃苏丹①）是个如撒哈拉般荒凉的地区。

　　然而，当一个精力旺盛的现代势力手握资金，而且已经看到了每一块美金都可能赚取100美分的机会时，资金便足以跨越时空，轻松开道，往往就像坦克碾过鹅群般无情。法兰西第三共和国试图赢回第二帝国失落的荣耀，它充满活力，畜牧业和法国农夫神秘的老雪茄盒也已积攒下必要的资本。东西线与南北线的先行权之争丝毫不容轻忽，法国自17世纪初便开始同英国及荷兰争夺塞内加尔与冈比亚河之间的土地，此刻更是将这片领域作为政治开瓶器，意欲借此撬开罐头，得到整个苏丹这块肉。

　　法国究竟用了多少经营运作、多少阴谋诡计、多少外交手段、商务手段、欺骗与谎言、讨价还价与花言巧语才能够宣称将西苏丹的广阔地域纳入自己的非洲帝国麾下，对此我无法一一尽述。甚至到了今天，他们还打着"暂时代管"诸多受保护国和托管地的招牌，只是人人都已渐渐明白这到底意味着什么。手握纽约牛奶专卖权的黑帮也可以称他们杀人如麻的社团为"牛奶商人保护协会"。欧洲诸国很快从我们的小路匪身上得到启发，创造出"托管地"这样一个名词。但结果并无不同。

　　从地理角度考虑，法国做了个明智的选择。苏丹大部分地区都非常肥沃，因此，苏丹人远比非洲其他黑人种族都更勤劳聪明也就是顺理成章的事了。这里的部分土壤和中国北部的黄土地同属一类，加上塞内冈比亚（只是塞内加尔的另一个说法）未曾被高山隔断与海洋的联系，其内陆地区降水充足，人们得以畜养牛群，种植玉米。顺便说说，非洲黑人的主食

---

① 今分属埃及、利比亚、南苏丹和苏丹。

不是稻米,而是玉米。他们吃的玉米算是我们美国玉米粥的某种远房亲戚,只是烹制上少花了些工夫。此外,他们还是了不起的艺术家,那些奇特的雕塑和陶器碎片出现在我们的博物馆里时永远不会吸引不到人们的目光,因为,放眼全球,它们完全就像是我们自己的未来主义大师最新的作品。

乞力马扎罗雪山

尽管如此,在白人看来,苏丹人却有一个巨大的缺陷。他们是穆罕默德的热诚追随者,这位先知的传教者走遍并且改变了整个北非。在苏丹,有一个种族长久以来都是法国当局的心腹大患,那就是富拉人,或者称法拉人,他们混合了黑人和柏柏尔人血统,遍布塞内加尔河南岸及东段,更是当地社会的主要群体。可是,铁路、公路、飞机、坦克和履带牵引车比所有头巾和《可兰经》里的诗句加起来都更加有力。法拉人开始学习驾驶小汽车。骑士传奇飞快地让位给了加油站。

在法、英、德三国进入苏丹以前,这片疆域的大部分地区都属于那些迷人的土著王公,他们相互抢夺对方部落的成员卖为奴隶,渐渐富有起来。其中有的王公恶名累累，即便放在过去那些最特别最残忍的暴君之中也毫不逊色。达荷美[①]国王和他灵活凶悍的亚马孙女战士军团在许多人的记忆里仍然鲜活，孩提时，他们曾在我们国家的集市上见到过这支部队最后的亮相。这或许能够解释，为什么当欧洲战船现身时，本地土著几乎未加抵抗。无论新的白人主子有多么贪婪，只要能将黑人暴君赶下台，就是一大进步。

沿几内亚湾海岸线绵延的高山将南苏丹的大部分地区与大海隔绝。这使得像尼日尔这样的河流无法在内陆发展中扮演真正重要的角色。同刚果河一样，尼日尔河也不得不绕大圈避开群山的主体部分。之后，就在即将抵达海岸前，它还必须从岩石间掘出一条通道，结果就是，无数瀑布出现在了它们最不被需要的地方（也就是说，在海边），上游河段倒是足以通航，只是那里杳无人烟，无人需要通航。

事实上，尼日尔河就连这一点也做不到。它更像是一连串长条形的湖泊和小水塘，而不是常规的河流，就像蒙戈·帕克[②]在1805年发现的那样，那时他正不顾一切地寻找这条河，从他还是个生活在苏格兰的小男孩时就一心向往着它。或许正因为缺少水路条件，苏丹人才能在陆路商贸通道上取得那样的成功，尼日尔河上游左岸的通布图才能成为如此重要的商贸中心，汇聚四面来客商谈贸易，堪称非洲的大诺夫哥罗德。

通布图的名气很大部分来自它古怪的名字，听起来像是某个非洲神秘巫医的魔法咒语。早在1353年，伊本·拔都他[③]——这位阿拉伯世界的马

[①] 今贝宁。阿加扎国王（Agaja，约1673—1740）于1729年组建亚马孙女战士部队（与希腊神话中的亚马孙女武士部落不同），开始只是为了增加声势，后因女战士均十分骁勇，遂成固定编制，至格佐国王（Ghezo，在位1818年至1858年）时期，更下令所有家庭均需选送最适合的女儿参军。
[②] 蒙戈·帕克（Mungo Park，1771—1806），苏格兰探险家，已知最早探索尼日尔河中段流域的欧洲人。
[③] 伊本·拔都他（Ibn Battuta，1304—1369），摩洛哥学者，游历甚广，曾花费30年时间游遍中世纪的伊斯兰世界和许多非伊斯兰国家，包括北非、非洲之角、西非、中东、南亚、中亚、东南亚和中国，著有《行记》（全名 A Gift to Those Who Contemplate the Wonders of Cities and the Marvels of Travelling）。

可·波罗——就已造访过此地。二十年后，它作为重要的黄金和盐市场出现在西班牙的地图上——中世纪时，这两种物资价值大致相当。当英国少校戈登·莱恩从的黎波里出发，穿过撒哈拉沙漠，在1826年抵达时，那里早已被图阿雷格人和法拉人反复洗劫过，只剩一片废墟。就在前往海岸的半途中，莱恩少校遇到塞内冈比亚的法拉人，被杀身亡。不过，从那时起，通布图就不再是另一个神秘的麦加或希瓦或西藏了，变成了法国势力在西苏丹推进途中一个平凡普通的"目标"。

1893年，它被一支法国"军队"占领，所谓军队，不过是1名法国海军少尉、6名白人，外加12名塞内加尔人。然而，沙漠部落的力量并未被捣毁，因为很快他们就杀死了大部分白人入侵者，并且几乎令一支200人的救援队伍全军覆没，这队援兵从海岸开来，原本是要替海军小分队报仇的。

然而，整个西苏丹落入法国人手中显然只是时间问题。苏丹中部的乍得湖周边地区也是一样，因为有了贝努埃河，这里更便于出入。贝努埃河是尼日尔河的支流，正东正西流向，比尼日尔河本身更加适合通航。

乍得湖位于海拔700英尺处，是个非常浅的湖泊，极少有水深超过20英尺的地方。与绝大多数注满咸水的内陆海不同，它是淡水湖。但它一直在缩小，再过一个世纪，它很可能就只剩一片小小的沼地了。一条名叫沙里的河汇入湖中，它与莱茵河一般长短，却只是一条地地道道的内陆河，源头和终点距离海洋都有上千英里之遥。要体现中非之大，我想不出比它更好的参照物了。

瓦达伊山区位于乍得湖以东，是尼罗河、刚果河和乍得湖区之间的大分水岭。从政治角度说，它归法国所有，位于法属刚果境内。同时，它也标志着法国影响力的边界，因为再往东就属于东苏丹了，如今那里名叫英埃苏丹，古人称之为白尼罗州。

当英国人开始勘探他们由好望角通往开罗的道路，并决定无论如何也要拿下这个极具价值的战略要地以免旁落时，东苏丹还是一片荒漠，平坦、单调、奇幻。尼罗河是绝对无法通航的，也没有道路可达。人们饱受不远处的沙漠之苦，贫苦可怜得令人难以置信。从地理上看，它毫无价值，但就政治而言却拥有无穷的可能性。因此，英国在1876年说服埃及国王，将数十万平方英里"名义上属于埃及"的土地交托给中国章节里提到过的那位戈登将军代管——当时他曾协助北京政府镇压太平天国起义。戈登在苏丹待了两年，在一位极富智谋的意大利助手罗莫洛·盖西①的协助下完成了一件最迫在眉睫的事：瓦解最后的奴隶区，射杀了当地首领，令上万男女重获自由，并允许他们回归家园。

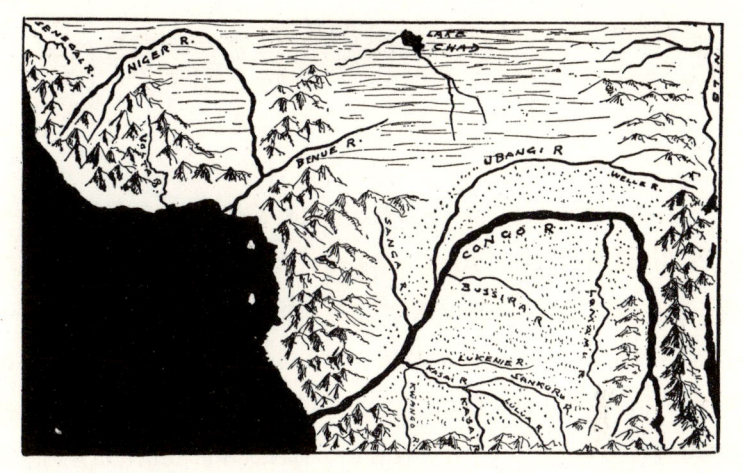

刚果河和尼日尔河

然而，这位坚定的清教徒刚一转身离开苏丹，过去那可怕的无政府和奴役状态便回来了。最后干脆爆发了一场要求完全独立的运动，类似于"我们要苏丹人的苏丹，我们要完全的奴隶贸易"。这场起义的领导者是某位穆罕默德·艾哈迈德，他自称为一名马赫迪②，也就是首领，以表示这是通往穆斯林真理的正确道路。这位马赫迪成功了。1883年，他攻占了科尔多凡的欧拜伊德（如今那里有铁路连接开罗），随后，在同一年里又

---

① 罗莫洛·盖西（Romolo Gessi, 1831—1881），又称盖西帕夏，意大利军人、探险家，主要探访过非洲东北部，尤其是苏丹和尼罗河流域。
② 意为"救世主"。

打败了希克斯帕夏指挥的万人埃及军队。希克斯帕夏是埃及总督属下的英国上校。几乎就是前后脚的事情,英国在1882年擅自将埃及纳为被保护国。现在,那位马赫迪面对的敌人更加危险了。

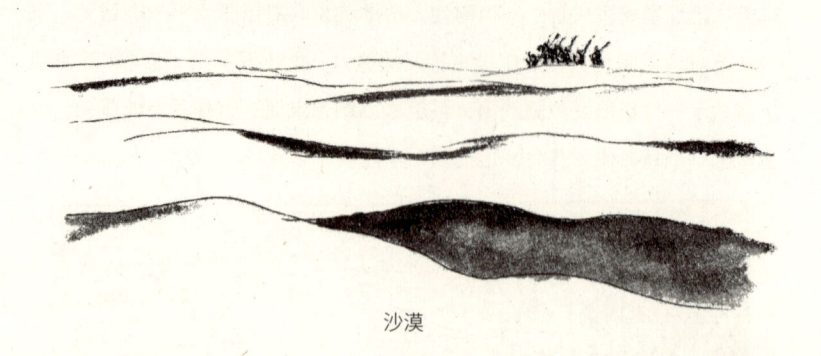

沙漠

但在殖民这件事上,英国人的经验实在是太丰富了,他们太了解贸然远征将面临怎样的困难。于是劝说埃及政府暂且从南苏丹撤军。戈登将军再次受命,被派往喀土穆安排剩余埃及驻军的撤退事宜。他刚到喀土穆,马赫迪便挥师北进,将戈登及其随从困在了喀土穆城中。戈登发出了紧急求援信。但他是清教徒,当时的英政府首脑人物格莱斯顿是英国国教圣公会的教徒。这两位教徒一个守在泰晤士河畔的伦敦,一个困在尼罗河畔的喀土穆,相互都看不顺眼。既然互无好感,也就没有默契合作的可能了。

格莱斯顿派出了一支援军,但太迟了。援军还离着好几日路程时,马赫迪便攻破了喀土穆城,戈登被杀。那是1885年1月的事。同年6月,马赫迪身亡。他的继任者成了苏丹的统治者,直至1898年,基奇纳[①]指挥一支英埃联军在沙漠中将他的追随者赶尽杀绝,重新夺回了南至乌干达的整片疆域。要知道,乌干达已经在赤道上了。

在改善本地人生活条件方面,英国人做了许多好事,包括修建公路、

[①] 赫伯特·基奇纳(Herbert Kitchener,1850—1916),英国高级军官,在第二次布尔战争和第一次世界大战中都扮演了重要角色。这里的1898年战役为当年2月发生的恩图曼战役,马赫迪继任者阿卜杜拉的势力于次年被彻底摧毁。

铁路，提供安全设施，控制各种可怕且无谓的疾疫，都是些白人常常会为黑人做的事，这些事本应得到黑人的一声感激——如果白人会抱着那么愚蠢的期望的话——然而事实却是，黑人一有机会就冲着白人开枪。对于这一点，已拥有两百年殖民经验的白人非常清楚。

自亚历山大港和开罗出发南行的铁路如今已经连接了西面的欧拜伊德和东面红海岸边的苏丹港。如果有一天苏伊士运河突然被敌人破坏，英国还可以借助这条铁路将它的军队从东送到西，铁路穿行在埃及的谷地间，随后再次越过努比亚沙漠。

但现在，我们还得先返回数年前，看看马赫迪的反抗是如何在非洲发展史上产生深远影响的，虽说这并非他本人所愿，也并非出于他想要成为祖辈土地上独立统治者的勃勃野心。

在马赫迪起事之初，埃及军队就远远南撤，躲到了中非某个至今还不为人知的藏身地。斯皮克[①]早在1858年就穿越过非洲中部，同年又发现了维多利亚湖，这么说吧，那是尼罗河的母亲湖。但艾伯特湖和维多利亚湖之间的大部分地区依旧是未知之地。这支埃及军队由一名德国医生统领，他名叫爱德华·施尼策尔，更为人所知的是他的土耳其头衔，艾敏帕夏[②]。喀土穆陷落后，这支队伍也失去了踪迹，整个世界都满怀好奇，想知道在它的首领身上究竟发生了什么。

寻找他的工作被委托给一位美国记者斯坦利。斯坦利本名罗兰兹，是个从救济院逃出来的可怜英国男孩，因为刚到美国时遇到了一位对他很好的新奥尔良商人，于是改了名字。他此时已是著名的非洲探险家，曾在1871年出发寻找利文斯通医生。从那时起，英国就开始意识到坚持在非洲

[①] 约翰·汉宁·斯皮克（John Hanning Speke, 1827—1864），英国探险家、英属印度部队军队，曾三次探访非洲并寻找尼罗河源头，是第一个抵达维多利亚湖的欧洲人。
[②] 艾敏帕夏（Emin Pasha, Eduard Schnitzer, 1840—1892），医生、博物学者，出生于德国犹太人的中产阶级家庭，后供职奥斯曼帝国，从而得到"帕夏"称号，曾出任乔治·戈登军队首席医官，于1890年获瑞典人类学与地理学会颁发的织女星奖章（Vega Medal）。

分一杯羹的重要性，伦敦《每日电讯报》联合纽约《先驱报》出资赞助了这趟旅行。这次探险由东向西推进，耗费三年时光，终于确认：利文斯通曾怀疑卢瓦拉巴河属于刚果河，事实上，它正是后者的源头。这也同时体现了迂回奔向海洋的刚果河流域究竟有多么广阔。这趟探险将无数土著部落的新奇故事带到了欧洲，在此之前，从来没有人设想过他们的存在。

赞比西瀑布

正是斯坦利的这第二次探险将全世界的目光吸引到了刚果的商业潜力上，也正因为这样，比利时国王利奥波德才有可能建立他的刚果自由邦。

当艾敏帕夏的命运最终成为全世界关注的话题时，斯坦利自然也就是寻找他的最佳人选了。后者于1887年开始寻人之旅，次年便在艾伯特湖以北的韦德莱找到了艾敏。斯坦利尝试劝说这位看起来在本地土著中拥有巨大影响力的德国人为比利时国王服务，那意味着非洲湖区的广阔土地也会成为刚果殖民地的一部分。但艾敏似乎另有打算（事实上，他压根不希望"得救"）。一到桑给巴尔，他就和德国当局取得联系，德国当局最终决定提供人力财力，派他返回维多利亚、艾伯特和坦噶尼喀三大湖之间的高原上，尝试建立一个德国保护区。自1885年开始，德属东非洲公司便已在桑给巴尔沿岸获取了丰厚的收益。如果能够再将湖区纳入，德国就能摧毁英国的计划——此刻后者正努力尝试打通从埃及到好望角的宽阔英属地带，好将整个非洲一分为二。但1892年，艾敏在刚果河上的斯坦利瀑布附近被阿拉伯奴隶贩子杀害，他们为复仇而来，因为刻板的德国人早年间曾绞死他们的同伴。就这样，艾敏在坦噶尼喀高原的新德国梦烟消云散。可无论如何，是他的失踪让中非被明确地标在了地图上。从这里开始，我们就要进入非洲的第五个自然区域了，那是东部的高山地带。

绵绵高山北起阿比西尼亚，南至赞比西河，再往下便是南非的范畴了。这一区域的北部居住着含米特人，阿比西尼亚人和索马里人虽然都长着一头卷发，却不是黑人。南部则混居着黑人和大量欧洲人。

阿比西尼亚人是非常古老的基督徒，早在公元4世纪就已经皈依，比中欧最早的纯基督教社区早了差不多400年。然而，他们的基督教立场并没有保护他们远离与周边邻国无休止的战争。公元525年，他们甚至越过红海，征服了阿拉伯南部的"阿拉伯福地"（与内陆的"阿拉伯荒漠"相对）。正是这场远征让年轻的穆罕默德认识到应当建立强大、统一的阿拉伯祖国，进而促使他开启了创建宗教与全球化帝国的大业。

他的追随者们做的第一件事，就是将埃塞俄比亚人赶出红海沿岸，摧毁他们与锡兰（斯里兰卡）、印度和遥远的君士坦丁堡（伊斯坦布尔）之间的商贸联系。这次失败之后，埃塞俄比亚变得像日本一样，对外部世界毫无兴趣，直至19世纪中叶，另一批欧洲势力开始将目光投向索马里半岛的方向，那并非因为索马里兰本身有任何价值，而是因为它位于红海边，而后者很快就会变成苏伊士运河的外围水域。法国第一个到，占下了吉布提港口。英国在一场针对阿比西尼亚国王特沃德罗斯[1]的远征后——这位非凡的君主宁愿自杀也不愿落入敌人手中——得到了英属索马里兰，它与亚丁隔海相望，英国人因此得以控制了亚丁湾。意大利人在法国和英国人的土地以北得到了一小条土地，意图利用滨海地带建立补给基地，借此开启对阿比西尼亚的辉煌征伐。

1896年，辉煌的征伐开启了，意大利人损失了4500名白人士兵和2000名本地士兵，其中少部分被俘。从那以后，意大利人就放弃了他们的阿比西尼亚邻居——尽管如今他们已经成为另一部分索马里兰的主人，那片土地就在英殖民地的南面。

当然，归根结底，阿比西尼亚还是会走上乌干达和桑给巴尔的道路。但交通的困难并非一条从吉布提到亚的斯亚贝巴的铁路就能克服，整个阿比西尼亚高原支离破碎的地貌为其提供了天然的障碍，加上人们已经了解，当地黑人能够借助地理环境展开强力反抗，这个古老的王国才能长期逃脱成为某个欧洲邻国附属地的命运。

在阿比西尼亚以南、刚果以东，坐落着三座非洲大湖。其中，尼亚萨湖[2]分出一支汇入了赞比西河，维多利亚湖负责为尼罗河供水，坦噶尼喀湖连通刚果河，由此可以推断，这一地区必定是非洲最高处。近50年来的勘探完全证实了这一点。维多利亚湖西南侧的乞力马扎罗雪山海拔19,000

---

[1] 即埃塞俄比亚国王特沃德罗斯二世（Téwodros II，约1818—1868），他因故扣押了英国来使，引发英国于1868年出动远征军讨伐，并在马格达拉战役失利后自杀身亡。
[2] 即马拉维湖。尼亚萨为坦桑尼亚和莫桑比克境内的名称。

英尺,鲁文佐里山(托勒密所认定的月亮山脉[①],时隔两千年后,斯坦利再次发现了它)海拔16,700英尺,肯尼亚山(17,000英尺)和埃尔贡火山(14,000英尺)紧随其左右。

这个地区最初完全是火山带,只是非洲的火山已经许多个世纪没有活动过了。从政治层面说来,它被细分成了若干区域,而这些区域全都处于英国统治之下。

乌干达,一个出产棉花的国家,在1899年成了受保护国。

如今的肯尼亚殖民地便是从前英属东非公司占有的土地,在1920年成了英帝国的一部分。此外,德国从前的东非洲殖民地在1918年成为英国托管地,如今是英属坦噶尼喀[②]的组成部分。

在这段海岸线上,最重要的城市就是桑给巴尔,它是一个从事奴隶贩卖的古老苏丹王国的首都,此后,英国人于1890年在这里建立了一个保护国。对于遍布印度洋的阿拉伯商人而言,这座城市是个非常重要的中心。或许正是这些阿拉伯人将斯瓦希里语带到了各地,如今,这种艰涩的桑给巴尔土语已经在非洲东海岸得到了广泛应用,就像马来语成为荷属东印度的"通用语"一样。眼下,对于有心前往印度洋那三千英里海岸线和数百万平方英里内陆地区经商的人来说,懂一点斯瓦希里语堪称无价之宝。如果他愿意再费心学一点班图语(南非黑人的通用语言),再加上几个葡萄牙语单词、些许洋泾浜阿拉伯语和一两句南非荷兰语,就完全可以走遍整片非洲大陆都衣食无忧了。

到这里,关于非洲北半部的内容就要结束了,只差位于大西洋与苏丹

[①] 月亮山脉(Mountains of the Moon)在古代欧洲特指尼罗河的发源山脉。包括古希腊地理学家在内的许多古人一直希望找到尼罗河的源头,直到一位名叫第欧根尼的商人声称发现了尼罗河源头,说由于山顶覆雪,当地人称之为月亮山脉,因而得名。此后希腊裔古罗马天文学家、数学家托勒密(Ptolemy,约100—约170)认可了这一说法并传诸后世。
[②] 今坦桑尼亚的一部分。1916年至1961年间为英国管理下的坦噶尼喀版图,此后三年为独立君主国坦噶尼喀,为英联邦成员,1964年与桑给巴尔合并为坦桑尼亚。

山区及喀麦隆群山之间窄窄的一段海岸地带了。近400年来，这块长条形土地以上几内亚和下几内亚之名为人们所知。我已经在讨论黑奴问题的时候提到了几内亚，因为它是那些"黑色象牙"被装船运往世界各地之前最后的集散地。今天，这段海岸分属若干国家，但除了少数集邮爱好者之外，没人会对这些殖民地有任何兴趣。

塞拉利昂是个古老的英国殖民地，和它西侧的近邻利比里亚一样，都被指定为得到解放的奴隶安家的地方。无论塞拉利昂还是利比里亚，乃至后者的首都蒙罗维亚（它的名字来自美国总统门罗①），全都一无所成，只是让好心正直的先生女士们伤心失望，他们慷慨地捐钱出力，将黑人送回祖辈出生的地方，原本是期望有些好结果的。

象牙海岸是法国的，阿克拉终究会成为法属苏丹帝国的一个港口。尼日利亚是英国的，首都在拉各斯②。达荷美共和国在1893年被法国占领之前一直是个独立的土著国家。

世界大战前的喀麦隆属于德国。如今则是法国的保护国。多哥始终都是法国保护国。余下部分属于法属刚果。由此，在地球的这个区域，法国人建立起了一个巨大的法属赤道帝国，虽然还有少许土地留在外国势力手中，但早晚也会被法国人纳入帐下，要么花钱购买，要么用其他势力在其他地区感兴趣的东西换取。

为了缩短从巴达维亚（雅加达）到阿姆斯特丹的行程，荷兰东印度公司一直保有一条自己的陆路线，沿途经过波斯、叙利亚和亚历山大。可一旦两位美索不达米亚君主之间发生争执，他们的信件和大篷车就必定无可救药地被阻在半路上，因此，许多商品依旧走好望角航线。

为确保没有什么能干扰它的印度商品源源不断地稳定输出，荷兰占领

---

① 即美国第五任总统詹姆斯·门罗（James Monroe, 1758—1831），他曾大力推动利比亚的殖民地化，主张将获得自由的黑奴送归非洲。
② 象牙海岸即今西非的科特迪瓦共和国。阿克拉为今加纳共和国首都。尼日利亚首都今为阿布贾。

了几个几内亚海岸的港口,除此之外,它们还可以被用作奴隶港或前往圣赫勒拿岛的出发港,也可以用来加强好望角的防卫。

荷兰人和所有优秀商人一样,都喜欢把事情写下来(还记得那出用价值24美元的小玩意儿"买下"曼哈顿的荒谬喜剧吧!)。1671年,他们从霍屯督人手中买下了开普敦要塞周围的土地。失去土地,便意味着霍屯督人的末日。他们被迫北迁,进入奥兰治河和瓦尔河流域,然而后者正是他们世世代代的宿敌布须曼人的地盘。看起来就像是上天的报应,荷兰农民曾异常残暴地对待霍屯督人和布须曼人,孰料自己很快就遭遇了类似的命运。因为开普敦在1795年落到了英国人手中,这一次,轮到布尔人北迁了。这样的事情一再重复发生,直至1902年,他们最后的两个独立共和国,德兰士瓦和奥兰治自由邦,也都确认成了英国的附属领地。

无论如何,开普敦始终是整个三角洲最重要的港口。但比起富得流油的内陆来,沿海地带就算不上什么了。那片内陆是个高原,点缀着些低矮的山丘——都是某种台地,在当地被称为"孤山"。高原西面,科摩斯高地阻隔了大西洋。东面,马托波山地拦住了印度洋;南面,德拉肯斯山脉隔绝了开普敦地区。

这些高山上全都没有冰川。因此,整片区域的河流都只能依靠降水来补充水量。结果就是,冬季里所有河流都激流奔涌,到夏天就统统露出了空荡干涸的河床。此外,它们在抵达海洋前都得转道翻山越岭(除了纳塔尔境内的河流,后者也因此成为南非联邦诸国中最富裕的一个),因此绝无可能作为连接内陆的商业通道。

为了连通内陆和海洋,人们修建了若干条铁路。世界大战前,最重要的一条连接着比勒陀利亚和葡属东非德拉瓜湾的洛伦索马贵斯。战后,连接斯瓦科普蒙德和吕德里茨[①]的道路已经贯通;人们如今可以乘火车一路

---

① 比勒陀利亚位于今南非。德拉瓜湾即今马普托湾,位于莫桑比克海岸。洛伦索马贵斯即今马普托市。斯瓦科普蒙德和吕德里茨均位于今纳米比亚海岸。

北行，到坦噶尼喀湖后乘船过湖，再换一趟火车前往桑给巴尔。

为了去到那么远的北方，人们不得不在卡拉哈里沙漠里熬过难受的一天，当沙漠被抛在身后，又立刻进入罗德西亚①的丘陵地带——这一地区得名自塞西尔·罗兹，英国南非特许公司的创始人，英控南非联邦的最早倡议者之一。这个梦想部分成真了。1910年，南非联邦宣布建立，各种特许公司、从前布尔人的各个共和国、卡菲尔人和祖鲁人的国家如今都成了它的一员。但当约翰内斯堡周边发现黄金，金伯利附近找到钻石，原本根植于乡村地带的布尔力量渐渐赶上主要依附于城市的英国势力，两大竞争对手间展开了激烈的争夺，只为确定究竟哪一方掌握决定权。作为折中方案，开普敦被定为联邦议会的会议所在地，曾经的德兰士瓦共和国首都比勒陀利亚则被提升为政府驻地。

至于西侧的安哥拉和东侧的莫桑比克，这古老葡萄牙帝国的两个超大遗址仍然横亘在南非联邦与大西洋和印度洋之间。但它们的管理实在太混乱，早晚会被某个强邻接管。眼下，由于农作物价格比以往都低，畜牧业也完全中止，南非并不打算寻找新鲜的牧场与耕地。当一切恢复正常，这些葡萄牙殖民地也必将被纳入版图，不需花费一兵一卒。因为南非正在发展为一个新的种族，不是荷兰人，不是英国人，只是南非人。它拥有如此丰富的铜、煤、铁等矿藏，拥有如此肥沃的土地，完全有可能变成一个小号的美国。

莫桑比克海峡的另一面坐落着马达加斯加，面积23万平方英里，比它所从属的法国还要稍大一点。人口约400万。这是个多山之岛，暴露在信风下的东部盛产优质木材，塔马塔夫是木材出口港，与首都塔那那利佛②有铁路相连。

---

① 罗德西亚（Rhodesia）为非洲历史地区名，由英国南非公司划定，大致包括今津巴布韦和赞比亚。
② 文中均为法语惯用名，塔马塔夫为马达加斯加东部港口城市，官方名为图阿马西纳（Toamasina）；首都塔那那利佛官方名称为安塔那那利佛（Antananarivo）。

马达加斯加岛上的居民不像黑人，倒更像是马来人。不过它必定是在地质史的很早期就从非洲大陆分开了，因为岛上没有发现任何非洲常见的动物。

再往东有两座小岛，在印度贸易还取道好望角航线时曾扮演着非常重要的角色。它们就是毛里求斯和留尼汪。毛里求斯从前是荷兰东印度公司的蔬菜淡水补给站，如今属于英国。留尼汪属于法国。

至于其他从地理上看应当属于非洲的岛屿，我已经谈到过圣赫勒拿岛，而大西洋更北部的阿森松岛也是燃料补给站和电缆中继站。佛得角群岛属于葡萄牙，位于毛里塔尼亚海岸以西仅几百英里外。毛里塔尼亚现在被纳入了不起眼的西班牙殖民地西撒哈拉。加纳利群岛是西班牙的，马德拉群岛和亚速尔群岛是葡萄牙的，特内里费连同它著名的火山也归西班牙所有。

传说中的圣布兰登岛也在这一带。17至18世纪，所有可敬的船长都相信它的存在，就像我们坚信乘法口诀表一样。只是从没有人找到过。因为一有船只靠近，它就会沉到海底，只有当来访者远去，才会再次浮出水面。在我看来，作为非洲的岛屿，这倒是相当合情合理的，毕竟，这是它能够逃脱外国势力掌控的唯一方式。

大部分大陆都能简化成几幅简单的图画。我们说"欧洲"，眼前便浮现出圣彼得堡大教堂的圆顶、莱茵河畔废弃的城堡和挪威寂静的峡湾，耳边便回响起俄罗斯三驾马车的铃声。亚洲唤出的，是佛塔的影像，是小个子棕皮肤的人成群地在宽阔河面上沐浴，是上万英尺高空上奇特的庙宇和古老富士山沉静的对称之美。美洲，意味着摩天大厦、工厂的烟囱，以及骑着矮马漫无目的游荡的老印第安人。就连遥远的澳大利亚也有它的符号，那是南十字星座，是温和的袋鼠睁大了聪明又好奇的眼睛。

可是非洲，我们该怎样将这片充满矛盾和极端的土地简化成一个简单的符号啊！

411

南极的发现

那是一片没有河流的酷热土地！然而尼罗河几乎和密西西比河一样长，刚果河只比亚马孙河短一点，尼日尔河刚好与黄河等长。那是一片骤雨倾盆、潮湿难耐的土地！然而仅仅撒哈拉这么一个所有沙漠里最干旱的沙漠就比澳大利亚更大，卡拉哈里沙漠也堪比不列颠群岛。

那里的人软弱无助，黑人甚至不知道怎样保护自己！然而世界上组织最完备的战争机器就出自祖鲁人，沙漠里的贝都因人和其他北方部族成功抗击装备长枪短炮的欧洲军队已是人所共知的事实。

非洲没有类似波罗的海或美洲五大湖区那样实用的内陆海！诚然，但维多利亚湖足有苏必利尔湖那么大，坦噶尼喀湖的面积等同于贝加尔湖，尼亚萨湖更是安大略湖的两倍。

非洲没有高山！但乞力马扎罗比美国最高峰惠特尼峰高5000英尺，赤道北侧的鲁文佐里也比勃朗峰更高。

那么，这片大陆究竟出了什么问题？我不知道。什么都有，但什么都不在地方，不能为任何人所用。布局全错了。除了尼罗河，所有的河流、高山、湖泊和沙漠都没有用。就连尼罗河，虽说至少因为汇入海洋而在商业上举足轻重，却也有太多的障碍阻隔。至于刚果河和尼日尔河，两者都没有合适的入海口。若是赞比西河的起点变成奥兰治河的终点，奥兰治河的终点变成赞比西河的起点，那才对了。

现代科学或许终有一天能够令沙漠里结出果实，令沼泽排干积水。现代科学或许能找到办法治愈痢疾和昏睡病，就像现代科学解救我们于黄热病和疟疾一样，不再让它们肆虐苏丹和刚果河流域，将村庄整个整个地覆灭。现代科学或许能将中部高地和南部高原变成又一个法国普罗旺斯或意大利里维埃拉。可是丛林强悍幽深，暗藏着百万年时光积攒下的力量。倘若现代科学稍稍松一口气，丛林和它所有的残酷就将抵在白人的喉头，令他窒息，它会将有毒的呼吸吹进他的鼻孔，直至他死去，被土狼和蚂蚁分食干净。

或许，正是昏暗的热带丛林在整个非洲的文明史上盖上了致命的印章。沙漠固然吓人，幽光闪烁的黑暗森林更是可怖。它是如此生机盎然，以至于了无生气。生存之战必须悄悄进行，免得捕猎者成了被猎者。就这样，日以继夜，夜以继日，在无精打采的树叶拼就的高高屋顶下，生命不断自我吞噬。看似最无害的昆虫有着最致命的刺针。最美丽的花朵藏着最不为人知的毒液。每一支角、一只蹄、一张喙、一口牙都是另一支角、一只蹄、一张喙、一口牙的敌手。生存的脉动始终伴随着骨头碎裂的轧响和柔软棕色皮肤撕裂的碎片。

我尝试与非洲人探讨这一切，却遭到嘲笑。这就是生活。生活既是极度的贫困，也是泛滥的丰盛。没有中庸之道。或者冰冻，或者烤熟。或者在摩加多尔[①]和阿拉伯商人一起从金杯里啜饮黑咖啡，或者朝着年迈的霍屯督妇人胡乱放枪，反正她没有用了。反正这片冲突的土地似乎总在对人

---

① 今摩洛哥西部海岸的索维拉。

们做着致命的事。它扭曲了他们看到的。它扼杀了他们对于生活美好一面的感受力。草原与丛林里从来不曾断绝的屠戮深深渗进了他们的血液。就算是刚刚离开体面沉静的比利时村庄的胆小鬼，在这里也会变成恶魔，他可以将女人鞭打致死，只因为她们没能再多割一磅橡胶，也可以平静地吸着他餐后的雪茄，眼看昆虫啃食某个可怜的黑人，他的肢体已经残缺，只因为晚交了象牙。

我非常努力地避免不公正。其他大陆也在人类史上添加过残忍、怨毒的笔墨。但优雅同时穿行于田园山野。耶稣传教，孔子授徒，佛陀化缘，穆罕默德坚定地阐明他严厉的美德。只有非洲，不曾为我们带来先知。其他大陆也有贪婪自私，但精神也常常战胜肉体，他们已经走上了各自伟大的朝圣之路，终点藏在天堂大门背后，那是更加辽远的地方。

在非洲，唯一的行进脚步声来自阿拉伯人，他们越过沙漠，穿过低矮的树丛，睁大了眼睛搜寻他们的人类猎物，搜寻达荷美的亚马孙女战士，时刻准备着扑向沉睡的村庄，抢走他们邻居的孩子，将他们卖去异国为奴。在世界其他地方，女人自古都愿意努力成为自己男人眼中更有魅力的人，这样就能吸引他们，赢得他们的喜爱。只有在非洲，女人要刻意让自己变得丑陋可怕，好吓退一切无意中见到她们的人。

我可以一直说下去，列举出诸如此类的种种与众不同。但这本书已经写得太长了，所以大家最好还是试着自己去寻找答案吧。

当人们第一次凝望埃及金字塔那无益的宏伟，满怀疑惑地看向那最终消失在远方茫茫黄沙中的道路，同样的难题就摆在了所有人面前。只是至今无人能给出明智的解答。

Chapter 46

AMERICA,
THE MOST FORTUNATE OF ALL

美洲：最幸运的土地

美洲大陆是所有大陆里最贴心的。当然，我说的是纯粹作为地理单位的美洲，不是工业发展中的经济因素，也不是尝试各种新政治体制的政治实验室。只是就地理角度而言，美洲几乎应有尽有。

它是西半球唯一的大陆，因此没有像非洲、亚洲和欧洲那样的直接竞争对手。它位于世界上最大的两片海洋之间，随着大西洋成为文明中心的进程而被白人占据。

它的南北端探向两极，因此享有各种类型的气候。最靠近赤道的部分海拔最高，于是有了适合人类居住的气温。

它几乎没有沙漠。天赐的广袤平原刚好坐落在温带地区，注定会成为世界粮仓。

它的海岸线不至于太单调也不至于太复杂，特别适合建造深水港。

它的主要山脉贯通南北，动植物有足够空间逃避冰河时期的冰川推进，比它们的欧洲同伴有更多的存活机会。

它得天独厚，坐拥几乎比其他任何大陆更丰富的煤矿、铁矿、石油、铜矿和其他原材料，机械时代对它们的需求永远都在增长。

事实上，在白人到达前这里几乎无人居住（整片大陆只有1000万印第安人），以至于根本没有足够人手来阻止入侵者的自行其是，无法有效阻挠白人依照自己的计划来发展国家。因此，除了后来自己制造出的不幸外，美洲原本是没有严重的种族问题的。

空荡荡的新大陆上蕴藏着巨大的经济机遇，吸引了世界各国最积极的人，他们汇聚在一起，开始发展出自己的混合种族，在短得惊人的时间里，在自己的篇章与非凡却极简的地理背景画上留下笔墨。

最后，或许也是最重要的，如今生活在这片大陆上的人没有自己的历史，不会有一股力量永远拽着人们试图回归再也回不去的王国。没有不幸的包袱（世界各地都证明了，与其说那是恩赐，倒不如说是负担），他们一身轻装，能够比其他任何种族都走得更快，别的种族无论走向哪里，都得推着身前那祖先留下的独轮手推车。

说到两片美洲大陆的地理特征，它们并非各自孤立，南北美洲不但比其他大陆更对称，而且主要特征都如此相似，以至于我们完全可以对两者同时加以讨论，而绝不会让读者混淆不清。

南北美洲都大体呈三角形，唯一的不同在于，南美洲的三角形比北美洲的更靠东一些，无疑，这就是南美洲被发现的时间比北美洲早许多的原因，当前者已经尽人皆知时，后者还只是个"未知之地"的传说。

两个三角形的西侧都有一道山岭从北直落向南，占据了各自大陆1/3的面积，余下东侧2/3的大平原，被两道较短的山脉与海洋隔开（两者都是），北美是拉布拉多山脉和阿帕拉契亚山脉，南美是圭亚那和巴西高地的山脉。

谈到河流，两片大陆也很相似。几条不那么重要的河流向北流淌；圣劳伦斯河与亚马孙河几乎相互平行；巴拉那河与巴拉圭河像密西西比河与密苏里河一样，半途相交，随后分别与圣劳伦斯河及亚马孙河呈直角，走完各自余下的路程。

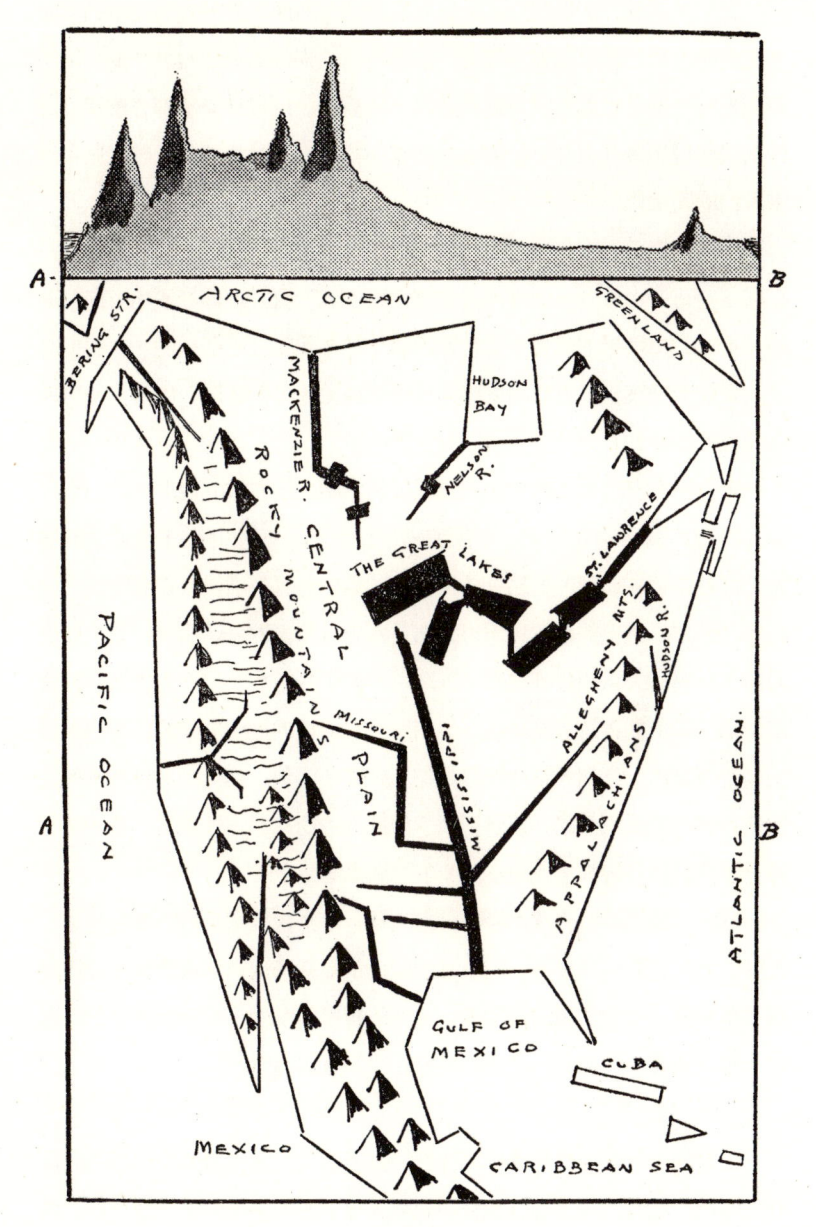

北美洲

至于中美洲，从地理意义上说，这条从东向西延伸的狭长地带仍然属于北美洲大陆。到了尼加拉瓜时，地貌与动植物群落突然为之一变，成了南美洲的一部分。此外，中美洲还有一些高山，这或许能够部分解释，为什么墨西哥距离赤道几乎同撒哈拉沙漠一样近，却是个拥有优越气候和稠密人口的国家。

当然，南美洲距离赤道比北美洲近得多，事实上，就亚马孙河而言，在它从安第斯山脉奔向大西洋的宏伟征程中，一直是顺着赤道的方向前进的。不过，用地道的通用术语来说的话（就像我现在正在做的），我们有了一个宏大的案例，可以用来研究地理环境对人类的影响，以及人类对地理环境的影响。

大自然为自己造了两个大洲，并以几乎相同的方式完成了它们。大门开在右边，高墙竖在左侧，中间留出了巨大的开阔空间和丰富的食粮储备。接着，她在北面的舞台上放上一群游荡的日耳曼演员，直到今天，他们还在地方小镇里的小剧场演出，那是些出身卑微的剧团演员，长久以来习惯了扮演屠夫、面包师或烛台工匠之类的平凡角色。而南面的舞台被她出借给了高贵的传统悲剧演员，他们毕业自最棒的地中海学校，习惯在皇家剧院里演出，任何人都能随时拿起长剑或十字剑，那优雅的仪态是他们的北方邻居无法领会的，后者用惯了笨拙沉重的武器，铁锹啊，斧头啊，脊背也早早在与倔强土地的不休斗争中变得弯曲了。

然后，她同时拉开了两个舞台的大幕，让全世界都走进去看戏消遣。看呀，第一幕剧尚未过半，两个舞台就已不复开场道白时的模样了。待到第二幕开启，变化已是一目了然，演员阵容里的女士、绅士和孩子们都变了，观众倒吸一口凉气，窃窃私语道："怎么会这样？"

古老的维京大船看起来威风凛凛，真正航行在波涛汹涌的海面上时却着实笨拙。结果就是，这些强壮的北欧人永远在偏离他们的常规航线，因为他们既没有罗盘也没有测程仪，他们的航海装备同埃及人的三桅小帆船一样简陋，可后者却会令你啧啧赞叹，因为它们出现的地方是3000年前尼罗河流域的纸莎草卷上。

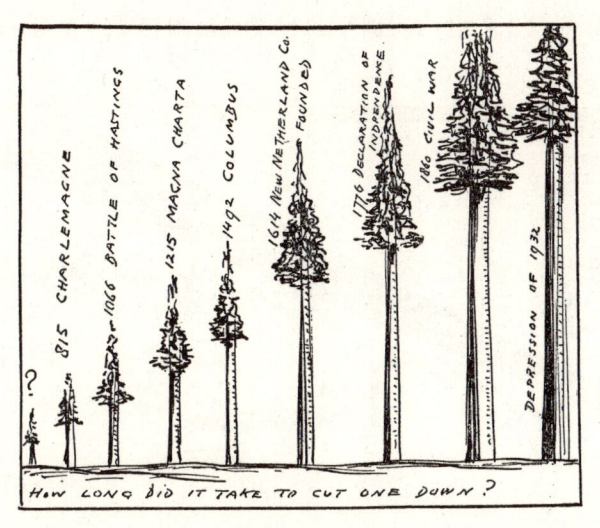

红杉历史年表

现在，如果你愿意打开地图看看墨西哥湾流（这本书里已经很多次提到它了）的走向，你会发现，它从非洲出发穿越大洋抵达美洲，之后便再次由西南向东北行进，悠闲地穿越大西洋北部，将它的祝福送到挪威海岸，造访过北冰洋，最后决定取道冰岛和格陵兰岛回家，在这一段路途中，它改换了名字，调整了温度，再一次向南行进。一开始它被称为格陵兰洋流，随后又改名拉布拉多洋流，这道身负诅咒的涌流让格陵兰岛的大块粼粼蓝冰遍布了大西洋北部。

全靠上帝和猜测航海的北欧人——我自己的祖先过去常常这么说——早在公元9世纪就抵达了冰岛。无论如何，一旦冰岛和欧洲之间建立起常规往来，格陵兰岛和美洲的发现也就是必然的了。这就像是偏离航线的中国或日本小舢板必定会抵达英属哥伦比亚或加利福尼亚的海岸一样，因为黑潮会一路将它们送过海去，那是太平洋的墨西哥湾流。因此，如果一位北欧人从挪威的特隆赫姆出发前往冰岛，中途遭遇迷雾阻隔，迷失了方位

（即便在今天，配上了全世界所有的装备，雾依然是可怕的东西），那他早晚会发现自己来到了格陵兰岛东岸，或者，如果迷雾一直不散，运气又肯帮忙，他就会来到位于美洲大陆以东的陆地屏障海岸，早期的来访者称

极地

赤道

之为"文兰"①,因为这里出产一种葡萄,可以酿出非常好的葡萄酒。

现在,我们应当记得,许多新发现在被证实以前都是世界未曾听闻过的。大多数船长都有一种本能的恐惧,不愿在同伴面前随便讲一个没人相信的传奇故事,也许最后会证明那只是错觉,也许是他错将低垂的云彩当成了山脊,又也许,只是一束阳光被错认成了平坦的海岸。早在亚伯·塔斯曼踏上澳大利亚海岸,削好一支新的鹅毛笔,写下记述当地土著奇异规模的报告提交给巴达维亚(雅加达)当局之前很久,必定有许多法国和西班牙水手曾远远看到过这片大陆。亚速尔群岛和加纳利群岛被发现又被遗忘,然后再次被发现,一再一再重复,如此频繁,以至于我们的教科书也很难找出究竟是谁最早提到过这些了不起的世界大发现。法国渔民一定比哥伦布早好几个世纪就找出了前往纽芬兰大浅滩的航线。但他们只会跟邻居提一句那儿的鱼不错,事情便到此为止了。他们只对鱼感兴趣。另一片土地不过是另一片土地而已。布列塔尼多的是土地可以分给每一个人。何必要为离家那么远的地方操心呢?

格陵兰岛

---

① 文兰(Vineland),维京人在北美的殖民地,位于纽芬兰、圣劳伦斯湾一带,字面意思为"葡萄之地"。

纽芬兰

在写下每一字每一句时，我始终秉持一个信条，那就是人性高于民族性。同时，我也不能让自己逞那些常见的口舌之利，去争辩究竟是该庆祝哥伦布日，还是列夫·埃里克森日①或从诺曼底故纸堆里挖出来的某个法国水手纪念日。只要说清楚事实就够了，比如，我们有文字记载能证明，北欧人在11世纪的头一个十年里就已经造访过这些海岸，另外一小群水手——多半是西班牙人，只是和几个外国人在一起，有可能还听命于一名意大利船长——在15世纪的最后一个十年里来到了这些海滨，并且，当他们抵达时才意识到，自己或许并不是最早的发现者，因为这片土地上已经有人居住，后者无疑来自亚洲，因此，如果一定要将"最早发现"的荣誉归于某个特别的群体，蒙古人自然应当被列在我们未来一切纪念活动的名单上。

我们有无名英雄纪念碑。为我们的"无名发现者"再立一座更大的大理石纪念碑也不过分。但由于法律因素，这些可怜人的亲属却无法踏上我

---

① 列夫·埃里克森（Leif Erikson，约970—约1020），出生于冰岛的北欧探险家，已知最早发现北美大陆的欧洲人，比哥伦布发现美洲大陆（1492）更早。

们这片大陆,恐怕这个计划是永远不可能实现了。

  那些最早到来的无畏的探险者无疑来自远东,对于他们的后人,我们所知不少,但真正令我们好奇的一大问题或许直到时间终了都会是个谜。那就是,亚洲人究竟是怎样抵达美洲大陆的?他们是乘船穿过了太平洋北部的狭窄海域,还是步行走过了结冰的白令海峡,又或者,在他们到来时美洲和亚洲之间还有一条窄窄的陆地桥连通?嗐,我们只是恰巧不知道答案罢了。我也看不出这有多么要紧。除了少数几个与世隔绝的角落以外,从来到这些遥远的海岸开始,白人就在和这个种族打交道,他们几乎才刚刚要走出石器时代后期,还没能走进下一个阶段,不会用车轮来减轻手提肩扛的重负,不会畜养家畜来将自己从狩猎捕鱼以换取糊口之资的辛苦劳作中解放出来。就算有弓有箭,这些红铜色肌肤的人也无法与白人相抗,只要有一把枪,白人远远地就能将敌人杀死。

  这些红皮肤居民从主人沦为了客人,他们还会存在几个世纪。直到彻底被从前的敌人同化,只留下一段模糊的历史记忆。那真是太糟糕了。因为这些红皮肤的人拥有许多非常出色的品质,身心皆备。

  可这就是演变的方式,我不知道我们能对此做些什么。

  现在,让我们最后一次打开地图。

  从白令海峡到巴拿马地峡,一道高山屏障保护着美洲西海岸不受太平洋侵扰。这道屏障的宽度并不均匀,偶尔还有好几道山脉并行,但无论如何,所有山脉都从北向南,朝着同一个方向延伸。

  这道山脉链的阿拉斯加段显然是东亚山脉的延伸。它被育空河谷截成了两段,育空河是这片北方领地里最主要的河流。阿拉斯加原本是俄罗斯帝国的一部分,直到1867年美国以700万美元的价格买下了这片足足59万平方英里的荒原。

  俄罗斯之所以满足于这样低廉的价格,或许是因为它忽略了这荒野里

发现美洲的三种方式

潜藏的财富。以当时区区几座渔村和一堆乱糟糟白雪覆盖的高山来说，700万美元似乎是个很不错的价格。然而，1896年，克朗代客地区发现了黄金，用流行的话来说就是，阿拉斯加出现在了地图上。从温哥华出发，跋涉上千英里到朱诺，然后过斯卡圭，翻越奇尔库特山口和奇尔卡特山口前往克朗代客地区的中心城市道森，一路上还得自己背着行李，因为驮畜很贵，况且它们也很难熬过北极圈南缘3500英尺海拔上的漫天大雪。这样一段旅程之艰难，几乎在人类探寻矿藏财富的历史上从未曾有过。然而在旅程终点等待着捷足先登者的，是满盆满罐的黄金，这般情形之下，自然人人都坚信自己会是最早抵达终点的那一个。

后来，人们又发现，阿拉斯加不只是黄金乡（就像不只是冰封的荒原），还藏着数不尽的铜矿、白银和煤炭，更不必说那里本就是猎取皮毛和捕鱼的理想国度了。就这样，纳入美国版图仅仅40年，它带来的收益就已经达到了当初花费的两倍。

就在阿拉斯加以南，山脉分成了两个部分，东侧一脉名叫落基山脉，掉头向内陆延伸，西侧一脉则继续沿海岸前行。在融入墨西哥高地以前，落基山脉从未更名改姓，太平洋海岸一脉的山岭则不然，离开阿拉斯加地区乃至整个北美洲大陆的最高峰麦金利峰（20,300英尺）后，它便变化出了许多不同的名字。在加拿大，它们被称作圣埃利亚斯山脉和海岸山脉。过了温哥华岛（一座岩石岛屿，与大陆之间隔着约翰斯通海峡和乔治亚海峡）之后，它又一分为二，其中西侧分支仍然叫海岸山脉，东侧山脉在华盛顿州和俄勒冈州被称为喀斯喀特山脉，在加利福尼亚被称为内华达山脉。两者之间的宽阔地带是萨克拉门托河与圣华金河河谷，两条河会流后汇入旧金山湾，后者是全球最开阔、最深且最优质的内港，金门海峡将它与太平洋连通起来。

当西班牙拓荒者的先头部队到来时，这处河谷还是一片尚未开垦的处女地。如今，在灌溉工程的帮助下，它成了世界的果园，只需付出适度劳作，就能收获累累的苹果、桃、李、橙、杏。

如今看来，这个河谷正是上天赐给加利福尼亚的礼物。当19世纪40年代的淘金潮临近尾声，矿主及其追随者发现，他们还完全可以期望享有相当舒适的生活，所需要做的只是改换行当，从勘探者变成果农就好。在阿拉斯加和澳大利亚，一旦金矿耗竭，众多人口便无以为生，人们只得像来时一样飞快消失，留下空荡荡的小镇、村庄和马口铁罐子。可加利福尼亚没有因它的黄金财富而变得贫困——就像大多数产出黄金的国家那样——反倒实实在在地因之致富，这一事实应当作为特例载入人类史册。

北美洲

当地底深处埋藏着巨大油田的消息得到确认，这个州的未来就完全无须担忧了。诚然，这片地区还有些不稳定，加利福尼亚湾下沉的切口偶尔可能引起不同地层间的错动，这可能非常危险（特别是伴随着大火的话），但地震只是一时的麻烦，阳光和稳定宜人的气候却是永恒的天赐之福。在成为整片北部大陆人烟最稠密之地的征途上，加利福尼亚才刚刚起步。

内华达山脉和落基山脉之间的巨大谷地由三个部分组成。北部是哥伦比亚高原，斯内克河与哥伦比亚河由此发源，流向太平洋；南部毗邻瓦萨奇山脉和科罗拉多高原，科罗拉多河穿流其上，切割出了它著名的大峡谷。

两大高原之间坐落着一片名叫"大盆地"的低地，被迫离开美国东部的摩门教徒选择了这里作为他们的永久定居点，尽管气候干燥（大盐湖的湖水盐度比海水更高），他们却在短短不到一个世纪的时间里将它变成了盈利的投资。

这整片地区都是密集的火山环境，过去必定曾发生过剧烈的震动，在死亡谷底留下了确实的证据。死亡谷位于海平面以下276英尺处，登上惠特尼峰（14,496英尺）便可一览无余，后者是美国本土最高的山峰。

落基山脉以东卧着巨大的平原，它北临北冰洋，南接墨西哥湾，东面是拉布拉多的劳伦琴高原和美国的阿巴拉契亚山脉。如果耕种得当，单单这一片平原就能养活这颗星球上所有的人口。所谓的大平原（就是落基山脉缓缓滑向平坦乡野的部分）和中部平原是巨大的粮仓，密西西比河、密苏里河、俄亥俄河、堪萨斯河与雷德河川流其间，最终汇入墨西哥湾。北半部就没有这么幸运了，在那里，马更些河、阿萨巴斯卡河、萨斯喀彻温河以及奥尔巴尼河等不是流进北冰洋就是消失在哈得孙湾，因此，其重要性都仅限于本地区内，更别说它们一年有大半时间都处于封冻之中了。而密苏里河发端自蒙大拿州的黄石公园附近，密西西比河（与密苏里河一起构成了全球最长的河流）则起源于加拿大的温尼伯湖和苏必利尔湖的分水岭上，从发源地到三角洲，两者几乎全程可以通航，数个世纪以来，两条河所流经地区的人口密度堪比中国东部。

这片介于哈得孙湾（或者说，北冰洋）、大西洋和墨西哥湾之间的土地海拔略有抬升，它所拥有的湖泊还包括密歇根湖、休伦湖、伊利湖和安大略湖。后两者由一条短短的河流相连，但河上并不能通航，因为中途有一座瀑布，名叫尼亚加拉大瀑布（比赞比西河上的维多利亚瀑布略宽，但高度只有后者的一半，约塞米蒂瀑布则以超过一千英尺的高度完败前两者），于是另有一条威兰运河连接两个湖泊。休伦湖和苏必利尔湖之间也有一条运河相连，那就是苏圣玛丽运河，它的船闸可通行吨位比巴拿马运河、苏伊士运河和基尔运河加起来都大。

这些湖泊的水随后经过圣劳伦斯河注入圣劳伦斯湾，最终汇入大西洋。圣劳伦斯湾是一片内陆海，西有加拿大山脉，东为纽芬兰岛（当约翰·卡伯特在1497年发现它，当它在1500年有了第一位葡萄牙总督时，它的确是"新"的①），南有布雷顿角岛、新斯科舍半岛和新不伦瑞克省。分隔纽芬兰岛和布雷顿角岛的卡伯特海峡见证了如下事实：最早来到这里

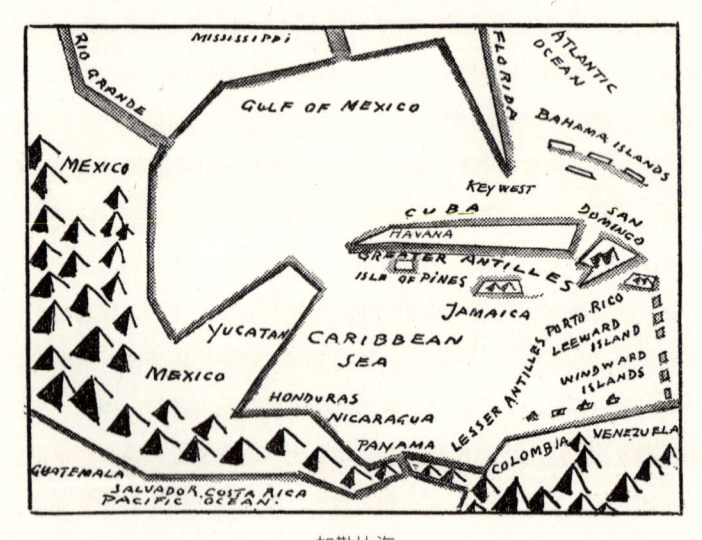

加勒比海

---

① 纽芬兰岛英文为Newfoundland，字面意为"新发现的土地"。约翰·卡伯特（John Cabot，约1450—约1500）为威尼斯航海家。

428

的是意大利人。

由于有"西北地区"之称的加拿大北部过于寒冷，完全不适合白人居住，因此除了当地独特的警察队伍①外，我们鲜少听到它的信息。那也是一片多湖之地，其大部分地区都曾属于哈得孙湾公司。这个公司创立于1670年，恰好是亨利·哈得孙遭遇手下水手哗变身亡后的第50年，他是哈得孙湾的发现者，海湾也因他而得名。建立这家公司的"英国冒险者"没有辜负他们的名号，却也没有多少见识。若是再有半个世纪的时间，他们大概已经把湖里和森林里的所有生物都杀死了（甚至在繁殖季对皮毛的猎取也不曾停止），至于印第安人，有了无限供应的烈酒，他们多半会统统溺死在杜松子酒里。因此，最尊贵的女王陛下最终出手干预，将这个公司"王国"里的大部分土地并入她的加拿大殖民地，扔下哈得孙湾公司化为陈旧的历史，尽管这个公司（以小得多的规模）仍旧在同一地区发展业务（在同一套管理体系下持续了262年，如果你不介意的话，我要说，无论对于哪家商业机构来说，这都是惊人的纪录），但不再像过去那样不负责任了。

如果加勒比海干涸了

---

① 创建于1873年的西北骑警，起初职责是维护西北地区治安。后于1920年更名加拿大皇家骑警，总部迁至渥太华，在全国各省均成立了分部。

拉布拉多半岛位于哈得孙湾和圣劳伦斯湾之间，太靠近来自格陵兰岛冰岸的寒流，因此对任何人来说都毫无价值。但加拿大自治领[①]才刚刚迈进广阔未来的门槛，眼下最大的问题是人口的极度缺乏。

从政治角度说，加拿大是旧日帝国梦想最有意思的遗存之一。我们常常会忘记，乔治·华盛顿出生时，大部分北美大陆都还属于法国和西班牙，大西洋海岸的英国殖民地只是一片小小的盎格鲁-撒克逊飞地，身陷重围。法国人早在1608年就在圣劳伦斯河口安顿下来。他们很快将注意力转向内陆，首先选择向西推进，直至尚普兰抵达休伦湖畔。他们探索了整个大湖区，玛库特和若利埃发现了密西西比河上游地区，1682年萨利[②]顺流而下直抵海边，宣称占有整个河谷地区，并以路易十四国王的名字将其命名为路易斯安娜。17世纪末，法国人声称拥有直至落基山脉的所有土地，落基山脉以外则被视为西班牙国王陛下的领土。那时候，阿利根尼山脉是真正不可逾越的屏障，将庞大的法国殖民地与大西洋沿岸的英国及荷兰殖民地隔绝开来，同时也隔开了另一片西班牙殖民地佛罗里达。

如果路易十四和路易十五稍稍多懂得一点地理知识，甚至，只要这些爱好艺术的君王能把地图看得比一份用在新哥白林地毯上的配色方案稍稍重一点，如今新英格兰和弗吉尼亚居民说的可能就是法语，整个北美听命的就是巴黎了。但这些决定欧洲命运的人没有意识到新大陆的意义。由于他们的漠视，加拿大归了英国人，魁北克和蒙特利尔不再是法国城市，几

[①] 加拿大于1867年由英国殖民地转变成加拿大自治领，名义上仍属于英国，拥有一定的自治权。这是英国的第一个自治领，也是存在时间最长的一个。1931年《威斯敏斯特法案》承认了加拿大的独立，但直至1982年，加拿大国会通过新宪法，英国国会也通过了《1982年加拿大法案》确认终止英国修改加拿大宪法的权利，加拿大才彻底摆脱与英国的法律关联而真正独立。
[②] 法国航海家、探险家塞缪尔·德·尚普兰（Samuel de Champlain, 1574—1635），有"新法兰西之父"之称。新法兰西即北美洲的法属殖民地。雅克·玛库特（Jacques Marquette, 1637—1675），法国耶稣会传教士，在密歇根湖地区创建了第一个欧洲殖民地，并于1673年与加拿大出生的法国探险家路易斯·若利埃（Louis Jolliet, 1645—1700）一起首次探索密歇根河流域并绘制地图。希尔·德·拉·萨利（Sieur de La Salle, 1643—1687），法国探险家，主要探索过北美五大湖区、密西西比河流域和墨西哥湾。

巴拿马运河

代之后，新奥尔良和整个远西地区①也被卖给了一个刚刚建立的共和国，那原本只是几个大西洋海岸上桀骜不驯的英国省份。就连伟大的拿破仑，在看到金光闪闪的成堆美金时也认为自己做了桩聪明的交易，然而被他卖掉的正是如今美国最富裕的地区。

1819年，佛罗里达成为新加入的领地；1848年，墨西哥失去得克萨斯、新墨西哥州、亚利桑那、加利福尼亚、内华达和犹他州。短短不到百年，曾被认为是两大拉丁强国天然后院的整个大陆北半部已经完全易手，成了欧洲北部大平原的延伸。

要说这么多参差不齐的地区能够在经济方面发展到世所未见的规模，固然有战争突然爆发的意外巧合，但原主的漠视与缺乏远见始终是毋庸置疑的。随着第一条铁路修通，第一艘轮船造好，数以十万计的移民立刻要么顺水来到大湖区，要么翻越阿利根尼山脉奔赴大平原，去争取属于自己的一份，很快，他们将这些地方改造成了宜居的原野，种起了小麦，芝加哥从此成了世界上最重要的粮食中心。

当大湖区、阿利根尼山脉和落基山麓之间的三角地带被证实蕴藏着储量惊人的煤炭、石油和铜矿后，这个地区便成为新联邦国家里重要的工业区，匹兹堡、辛辛那提、圣路易斯、克里夫兰、底特律、水牛城，一座座城市吸引着世界各地的劳动者前来帮助先行者开采埋藏在地底的财宝。当这些城市需要港口来出口它们的钢铁、它们的石油和它们的汽车时，纽约、波士顿、费城、巴的摩等大西洋海岸上曾经的殖民地赫然崛起，享受到了此前从未企及的地位。

与此同时，南部诸州终于开始走出重建阶段的黑暗日子（那比内战本身还要灾难得多），攒下了足够的钱，开始在没有黑奴帮助的情况下种植棉花。加尔维斯顿、萨凡纳和新奥尔良恢复了生机。铁路、电报和电话线路将整个国家变成了一个巨大的农场兼工厂。不到半个世纪的时间里，

---

① 即美国西部，密西西比河以西地区。

6000万欧洲人越洋而来，加入先行者的行列，一同规划、建设、制造、买卖，建起一个世界从未见过的大工厂。不过，大自然也从来不曾赐予一个国家这样多的享受：一片广袤的大平原，有绝佳的气候、绝佳的土壤，有连绵山脉护卫两侧，而且算得上无人居住；几乎取之不尽的资源；便捷的水路，甚至，历史送给了它一份更加重要的礼物，那就是，一个国家，一种语言，没有过往。

第一条铁路

只要我们的目光稍稍向南，看看墨西哥和中美洲，就能立刻明白这些优势对于一个国家来说究竟意味着什么。除了古玛雅人生活的尤卡坦半岛，墨西哥整个就是一片山区，从格兰德河开始，向南一点点爬升，直至来到马德雷山脉所在的高原，在阿纳华克，它的山峰攀上了16,000和17,000英尺的高度。绝大部分高山，比如波波卡特佩特（17,543英尺）、奥里萨巴（18,564英尺）和伊斯塔西瓦脱（16,960英尺）原本都是火山，但眼下只有科里马（13,092英尺）是唯一的活火山。

在太平洋一侧，马德雷山脉自海岸陡然拔起；可是在大西洋一侧，山坡却更为平缓。欧洲入侵者是从东面来的，因此很容易找到进入内陆腹地的道路。先头部队在16世纪的第一年就来到了这里。那正是西班牙极其沮

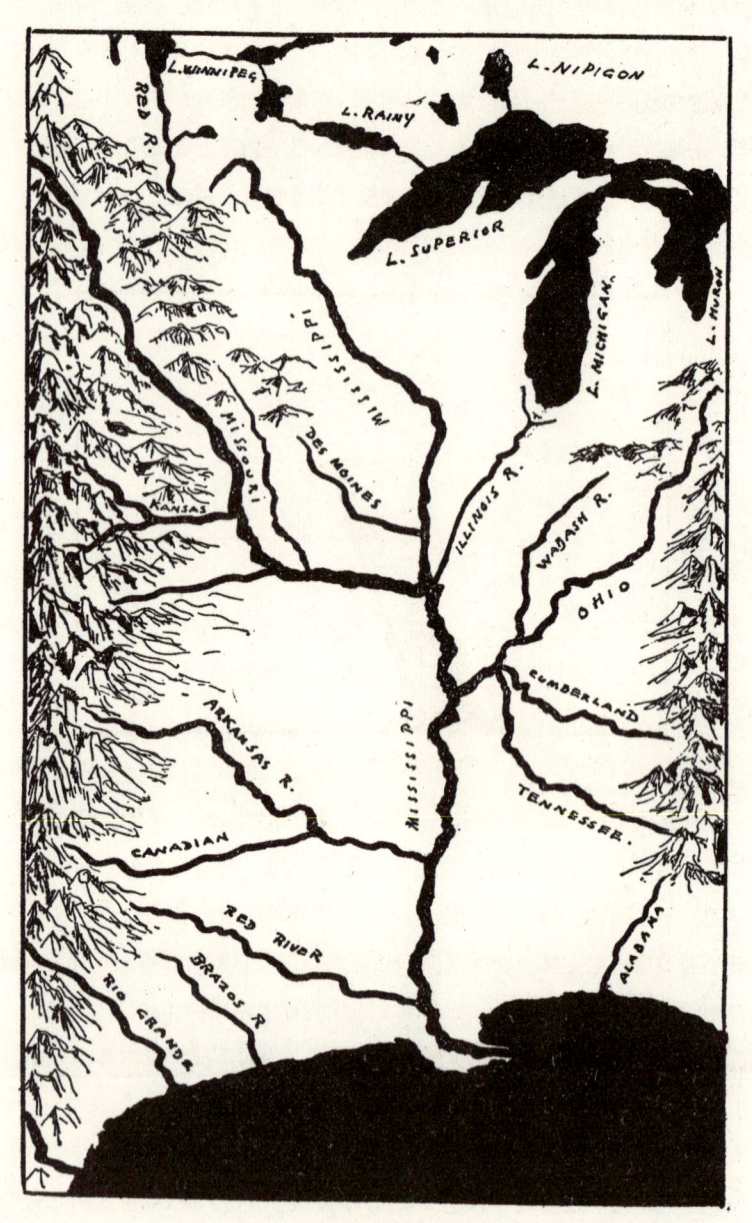

密西西比河

丧的时候,因为他们刚刚发现,对该死的热那亚的投入是一场空,一场惨败,没有黄金,没有白银,你刚想让那些不穿衣服的野蛮人干点儿活,他们就倒在地上死去,除此之外,还有的便是无穷无尽的蚊子。

就在这时,传言散播开来,说山脉的那一侧,靠近大陆的地方有一个王国,人们称之为阿兹特克,他们住在黄金城堡里,睡在金床上,用金盘子吃东西。斐迪南·科尔特斯[1]和他的三百先遣队在1519年登陆墨西哥。凭借一打独木舟和13条火枪,他征服了整片领地,可怜的蒙特祖玛不等看到自己的王国毁灭就已经被扼死,而仅仅不久之前,那还是一个高效有序的国家,不比担了杀他之名的哈布斯堡王朝逊色多少。

此后的差不多300年时间里,确切地说,是直到1810年,墨西哥一直都是西班牙的殖民地,得到的也是殖民地的待遇。害怕与不那么受欢迎的

约塞米蒂

---

[1] 西班牙殖民者,通常认为他的名字是埃尔南·科尔特斯(Hernan Cortes, 1485—1547),斐迪南为其自称,曾诱捕并杀死阿兹特克国王蒙特祖玛二世(西班牙人声称他是被自己的人民用石头砸死的),直接导致了阿兹特克王朝的衰落。他开启了西班牙在美洲的殖民时代,并出任第一和第三任新西班牙总督。

西班牙产品发生竞争，好些墨西哥本土作物都被禁止种植。土地里产出的财富都进了少数几个富豪大地主的口袋，要不就成了宗教机构的收益，这些机构直到今天还在想方设法要保住他们占有的公众土地。

随后，进入19世纪中叶，就在可怜的澳大利亚人马克西米利安①的古怪尝试——他希望在法国的帮助下成为蒙特祖玛的继任者——之后，人们发现，墨西哥不但是个多产的农业国家，更有着与美国相当甚至更多的铁矿和石油储量。而与此同时，1500万墨西哥人却依旧贫困，几乎同科尔特斯第一次见到他们时一样，其中将近40%为纯种印第安人。现在，大银行业者开始插手他们的国内事务，组织革命，却遭到了本地人的反抗，直到世界大战前夕，一百年（平均每年20起革命事件）的革命纪录才被终止，当时，整个国家看起来都要被谋杀和血腥毁灭了。幸运的是，世界大战期间，大金融财团转移了兴趣方向（战争会消耗大量的金钱），墨西哥得到了喘息之机。到今天，几个铁腕人物正在试图修复三个世纪的疏忽、疾疫和文盲化带来的损害，显然已经大有成效，因为数据显示，韦拉克鲁斯和坦皮科（墨西哥湾的两个港口）的出口量越来越大了。五六年前，华盛顿和墨西哥城之间几乎连照面都不打，如今已经会彬彬有礼、面带微笑地交谈了。

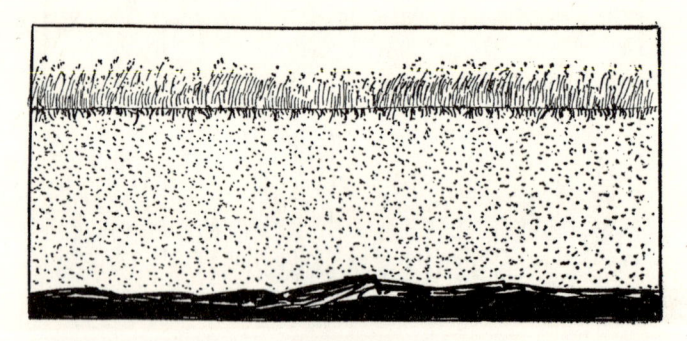

平原的土壤

---

① 墨西哥第二帝国唯一的君主马克西米利安一世（Maximilian I，1832—1867），出生于澳大利亚，是当时澳大利国王弗朗西斯·约瑟夫一世的弟弟，1863年接受法国拿破仑三世任命管理墨西哥以对抗墨西哥共和国，次年称帝，被墨西哥共和国击败后俘身亡。

连接两部分大陆的地峡地带极其肥沃，咖啡、香蕉、甘蔗以及任何外国投资者希望种植的东西在这里都能生长。但气候对于白人来说太恶劣，黑人又没兴趣为白人工作，再加上遍布这一地区的火山对黑人和白人都一样不友好。

对于大多数人来说，危地马拉、洪都拉斯、尼加拉瓜和哥斯达黎加都只是些充满浪漫色彩的名字，唯一的例外是集邮者，因为有一个规则放之四海而皆准："国库越空，邮票越美"。可接下来的这个国家对美国很重要，那就是巴拿马共和国。它是童年的美国，尽管我猜美国不得不接手它，因为美国是唯一需要同时守卫太平洋和大西洋海岸线的独立国家，如果只是等着哥伦比亚将它出售，美国必定还在跟哥伦比亚的官员先生们讨价还价，看出多少钱他们才会愿意在转让合同上签下大名。

自从巴尔博亚在达连①登高远眺，一眼同时望见两大洋起，西班牙人就很清楚，这处地峡只是一道极窄的陆地。早在1551年，西班牙人就有了挖一条他们自己的运河的念头。从那以后，每代人都能听到新的计划。科学界每个略有分量的人都会拿出一份蓝图，向世界展示该如何解决这个问题。但要在坚硬的岩石上挖出一条大约30英里的运河是道大难题，直到阿尔弗雷德·诺贝尔完成了他不详的发明，让我们拥有了炸药。他原本是打算用它来移除农田里的树桩和大石头的，从未想过要实现它后来更普及的用途——杀死邻居。

再之后，淘金潮来了，成千上万人匆匆涌向巴拿马，免得要从合恩角绕个大圈。为了他们，跨越地峡的铁路在1855年建成。15年后，世界听说了苏伊士运河那出人意料的成功。一手打造了苏伊士运河的斐迪南·德·雷塞布决定着手尝试连通太平洋和大西洋。但他创建的公司管理一

---

① 1513年，西班牙探险家巴尔博亚（Vasco Núñez de Balboa，约1475—1519）首次穿越巴拿马地峡，成为第一个经美洲大陆抵达太平洋的欧洲人。此前，他已于1510年在今达连湾地区建立西班牙知名地，名叫圣玛利亚安提瓜达连（Santa María la Antigua del Darién）。

团糟，他的工程师犯下了太多计算错误，他的工人因为疟疾和黄热病而凄惨地死去，就这样，经过了8年与自然之力的抗争和来自巴黎交易所那并不直接但却更加灾难性的雪上加霜后，法国人的公司不体面地土崩瓦解了。

外壳被侵蚀后的火山内部仍然是座坚实的山岭

接下来的十几年里，工程完全停了，棕榈树从德·雷塞布留下的火车头烟囱里钻了出来。终于，美国政府在1902年买下了破产法国公司的权利。华盛顿和哥伦比亚共和国随即开始就美国应该为修建运河所需购买的土地付多少钱讨价还价。直到西奥多·罗斯福厌倦了一再的拖延，私下为这个多少算是偏僻的地方策划了一场小小的起义，并在24小时内就承认了巴拿马共和国的独立，运河工程才得以开工，那是1903年。1914年，工程竣工。

这将加勒比海从一个内陆海变成了欧亚商贸通道的组成部分，令横在它与大西洋之间的岛屿身价倍增。古巴和英属巴哈马群岛偏离这条通道略远，当然，百慕大也是一样，它是另一片英属岛屿，位于纽约和佛罗里达之间。但牙买加（英属）、海地和圣地亚哥（名义上独立了，但实情还是问问华盛顿吧！）的地理位置还不错，能够从运河得到一些好处。波多黎各如此，整个小安的列斯群岛也如此，这片小群岛位于东侧和南侧，面对大安的列斯群岛、古巴、海地、牙买加和波多黎各。

17世纪时，对于欧洲各国来说，小安的列斯群岛诸岛比美洲大陆本身有价值得多。因为它们足够炎热潮湿，可以种植甘蔗，而且只要登岸，奴隶就绝不可能消失在密林深处。时至今日，甘蔗、可可和咖啡仍然在它们的土地上生长，但如果能够作为欧洲开往巴拿马运河的航船中继站再额外赚取一点小钱，对于大多数岛屿来说总是值得高兴的。依照顺序，首先出现的是所谓背风群岛，圣托马斯岛、圣克鲁斯岛、圣马丁岛、萨巴岛、圣约翰岛、圣尤斯坦帝斯（一个岩石小岛，美国独立战争期间走私船的主要补给点）、瓜达卢佩、多米尼加、马提尼克（同大部分其他岛屿一样，是典型的火山岛，险些在1902年培雷火山的喷发中被摧毁）、圣卢西亚、圣文森特和巴巴多斯岛。

向风群岛包括布兰基亚岛（属于委内瑞拉）、博内尔岛、荷属库拉索岛和阿鲁巴岛。所有这些岛屿都曾同属于一条山脉，它一度连接起了委内瑞拉的圭亚那高原和墨西哥的马德雷山脉。山脉早已不存，却留下了一个个高耸的山峰。

这些岛屿无一适合发展工业。奴隶制的废除断绝了它们从前的财富，时至今日，它们最为人所知的身份就是冬季度假地、煤炭装运港口或石油转运集散中心。只有特立尼达这个与奥里诺科三角洲一水相隔的岛屿还延续了些许繁华，仰仗的是火山运动为它存下的大量天然沥青，开采沥青的是印度人，他们来到这里，取代了过去奴隶的位置，如今依然占据总人口的1/3。

打仗时，我们能比平时更快地学会更多地理知识（可一旦不再需要知道库特阿玛拉或伊松索[①]在哪里，也会以同样的速度忘掉大半）。对于年

[①] 1915年曾分别爆发伊松索河战役和库特之围，两者战场分别在斯诺文尼亚境内和今伊拉克东部的库特阿玛拉城。

轻人来说，基于"那种语言在南美洲大有可为"的理由，从德语（不管怎么说，看起来它已经是一种很快就会死亡的语言了）切换到西班牙语是很自然的事情。在战争期间，这一未来倒并不见得很确定。事实上，这片广袤大陆的商业正在经历暴跌之苦。

后来，我们找到了原因。在秘鲁、巴西、厄瓜多尔或者无论叫什么名字的这类国家里，所有对外贸易的技术细节都是交给耐心的德国小书记员完成的，人人都知道他们非常熟悉这类事务，而这些事完全超出了他们雇主的头脑所能应付的范畴。当南美洲加入协约国（因为它们中的大多数国家港口里都停着一两艘德国船，何况还需要贷款），这些可怜的拿笔杆子的条顿人就统统被送进了集中营，南美诸国商业机构的对外联系就此骤然中断，只有等到和平再次降临的那一刻，德国人才能回到他们的账册前。

渐渐地，我们知道了真相。南美洲这片大陆尽管拥有惊人的自然财富，人口却少得让人绝望，更在许多方面都远远落在了世界后面，至少还需要再花上半个世纪才能对除了极少数富贵人家之外的人有点价值。这些人家要么是保住了西班牙统治时期的财富，要么是因为与走马灯般更替的某位南美国家总统沾亲带故而有机会牟取财富。

现在，虽然我在这本书里只分出了寥寥几页给南美洲，但请别就此推测我有反拉美情绪。相反，作为土生土长的北方人，我比南方种族更懂得欣赏他们的许多优点。但在这本书的开头我就说过，我要努力写一本"关于人的"地理，我坚信，无论是大是小，任何一片土地的重要性都仰赖于生存其上的人类所做出的一切贡献，无论科学、商业、宗教或众多艺术中的某一种，只要能对整个人类的福祉有益。可叹的是，从这个角度看来，眼下的南美洲几乎还和澳大利亚或蒙古一样荒凉。我要再一次强调，这或许是因为人口的不足，也或许是由于南美洲大半位于赤道以南这一事实，白人在这异乡之地始终没能替代本地土著，还或许是深陷在不同肤色的混血人种（穆拉托人是白人与黑人混血的后代，梅斯蒂索人为印第安人和白人或桑博人的后裔，而桑博人是黑人和印第安人的后裔①)间进退两难,以至于从来就不太能坚持他们的政治主张,发挥他们的智慧。

南美洲已经成了某种奇特的政治实验舞台。一个巴西帝国是日光之下的新事,尽管它只坚持了不到一个世纪,巴拉圭非凡的耶稣会自由邦(当王国覆灭后,它还在东部边境存在了很长时间)或许永远都能在研究乌托邦的学术论著中得到赞誉。至少,南美洲还培养了一位巨人,了不起的玻利瓦尔,他不但像美国的乔治·华盛顿那样解放了自己的国家,更直接或间接地影响了整片大陆的独立解放运动。我从未怀疑,在乌拉圭和玻利维亚的本国历史上还有许多威名赫赫的人,但这颗星球上大多数人都从未听说过他们。我很怀疑,在更深入的了解之下,能否证明他们的确拥有足以跻身世界伟人行列的能力。若是这样,就这本书而言,我只要为你们列出一份山川国家的名录,然后承诺一定会将此后一千年的人物一一填进去,也就足够了。

北美洲的落基山脉和墨西哥的马德雷山脉向南延伸,占据了南美洲的整个西海岸,在那里,它的名字叫安第斯山脉,或者直接简称安第斯。安第斯是个西班牙词语②,西班牙征服者们原本用它来称呼漫山遍野的排水渠,那是印第安人在家乡山坡上挖出来的。只需要捣毁水渠和水坝,西班牙人就能让许多部落陷入饥饿直至灭亡。征服者们历经重重危险,远渡重洋只为一夜暴富,来到新大陆后却连一栋固定的房屋都没有找到,既然如此,抢夺本地土著的财富也算是个好办法了。

接近南极时,安第斯山脉突然散落成若干岛屿,其中最著名的是火地岛。智利与火地岛之间就是麦哲伦当年历尽千难万险完成白人的首次环球航行时曾行经的海峡,如今海峡还以他为名。岛屿的最南端是合恩角,这个

---

① 穆拉托人和桑博人的说法在今天都被视为带有冒犯意味。
② 关于"安第斯"(Andes)的词源学界尚有争议,主流意见认为,它出自南美洲的盖丘亚语,意思是"东方"。

名字源于它的发现者的家乡小镇（荷兰一个名叫霍恩的小镇），与奶牛无关，虽然似乎许多人更愿意相信后一种解释①。无疑，麦哲伦海峡拥有极其重要的战略价值。从此以后，守望海峡的福克兰群岛就成了英国的领土②。

同自北极延伸至南极圈的整个巨大山系一样，安第斯也是火山山脉。厄瓜多尔的钦博拉索山（现在是死火山）高达20,702英尺。阿根廷的阿空加瓜山则以22,834英尺的高度傲视群峰。此外，科多帕西火山（也在厄瓜多尔）以19,550英尺的海拔守住了全球最高活火山的纪录。

南美洲的安第斯山和它们的北美姐妹还有两个相似之处。高耸的山脉

穿过安第斯山脉的铁路

---

① "合恩"英文"Horn"，字面意思为动物的角。荷兰的霍恩镇拼作"Hoorn"。16世纪即有航海者到过合恩角，但直到1615年至1616年，出生于霍恩的威廉·史旺腾（Willem Schouten，约1567—1625）与出生于安特卫普的雅各·勒美尔（Jacob Le Maire，约1585—1616）为开辟欧亚新航线行经南美洲最南端，才分别以两人的家乡和姓名将当地命名合恩角与勒美尔海峡。
② 英国与阿根廷就该群岛的主权有争端，福克兰为英方名称，阿根廷方名称为"马尔维纳斯群岛"。

环绕着好几处宽阔的高原,成为玻利维亚或厄瓜多尔等国家天然的边境线。山脉上绝少山口,因此,作为唯一翻越安第斯的铁路,连接阿根廷与智利的铁路在钻进隧道之前不得不爬上高山,爬得比瑞士的圣哥达山口或圣伯纳山口更高。

东侧山脉堪称南美洲的阿巴拉契亚,由北部的圭亚那山脉和东部的巴西高地组成,它们各自拥有若干齿状山脊和锯齿般的山峰,是一条大得多的山脉的残留部分,那条山脉曾不慌不忙地将亚马孙河谷切成了两半。亚马孙不是世界上最长的河,却承载着比任何其他河流都大的水量。毫不夸张地说,它拥有数以百计的支流,其中至少50条比莱茵河还要长,另有若干条更是长得多,比如马代拉河与塔帕若斯河。

圭亚那山脉北侧是另一个河谷,奥里诺科平原。奇特的内格罗河连接起奥里诺科河与亚马孙河(想象一下俄亥俄河同时属于密西西比河与波托马克河的情形),就后两条河而言,前者比后者更适合通航。因为它没有像亚马孙河那样,在抵达海洋之前被迫转向以穿越山脉,而且它的入海口处约有20英里宽,加上河流本身惊人的水量,深入内陆数百英里的河段水深始终在300英尺左右,非常适合远洋船只出海所用。

巴拉那河是南美洲一条南北向的河流,在奔向海洋的途中,它将巴拉圭河、乌拉圭河一一收归麾下,待到流经乌拉圭首都蒙德维的亚时,摇身变为拉普拉塔河。同奥里诺科河一样,巴拉那河也是很好的内陆水路。

南美洲有一点胜过了除欧洲外的其他大部分大陆。可以说,它没有沙漠。除了智利北部,它的绝大部分地区都享有充足的水分,亚马孙平原和整个巴西东海岸更是浸润在赤道的雨水中,这使得亚马孙流域的丛林比刚果河流域要茂密、广阔得多。有了丰沛的降水,这片大陆的其他地区,尤其是不那么靠近赤道的南部地区便非常适合发展农业,阿根廷潘帕斯草原、奥里诺科平原和巴西的热带草原都是足以与美国大平原分庭抗礼的竞争者。

说到如今我们能够在南美洲地图上找到的国家,其中绝少适用"历史的必然"这种说法。它们是某些革命成功的产物,纯属意外,绝非一步步成长、发展的结果。拥有321.6万人口的委内瑞拉有些太靠近赤道了,无法孕育出多么勤劳积极的种族。但北部的马拉开波环礁湖周边发现了石油,马拉开波因此成为委内瑞拉最重要的港口,这里如今名叫拉瓜伊拉,是首都加拉加斯的口岸。至于加拉加斯本身,它的地理位置相当不便,一条低矮的山岭恰好将它与海洋隔开。

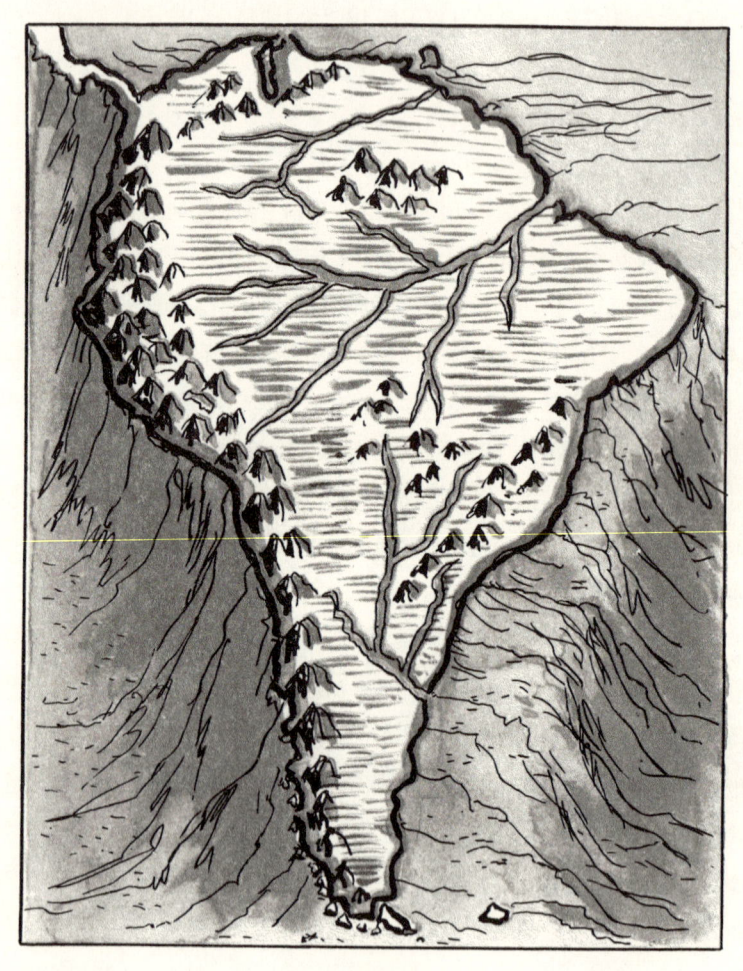

南美洲

委内瑞拉西邻哥伦比亚，后者的首都波哥大深藏在内陆腹地，在有飞机航班定期往来玛格达莱纳河入海口处的巴兰基亚之前，交通都极其不便。哥伦比亚土地肥沃，拥有丰富的自然资源，更有甚者，它与美国一样，也坐望两大洋。但在开始开发任何自然资源以前，它还需要大量北欧移民迁入。

厄瓜多尔也是个贫穷的国家，尽管自巴拿马运河开通以来，连接首都基多的港口瓜亚基尔已经大有发展，但除了它常规出口的大量奎宁和如今有所增长的可可豆之外，这个国家还没有其他物产见诸报道。

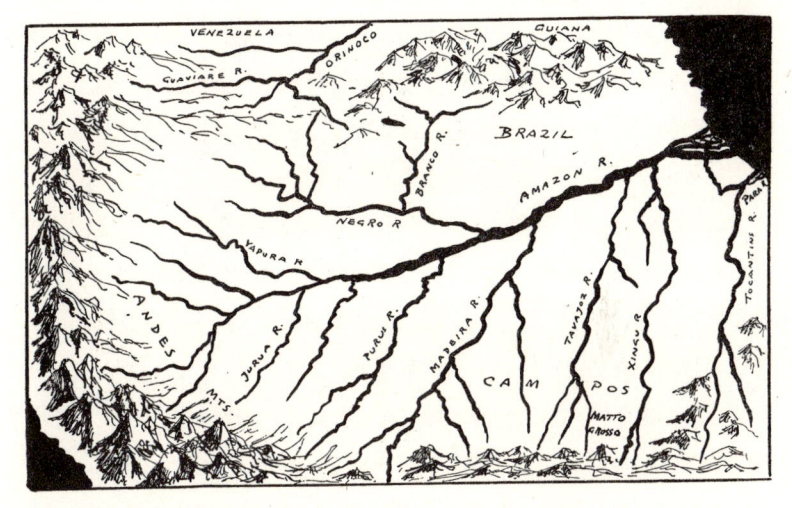

亚马孙河

继续沿太平洋海岸线往南是秘鲁，当西班牙人第一次抵达新大陆时，那里还是一个非常强大的印第安王国的所在地。它由一个贵族阶层统治，该阶层被称为印加人，或者说"太阳之子"，他们会推举一名最高统治者，也就是整个帝国的"印加"，之后，这位统治者便被赋予了独裁的权利。然而，尽管（也许是正因为）他们有封建属性，秘鲁人发展出了比阿兹特克人更高级也更人性化的文明形式。

445

然而，当皮萨罗①抵达这些地区时，印加帝国已经存在了400年，对于任何政府来说，这都是很长的一段时间。帝国内出现了许多政治派别，不同贵族团体之间也纷争不断。他囚禁了当时的国王，将印第安人变成了奴隶。一切能够偷窃抢夺的东西都被拖走，送到了西班牙。高居于安第斯山脉之上的古老印加帝国遗址犹存，的的喀喀湖（海拔12,875英尺高处的3300平方英里水域）周边残存的道路、城堡向我们展示着，当一个富有才华与能力的民族突然被改造成卑微懒惰的本地土著时，究竟失去了什么，如今，他们不是漫无目的地游荡在古老都城库斯科的街巷间，就是搅和在某场起义里。

利马是秘鲁如今的首都，整个国家未来在银、铜和石油等财富方面的命运都由它决定，除非共和国的总统和他的外国银行家朋友早早就将这些矿藏统统搬走，存进法兰西银行的保险库了。这样的事情也是有可能发生的。这也就是这部分章节为何如此简短的原因。

玻利维亚这个可怜的内陆国家并非生来就被陆地包围，它的首都拉巴斯一度直面大海。然而，1879年至1882年间爆发了著名的硝石战争，在秘鲁和智利就阿里卡区的争斗中，玻利维亚愚蠢地选择站出来对抗智利。于是，当智利最终获胜以后，玻利维亚便失去了它的海岸。玻利维亚是个非常富裕的国家。除开别的种种不提，它是全球第三大锡出产国，人口密度却还不到每平方英里5人，总人口不到300万，其中绝大多数是印加帝国灭亡后幸存下来的印第安人后裔——不，要想在这片不幸的土地上有所作为，还需要许多时间。

到目前为止，最南端的智利和阿根廷还是整片大陆上最重要的国家，它们的繁荣全靠地利。这两个国家位于温带地区，印第安人比较少（热带

---

① 弗朗西斯科·皮萨罗（Francisco Pizarro，约1471—1541），西班牙殖民者，曾两度探索南美洲，并于1531年至1533年征服印加帝国，俘虏并杀死国王阿塔瓦尔帕（Atahualpa，约1502—1533），宣布原帝国疆域为西班牙所有，创建利马城为殖民地首都。

让他们繁育得更快），吸引来的移民层次也比较高。

智利的自然资源比阿根廷更丰富。阿里卡（从这里可以搭乘火车到玻利维亚）、安托法加斯塔、伊基克和瓦尔帕莱索是南美洲西海岸最重要的四个港口，堪比整个地区最大的城市，智利首都圣地亚哥。智利南部如今刚开始尝试养殖肉牛，宰杀冰冻后的牛肉经麦哲伦海峡边的蓬塔阿雷纳斯运往欧洲。

至于阿根廷，它是南美洲的养牛大国。巴拉那河沿岸的平坦地区几乎有1/3个欧洲大，是整片大陆最富饶的地方。肉类、羊毛、兽皮和黄油的出口量之大，足以以最不令人愉快的方式影响到美国此类商品的价格。最近10年来，意大利工人和农民持续迁入，令阿根廷有望发展为西半球最大的粮食和亚麻生产国之一，与此同时，巴塔哥尼亚凭借其绵羊文化成为澳大利亚最具威胁的竞争者之一。

阿根廷的首都布宜诺斯艾利斯同样位于拉普拉塔河畔，正对河对岸的乌拉圭，这个小国家享有与阿根廷几乎同样的土壤和气候，在彻底摆脱印第安人口后，它谨慎地复制了阿根廷的道路，大获成功。而阿根廷自己就大刀阔斧得多，却也常常因此陷入过度投机和糟糕的金融管理所带来的危险中。

如果麦哲伦海峡干涸

巴拉圭是拉普拉塔河流域的第三个国家，在许多方面都最为得天独厚。若不是陷入了1864年至1870年那场致命的战争①，现在应当早已颇为繁荣。可怜的印第安人曾接受过从前的耶稣会主人（可它们在1769年就失去了西班牙皇冠的庇护）要求的军事训练，于是，在那时便被一个疯子送上了战场，不幸的是，这个疯子刚巧是他们的总统。这个可怜人毫无必要的同时向三个强大的邻居宣战，战争一直打下去，直到整个国家5/6的男性都被杀死。在这场大杀戮的最后阶段里，情况如此糟糕，以至于巴拉圭人不得不恢复一夫多妻制，好尽可能恢复人口。这个富裕的小国家要想从这场滔天大祸中恢复元气，大概还需要一个世纪。

接下来只剩一个国家还没有讨论了，那就是巴西。作为殖民地，它一直严重被忽视。一开始是荷兰，后来是葡萄牙，后者令这个国家几乎处于完全的商业禁锢状态，除了少数几个得到许可的里斯本商人外，禁止原住民和外来移民同任何人进行商业交易。直至1807年，葡萄牙王室被拿破仑逼迫流亡，移居里约热内卢。一切都改变了，曾经备受轻视的殖民地反过来掌控了母国，这一状态持续了十几年。1821年，葡萄牙陛下扬帆回归里斯本，留下儿子唐·佩德罗代管殖民地。一年后，儿子宣布巴西独立，自立为王。从此，葡萄牙语成了联系殖民地与从前母国的唯一纽带。布拉甘萨家族曾将可能是整个南美洲前所未有的、最好的政府给予了巴西，1889年的一场军事政变成功逼迫其退位，于是，美洲最后的君主离开了，或者流亡巴黎，或者进入坟墓。

巴西的领土面积为328.5万平方英里，和美国一样大，占据了南美洲大陆的一半，与此同时，它也是赤道以南最富裕的国家。整个国家可分为三个部分：亚马孙低地，或称亚马孙流域；大西洋海岸地带；高原地区，这一地区的桑托斯市供应着全球日常咖啡消费量的一半。除咖啡以外，帕

---

① 即巴拉圭战争，巴拉圭独力对抗巴西、阿根廷和乌拉圭三国，最终战败。这是拉丁美洲历史上最血腥的战争之一，死亡人数超过40万，据估算，战后巴拉圭人口从45万—90万（一说52.5万）锐减至22万，幸存者中仅2.8万为成年男性。

拉州（或者说贝伦地区）和马瑙斯还出产橡胶，前者紧邻亚马孙河口南侧，后者位于内格罗河与亚马孙河交会处。东海岸的巴伊亚州和马托格罗索州的高原牧场出产烟草和可可豆。最后，在最深的内陆腹地里藏着钻石和其他珍贵的石头，前往宝石矿的路途太艰难，以至于矿藏从未得到太彻底的开采。铁矿和其他金属矿藏也是如此，全都有待更多铁路的修建。

最后，南美洲还有三个欧洲小殖民地，算是17至18世纪古老殖民地仅存的痕迹。它们是：英属圭亚那，又名德梅拉拉；荷属圭亚那，又名苏里南，作为新荷兰和新阿姆斯特丹市的交换，荷兰人得到了它；法属圭亚那，或称之为卡宴①。如果法国人没有选择卡宴作为他们的罪犯流放地之一，如果我们没有不时在报纸头版正中看到有关那片不健康的失落沼泽的丑闻，我们难免已经忘记还有几个圭亚那的存在了。那或许也很好，因为它们对于繁荣昌盛或人类种族整体的福祉所做出的贡献少之又少，相反，却都是活生生的证明，提醒着人们，曾经，在来自大洋对岸的造访者眼里，整个南美洲究竟是什么——只是一个可以任意洗劫的宝库。

---

① 英属圭亚那于1966年独立为圭亚那。荷属圭亚那于1975年独立为苏里南共和国。新阿姆斯特丹即今天的美国纽约。

Chapter 47

A NEW WORLD

新的世界

　　我想知道乞力马扎罗雪山究竟有多高。可等到整本书写完，又修改了五六遍之后，一排排的数字却都变得古怪起来。因为围绕着它们的总是抄录，再抄录以及没完没了的修订。这些数字有和自己捉迷藏的习惯。前一刻还是这样。下一刻就变成了别的模样。如果你有过雪盲的经历，就会明白我的意思。

　　"可是，"你会说，"这并不算什么难题啊。找一本可靠的地理手册，或是百科全书，或是地图，看一看，然后抄下来就行了。"

　　如果这些该死的地理书、百科全书和地图能够在任何特定事实上保持一致的话，那就太简单了。但显然它们不是。大部分标准的地理书籍这会儿就堆在我的书桌上，任何时候翻开它们都是一件乐事。这并不是因为它们读起来特别有趣。地理原本就不该是一门太好玩的学科。可一旦开始在山峰、海洋之类的事情上耍把戏，这些书籍简直称得上高明极了。江河流域与内海流域的面积一会儿变大，一会儿缩小，一会儿缩小，一会儿又变大。任何特定区域的年平均气温从来不平均，也不会稳定很长时间，反倒让不同气象站的水银柱跳动得好像金融大恐慌时期的股市行情收录器。海底起起伏伏，不住叹息，就像疯狂追逐猫咪的人大喘气时的肚腹。

在这个世界里，许多地方已经缺失了信任，我不想再进一步打破它的幻象。然而，经过在"地理事实"中的一番挣扎后，我对更多的重要数据产生了怀疑。我疑心，这种不幸的观点差异是我们无可救药的民族主义缺陷所决定的。每个小国家必定都有一些完全属于自己的数据，好以此彰显自身主权的独立。

但那都是小节。还有其他的问题，我可以列举几个。这个世界上一半地方的重量和长度度量体系遵循十进制。另一半还坚持十二进制。要将米和公里换算成精确而非约略的码和英里数就不是容易的事。世界大战期间的军火制造商就深受其苦。尽管如此，如果有能干的数学助理（我在这类事情上完全没有天分）帮忙，必要的计算是能够完成的。可是，涉及不同国家、高山、江河的名字，又该怎么办呢？应该怎么拼写？直隶湾（渤海湾）—Gulf of Chili—Gulf of Tjili —Gulf of Tschili—Gulf of Tshi-li，选一个吧，我的朋友！兴都库什山—Hindu-Kush — Hindoe-koesch — Hindu-Kutch — Hindu-Kusj，你更喜欢哪一个？若是至少几大语言体系能够达成一致，为俄罗斯或中国或日本或西班牙名字确定一个合适的写法，那也不算太糟。可在将这些奇怪的发音翻译成本国语言时，每一种大的语言本身就至少有两套（有时候是三套）不同的译法。

更有甚者，除了这类语言冲突，再小的地方也能宣称自己的方言享有与其他语言完全平等的权利，都是"祖先传下来的神圣的语言"，战前的欧洲地图很简单，最近却也五花八门起来，各种语言争相亮相，结果，再要看明白库克先生那份权威的老《大陆铁道指南》就变成了如同商博良[①]面对最初六个埃及象形文字一样的工程。

[①] 约翰·弗朗西斯·商博良（Jean-François Champollion, 1790—1832），法国语言学家和东方学者，埃及古文字领域的奠基者。

我并非在寻找托词。凡我写下的都是有据可查的，但在有关高度深度的问题上，还请宽容些。当权威的百科全书和数据手册在三四页里三番五次自相矛盾时，可怜的业余爱好者又能怎么办呢？

我猜到头来，他也会和我一样。他会将所有这些学术书籍视为麻烦，干脆买回来一本《世界年鉴》，然后说："我就以这本书为准了，如果谁要因为我将乞力马扎罗雪山的海拔写作19,710英尺而跑来质疑我（《大英百科全书》为19,321英尺，安德鲁斯的《地理教材》为19,000英尺，《塔尔与麦克默里地理丛书》19,780英尺，《牛津高级地图》19,320英尺，《世界年鉴》19,710英尺），我就让他去看看世界电讯公司的这些出版物，让他自己去头疼。"

但在我以这个有关乞力马扎罗—Kilimanjaro — Kiliman'djaro — Kilimantscharo — Kilimansjaro的话题开头时，真正想谈的其实是接下来的事。那时候我正在一堆地图册里翻找我的《世界年鉴》，却无意间拿起了一本不久前刚收到的小册子。那是一本专门介绍罗纳德·罗斯爵士①的生活与工作的小宣传册。作者以非常得体的措辞暗示，罗纳德爵士虽然不至陷于贫困，但也远远谈不上富裕，我们或许可以做些什么，至少保证他在余下的日子里——希望它们还很多——能够享有合理的舒适。当然，他的要求并不过分。科学家们很少会计较金钱上的报酬。只是科研工作已经完全摧毁了他的健康，一把更加方便的轮椅就能让他生活得好一点。

放下这本宣传册，我想起了我们美国的沃尔特·里德②。我不记得我们高贵的国家为他的遗孀提供了什么。如果没记错的话，这位善良的女士得到了"免费邮寄特权"（国会议员也人人都有），当然，她还收到了通常都会发给医疗部队遗孀的一笔抚恤金，此外，就是某个地方一家以他的

---

① 罗纳德·罗斯（Sir Ronald Ross, 1857—1932），英国内科医生，因对疟疾传染途径的研究而获得1902年的诺贝尔医学奖，是英国首位诺贝尔奖获得者。
② 沃尔特·里德（Walter Reed, 1851—1902），美国军医，于1901年确认了黄热病的传播途径，这一发现直接帮助美国迅速重启了巴拿马运河工程。

名字命名的医院了。

就这样,沉浸在思绪中的我开始寻找有关流行病史的书。突然间,一个念头打动了我。里德和罗斯鲜少有人知道,数以百计的探险家的名字却是连所有小学低年级孩子都熟悉的,然而,前者对地球人类发展做出的贡献却远比后者更大。他们发现了疟疾和黄热病的成因,告诉我们如何才能摆脱这类疾疫的折磨,就算再发展一百年,他们已经开创的新领域也是我们无法企及的。成百万只致命的蚊子终于遭到了阻击。疟蚊被赶进角落,不得不侧耳聆听自己的死亡判决书。

要在这一章里增加几页"医学对于世界地理的影响"之类的内容并不难。在我们这个世界的更多地区变得适宜人类永久定居之前,天花、脚气、昏睡病以及十几种其他疾病都还有待攻克。但,这么说吧,这些都有点超出我自己的"领域"了。关于这些课题我所知太少。但无论如何,这两位医生的名字引起了我的好奇,让我开始思考。

世界上有许多地方不安定。看看地图,你会发现到处都有红色的小点。不满犹如重症麻风一样爆发出来。分析问题、提供解决建议的书出版了无数吨。对此我从来没有想过太多(我只是个写书的人,生活过得着实安稳),直到开始写这本书。然后,整个问题瞬间变得如此简单,罗斯和里德在起了作用。

面对地图放飞想象真是非常愉快而有益的消遣。那里是罗德西亚,一个完全自成一体的世界。塞西尔·罗兹是创建者。他让少数人富裕起来。他杀死了大量原住民。他化身强盗发起一场自己的小战争,失败了。他化身政治家,开启一场大战争,胜利了。太多被杀害的女人和孩子应当有自己的墓碑,碑上的落款应当是"塞西尔·罗兹 立",然而一个感激涕零的国家却无视这些"小节",以他的名字命名了一个新建的大省。

再往北一点是刚果,有它的斯坦利维尔和利奥波德维尔[①],还有数不

---

① 均在今刚果民主共和国,斯坦利维尔即基桑加尼,利奥波德维尔即金沙萨。

清的无名坟墓,里面躺着只因为没能割够橡胶份额或晚交了象牙就被折磨致死的当地原住民。

哈得孙用自己的名字命名一个海湾,海湾又将它的名字赋予一个有钱的地产公司。这个地产公司对于原住民的所作所为,写下来就是"人类殉难记"哀伤书卷里又一个可怕的章节。但我们其实不必跑到那么远的国外。美国人自己就从来没有与印第安人平等相待。我本人的祖先三百年前占据了香料群岛,他们加诸当地棕色皮肤居民的一切从来不会出现在荷兰公立学校的教科书里,这样或许倒也无妨。不过人们还清楚记得在南美洲的普图马约河流域所发生的一切。

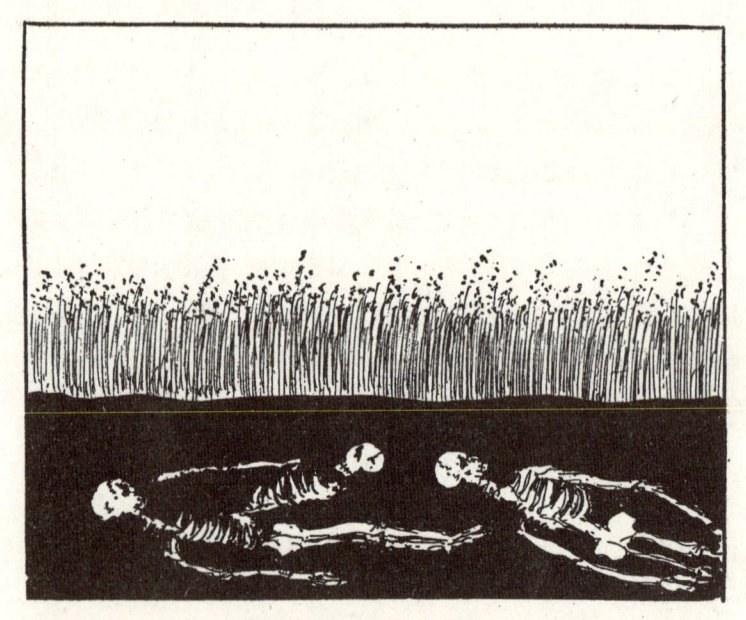

我们就这样肥沃了太多土地

非洲本地某些酋长和阿拉伯奴隶贩子在沉默的塞内冈比亚丛林里犯下累累罪行,让我们唯愿但丁在他的地狱里为这些特别的恶魔留出了位子。

骑马放狗地"猎"人,有组织地灭绝澳大利亚和新西兰土著,这些事在这些遥远地方的早期历史中很少被提及。

何必再说下去呢？

我只是在重复人人都知道的东西。

然而，似乎很少有人意识到，大航海时代已经终结，现在的不安动荡是因为从前的受害者不愿再继续扮演那样的角色。

高踞在过去的错误之上指指点点很难起作用。更好的做法是集思广益，找出方法，好让我们将来能够多少避免一些错误。看吧，里德和罗斯那样的男人女人们就在那里，为我们指明了方向。

陶醉在有问题的乌托邦荣光里，只会让我们无路可走。如果说，因为我们已经花了十几个世纪去"索取"，因此就必须再花上十几个世纪去"给予"，这恐怕很难解决问题。施舍同抢劫一样糟糕。施舍，无论对于施予者还是接受者，都一样不公平。帮助印度土著从英国王公的暴政下解脱出来，然后任由他们毫无防备地面对穆斯林山民的"仁慈"，这不过是另一个大错。

而对于无论中国人还是爪哇人还是缅甸人来说，如果我们突然拆掉所有小铁路，打包起小汽车和飞行器，搬走电话亭和加油站，要求他们回归甘地的缠腰布和被鳄鱼撕咬的小舢板，也没有任何好处。机械时代已成定局。本地人已经适应了快速的交通通信方式。他们习惯了在孩子染上白喉的时候叫白人医生而不是让老奶奶去找伏都巫医。想要拜访朋友时，他们更愿意坐上小巴，而不是辛辛苦苦地走十个钟头的崎岖小道。

一个习惯了金钱和银行支票的世界不可能回到用一桶桶蜂蜜、一勺勺盐或其他笨重东西来做交易的以物易物时代。

不论是好是坏，我们这颗星球已经变成了一个巨大的、持续经营的整体，如今等待在门槛外的是1932年，不是932年或公元前32年。

然而，还是有一个解决之道的，里德和罗斯的辛劳为我们指明了这条道路的大概方向。他们既不"索取"也不"给予"，他们"合作"。若没有成千上万人的帮助，他们永远也无法完成各自的工作。如果只是为了黑人或白人或黄种人的独家利益，他们也绝不可能扑灭疟疾或黄热病。他们

答案是什么

不在乎肤色或信仰，只是将福祉带给人类整体。戈索尔斯和戈加斯医生[①]开凿巴拿马运河时（戈索尔斯规划方案，戈加斯确保他有足够的人力来将设计图变成开出的一方方土石），他们并非只考虑太平洋或大西洋，也并非只考虑美洲，而是放眼整个世界。当马可尼[②]发明无线电时，他没有规定说："如果发生灾祸，只有意大利的船能够使用无线电。"而就算桑给巴尔的流浪者，也同样受益于能以最快速度穿越大西洋的特快海轮。

你或许已经明白我要说什么了。

不，我不打算探讨新的社会形态。那没有必要。那样的问题会自行解决。如果它没能做到，那么在一两个世纪里就任何问题都不存在了，因为会为它担忧的人也都不在了。

我们不再生活在能够放任未来自生自灭的世界里。当蒸汽机和电力走进来，政治便走出了国门；当巴塔哥尼亚和拉普兰、波士顿和汉口变成了邻居，相互间的联系便也成了两分钟之内的事情。我们不再只为自己制造产品或只为自己的小村庄种植粮食。日本能为我们提供火柴，便宜得超出了我们的想象；阿根廷能够种出足够的小麦，确保整个德国免于饥饿，并且代价更低。

我们不再能只拿白人工资的1/20打发中国苦力或非洲土著，因为莫斯科有广播站，能将消息传得很远，还有多种语言的播音员，会告诉黑人和黄种人，他被骗了，被坑了钱。

我们不再能够像我们的父辈那样大肆洗劫、偷窃、抢夺，因为——好吧，如果你真想知道的话——因为我们的良知不允许，或者，如果我们自

[①] 乔治·华盛顿·戈索尔斯（George Washington Goethals, 1858—1928），美国军官、土木工程师，毕业于西点军校，为巴拿马运河最终贯通的总指挥。威廉·克劳福德·戈加斯（William Crawford Gorgas, 1854—1920），美国军医，曾任美军总医官，1904年受命出任巴拿马运河工程的首席医务官，有效遏制了黄热病和疟疾的威胁。
[②] 古列尔莫·马可尼（Guglielmo Morconi, 1874—1937），意大利—英国发明家，以在长距离无线电信号传播方面的成果著称，与德国发明家卡尔·F·布劳恩分享了1909年诺贝尔物理学奖。

己不巧生来没带着这样的灵魂指南针的话,那就是人类的集体良知终于发展到了这个阶段,从此,人们开始隐隐约约生出个念头:在国际事务中,诚实与基本的体面还是必不可少的,就像在国内一样。

不,我并不想布道。我不是想让你带着一份"启示"回家。但如果你已经读到这里了,我想请你再坐上半个小时,想一想,得出你自己的结论。

迄今为止,我们始终是懵懵懂懂、跌跌撞撞地活着,好像我们在这颗星球上的存在只是年头问题,最好也不过是世纪的问题。我们表现得就像列车上粗鲁贪婪的旅客,知道自己只有十分钟时间去吃下一站提供的三道菜的晚餐。

渐渐地,我们开始意识到,我们并不是只在这里停留一长段时间,而且要几乎无限期地待下去。何必匆忙,何必慌张?当你搬家到一座城市,期望就此定居下来过一辈子时,你在规划未来。你的邻居也一样,无论他们是屠夫、面包师、杂货铺老板、医生还是殡葬业者。若非如此,整个地区就会陷入无可救药的混乱,要不了一个星期,人们就会统统离开。

既然你已经开始思考这个问题,那么想一想,整个世界和你家乡的村庄真有那么大的不同吗?如果说有什么不同的话,也只是关乎规模而非本质。仅此而已!

你或许会说我太过信马由缰,从乞力马扎罗雪山到里德医生和罗斯医生,再到整个星球的未来规划,跑得太远。

"可是,"就像爱丽丝会问的,"要是不出门,地理又有什么用呢?"

巴黎,1931年4月
新奥尔良,1932年5月

附：一些数字（A FEW FACTS）

地球面积：196,950,000平方英里

陆地面积：57,510,000平方英里

水域面积：139,440,000平方英里

各大洲面积

亚洲：17,000,000 平方英里

非洲：11,500,000平方英里

北美洲：8,000,000平方英里

南美洲：6,800,000平方英里

欧洲：3,750,000平方英里

各大洋面积

太平洋：68,634,000 平方英里

大西洋：41,321,000平方英里

印度洋：29,340,000平方英里

赤道周长：24,902英里

子午线周长：24,860英里

赤道直径：7,926.667英里

南北极距离：7,899.988英里

世界最高峰：珠穆朗玛峰 29,141英尺

世界最低处：菲律宾群岛和日本列岛之间 34,210英尺

各大洲最高峰

亚洲 珠穆朗玛峰：29,141英尺

南美洲 阿空加瓜山：22,834英尺

北美洲 麦金利峰：20,300英尺

非洲 乞力马扎罗山：19,710英尺

欧洲 厄尔布鲁士峰：18,465英尺

最长河流

密西西比-密苏里河：4,221英里

尼罗河：4,000英里

亚马孙河：3,900英里

鄂毕河：3,200英里

长江：3,100英里

亨德里克·威廉·房龙
Hendrik Willem van Loon(1882-1944)

荷裔美国人，学者、作家。青年时期先后在美国康奈尔大学和德国慕尼黑大学学习，获得博士学位。1921年写出《人类的故事》，一举成名。他在历史、文化、科学等方面都有著作，是伟大的文化普及者。

代表作：

《人类的故事》《圣经的故事》《宽容》《地球的故事》等

杨 蔚

毕业于南京大学中文系，自由撰稿人、译者。
热爱旅行，"孤独星球（Lonely Planet）"特邀作者及译者。

已出版译作：

《自卑与超越》《太阳照常升起》《乞力马扎罗的雪》《夜色温柔》《那些忧伤的年轻人》等

地球的故事

产品经理	王　鹤	装帧设计	何月婷
责任印制	路军飞	监　　制	应　凡
技术编辑	白咏明	出 品 人	吴　畏

图书在版编目（CIP）数据

地球的故事 /（美）亨德里克·威廉·房龙著；杨蔚译. -- 天津：天津人民出版社, 2018.10（2022.2重印）
ISBN 978-7-201-14121-3

Ⅰ.①地… Ⅱ.①亨… ②杨… Ⅲ.①社会地理学－通俗读物 Ⅳ.①C912.8-49

中国版本图书馆CIP数据核字(2018)第210068号

地球的故事
DIQIU DE GUSHI

出　　版	天津人民出版社
出 版 人	刘　庆
地　　址	天津市和平区西康路35号康岳大厦
邮政编码	300051
邮购电话	022-23332469
电子信箱	reader@tjrmcbs.com
责任编辑	张　璐
特约编辑	康嘉瑄
产品经理	王　鹤
装帧设计	何月婷
制版印刷	北京盛通印刷股份有限公司
经　　销	新华书店
发　　行	果麦文化传媒股份有限公司
开　　本	880毫米×1230毫米　1/32
插　　页	2
印　　张	14.75
印　　数	27,001-30,000
字　　数	408千字
版次印次	2018年10月第1版　2022年2月第7次印刷
定　　价	68.00元

版权所有　侵权必究
图书如出现印装质量问题，请致电联系调换（021-64386496）